LES ENFANTS DE LA PATRIE

***

LES ENFANTS DE LA PATRIE

Suite romanesque en quatre volumes

* Les Pantalons rouges

** La Tranchée

*** Le Serment de Verdun

À paraître :

**** Le Plateau de Craonne

Les autres ouvrages de l'auteur sont cités en fin de volume

Pierre Miquel

LES ENFANTS DE LA PATRIE

Suite romanesque

Le Serment de Verdun

***

LE GRAND LIVRE DU MOIS

Le bois des Caures

Le 21 février 1916, le lever de soleil sur le bois des Caures est un éblouissement. Soleil d'hiver aveuglant, réverbéré par la neige qui tient au sol en raison du froid vif.

Les chasseurs de Driant sont réveillés par le bruit des roues cerclées d'une tonne d'eau que tire un mulet sur le sentier caillouteux. Le café goûteux n'est pas loin, qui réjouit le cœur du soldat. Les diables bleus sont plus d'un millier dans le bois, embusqués dans des casemates creusées au ras du sol. Ils sont l'extrême avancée de l'armée de Verdun. De l'autre côté du bois, à deux ou trois cents mètres, c'est l'ennemi.

Un poste sans histoire, sur un front sans éclats. Les chasseurs, troupe d'élite, ne manquent aucune occasion de patrouiller, et ramènent des prisonniers à l'arrière que l'on interroge sans conviction. Ceux-ci font toujours le même récit. Les unités d'en face n'ont pas changé depuis plusieurs semaines. Les officiers du deuxième bureau attendent peu de révélations de ces interrogatoires. Le front de Verdun est routinier, presque pépère. On se soucie seulement de le renforcer en aménageant une seconde ligne solide.

Ici, au bois des Caures, il suffit d'ouvrir l'œil. Même si on lit dans les rapports de généraux grincheux, que les tranchées sont discontinues et peu profondes, à quoi bon les creuser encore ? Depuis Noël, elles n'ont pas subi de bombardement massif.

Le 24 décembre, le sergent René Losfeld, du 56e bataillon de chasseurs à pied de Lille, s'en souvient parfaitement. Cette nuit-là, il était en ligne avec les camarades, prêt à déboucher quelques bouteilles envoyées par les familles. On entendait les Allemands chanter des cantiques, à deux cents mètres. À l'arrière, se préparait la messe de minuit. Et soudain, vers vingt-trois heures, toutes les batteries françaises du front de l'armée de Verdun avaient tonné ensemble, dans un bruit assourdissant. Les Allemands criaient, les blessés hurlaient, les ordres claquaient. Les représailles n'avaient pas tardé. Des deux côtés, on enlevait les estropiés, on enterrait les morts. Une nuit de Noël que les chasseurs se rappelleraient longtemps.

« Il était temps, pensait Losfeld, de leur montrer les dents. »

Le sergent patriote, mineur de Lens, revoit les pancartes que les Allemands arboraient devant la tranchée ce jour-là. « Ne tirez plus, nous ne tirerons pas, la paix est proche. » Quelle paix ? Celle des loups prédateurs de Poméranie ?

Depuis lors, pas de surprise. Des échanges d'obus quotidiens, des patrouilles. Le moral n'est pas bon depuis janvier. Les biffins du secteur voisin, tous de la division du Nord, la 51e des régiments de Béthune, Lille, Dunkerque, Arras, Saint-Omer, Valenciennes, s'appellent entre eux « les bagnards ». Quand on les déplace au repos, c'est pour reprendre leur instruction ou pour les renvoyer sur les chantiers des tranchées de seconde ligne, au sud du village de Beaumont, où s'abritent tranquillement les officiers, et jusqu'aux ruines d'Ornes, où l'on creuse des emplacements de mitrailleuses. Des bataillons entiers, pelle et pioche à la main. Les Français n'aiment pas creuser, et l'hiver moins que jamais.

Quand les gens de l'état-major, Castelnau en tête, viennent en visite automobile, tirant des plans de leurs pelisses, ordonnant des relevés de terrain, on attend la giclée de 77 qui les renverra crottés et les oreilles assourdies dans leurs bureaux. Et quand le responsable de la zone fortifiée, le brave général Herr, bien au chaud dans sa Citadelle, multiplie les projets de tranchées nouvelles alors qu'il fait désarmer les forts, les biffins de la 51e, anciens de Champagne et des marais de Saint-Gond, estiment qu'on a assez abusé du poilu, et que l'affectation d'un brave à Verdun doit être le repos du guerrier, pas les travaux forcés à cinq sous par jour.

– Si la guerre continue encore, dit le sergent Courtois, instituteur dans le civil, à l'adjudant Lesenne, nous aurons remué toute la terre remuable autour de Verdun.

Huit jours de tranchée pour huit jours de prétendu repos pendant lequel les hommes doivent travailler six jours, c'est le tarif ordinaire. Et ils en ont assez !

Le jour qui se lève appelle au boulot les poilus du 208e de Saint-Omer, de la « Défense mobile de Verdun ». Ils se réveillent d'instinct, avec le soleil, sans sonnerie de clairon, convaincus d'avance que ce 21 février sera un jour comme les autres, au dix-huitième mois de guerre.

À cheval, les officiers inspectent paisiblement les secondes lignes à travers bois. Ils affectionnent cette promenade hygiénique. Pour les ch'timis qui attendent le vaguemestre, cette chevauchée des galonnés s'accompagne, tous les matins, d'une déception.

Le vaguemestre ne passe jamais. Pas de nouvelles de la maisonnée, pas de colis ni de mandats. Les deux seuls déserteurs de la compagnie de Lesenne sont des ouvriers de Valenciennes qui ont franchi les lignes pour retrouver leurs familles. Ils n'en pouvaient plus de leur solitude.

– Des patriotes, a corrigé Lesenne, pas des lâches. Il n'est pas dit qu'ils ne reviennent un jour en secteur.

Un jour comme les autres, sur les hauteurs des côtes qui entourent le coude de la Meuse à Verdun.

«À quand l'offensive qui permettra de rentrer au pays, de retrouver les femmes et les enfants de la zone occupée?» se demande l'adjudant en contemplant, sur les branches des sapins, la neige glacée qui accroche encore les reflets roses de l'aurore. Personne ne l'attend plus, l'offensive. On a perdu trop de monde pour rien en 1915.

Six heures du matin. Dans son abri de crapouilloteur, juste à l'arrière de la première ligne du 208e de Saint-Omer, Julien Aumoine enrage de cette inactivité. Qu'il ait repris sa place à l'armée, après le choc subi en octobre sur le front de Champagne, tient du miracle. Tous ses bombardiers y ont trouvé la mort. On lui a confié de nouvelles batteries, avec des artilleurs à instruire. C'est un ressuscité.

Il est resté trois mois à l'hôpital, à récupérer d'un choc cérébral. Au Val-de-Grâce, Gabrielle lui rendait visite chaque jour pour qu'il retrouve la mémoire. On craignait qu'elle ne lui revînt jamais. Le major était pessimiste. Il ne pouvait se prononcer sur la durée de la névrose, ni donner de délai raisonnable à la guérison.

Julien avait des sueurs froides en songeant à cette période, comme s'il avait vécu une sorte de coma prolongé. Il voyait le monde extérieur, était capable d'entendre, de répondre, mais ne parvenait pas à se situer. Il avait perdu sa propre histoire. Trois mois cloîtré dans une chambre, allongé sur un lit, la tête plus basse que le corps. Des massages, des bains chauds plusieurs fois par jour. Julien ne se souvenait de rien, ne reconnaissait personne. Gabrielle sortait de sa chambre en larmes.

Elle lui rappelait minutieusement les détails de leur rencontre à Reims, de leur folle nuit à Épernay. Aucune réaction. Il la regardait avec bonté, mais elle devait lui répéter mille fois son prénom pour voir enfin une sorte de rictus s'esquisser sur ses lèvres. Chaque fois qu'elle revenait dans la chambre, elle était pour lui une étrangère. L'afflux de sang au cerveau provoqué par les traitements du major ne donnait aucun résultat. Le blessé vivait dans une boîte emplie d'ouate dont il ne pouvait sortir.

Il intéressait fort la faculté. Les cas de soldats victimes de chocs étaient de plus en plus nombreux. On ne savait pas les soigner. De nobles vieillards à la boutonnière décorée de rosettes sur canapé venaient s'enquérir du diagnostic, des soins, des progrès réalisés. Julien les entendait parler à son chevet comme dans une langue étrangère. Ils vérifiaient sa pression sanguine, faisaient prendre et reprendre son pouls. Ils savaient que le choc avait pour origine le souffle des explosions qui faisait chuter brusquement la tension. Pas de blessure apparente, sans doute plusieurs hémorragies internes indécelables.

Julien, stoïque, avait supporté tous les traitements. On se gardait bien de lui dire qu'ils étaient expérimentaux. On lui injectait de l'eau salée dans les veines. Certains suggéraient d'ajouter du rhum à l'eau.

– Il faut rétablir les échanges entre le sang et les tissus, préconisait l'un d'eux.

D'autres, plus pratiques, conseillaient de protéger le malade contre le froid, de couvrir son corps de couvertures, de les fixer au besoin sur le patient pour qu'il ne puisse s'en libérer pendant son sommeil. Julien était trop las pour entendre. Il s'endormait pendant ces consultations interminables, comme si elles ne le concernaient pas.

Il avait fini par reprendre conscience au bout d'un mois. Il attendait, en fin de journée, les visites quotidiennes de Gabrielle. Il avait identifié la visiteuse, non pas comme une femme qu'il aurait connue dans le passé, mais comme une nouvelle rencontre qu'il intégrait dans son histoire. La faculté de mémoriser n'avait donc pas disparu. Elle était seulement en sommeil.

Un mois encore, puis on fut à la veille de Noël 1915. L'hôpital était en fête, décoré de guirlandes et de sapins illuminés. À six heures, comme tous les jours, Julien attendait sa visiteuse. Elle n'était pas venue ce jour-là. L'aurait-elle abandonné ? Il ne pouvait se souvenir qu'elle devait rester auprès de son père paralysé, qu'elle lui devait sa nuit de Noël. Ne sachant plus rien d'elle, il la prenait pour une marraine de guerre bénévole. Comment avait-elle pu le laisser seul en cette nuit de fête ? Avec ça, personne ne venait vérifier sa tension, prendre sa fièvre, lui offrir une collation. Pas la moindre infirmière. À croire que le service de l'hôpital lui-même était déserté. Julien s'endormit, le cœur navré.

Et soudain, l'explosion. La lumière s'allume. Le major a soigné sa mise en scène. Il a fait venir Marie, la mère de Julien, de son village de Villebret. Elle entre seule dans la chambre blanche, aveuglante de clarté, toute de noir vêtue, portant toujours le deuil de Léon, son fils aîné.

Julien la reconnaît aussitôt. Il se lève d'un bond pour l'embrasser. Trop émue pour lui parler, elle le serre sur son cœur. Il reconnaît son odeur, la chaleur de son corps, la douceur de ses bras. Il blottit sa tête sur ses genoux, comme l'enfant qu'il était vingt ans plus tôt. Ils restent ainsi jusqu'au soir, l'un contre l'autre, sans dire un mot.

Julien couvre de baisers le front de sa mère, lisse ses cheveux blancs, et de nouveau l'étreint. Tout lui revient d'un coup, les plus petits détails de son enfance, l'ours brun tombé dans le puits, les fugues de son frère Raymond, les moissons joyeuses à la ferme, et plus tard la noce de Léon, sa mort, sur le champ de bataille de l'Ourcq, quasiment dans ses bras. Et ses copains perdus en Champagne : Albert Mouseau, le gai bombardier, et l'Alpin Vasseur, et le margis Vaillant. Tous morts sans doute, ou disparus. Et David Bloch, l'infatigable.

Une jeune femme entre dans la chambre, peu avant minuit, les bras chargés de présents.

– Gabrielle ! s'exclame Julien.

Elle comprend aussitôt qu'il est guéri. Le regard de Marie en dit long sur son bonheur retrouvé. Ils chantent Noël, pleurent de joie ensemble.

Julien a brûlé les étapes, grâce à ce choc miraculeux, dans sa longue marche vers le retour à la conscience.

Un mois plus tard, il est complètement rétabli. Une convalescence rapide, qui a surpris le major. À peine sur ses jambes, en possession de tous ses moyens, il a exigé son affectation immédiate à l'armée combattante, dans le corps des bombardiers de tranchée. On lui a choisi un secteur calme, Verdun.

Le voilà sur le front, parmi les biffins. À l'aube du 21 février, il sort de sa cagna, sent craquer sous ses bottes la neige glacée. Encore une journée où les tirs de mortiers sont interdits. Le colonel Calens, du 51e de ligne, veut éviter tout affrontement inutile et coûteux en vies humaines. Ses ch'timis n'ont que trop trinqué. Pas question que le lieutenant Aumoine fasse du zèle.

Il vérifie rapidement les emplacements de sa batterie : six pièces seulement. À se demander où l'état-major d'armée installe ses canons de 58 qui sortent pourtant en série des ateliers. Les crapouillots sont en place, protégés par des blindages camouflés. Les artilleurs dorment encore dans l'abri. Un sous-lieutenant se nettoie le visage avec une boule de neige. C'est David Bloch, autre survivant de Champagne, que Julien croyait mort. Des brancardiers l'avaient retrouvé sous deux mètres de cailloux, respirant à peine, perdant son sang. Il avait été porté disparu. Il sort, lui aussi, de l'hôpital.

– Il faut ouvrir l'œil, dit-il à Julien. Le silence des Allemands est anormal. Cette nuit, j'ai aidé le colonel à interroger un prisonnier, un déserteur capturé par une patrouille, hier à la tombée du jour. On l'a identifié sans peine : un Alsacien du 143e régiment d'infanterie du corps d'armée de von Deimling. L'homme était de Colmar, comme mon grand-père. J'ai réussi à le faire parler. Il m'a dit qu'une grande attaque allemande était prévue pour ce matin, à cinq heures.

– L'heure est passée, note Julien en regardant sa montre. Le bonhomme a menti.

– Je ne crois pas. Il sortait d'un *Stollen*, un de ces abris bétonnés, à plusieurs étages, construits dix mètres sous terre. De vraies casernes souterraines ! Son unité était en première ligne depuis deux jours. Il a déserté pour ne pas se faire tuer dans l'attaque.

– Qu'a dit le colonel ?

– Il est sceptique. Les renseignements aériens ne montrent aucune construction de parallèles de départ. Les *Stollen* sont des ouvrages défensifs. Pas de *Drachen*, de ballons dans le ciel. Rien ne trahit, sur notre front, les préparatifs d'une offensive. Il a reçu un courrier du général de Langle de Carry, qui commande le groupe des armées du Centre. Il prescrit de continuer les travaux de seconde ligne, mais ne croit pas à une attaque allemande imminente.

– De Langle est à Avize, dit Julien. À côté d'Épernay. Il ne doit pas voir grand-chose, de si loin. Je vais vérifier mes stocks de bombes. Il faut pouvoir approvisionner très vite les pièces, s'ils se remuent, en face. On ne sait jamais.

À peine levés, les bombardiers s'affairent à transporter les lourds projectiles sur des brancards dans les boyaux de liaison. Au-dessus de leur tête, un biplan G4 de reconnaissance gagne en rase-mottes les lignes allemandes. Les biffins qui prennent leur poste à la tranchée le suivent des yeux tout en sirotant leur café. Soudain, ils manquent de s'étrangler. Deux Fokker EIII, les chasseurs les plus performants de l'aviation allemande, surgissent et attaquent le biplan.

Mitraillé de dos, l'avion français perd de la vitesse, donne du gîte et va s'écraser en dégageant une épaisse fumée noire.

– Celui-là ne nous rapportera pas de photos, commente Julien auquel parviennent, portés par le vent d'est, les cris des fantassins allemands acclamant l'exploit de leur pilote.

Les Fokker battent des ailes en signe de victoire et se dirigent aussitôt, à plein régime, sur un ballon français d'observation, à peine gonflé par les aérostiers. Le ballon explose, l'observateur a eu tout juste le temps de sauter en parachute.

Julien estime qu'une telle agitation, si tôt dans la matinée, est anormale. Les chasseurs allemands d'une escadrille d'élite semblent avoir reçu mission de décourager toute observation française. Un mauvais coup se prépare.

– Ils ont quelque chose à cacher, dit Bloch. Mon déserteur avait raison.

Dépassant vers la gauche la première tranchée du 208e, Julien, qui veut en avoir le cœur net, gagne la ligne avancée des chasseurs à pied, les voisins de l'ouest, à l'orée du bois des Caures. Tout est calme autour des ouvrages de première ligne. Les chasseurs prennent le guet, sans hâte.

– Rien à signaler, dit à Julien le sous-lieutenant Pagnon. Des bruits de charrois sur les cailloux des sentiers, des hennissements de chevaux. Peut-être rapprochent-ils leurs batteries de 77.

– Il faut grimper pour venir jusqu'à vous, dit Julien, essoufflé. La côte est dure.

– Oui, répond le chasseur. Nous sommes à mi-pente. Le sommet est à trois cents mètres, le bois est planté sur une grimpette coupée de ravins sur les côtés. Ils peuvent nous encager, s'ils y mettent les moyens. Mais nous avons de quoi répondre, assure-t-il en désignant des nids de mitrailleuses sous abris blindés, tirant au ras du sol.

– Sans crapouillots, affirme Julien, vous n'avez pas une chance. Ils attaquent au *Minenwerfer* et vous balancent des bombes de cinquante kilos dans les tranchées. Vos mitrailleuses sauteront en un clin d'œil, malgré toutes les protections. Comme en Champagne.

– Venez à notre secours avec votre batterie, dit Pagnon, frappé par la compétence du jeune lieutenant. Le colonel Driant appréciera.

– Je n'ai que six pièces, regrette Julien, et les biffins de la 51ᵉ division du général Boulangé en ont le plus grand besoin. Leurs tranchées ont été creusées à la cuillère. On dirait des rigoles d'irrigation.

En redescendant vers Beaumont, Julien aperçoit, devant son PC accroché à flanc de ravin, le colonel Driant, penché sur une carte.

– Un ancien député, gendre du général Boulangé, lui glisse Pagnon, il a repris du service dans les chasseurs. Il commande notre brigade.

– Il semble soucieux, dit Julien.

– Il a demandé en vain le renforcement de nos défenses, dans ce secteur, précisément. Il le pressent depuis longtemps : c'est là qu'ils vont frapper.

Sept heures et quart. Le colonel Calens, à cheval, rentre de la citadelle, où il a rencontré le général Herr. Sa monture fait un écart. Un obus de 420, dans un fracas assourdissant, perçu sur toute l'étendue du front et jusqu'aux Vosges, vient de tomber sur le palais épiscopal où sont conservés, dans la bibliothèque, de précieux manuscrits enluminés du Moyen Âge.

L'explosion donne le signal du *Trommelfeuer*, ce feu de l'enfer, déclenché par le satanique von Beseler, celui qui a pris Anvers, le général allemand spécialiste de l'artillerie lourde, dont le colonel Calens a entendu parler à l'école de guerre. Les obusiers de 420 sont ses enfants chéris. Il vient de signer l'agression.

Julien n'a que le temps de sauter dans un boyau pour courir vers sa batterie. Le feu des *Minen* se déchaîne sur toute la ligne. Les tranchées des poilus de Saint-Omer sont accablées par des charges qui explosent et creusent des entonnoirs. Julien bourre lui-même la gueule de la première pièce, ajuste le tir à cent mètres en face, sur les tranchées adverses. Le bombardier Lagache, un métallo parisien, enclenche les bombes dans l'âme du 58 à toute vitesse.

Déjà, le crapouillot de David Bloch vient de sauter, rebondissant lourdement au fond d'un cratère. Le jeune homme et ses aides, indemnes, s'y tapissent, sachant bien qu'une bombe ne tombe jamais au même endroit. En un quart d'heure, les six obusiers de 58 de la batterie sont éliminés, et les artilleurs criblés de débris, de cailloux, de branches d'arbres arrachées aux troncs. Les fantassins de Saint-Omer, quand ils ont eu la chance de survivre, ne savent pas sur qui tirer : personne n'approche. Le front ennemi reste parfaitement immobile. Pas la moindre silhouette en vue.

Alors commence le tir de l'artillerie lourde, postée de Spincourt à Sivry-sur-Meuse. Six *Drachen* montent aussitôt dans le ciel pour guider les tirs par radio, pendant que le feu de milliers de pièces se déchaîne. Des escadrilles de Fokker empêchent les avions français d'approcher. Des obus de tout calibre creusent des entonnoirs autour de Julien et de ses artilleurs plongés dans des trous. Ils ont perdu leurs armes. Il ne leur reste que leurs mousquetons de service, et aux officiers leurs revolvers. Une fois de plus, Julien doit se battre en fantassin.

Les cratères de bombes et d'obus se succèdent en enfilade. L'ensemble de la position française est matraqué, et particulièrement la première ligne du bois des Caures. Vu la cadence et la violence des explosions, Julien se dit qu'il ne doit pas subsister un seul chasseur sur la pente boisée. Le bruit est infernal, l'air irrespirable. Un agent de liaison du 164ᵉ d'infanterie parvient à ramper jusqu'au trou où se cache Julien. Le vaillant coureur est au bord de la crise nerveuse :

– Je m'appelle Georges Champeaux, halète-t-il. Je viens des premières lignes de la 51ᵉ division dans l'Herbebois. Les arbres y sont fauchés comme fétus de paille. De la fumée se dégage de certains obus. Des gaz, assurément. La poussière produite par la terre soulevée forme un brouillard qui empêche de voir au loin. Nous devons abandonner notre abri et nous terrer dans un large entonnoir. Beaucoup de blessés et de mourants nous cernent, que nous ne pouvons même pas secourir. Je dois joindre le colonel Driant.

– Impossible, déclare le caporal de chasseurs Brassard en plongeant dans le trou de Julien pour s'abriter des éclats. Sur cinq des nôtres, deux sont enterrés vivants dans leurs abris, deux sont plus ou moins blessés et le cinquième attend, sans savoir que faire. Je vais chercher des munitions. Avec ce que nous avons, nous serons cuits en une heure.

– Ils emploient des obus à gaz, assure Champeaux en

montrant son masque. J'ai dû contourner le ravin de Vacherauville. Les hommes surpris n'ont pu se protéger à temps. Ils suffoquent, ils n'y voient plus clair. Une nappe sombre, qui se colle au fond des boyaux sans se disperser. Les tranchées bouleversées de l'Herbebois regorgent de cadavres des nôtres. Impossible de sortir de là les aveugles et les suffocants. Ils vont crever sur place.

Julien inspecte le ciel devenu nuageux. Pas un avion français, pas un départ de 75. Les obus allemands passent désormais au-dessus de leurs têtes, explosent au sud du bois des Caures, soulevant des geysers de terre, des nuages de poussière épaisse. Ils s'acharnent avec une précision stupéfiante sur la ligne des tranchées à peine achevée de la deuxième position française.

– C'est cela, être encagé, constate Julien. Nous ne pouvons pas reculer. Le feu nous isole. Nous sommes pris par-devant, sur les côtés, par-derrière. Aucun renfort ne peut nous parvenir. Ils ont divisé le front en secteurs, et nous devons rester dans notre périmètre, sans rien pouvoir tenter pour en sortir, sous peine de mort immédiate. Les obus tuent jusqu'aux lapins de garenne dont ils ont écrasé les terriers, et même les taupes et les rats. Rien ne doit survivre, par ordre du Kaiser.

– Ils ne passeront pas, jure David Bloch, les mains crispées sur son mousqueton. Il suffit d'attendre et de tirer dans le tas. Dès que ces lâches voudront bien se montrer !

– Ils ne passeront pas, enchaîne le chasseur Brassard en faisant claquer sa culasse.

– Non, ils ne passeront pas, hurle Julien Aumoine, comme possédé. Il grimpe, s'agrippant aux racines, sur le bord du cratère, tend son poing vers l'ennemi, hors de lui :

– Ils nous traitent comme des rats. Nous les tuerons comme des chiens.

C'est le serment de Verdun.

Huit heures. Un court répit pour les premières lignes. La canonnade s'étend en largeur. Les avions allemands tiennent le ciel. Ils guident les batteries invisibles. Les cratères d'obus sont déjà des charniers. Les blessés geignent. Aucun brancardier ne peut les secourir, car le tir des *Minen* reprend, interdisant toute approche. Pas la moindre nouvelle de l'arrière. Les ordres ne passent pas.

– Il faut aller jusqu'au colonel, déclare Julien, lui donner la situation de la première ligne pulvérisée. Il doit le savoir.

– C'est impossible, dit Champeaux. Aucun courrier ne peut circuler. C'est un miracle que je sois arrivé jusqu'ici.

Julien bondit hors du trou, se jette dans un abri voisin où des fantassins du 208e, roulés en boule, se bouchent les oreilles pour ne pas entendre la canonnade qui a repris. D'autres se tiennent l'un contre l'autre, hébétés, attendant la mort. Comment pourraient-ils en réchapper, alors que tant de camarades ont disparu, déchiquetés, démembrés, réduits en charpie ? Le prochain obus sera pour eux, c'est sûr. Pas de retraite, pas d'autre abri meilleur que celui-ci. À quoi bon bouger de ce trou ? Pour se faire tuer plus vite ? Point de salut. Impossible d'y voir à plus de vingt pas. La neige elle-même n'a pas fondu, elle est pulvérisée, recouverte d'une couche de poussière, elle ressemble à des gravats de plâtre sale.

Julien se croit dans les décombres d'une poudrière, d'une usine d'obus. Il avance en zigzag, le bruit des explosions dans ses tympans lui fait parfois perdre le sens de l'équilibre. Quand la terre surgit en gerbe, il se plaque au sol, se détourne vers les broussailles, plonge dans les ronciers pour chercher protection, comme si les épines arrêtaient les éclats. Il atteint la route de Vacherauville, défoncée par les obus, encombrée de caissons de munitions incendiés, de convois de vivres éventrés, de blessés râlant le long des fossés. Beaumont-en-Verdunois doit être sur la gauche, en descendant, mais la poussière en masque les ruines.

De cratère en cratère, il réussit à gagner le village, dévalant le long de la pente comme un sourd dans du coton. Il vacille, trébuche sur des branches cassées, glisse sur des morceaux d'écorce et des aiguilles de pin, se blesse sur des débris de ferraille. Exténué, à bout de souffle, il atteint enfin Beaumont où se tenait, il y a une heure encore, le PC du colonel Calens.

Rien de vivant dans les ruines. Elles ont été entièrement retournées, dispersées, et la terre labourée par les canons lourds. L'abri du colonel est béant. Son cadavre est affalé sur sa table de travail. Il tient un téléphone à la main. Tous les officiers sont morts autour de lui. Le régiment n'a plus de tête. Julien arrache avec peine l'appareil au poing crispé du colonel, enclenche, haletant, les boutons de la radio sans fil. Le poste est détruit et la ligne du téléphone coupée.

Un officier couvert de poussière plâtreuse surgit des décombres, un ordre à la main. Il se présente : commandant Pierre Leclerc, de l'état-major du 208e régiment.

– Marchez vers Verdun, dit-il à Julien en lui tendant le pli. Au premier téléphone en état de marche, demandez le QG du 30e corps, à Dugny. Ils doivent faire tirer les 75 tout de suite. Les Boches vont déboucher. Les nôtres ont perdu tout espoir. Le bruit de notre canon les encouragera. Ne perdez pas une minute, je vous en conjure.

Julien poursuit sa route vers Louvemont. La position est entièrement défoncée par les obus lourds qui ont creusé des excavations profondes de cinq à six mètres, larges de dix. Deux officiers dans un abri s'affairent autour d'un téléphone. Julien croit atteindre le terme de sa course insensée. Il va pouvoir appeler l'état-major.

– Un message du commandant Leclerc, dit-il, de Beaumont.

– Beaumont ? Donnez vite, dit l'un des officiers, le capitaine Armand, de l'état-major de la 51e division. Personne ne sait ce qui se passe en deuxième ligne, et moins encore au bois des Caures.

Le capitaine se saisit du papier griffonné au crayon.

– Allô, Dugny ? Vous êtes bien le 30e corps ? Un message de Beaumont, 208e régiment, commandant Leclerc.

– Parlez vite, lui dit-on, ne perdez pas de temps. Ici commandant Drevet de l'état-major du 30e.

– Arrosage du bois des Caures par *Minen*, 77, 150 et 210. Pas de résistance organisée. Survivants isolés. Colonel Calens tué. Bois d'Haumont rasé. Gaz à Vacherauville. Attaque d'infanterie imminente. Matraquez à trois cents mètres des premières lignes. Tir d'interdiction.

– Ne quittez pas. Les ordres vont suivre.

On entend dans l'appareil des bruits de discussions, comme si l'on n'était pas sûr de la réponse appropriée. La sentence tombe, décourageante.

– Nous ne pouvons pas vous donner satisfaction, dit le capitaine d'une voix hachée par l'émotion. L'artillerie divisionnaire est entièrement détruite. Rien ne dit que les

Allemands vont attaquer tout de suite. Les tirs de pièces lourdes accablent toute la rive droite de la Meuse, depuis les Éparges. Nous ne connaissons pas la direction d'attaque. Nos batteries sont en l'air, les caissons ont explosé. Les canons de 75 qui nous restent n'ont qu'un stock limité d'obus. Il faut les conserver pour l'assaut. Le général Chrétien, commandant du 30e corps, vous fait dire de joindre par coureur le colonel Driant. Qu'il fasse savoir autour de lui qu'il n'y a pas d'autre solution que de tenir et de vendre chèrement sa peau.

À Chantilly, très loin de ce carnage, Joffre attend l'arrivée du général de Langle de Cary, commandant la région du Centre-Est, venu tout exprès de son PC d'Avize pour conférer de la situation à Verdun.

Le train en provenance de Reims entre en gare à midi. Deux officiers d'état-major aux collets marqués de foudres, képis ceints de satin blanc, attendent le chef et ses collaborateurs pour les conduire en automobile jusqu'à la masse de brique rose de l'hôtel du Grand Condé. La voiture en franchit la grille, saluée par des gendarmes casqués, en uniforme bleu horizon. Elle accède à la cour d'honneur où l'entourage du général de Langle de Cary y descend pour se rendre au 3e bureau des opérations.

Le général fait signe au chauffeur de poursuivre sa route. Il sait que Joffre ne tolère pas une minute de retard. Pour ne pas être dérangé et travailler dans la sérénité avec une équipe restreinte, celui-ci a renoncé à son bureau du grand Condé et attend Langle à la villa Poiret, boulevard d'Aumale, à cent mètres de l'hôtel. Il loge et déjeune dans cette maison bourgeoise en bon père de famille.

Sur le seuil, le premier major général Pellé accueille Langle. Souriant, affable, il sent le propre, sanglé dans son uniforme kaki de colonial. On dit de lui qu'il se baigne tous les jours à l'hôtel, disposant de l'eau chaude et du chauffage central. Il excuse Janin, son acolyte, occupé à recevoir une délégation de parlementaires angoissés par les nouvelles qui filtrent de Verdun.

Langle de Cary est aussitôt introduit par deux plantons médaillés militaires dans le bureau de Joffre. Lourd et massif, le général en chef leur tourne le dos, installé face à sa table de travail, devant la cheminée. Il vient de signer un ordre qu'il tend au lieutenant-colonel de chasseurs à pied Larrieux, chef du 3e bureau des opérations depuis le départ de Gamelin dans un corps de troupe.

– Quelles nouvelles de Verdun ? dit-il en se retournant vers Langle.

– Un bombardement général de la région des côtes de Meuse de sept cents pièces d'artillerie lourde et de neuf cents canons de campagne, sur un arc de cercle d'environ douze kilomètres. Je viens de recevoir le rapport du quartier général de Dugny. Les Hautes Carrières sont touchées, et Forges, de même que le bois des Caures et de l'Herbebois.

– Rien ne permet donc de conclure à une éventuelle attaque générale sur un point précis, dit Joffre. Le bombardement a commencé à sept heures. Il est midi.

– Il vient de diminuer en intensité, ajoute Langle. Un coup de téléphone de Dugny me l'a confirmé.

– Il peut s'agir d'une diversion, intervient le major général Pellé. D'autres bombardements sont signalés en

Champagne, où une offensive allemande est plus vraisemblable, pour des raisons stratégiques. Von Falkenhayn veut sans doute écraser dans l'œuf notre projet d'offensive sur la Somme avec les Britanniques. Il prend les devants, mais sûrement pas à Verdun.

Jusque-là silencieux dans son fauteuil Napoléon III, le colonel Dupont se lève. Le chef du 2e bureau connaît l'armée allemande comme sa poche, unité par unité, aussi bien que Falkenhayn. Il collectionne les pattes d'uniformes et les boutons régimentaires enlevés aux prisonniers ou saisis sur les champs de bataille.

– J'ai ma garde en réserve devant le bois des Caures, dit-il : une division fraîche, prête à l'attaque, enfouie dans les *Stollen*. Mes divisions d'élite sont massées près d'Hattonchâtel. Des troupes de rupture, *Stosstruppe*.

Le colonel du service de la « bouche cousue » parle des régiments ennemis comme s'il les commandait lui-même. Ses épaules puissantes impressionnent, et son front large, réfléchi, porte le poids des effectifs allemands. Il tire une bouffée de sa pipe, dont il ne se départ jamais, avant de citer le nom des généraux chargés de l'offensive, von Deimling, von Haeseler. Il montre des photos de ces officiers supérieurs dans leurs nouveaux quartiers du *Kronprinz* de Prusse, passant en revue les unités spéciales sur la place de la gare à Spincourt.

– L'axe d'attaque est clair, souligne-t-il. Les batteries sont concentrées dans la région de Montfaucon et vers les Jumelles d'Ornes, sur les deux rives de la Meuse. Les bois des Caures et de l'Herbebois ont été rasés, leurs garnisons anéanties. C'est évidemment là qu'ils frapperont pour avancer droit sur Verdun, en se faufilant entre les forts, dont ils ignorent le désarmement récent.

– J'ai en main le rapport du seul aviateur français qui ait réussi à passer les lignes et à rentrer à sa base, dit Langle de Cary : *Il y a partout des batteries*, écrit-il, *elles se touchent, les flammes de leurs obus forment une nappe continue*.

– Mais si l'on s'en tient à votre analyse, insiste le major général Pellé, repérant sur la carte les localités bombardées, c'est l'ensemble de la région qui est atteint, et non une portion du front. Rien n'indique un « axe d'attaque », ni même, à vrai dire, une attaque. Au reste, Castelnau revient de mission. Il a fait renforcer les défenses. S'ils sortent de leur trou, nous sommes prêts à les recevoir.

– Il faudrait amener l'artillerie lourde de réserve, dit de Langle. Nos batteries ont été éliminées en une heure et nous manquons d'obusiers, même de tranchées. Je ne vois pas comment nous pourrions arrêter une offensive à trois corps d'armée, avec les seules forces dont dispose le général Herr dans la région de Verdun. Au reste, Castelnau a signalé les insuffisances de la ligne française, justement dans les bois de Brabant à Ornes.

– Nous avons des télégrammes affirmant que les ordres de Castelnau ont été suivis, et les tranchées dédoublées, affirme Pellé. Des abris de mitrailleuses jalonnent les premières lignes et nous avons tendu des champs de barbelés sur les espaces intermédiaires.

Langle de Cary s'aperçoit alors seulement de l'absence du général de Castelnau, nommé par le gouvernement Briand chef d'état-major général, mais tenu soigneusement à l'écart des opérations par le 3e bureau. Faut-il que Langle soit loin de Chantilly pour ignorer que Joffre et Castelnau, qui consentent à poser ensemble pour les photographes de *l'Illustration*, ne s'entendent en réalité pas du tout ? Envoyer Castelnau à Verdun est une grosse malice de Joffre. Si les choses tournent mal dans ce secteur, Castelnau portera le chapeau.

– Je voudrais entendre maintenant le commandant Dufour, mon envoyé spécial à Verdun, demande le général en chef.

– J'étais à Dugny, chez Herr, commandant la place et la région fortifiée de Verdun, quand le rapport sur le bombardement est arrivé à l'état-major d'Avize du général de Langle, dit d'une voix métallique, impersonnelle, l'homme de confiance du général en chef. Il a d'abord été question de mettre l'accent sur la destruction des bois des Caures et de l'Herbebois. Un conseiller de Herr est alors intervenu pour protester contre les termes du rapport. Il était ridicule, selon lui, de parler d'un « tir d'écrasement », plus encore d'une « préparation formidable », préludant à une « offensive de grand style ». Herr a fait observer que l'on prenait un risque certain en suggérant à l'état-major d'immobiliser de puissants renforts d'artillerie dans une région isolée, desservie par une seule voie ferrée à petit débit, et par une route en mauvais état. « C'est au quartier général de décider s'il s'agit d'une action principale ou secondaire. Nous n'avons pas de moyens d'apprécier », a conclu Herr, et Chrétien, le chef du 30e corps, ne l'a pas contredit. Il a imposé la rédaction du rapport que le général de Langle tient en main, où l'on présente le bombardement dans sa généralité, au lieu de mettre en vedette la zone d'attaque possible.

– Cette attaque, à l'heure qu'il est, n'existe pas, conclut Joffre impatienté. Il sera temps de renforcer le front, s'il est enfoncé. Vous ne connaissez pas les Prussiens. Von

Falkenhayn peut très bien nous dorer la pilule à Verdun, et nous surprendre en Champagne. Envoyez tout de même le 7ᵉ et surtout le 20ᵉ corps de Nancy en cas de coup dur.

– Ils sont déjà en marche, affirme Pellé. Le 7ᵉ est à Souilly, et le 20ᵉ atteint Bar-le-Duc.

Dupont lève les yeux au ciel, sans protester. Il a l'habitude de n'être pas suivi. Joffre ne veut en rien contrarier ses préparatifs d'attaque sur la Somme, ni aventurer à Verdun sa précieuse artillerie lourde. Le chef du 2ᵉ bureau pense qu'une fois de plus les poilus de la 56ᵉ division, perdus dans les bois, seront livrés sans secours aux coups de boutoir de la garde prussienne. Plus tard, beaucoup trop tard, on lui donnera sans doute raison.

Le général Pellé, rentré dans son bureau, relit le communiqué adressé à la presse le 21 février à treize heures, bien que situé à quinze, comme si l'on n'attendait rien de nouveau des deux heures suivantes : *Faible action des deux artilleries sur l'ensemble du front, sauf au nord de Verdun, où elles ont eu une certaine activité.*

Deux heures de l'après-midi. Julien Aumoine cherche le colonel Driant dans les décombres calcinés du bois des Caures, afin de lui transmettre le message de Dugny. Il doit se jeter à plat ventre à tout moment, d'instinct, car le bombardement a repris de plus belle. Cent fois, il manque de sauter sur un obus. Sa baraka le protège, une fois de plus.

Personne à qui demander son chemin. Les seuls survivants sont les blessés qui appellent à l'aide. Les hommes valides, hébétés, assommés, se terrent au fond des trous.

Pour la première fois, Julien voit exploser, à cinq cents mètres, des obus de 75. Il en pleurerait de joie. Ainsi, on a pitié d'eux, ils ne sont pas seuls dans cette fin du monde. Les Boches ont-ils enfin attaqué, pour qu'on prenne la peine de leur répondre ?

Rien. Le feu des canons français s'évanouit dans le vacarme immense du *Trommelfeuer*. Les trop rares pièces de 75 ont sans doute sauté sous l'avalanche de ce feu qui n'épargne par le moindre mètre carré de terrain. Les artilleurs boches balisent avec méthode, sans se soucier d'aucun repérage. S'ils ont encore des *Drachen* en l'air, leurs observateurs n'y voient rien, même dans des jumelles aux verres d'Iéna. Trop de poussière et de fumée.

Trois heures, toujours rien. Pas d'attaque ennemie en vue. Julien attend dans son trou, à deux cents mètres des lignes allemandes où aucun casque, aucune pointe de baïonnette, ne miroitent au soleil. Il enrage de n'avoir plus de bombes pour les débusquer. Pourquoi n'a-t-on pas fourni aux premières lignes les moyens de se défendre ? Il est vrai que cent crapouillots auraient été détruits aussi sûrement que six. L'ouragan emporte tout. Faut-il se résigner ?

Que faire ? Prier pour que les canons de 210 allemands allongent le tir et épargnent le bois martyrisé. Pour que cesse ce tremblement du sol qui rend fou, ces geysers de terre qui obstruent les abris, enterrent vivants les camarades. Pour que l'on n'essuie pas, sur sa joue, les éclaboussures de cervelle ou de sang frais d'un corps déchiqueté. Pour que l'air redevienne respirable, que le soleil perce et dissipe le nuage de poussière, comme un mauvais songe. Prier pour que Dieu, s'il existe, prenne enfin en pitié le mal qu'il répand. En son nom partent les canons frappés à son chiffre.

Le Dieu des Germains qui tolère cette fin du monde est-il encore chrétien ? En son nom, on prie pour la victoire dans les temples de Prusse et dans les églises de Bavière. En son nom, les artilleurs du Kaiser transpercent à Verdun le périmètre de l'Enfer, pour rayer vingt kilomètres carrés, en quelques heures, du monde des vivants, et faire la preuve que rien ne peut résister aux flammes de la Ruhr.

Neuvième heure de bombardement. La cadence des obus s'accélère, prompte à détruire ce qui peut l'être encore, à fouiller les trous, les ravins, les pentes à contre-pente, les moindres fissures de la terre. Un corps bascule dans l'entonnoir où Julien a trouvé refuge, comme un ballon perdu dans le public du stade. Il roule au fond, dans la boue neigeuse, se détend lentement, se déplie. L'homme rampe, se rapproche, le visage maculé de boue, se laisse tomber aux côtés de Julien. C'est René Losfeld, un chasseur du 56e de Lille, un des soldats du colonel Driant. L'homme, sonné par le *Trommelfeuer,* ne dit pas un mot. Julien a du mal à reconnaître son grade et son uniforme. Il lit son nom et son unité sur la plaque d'immatriculation attachée à son cou.

Une nouvelle explosion les jette l'un contre l'autre dans un bruit assourdissant. Un énorme obus de 210 vient d'éclater juste à côté, et les retombées de terre comblent en partie leur cratère. Le sergent Losfeld est secoué. Mineur de fond à Lens, il a pourtant l'habitude des coups de grisou. Il fait le geste d'enlever son casque, débridant sa mentonnière pour respirer. Julien l'en empêche, lui tend sa gourde de gnôle.

– Bois, camarade, et tâche de reprendre des forces. Ils ne vont pas tarder à attaquer.

– Nous n'avons plus personne, dit Losfeld, qui s'étonne lui-même de pouvoir articuler. Mes copains sont tous morts, à la troisième compagnie. Morts ou enterrés. Je dois être le seul survivant.

Losfeld regarde le ciel couvert de poussière. Il semble se couvrir encore de nuages plus épais. Si les obus à gaz tombent, ils sont fichus. Ils n'ont de masque ni l'un ni l'autre.

– Où se trouve Driant ?

– En enfer, peut-être, ou au fond de son trou. À trente pas d'ici. Mais où sommes-nous ?

Impossible de se repérer, dans l'enchevêtrement des branches et des troncs d'arbres fauchés par les 210. Les trous d'obus sont à touche-touche. Julien se redresse, cherche à distinguer au loin la route de Vacherauville. Il se souvient d'un flanc de ravin, en quittant le village de Beaumont, où le colonel tenait son PC enterré. Mais la poussière masque tout le paysage.

– N'insiste pas, dit Losfeld. J'ai vu Driant vivant il y a une demi-heure. Il m'a chargé de rejoindre les copains de l'avant, ceux de l'abri bétonné. Ils sont assommés par le canon. Deux ou trois survivants par compagnie, mitrailleuses broyées, Lebel hachés menu. Driant m'a dit qu'il espérait disposer encore de trois cents chasseurs sur les treize cents de l'effectif. Il est optimiste. Les rares rescapés ont perdu leurs armes, moi le premier.

– Je dois quand même y aller, dit Julien en grimpant la pente du cratère. Tâche de trouver un Lebel. Le feu se calme. Le temps de l'action arrive.

Il rampe en direction de la route, repère enfin le ravin infesté de poussière. Le colonel est là, debout, droit dans ses bottes, avec deux officiers. Il a profité de l'accalmie pour organiser la défense. Deux coureurs partent vers le nord, afin de rallier le reste des compagnies. Un autre prend la route de Vacherauville. Il a pour mission de regrouper des renforts et de les diriger vers les défenses de première ligne.

– Lieutenant Aumoine, se présente Julien, 110e batterie de bombardiers.

– Où sont vos canons ?

– Volatilisés, mon colonel. Je n'en avais que six.

Il lui tend l'ordre de l'état-major de Dugny : « Résister sur place sans esprit de recul. Renforts arrivent. »

– Que faire d'autre ? dit le colonel d'un ton las, sinon mourir jusqu'au dernier.

Trois heures et demie. Julien quitte le PC de Driant pour tenter de rejoindre les siens, dans la tranchée du 208e, entre le bois des Caures et le bois de Ville. Les obus ne frappent plus les premières lignes, mais pilonnent à deux kilomètres vers l'arrière, pour empêcher l'arrivée de renforts. Un tir d'écrasement qui ne laisse rien au hasard.

Julien parvient près d'un abri où il reconnaît Lesenne, du 208e régiment, et le commandant Leclerc. C'est un PC de bataillon dont le toit a été soufflé par une explosion.

– Quels sont les ordres ? demande à l'officier l'adjudant Lesenne.

– Les fils du téléphone sont coupés. Regagnez la tranchée de l'avant, tâchez de rallier les survivants. L'attaque ne va pas tarder.

– Les chasseurs de Driant se regroupent, dit Julien. Ils attendent l'assaut.

– Combien de pertes ?

– Impossible à préciser. C'est tout juste si l'on peut rassembler une douzaine d'hommes par section, en cherchant bien. Encore faut-il aller sur place pour donner les ordres, car les communications sont coupées et les boyaux détruits. Les compagnies de l'avant sont isolées et presque entièrement décimées.

– Les nôtres aussi, dit lentement Leclerc. Il faudrait compter ceux qui peuvent encore tirer.

Julien part aussitôt avec l'adjudant Lesenne, ils sont munis de Lebel et de cartouches fournis par le magasin du PC.

Ils s'approchent sans difficulté des ouvrages de première ligne. L'artillerie ennemie a délaissé le secteur. À quoi bon s'acharner ? Le travail est fait. La tranchée de la troisième compagnie n'existe plus. À l'avant, les lignes de barbelés ont été arrachées. On n'aperçoit plus la ligne de défense, les parapets sont entièrement détruits, hachés par les explosions, encombrés de corps déchiquetés, d'armes brisées, de caisses de munitions éventrées.

Lesenne se fige soudain. Sur un bout de parapet, il aperçoit un corps plié en deux, qui s'agite comme s'il appelait au secours, avant de s'immobiliser tout à fait. Il reconnaît le sergent Courtois, commotionné, sans casque, sans arme, sans sac, sans cartouchière. Il a les yeux ouverts, mais ne répond pas à ses questions.

– Le coma, dit l'adjudant, le choc. Il est comme mort.

Julien détourne son regard. Il connaît les effets du choc. Si cet homme n'est pas secouru, il va mourir dans l'inconscience, sans même réaliser qu'il s'en va. Il jette un lambeau de couverture sur son corps, approche sa gourde de ses lèvres. Courtois cligne des paupières. Il semble un instant reprendre connaissance, cherche à parler, mais les mots ne sortent pas de ses lèvres.

Julien réchauffe ses mains glacées, tapote ses joues, l'étend sur le sol, lui surélève les pieds au-dessus d'un sac. Puis il ouvre sa capote, lui masse le cœur avec acharnement, essayant à toute force de lui rendre vie.

Courtois soupire, semble s'animer, puis retombe dans sa torpeur.

– Il est perdu, dit l'adjudant.

Lesenne avance difficilement vers le bout de la tranchée, en espace découvert, à l'orée du bois. Un nid de mitrailleuses détruit est sans occupants. Une pièce renversée, dont la bande est engagée, semble en bon état. Les servants sont morts. Julien accourt, redresse l'engin qu'il place en position, dans la direction de l'ennemi, s'assied sur le trépied, appuie sur la gâchette pour s'assurer qu'il est en mesure de tirer. Une salve part. C'est bon, le voilà mitrailleur.

– Il faudrait chercher d'autres bandes, dit-il.

– Nous y avons pensé, dit derrière lui une voix familière.

Julien se retourne : David Bloch, fantomatique et en lambeaux, traîne, aidé par le bombardier Lagache une lourde caisse de munitions maculée d'argile. Ils ont la mine réjouie de ceux qui viennent de déterrer un trésor.

– Vous êtes vivants ! Dieu soit loué ! crie Julien. Nous allons leur montrer de quel bois nous nous chauffons.

Lagache dégage déjà la meurtrière, organise l'abri en réajustant les boucliers de fonte, hausse la pièce sur un socle de sacs de sable recouverts de madriers et de débris de planches.

– Taisez-vous, dit l'adjudant. Écoutez !

Ils prêtent l'oreille, attentifs au moindre bruit. Ils se demandent si l'adjudant est devenu fou. Ils ne se rendent pas tout de suite compte que le bombardement a complètement cessé. Ils en prennent subitement conscience, de manière presque douloureuse. Si le bois avait encore des arbres et les arbres des merles dans leurs branches, on entendrait ceux-ci chanter. Le silence est absolu, impressionnant.

– Inquiétant, lance Bloch en se débouchant les oreilles.

Le front est mort, neutralisé. La fraîcheur qui tombe avec le soleil évoque une glaciation. Pas le moindre grondement de canon, même au loin. Ni moteur d'avion, ni éclatement. Pas le moindre bruit dans les tranchées d'en face, pas d'activité. Aucune sonnerie de bugle, pas d'ordres aboyés par les *Feldwebel*, de coups de sifflets impulsifs. Rien.

David Bloch regarde sa montre :

– Il est quatre heures.

Dans ses jumelles, l'adjudant Lesenne voit des formes bouger à cent mètres. Il se passe la main sur les yeux. Un cauchemar ?

Julien bouscule Lesenne, lui arrache les jumelles : là, à deux cents mètres, les Boches sortent de leur tranchée, chargent tranquillement leur matériel, puis ils avancent par petits groupes sur des itinéraires balisés. Ils portent le fusil sous le bras, comme s'ils allaient à la chasse, traînant des pieds et ménageant leurs efforts. La journée sera longue. À quoi bon perdre du temps à se protéger ? Qui les empêcherait d'avancer ?

Certains ploient sous le faix. Ils portent des mitrailleuses, ou, pour les plus solides, d'étranges boîtes noires arrimées sur le dos. Les autres marchent courbés, la tête vers le sol, un énorme sac de grenades sur l'épaule. En tête, les officiers déchiffrent leurs cartes sans se presser. Ils cherchent des repères dans le paysage, des traces de tranchées au sol. Leur canon a tout détruit. Explorateurs lunaires, ils longent le bois de la Ville, réduit à un immense champ d'allumettes creusé d'une myriade de cratères.

– Le canon! hurle Julien qui n'a jamais tant regretté ses crapouillots. Il nous faut du canon, un tir d'interdiction serré, à cent mètres. Trouvez une fusée, vite, une fusée rouge. Il faut prévenir les artilleurs.

Lesenne fouille en vain la caisse de munitions. Elle contient seulement des bandes de mitrailleuses. À force de tout remuer, Bloch déniche un sac de fusées au fond d'un abri. La première, mouillée, refuse de partir. La seconde monte droit dans le ciel, mais ne fuse pas. Une autre explose entre les mains de Julien, aussitôt noircies de poudre, brûlées en surface. Enfin, l'un des pétards décrit une courbe dans le ciel, déploie le signal rouge tant attendu. S'il existe encore des observateurs d'artillerie, il leur faudra beaucoup d'attention pour détecter ces signaux sous le soleil déjà bas. Dans une heure, il aura sombré dans le crépuscule.

Les Allemands devraient se hâter. La nuit va tomber. Pourtant, ils prennent leur route sans hâte, tels des cheminots rentrant, le soir, coucher à Verdun, ou des ouvriers quittant l'usine à la fin de leur journée. On a dû leur dire qu'ils ne rencontreraient aucune résistance. Julien les cadre dans ses jumelles. Ceux qui suivent les premiers sortis marchent l'arme à la bretelle. Le seul souci des têtes de colonne est de trouver le bon chemin. Il n'est que l'artillerie pour les arrêter. Julien supplie le ciel que les 75 obéissent.

Rien ne vient. Aucun tir français. Les *Feldgrau* continuent d'avancer. Ils sont à cent pas. À bonne portée de fusil.

– À quoi bon tirer, dit Lagache, nous serons les seuls.

À vingt pas sur sa gauche, le coup de feu d'un Lebel lui donne tort. Dix balles d'affilée, le tireur a vidé son chargeur. Un peu plus loin, un autre fusil reprend, puis une file entière. Les survivants sortent de terre. Ils n'ont pas d'ordres, pas d'officiers. Ils tirent au son des camarades, pour ajouter leur note au concert. Ils se croyaient perdus, isolés, attendant la mort. Voici que la joyeuse pétarade des Lebel les réveille. Ils tirent à leur tour, choisissant leur cible, comme à la foire, sur les lignes grises qui s'effilent, se succédant les unes aux autres. Comme des soldats de plomb, les *Feldgrau* tombent, aussitôt remplacés. Ils sont cent, ils sont mille, il en sort sans cesse de la tranchée d'en face. Les entrailles de la terre regorgent de Boches. Plus on en tue, plus il en vient.

Tac tac tac… Julien balaye devant sa porte à 180 degrés. Furieux de n'avoir pas tiré le premier, il presse sans discontinuer la gâchette de la Hotschkiss, dont le tube rougit à force d'être chauffé. L'adjudant Lesenne le fournit en bandes sans désemparer, et les engage l'une après l'autre.

Le bombardier Lagache verse hâtivement de la poudre dans une boîte de conserve afin d'y mettre le feu. Il retrouve les gestes des premiers crapouilloteurs pour fabriquer sa bombe improvisée. Personne ne peut l'empêcher de risquer sa peau. Furieux de ne pouvoir répliquer avec son crapouillot disparu, il bricole son *ersatz*, et le coup part, dans des hurlements de joie.

David Bloch, ajustant le Lebel prélevé sur un mort, vise avec soin, choisit les officiers. Les minces silhouettes tressautent, culbutent bras en l'air, bras en croix. De toutes les fissures, les poilus jaillissent pour tirer. On a voulu les anéantir, les réduire en poussière, les intégrer au champ de ruines, leur interdire de respirer, les immobiliser comme des proies tremblantes. Ils boulent de leur terrier, courent au-devant du coup de fusil du chasseur. Pour en finir avec la peur.

Un sursaut d'énergie les pousse un par un, dans la solidarité des soutiers, des mineurs de fond, des bagnards. Tous ont décidé de vendre leur peau dans une orgie de poudre. Ils pourfendront ces hommes qui marchent tranquillement sur les cadavres des leurs. Le coup de feu du mineur de Lens, du docker de Dunkerque, du tisserand de Valenciennes est protestataire. Le moindre d'entre eux en veut au monde entier d'être abandonné dans cet enfer. Il se venge en tirant pour montrer qu'il n'est pas mort, puisqu'il est encore capable de tuer.

L'ivresse du premier tir passé, David Bloch réfléchit. L'absence de soutien d'artillerie est inconcevable. Un tir de 75 à cent mètres empêcherait ces bataillons de déferler, retarderait l'attaque, obligerait ces Prussiens d'élite du *Kronprinz* à progresser par petits paquets.

– Que fait l'artillerie ? fulmine Lagache en regardant des fusées rouges monter dans le ciel. Il est impossible qu'ils n'aient rien vu !

– Il n'y a plus de canons, plus d'artilleurs, hurle Julien Aumoine pour couvrir le vacarme de la machine. Plus que nous et eux !

La fusillade a gagné toute la ligne. Sur la gauche, les chasseurs de Driant résistent. On entend un feu nourri, et le tacatac des mitrailleuses. À droite, les ch'timis du général Boulangé s'accrochent au terrain jusqu'au bout, en dépit des pertes immenses qui les frappent.

Un homme roule dans l'abri, gris de poussière. C'est le commandant Leclerc, du 208e. Il vient de recevoir un courrier du général Boulangé : des renforts sont en route, deux corps d'armée. Il faut tenir à tout prix et reconquérir les positions perdues, celles dont les défenseurs sont tous morts. Le commandant prendra lui-même la résistance en main. Comme Driant chez les chasseurs.

– Le canon, lui signale Bloch. Mais ce n'est pas le nôtre. Planquez-vous.

– Des 77 ! crie Julien. Ils les ont avancés au plus près. Rien pour nous. Ils tirent à deux kilomètres, tir d'interdiction, pour empêcher nos renforts d'arriver.

– Méthodique, grommelle le commandant Leclerc. Ils ne laissent rien au hasard. Nous ne pouvons ni avancer ni reculer, nous sommes pris au piège, encerclés par le canon. C'est cela, la guerre industrielle. Leur vrai général, ce n'est pas Falkenhayn, c'est Krupp.

Le commandant Leclerc ordonne aux soldats de décrocher. La mitrailleuse sera plus utile dans la tranchée de la première compagnie, où il a regroupé une trentaine d'hommes.

– Regardez à gauche, mon commandant, dit Lagache. Ils brûlent les abris des chasseurs au lance-flammes.

On aperçoit distinctement, à la jumelle, la silhouette grise de l'Allemand qui porte sur son dos une sorte de sulfateuse géante. Elle crache une flamme longue de vingt mètres qui grille tout sur son passage, en dégageant une fumée acre. Soudain, l'homme bascule. Un chasseur a dû le toucher. La flamme se dresse vers le ciel, comme un puits de pétrole en feu.

– Hâtez-vous, dit Leclerc, qui couvre la retraite en tirant au revolver sur les poursuivants.

Il faut traîner l'engin jusqu'au premier abri de la position. Les hommes passent les bandes autour de leur cou et s'élancent, zigzaguant et trébuchant sur le terrain défoncé. L'abri est presque entièrement démoli, informe et sans protections, mais on peut s'y enfouir. Les biffins creusent aussitôt pour établir un boyau de liaison entre les trous. Deux poilus prennent la mitrailleuse en charge et l'installent face à une meurtrière improvisée.

Julien s'empare d'un sac de grenades et commence à les lancer sur les premiers *Feldgrau* qui se présentent. Revenu de ses illusions, l'ennemi a repris la technique de l'assaut par petits paquets, grenadiers en tête.

Tous les Français ne sont pas morts. Ils résistent sans grand espoir, certes, de pouvoir sortir du piège. Pour ceux d'en face, il s'agit seulement de les désarmer, de les empêcher de nuire à *l'offensive de la Paix* annoncée par le *Kronprinz*, offensive qui imposera la fin des combats, quand la grande Allemagne aura fait la preuve de son énorme capacité de destruction. Il faut tuer le maximum de ces Français obstinés qui refusent de se rendre. À la grenade, au lance-flammes. Ainsi pensent les attaquants, bien chapitrés par leurs officiers.

Six heures. Le soir tombe. La lutte à mort se poursuit dans le bois.

– Rien à faire, déclare Leclerc, il faut rester ici. Ne pas se laisser surprendre.

Julien tire des rafales de mitrailleuse sur les ombres qui bondissent devant lui, une grenade à manche en main. Les explosions éclaboussent l'abri d'une lumière crue. Les Allemands se faufilent dans le bois, chasseurs de nuit, le Mauser ajusté. Il faut déplacer la mitrailleuse, ses tirs ont permis à l'ennemi de la repérer.

– Ne tire plus, conseille Lagache à Julien, tu risques de tuer les nôtres. On tourne en rond dans ce bois.

Il est difficile de reconnaître l'adversaire. Les coups de fusil partent à bout portant, selon qu'on croit percevoir, alentour, des bribes d'une langue étrangère. Julien, un Lebel en main, s'oriente vers l'ouest, au son de la fusillade du bois des Caures, mais constate que les Allemands contournent le bois et l'attaquent de tous côtés. Il reconnaît les fantassins ennemis au crissement de leurs bottes dans la neige glacée, et les Français au flop de leurs godillots ferrés sur les cailloux. Se tournant vers son voisin Lesenne, il lui chuchote :

– Fais passer, ils s'infiltrent par l'ouest.

Lesenne alerte Lagache, qui avertit David Bloch en le tirant par la manche. Le commandant Leclerc les suit, des grenades plein son sac. Pas question de traîner la mitrailleuse inutile. On la retrouvera au matin.

Julien, le premier, dérape sur un cadavre. Il tombe dans un élément de tranchée jonché de caillasse, de ferraille, de débris de fil de fer.

– L'ouvrage T6, murmure Leclerc. Ils doivent être tous morts.

À la lueur d'un départ de fusée, il découvre d'un coup d'œil un enchevêtrement de cadavres en bleu horizon et gris *feldgrau*. Aux abords de ce lugubre spectacle, plus le moindre craquement de branches mortes, plus de chuchotements rauques ni de bruits de bottes dans la neige. Il a le temps d'apercevoir dans un coude, un brin absurdes et comme étrangères à tout ce carnage, deux caisses de dynamite posées l'une sur l'autre, intactes.

– Je n'aime pas cela, s'inquiète Julien. Ils se sont retirés. Ils nous préparent un bombardement monstre de *Minen*. À l'aube, ils seront là en force. Poussons les copains, prenons leur place.

Aidé par David Bloch, il donne l'exemple, bascule un corps déjà rigide hors du trou, puis un autre...

– Celui-là n'est pas mort, constate Bloch. Il est encore chaud.

Julien tend la main, se poisse de sang. Le blessé perd ses tripes. Il est inanimé. Ils l'étendent au fond de la tranchée. Demain, peut-être, sera-t-il secouru par des brancardiers. Ou peut-être sera-t-il mort avant. Qu'importe, c'est un blessé. On passe au suivant, dont les galons brillent dans un éclair. Un capitaine. Évacué, avec ses hommes, par-dessus la tranchée. Il faut tenir la position.

Soudain l'éclair, violent, venu de l'ouest. Une flamme de vingt mètres au moins, qui dévore et consume tout ce qui vit. La dernière arme de guerre de l'industrie chimique allemande. Un ouragan de gaz liquide à mille degrés ou plus qui enveloppe, dissout les corps en quelques secondes. Personne n'a vu venir le lance-flammes. Il a pris position à dix mètres sans aucun bruit. Pour lui faire place, les *Feldgrau* s'étaient retirés. Il vient de réduire en cendres, d'un seul jet, les vivants et les morts de l'ouvrage T6. Œuvre achevée par l'explosion des caisses de dynamite.

Des dizaines de Lebel partent tout seuls, dans la direction de la flamme. L'incendiaire est abattu. Le reste de son chargement se consume dans le bois, illuminant le champ de bataille où les Allemands, cachés derrière les arbres, se ruent à l'assaut. Les Français croisent la baïonnette ou dégorgent les sacs à grenades. Quand revient l'obscurité, le sol enneigé compte de nouveaux cadavres.

À l'aube, René Losfeld, du 56ᵉ chasseurs de Lille, traverse

le bois désert, que les Allemands ont évacué durant la nuit pour le bombarder à l'aise, pendant que les Français ont reculé. Il s'est échappé de la poche du bois des Caures où tous les chasseurs sont morts. Le colonel Driant a été tué, ainsi que ses officiers et la plupart de ses hommes.

René Losfeld parcourt ce qui reste des tranchées, à la recherche de survivants. Il s'attarde un instant devant l'ouvrage T6 où tout a brûlé. Il suit la trace de la flamme, découvre le cadavre du sulfateur allemand et les débris de son engin. Il comprend que la terre noircie, nettoyée comme l'intérieur d'un four, cache un horrible drame. Il a du mal à imaginer que les responsables de la guerre allemande n'hésitent pas à utiliser, pour tuer, des moyens aussi barbares, et pourtant, il en voit la preuve.

Il ramasse une poignée de terre, qui s'effrite entre ses doigts : de la cendre mêlée à des ossements calcinés. C'est tout ce qui subsiste des occupants. Même leur plaque a fondu. Une seule traînée grisâtre et plus de Roland Lagache, de Guy Lesenne, de Pierre Leclerc, de David Bloch… Pas davantage de Julien Aumoine. Un jet de flamme a suffi pour qu'il disparaisse en fumée.

À vingt ans, Julien a rejoint son frère Léon, au paradis des martyrs. Nul ne sait qu'il a disparu. Nul ne peut affirmer qu'il est mort, puisqu'il n'a plus d'identité. Pas la moindre trace de lui, sinon une poignée de cendre à la neige mêlée.

Les dernières nouvelles

À Paris, le lundi 21 février 1916 en fin d'après-midi, c'est la criée sur les boulevards, près de la bouche du métro de l'Opéra. C'est la sortie des employées de la maison de couture Patou. Gabrielle et son amie Henriette trottent menu rue de la Paix. Elles traversent le passage clouté pour gagner l'esplanade et abordent le marchand de journaux, un gamin de quatorze ans posté en haut des escaliers de la station. Elles sont impatientes d'avoir des nouvelles du front.

Dans les colonnes du *Matin*, le communiqué de guerre ne mentionne rien d'alarmant. Pourtant, au nom de Verdun Gabrielle tressaille. Elle n'ignore pas que Julien est parti pour le front de Meuse. Il lui écrit tous les jours. Sans doute son secteur postal (165) doit-il rester anonyme, un simple numéro qui n'indique aucun lieu précis. L'artilleur sait bien que sa lettre sera censurée, s'il se risque à révéler des noms de villages ou de grandes cités.

Mais Julien est intarissable sur l'hôtel du Coq Hardi où il déjeune, écrit-il à Gabrielle, chaque fois qu'il se rend en ville pour prendre un bain chaud et se faire raser de frais.

Il évoque les lieux avec émotion. Ils s'y sont connus pour la première fois, lors d'une tournée au front de la Dussane, l'actrice vedette de la Comédie française, dont Gabrielle était la costumière attitrée. Comment ne se souviendrait-elle pas de l'odeur d'encaustique et de lavande dégagée par l'imposante armoire lorraine trônant à l'entrée du célèbre hôtel, de l'arôme du café au matin, du grand lit de noyer, de la promenade nocturne au bord de la rivière ?

– Une « certaine activité »… commente Henriette en parcourant le communiqué de l'état-major dans le journal, cela ne veut pas dire un bombardement général.

– Ils précisent « au nord de Verdun », s'angoisse Gabrielle. Quand on connaît la prudence de ces messieurs, cela signifie que la citadelle est peut-être aujourd'hui détruite de fond en comble, comme Reims. Rappelle-toi, personne ne nous disait rien pour Reims. La ville n'était jamais citée dans les communiqués officiels publiés par les journaux. Quand j'y suis allée, il fallait raser les murs pour échapper aux éclats d'obus. S'ils prennent la peine d'évoquer le nom de Verdun, c'est grave.

– Demandez *L'Intransigeant* ! hurle le crieur de journaux. Vingt-deux Allemands carbonisés dans le zeppelin de Sainte-Menehould ! La batterie d'autos-canons de Revigny l'a abattu en flammes.

– Viens au café de la Paix, dit Henriette. Je connais Gaston Mitois, un gentil petit lieutenant du cabinet de Gallieni. Nous lui tirerons les vers du nez.

Gabrielle se laisse entraîner. Elle veut en savoir plus. Elle ne demande qu'à être rassurée.

– Mitois est en retard, grogne Henriette. Ce n'est pas son habitude. Il aura été retenu au ministère.

Elle poursuit sa lecture des colonnes du journal. Les nouvelles de la guerre concernent au moins pour moitié les fronts extérieurs, les raids d'aviateurs et de zeppelins.

– Hier soir, ils ont coupé le courant à neuf heures trente précises, dit-elle. Peut-être vont-ils recommencer. Ils affirment que l'expérience a parfaitement réussi. Je dînais chez Maxim's, avec Gédéon Meunier, quand le restaurant a été brusquement plongé dans l'obscurité. On a cru à un anniversaire, quand les garçons se sont mis à allumer les bougies. C'était le commandement militaire qui éteignait toute la ville pour que les Gothas la perdent de vue.

– Radical, commente Gabrielle. Le couvre-feu et le camouflage des lumières ne leur suffisent plus. Rien d'autre sur Verdun ?

– Non, mais Poincaré est en visite sur les lignes de Champagne et les Allemands bombardent sur un front de sept kilomètres autour de la Somme. On signale aussi un « duel d'artillerie » en Argonne. Tu vois bien qu'il n'y a pas que Verdun.

L'arrivée de Gaston Mitois ne passe pas inaperçue. Dolman bleu ciel, pantalon rouge, shako à pompon, le chasseur d'Afrique a gardé la tenue traditionnelle, bien que l'armée tout entière soit en bleu horizon. Provocation ? Il faut être de l'état-major pour se permettre de telles audaces. Un faiseur ? La croix de guerre avec palmes épinglée sur sa poitrine fait taire les grincheux. Celui-là n'est pas un embusqué. La tenue d'Afrique évoque Gallieni, ministre de la guerre et grand colonial. L'idole des Parisiens, qui se souviennent des taxis de la Marne, traque impitoyablement les planqués, les fils de famille, les protégés des politiciens. Tous au front !

Le jeune homme baise la main d'Henriette avec insistance. Les ondulations savantes de ses cheveux blonds de jeune lion cascadent jusqu'à la coupure du col. Sa moustache est en accent grave. Il ne prend plus la peine de la relever en pointes. À Gabrielle, il trousse un compliment rapide et distrait, du ton d'un homme dont le temps est compté. À l'évidence, il est navré devant la perspective d'une soirée gâchée.

– Je ne fais que passer, dit-il. Je suis de garde au ministère toute la nuit.

– Tu vas tout de même prendre le temps de dîner, dit Henriette, la mine pincée d'une maîtresse de maison qui déteste les désistements de dernière minute.

– Hélas, le devoir m'appelle, regrette Gaston, qui presse le garçon de prendre commande, pour un simple verre.

Henriette ne sourit plus, son visage se fige. Elle sait combien son amant lui est attaché. Qu'il se dérobe aussi brusquement n'est pas normal. À chaque aurore, il lui affirme qu'il ne peut se passer d'elle, qu'elle est la lumière de sa vie. Elle n'a jamais connu de petit lieutenant plus assidu.

– Les choses se gâtent ? risque-t-elle.

– Oui.

Henriette n'insiste pas. La règle d'or, avec un militaire de l'état-major, est de ne jamais poser de questions, même dans l'intimité.

– À Verdun ? lance Gabrielle, très alarmée.

– Je ne puis en dire plus. Gardez cela pour vous. Personne ne sait au juste, je dis bien personne, ce qui se passe à Verdun.

Mardi 22 février. Marie Aumoine a un mauvais pressentiment. Dans sa nuit entrecoupée de rêves, elle a entendu des cris perçants, des appels au secours. Julien, son quatrième fils, court les plus grands dangers. La dernière lettre qu'elle a reçue de lui remonte à six jours. Il se disait à l'abri, dans un secteur tranquille du front de l'Est. Elle n'a pas les moyens de le localiser. Un numéro de secteur postal sur ses enveloppes, ce n'est pas un lieu. Elle se rend prestement à la poste, avant le départ en tournée du facteur. Pas de lettre de Julien. Pas davantage de ses autres fils, Jean, au front de Picardie, ni de Raymond, en secteur sur l'Aisne. À croire que le courrier du front est bloqué.

Elle fait un détour par la mairie de Villebret, pour prendre connaissance du communiqué transmis chaque jour par la sous-préfecture. Le secrétaire, Joseph Bouin, le lui commente intégralement : des « duels d'artillerie » du côté d'Ypres, dans l'Artois. Rien qui concerne Julien. « Violent bombardement des deux rives de la Meuse à Verdun. »

– Il est là, j'en suis sûr. Mon Julien est à Verdun !

Moreau, le maire de Villebret, s'efforce de rassurer Marie en lui lisant la suite du communiqué. Il s'agit « d'une série d'attaques d'infanterie » extrêmement vives entre Brabant-sur-Meuse et Herbebois, des villages minuscules dont personne n'a jamais entendu parler.

– Rien de tragique, poursuit Moreau : ils disent que « toutes ces attaques ont été repoussées ». Les Allemands ont subi, je lis, « des pertes considérables ».

– Vous voyez bien qu'il s'agit d'une vraie bataille, insiste Marie, pas d'un accrochage. Les avis officiels dorent toujours la pilule.

– Ils signalent pourtant un recul, ajoute le secrétaire : « Les Allemands parviennent à occuper le bois d'Haumont. »

– Mais c'est un « saillant », note Moreau, qui traduit aussitôt le terme militaire : une avancée du front sans importance. Les nôtres ont dû reculer pour ne pas regretter d'avoir perdu de la terre en cherchant à s'y maintenir à n'importe quel prix.

– Hélas, s'écrie Marie, une fois de plus, ils ne disent pas la vérité. Ils nous parlent des « pertes considérables » des Allemands, qui disposent de tous les canons du monde. Croyez-vous que les nôtres ne soient pas déjà tombés par milliers ? Nous parle-t-on de nos propres pertes ? Non, naturellement.

Joseph Bouin baisse la tête. Quand son fils André, du 121e régiment, a été tué dans les Flandres, le communiqué ne mentionnait pas davantage les pertes énormes de l'armée française. Il comprend tout à fait l'angoisse de Marie. Une sale affaire se dessine du côté de Verdun, sur laquelle le haut commandement est presque muet.

Revenue à la ferme, Marie, fébrile, décide d'atteler elle-même la carriole, et la lance aussitôt sur la route d'Huriel que sa jument aveugle connaît par cœur. Gaston Bigouret, se dit-elle, est à la mairie. Il est le père de Marguerite, l'épouse du défunt Léon Aumoine. Adjoint au maire et en contact permanent avec le sous-préfet de Montluçon, il en sait peut-être plus.

Gaston est justement au téléphone. Il a lu le communiqué arrivé par courrier de la sous-préfecture et s'en inquiète. Que se passe-t-il au juste à Verdun ?

– Je ne puis que vous répéter ce que le sous-préfet me précise à l'instant, dit-il à Marie en raccrochant. Le commandant du dépôt de Montluçon des 121e et 321e régiments vient de recevoir des ordres très stricts pour éplucher les listes du recrutement, revoir les commissions de réformes, expédier au front les blessés légers, reprendre la liste des hommes affectés à l'usine Saint-Jacques, aux aciéries et dans les fabriques de poudre et d'obus. Remplacer les plus jeunes par des retraités, ou par des travailleuses. Expédier tous les hommes valides dans les unités du front. Il est même question de diligenter les territoriaux. Michel, le fils Bouguin, est déjà parti. Il faut croire qu'on a perdu du monde, ou qu'on s'attend à de très lourdes pertes, dans un avenir proche.

– Que disent les gens dans Montluçon ?

– Ils comptent les victimes, dont la liste s'allonge. Migat, le capitaine héroïque du 121ᵉ est mort. Le régiment a reçu un colonel de réserve. Mais notre Julien est un artilleur de Lyon. Il n'a rien à voir avec nos régiments de biffins.

– Sauf qu'il est dans ces maudits crapouillots, à la tranchée.

– Les divisions de nos deux régiments sont restées en ligne dans des secteurs calmes. Elles ne sont pas parties pour Verdun. Le 321ᵉ cantonne toujours sur l'Aisne, et le 121ᵉ en Picardie. Pour l'instant, pas de grands mouvements d'unités, le sous-préfet me l'a assuré. Si l'attaque allemande était si grave, tout bougerait sur le front, comme pour l'affaire de Champagne, ou celle d'Artois. Rien de tel.

– Sinon que Julien, sans aucun doute, est sur le front de Verdun, s'obstine Marie, les yeux graves.

Bigouret se garde de la contredire. Il sait qu'elle peut avoir raison. Il décide de repartir avec elle à Villebret, pour voir sa fille et le petit Léon, un bel enfant de onze mois qui commence à faire ses dents.

Gabrielle se précipite au kiosque à journaux, le mercredi 23 février, comme chaque jour après son travail chez Patou, pour avoir des nouvelles de Verdun.

L'état-major lève le voile. Il est question « d'une action très importante, préparée avec des moyens puissants ». Au rendez-vous du café de la Paix, Henriette ne peut la rassurer. Elle a revu Gaston Mitois, mais celui-ci est resté plus que jamais silencieux. Elle a seulement réussi à lui faire dire que le président du Conseil, Aristide Briand, s'est rendu à Chantilly pour y rencontrer Joffre.

Ne sachant plus à quel saint se vouer, Gabrielle descend à pied l'avenue de l'Opéra, malgré le froid vif et la neige virevoltante, pour se rendre dans la loge de la Dussane à la Comédie française.

– C'est un scandale ! déclare l'actrice à sa costumière favorite. Ils ont annulé au dernier moment la tournée de Nancy. Nous ne partons plus, ma chère ! Le théâtre aux armées s'arrête. Je ne puis t'en dire plus. Je rentre en scène dans un instant. Jean te parlera.

Jean d'Orsay est l'impresario de la divine. Il revient précisément du gouvernement militaire de la capitale des ducs de Lorraine et il est intarissable.

– Sur la place Stanislas, raconte-t-il, les Nancéiens rasent les murs quand ils sortent de chez eux. Les Allemands ont installé dans les bois, très loin, un canon à long tube qui bombarde la ville tous les jours. Des obus de 380. Le maire Simon et le préfet Mirman ont invité Poincaré à visiter les blessés, dans le quartier de la gare. Le président de la République ne décolère pas. On veut lui détruire *son* Nancy. Nos artilleurs ne réussissent pas à faire taire le gros canon allemand. Les avions ne peuvent le localiser. Certains pensent qu'il est camouflé dans les futaies, du côté de Château-Salins. Le gouverneur militaire a annulé tous les concerts. Quinze mille habitants sont déjà partis par chemin de fer. La musique du 26e régiment ne joue plus devant les grilles dorées de la place. Les soldats fêtés, dorlotés, choyés par les Nancéiens, ont quitté leurs cantonnements de repos.

– Pour aller à Verdun ? s'inquiète Gabrielle.

– Je ne saurais te dire. Ceux du 26e appartiennent à la division de fer du 20e corps, qui est de tous les coups durs. Ils étaient à la Marne, au Labyrinthe et à la crête de Vimy. Leur aumônier est un évêque, monseigneur Ruch ; leur général Balfourier, un pompier du front, toujours appelé quand il est crevé.

– Où se trouvent-ils actuellement ? l'interrompt Gabrielle excédée.

– Qui peut le dire ? Le régiment de Nancy a déjà été recomplété trois fois. Cela veut dire que neuf mille hommes au moins sont morts ou estropiés, pour un effectif constant de trois mille. La classe 15 est entièrement consumée. Les survivants de 1914 marchent avec des bleus de la classe 16, tous originaires de la région. Ils accumulent les médailles militaires, les croix de guerre avec palmes. De vrais durs. Leurs pertes ont été de douze cents hommes, rien qu'en Champagne, à l'automne dernier. En janvier, ils s'entraînaient au camp de Saffais.

Gabrielle insiste. Elle pressent que le déplacement d'un tel régiment a une signification. L'état-major n'a pas tellement de troupes d'élite à opposer aux Allemands dans un coup dur. Si vraiment la bataille de Verdun est engagée, le 20e corps doit s'y rendre.

– Ils ont des avancées près de Bar-le-Duc. C'est tout ce que je peux te dire. Si tu veux savoir ce qui se passe à Verdun, vois Giraud de Saussure, il en revient. Il est bien sûr dans sa loge, avec ses jumelles. La Dussane ne supporterait pas son absence. Elle lui ferait une scène effroyable. Tu dois attendre l'entracte si tu veux lui parler.

Gabrielle n'attend pas. Ce Giraud, un lieutenant de hussards, est un de ses anciens amants. Deux fois blessé au front, le jeune homme est de ceux qui veulent bien mourir, mais proprement. Donner sa vie, soit, mais sans se salir les mains. Descendre à la tranchée est lot de charbonnier, de marchand de vin remontant de sa cave avec des toiles d'araignées dans les cheveux. Un Giraud de Saussure meurt sans tache. Ses relations lui permettent, une fois son devoir rempli au front avec éclat, de rejoindre Paris où il a ses habitudes. Les Boches ne l'empêcheront pas de parader, comme sa condition l'exige, dans la loge de la plus célèbre des tragédiennes.

Bien vu dans la coterie mondaine, très hostile à Joffre, de l'ancien gouverneur de Paris, il a été requis au ministère pour des missions spéciales. Gallieni l'a expédié à Verdun pour avoir des nouvelles de ce front, parce qu'il soupçonne Joffre de lui cacher la vérité.

Pendant que la salle se remplit peu à peu, Gabrielle accable le jeune officier de questions.

– L'homme de ma vie est à Verdun, l'implore-t-elle, les yeux dans les yeux. Il est lieutenant d'artillerie, il a vingt ans et il s'appelle Julien Aumoine.

– Mes félicitations, j'en suis heureux pour lui, c'est un bon endroit. J'en reviens. Il y a de la gloire à y prendre.

Gabrielle le giflerait. Que n'y est-il resté lui-même, à

Verdun, au lieu d'attendre, dans une loge du Théâtre-Français, l'entrée en scène de sa vieille maîtresse !

– Pourquoi nous ment-on ?

– Que nenni, lis le communiqué. Sept corps d'armée attaquent sur le front de Verdun, commandés par le *Kronprinz*, dans les bois au nord de la ville. Une information annexe, publiée dans la presse, te dira que le maréchal von Hoeseler et le général von Deimling mènent la danse. Est-ce assez pour ta gouverne ?

– On découvre seulement aujourd'hui qu'il s'agit d'une offensive ?

– On le dit officiellement. Joffre a dissimulé l'affaire pendant trois jours. Il n'a consenti à informer le public que sur les instances de Briand.

Gabrielle lui tend *Le Matin* où le communiqué est inséré :

– Cette rédaction a fait l'objet d'une négociation au mot près, précise l'avantageux hussard qui se flatte volontiers, auprès de la Dussane, d'être au courant de tous les secrets du pouvoir. Le gouvernement a gagné. Il fallait préparer le public aux pires éventualités, au lieu de faire l'autruche. Joffre a obtenu qu'on ajoute les mots « ainsi qu'il avait été prévu » à la phrase du début : « l'attaque allemande se dessine ». Je ne puis guère te rassurer, mais te voilà informée.

La porte de la loge claque. Gabrielle est déjà partie. La sonnerie annonce l'entrée en scène de la Dussane dans le rôle de Bérénice.

En cette fin d'après-midi du 24 février, Henriette attend Gabrielle, comme chaque soir, devant l'immeuble de Patou.

Elle entraîne son amie dans le métro. Debout dans le wagon bondé, la blonde jeune femme chuchote à toute vitesse, dans l'oreille de Gaby, les bribes d'informations qu'elle a recueillies auprès de ses illustres clientes au cours des essayages. Car les maisons de couture, au plus fort de la guerre, ne désemplissent pas. Les riches Anglo-Saxonnes sont les plus assidues.

– Nous allons à Neuilly, lui dit-elle, à l'antenne chirurgicale américaine. Leurs ambulances ramènent des blessés du front. Ceux de Verdun commencent à affluer. Les hôpitaux militaires sont débordés là-bas, les majors remplissent les trains sanitaires vers l'arrière. Toutes les gares de la région sont submergées.

– Je le crois, répond Gabrielle. Une fois de plus, on nous ment. Lis le communiqué : « Les Allemands ont multiplié les attaques furieuses, laissant sur le terrain des monceaux de cadavres. » Et les nôtres, où sont-ils ?

– Des blessés partout, lâche Henriette. Même au Panthéon. Poincaré l'a visité hier avec le docteur Chautemps, un ancien ministre, et le professeur Pozzi qui a soigné ton père.

Henriette se dirige résolument vers le garage de l'antenne américaine, où les ambulances Ford débarquent en hâte les blessés, immédiatement conduits dans les salles d'opération. Elle demande à un chauffeur s'il connaît Richard Norton.

– Richard ? Il est juste là, derrière vous. Dépêchez-vous, il va repartir.

C'est un ami de John Mac Nulty, un aviateur américain que le lieutenant Straw, son brillant amoureux britannique, a présenté à Henriette un soir de bamboula. Richard est épuisé, gris de fatigue. Sa voiture n'a pas meilleure mine. Un mécano soulève le capot, le moteur crache un flot de fumée.

Seul le nom de Mac Nulty fait sourire Richard. Un bon ami de Harvard, toujours prêt pour l'aventure ou la tournée des grands ducs. Où est-il, le pauvre Johnny ? Peut-être vole-t-il, à l'heure qu'il est, sur un zinc français au-dessus de la Meuse.

– Je reviens de Verdun, raconte l'ambulancier. Ce n'est pas la Marne, c'est beaucoup plus loin. Près de deux cents *miles* de route infernale. Du caillou, des ornières, une noria de camions à perte de vue, de Verdun jusqu'à Bar-le-Duc. Quand l'un d'eux tombe en panne, on le verse dans le ravin. C'est la dernière fois que je fais le voyage. Nous prendrons les blessés plus loin des lignes. L'accès de Verdun est impossible. On charge les blessés en vrac, au retour, sur des trucks à pneus pleins. Pas d'évacuation en train, il n'y a pas de voie ferrée fréquentable.

Henriette entraîne Richard dans un café, le temps qu'on répare sa Ford T sur le point de rendre l'âme, malgré sa robustesse. Gabrielle n'a pas besoin de le questionner. L'Américain parle tout seul, comme dans un délire. Sans doute n'a-t-il pas dormi depuis deux jours.

– Je n'ai jamais vu un tel massacre, commence-t-il, même à la Marne.

Gabrielle pâlit. Elle sent que le récit dépassera en horreur tout ce qu'elle redoutait. Richard a dans son regard des visions cauchemardesques.

– Imaginez-vous l'hôpital de Verdun, à l'entrée de la ville, dans le faubourg de Glorieux. Les chirurgiens y opèrent jour et nuit sous le bombardement des canons et les bombes incendiaires des avions. Les blessés qui reviennent du feu deviennent fous. Ils se croyaient en sécurité, ils se sont retrouvés dans un brasier. On les charcute sous des tentes ouvertes à tous les vents, que la marque de la Croix-Rouge ne protège nullement des obus. Les plus chanceux sont évacués dans les sanitaires automobiles jusqu'à Baleycourt. Le trajet est long et pénible, le froid glacial. Du moins ne sont-ils plus sous le canon…

– On ne peut pas les soigner tous ! coupe Henriette.

– Vous voulez dire qu'on ne peut pas les relever tous. Beaucoup sont abandonnés, en effet. L'un d'eux, blessé au pied, a rampé sur trois kilomètres, seul, avant d'atteindre le premier poste de secours, où il est mort d'épuisement. Les brancards ne sont pas en nombre suffisant. Les brancardiers les plus costauds portent les blessés sur leur dos. Les morts, n'en parlons pas ! Ils sont enfouis dans la chaux vive, avec beaucoup de retard, quand les bombardements laissent un répit. Parfois, l'accalmie est trop courte, et les territoriaux ont à peine le temps de relever leur identité, d'arracher les plaques, de prendre leurs portefeuilles.

– Ils peuvent donc être enterrés sans que personne ne soit au courant de leur mort ? lance Gabrielle, désespérée.

– On les porte disparus, d'après les états des régiments dressés tous les soirs par les sergents – quand il y a encore des sergents ! Les gazés font peine à voir. Pas d'inhalateurs ni de ballons d'oxygène pour les soulager. Ils suffoquent, ils repoussent en hurlant les mains des soignants qui essaient d'approcher leurs yeux. Ils souffrent trop. C'est inhumain ! Bien sûr, les ambulances avancent au plus près de la zone des combats, mais nous sommes débordés. Ils sont trop nombreux. Une armée de gueules cassées, un charnier d'hommes et de chevaux sous la neige mêlés, dans une effroyable odeur de pestilence et de mort.

L'Américain ne s'aperçoit pas de la pâleur des jeunes femmes, qui ont le souffle coupé, les yeux embués, les lèvres blêmes. Il ne peut s'empêcher de poursuivre :

– Des centres de soin sont improvisés sur place, où l'on soigne les plus touchés. Dans les caves d'un château, où j'ai chargé ceux de mon dernier voyage, les majors coupaient sans répit des bras et des jambes que les aides jetaient en tas comme des ordures. Les morts étaient entassés dans une grange. Heureux ceux qui pouvaient être opérés. Les autres, les agonisants, étaient laissés dehors, sous la neige, sur des brancards. Des infirmiers chassaient à coups de bâtons les rats qui attaquaient les cadavres.

Gabrielle ne peut en supporter plus. Elle tourne de l'œil, tombe de son siège. Richard sort de sa poche un flacon d'alcool. Il la ranime, lui tapote la joue. La jeune femme demeure un moment muette et égarée.

Richard salue les deux amies d'un hochement de tête las, et reprend le volant de sa Ford réparée en direction de Bar-le-Duc.

– Rentrons, dit Gabrielle à Henriette dans un sanglot. Je ne reverrai jamais Julien. Ils mourront tous.

Le 25 février au soir, Gaston Bigouret a pris le train d'Huriel pour Montluçon. Il doit parler les yeux dans les yeux avec le sous-préfet, sans témoin. La rumeur court la ville, on commence à évoquer les massacres de Verdun. Les communiqués ne prennent plus la peine de cacher le drame. Celui du 25 février annonce que « l'empereur d'Allemagne Guillaume II assiste aux attaques contre Verdun ». Mazette !

Si ce n'est pas une grande offensive! Le ton de la presse a brusquement changé. Bigouret veut connaître la vérité.

Le sous-préfet est absent. Appelé à Moulins, chez le préfet. Dans son bureau, un homme de quarante ans, en uniforme de sergent-chef, salue l'arrivant de la main gauche. Il a le bras droit en écharpe. C'est Michel Bouguin, le fils du boucher de Villebret, intégré d'extrême urgence dans la territoriale, le 20 février au soir, avec tous ses copains, et déjà de retour du front.

– Je reviens de Bar-le-Duc, explique-t-il à Bigouret. J'ai été affecté immédiatement, le 21 au matin, aux travaux de la route de Verdun. Nous renforcions les bataillons de la territoriale. Plus de huit mille hommes, la pelle à la main, pour jeter constamment des cailloux sous les roues des camions. À peine débarqués en gare, nous avons été affectés aux chantiers.

– Tu as été blessé?

– Dès le 23. Les pièces à longue portée bombardaient sans cesse, cherchant les camions de munitions. L'un d'eux a explosé : vingt morts. Je m'en suis bien sorti, avec un éclat dans le bras. Soigné tout de suite à Bar, évacué sanitaire. Ils m'ont laissé rentrer à Montluçon. Avec mon bras en écharpe, je ne pouvais plus rien faire.

– Crois-tu qu'on puisse tenir à Verdun?

– Pour sûr, mais il y a de la casse. Je viens d'aider à dégager un camion de blessés en panne, retour de la bataille. Les consignes sont strictes. En cas d'arrêt, on bascule l'engin dans le fossé. Vous auriez vu le déchargement! Une pitié! De grands blessés, bousculés par le voyage, leurs plaies rouvertes, ruisselant de tout leur sang sur le plancher devant les infirmiers débordés. Pas de secours le long de la chaussée.

On place les brancards au bord de la route, alignés sur le bas-côté. Que faire d'autre? Attendre le passage d'un autre convoi sanitaire? Mais les camions à croix rouges sont tous pleins à craquer. Un truck américain vide de munitions, spécialement garni de ressorts pour éviter ou atténuer les chocs, a fini par s'arrêter, bloquant tous les convois de retour. Les prévôts ont eu l'humanité d'interrompre la noria pendant un petit quart d'heure pour les embarquer. Ils avaient attendu une heure entière dans la nuit glacée, déposés sur l'herbe neigeuse. Tout le monde s'est mis à la tâche. J'ai remarqué que plusieurs d'entre eux étaient déjà morts quand on a levé les brancards.

– Tu étais près de Verdun?

– Le bataillon changeait souvent de secteur, selon les besoins. Les entonnoirs d'obus, les accidents, obligeaient à combler rapidement la route. J'ai fait Érize-la-Brûlée, Érize-la-Petite et Érize-la-Grande, toute la famille. Des bleds perdus, dont les civils étaient pourtant restés là, sur la *voie sacrée* comme ils disent. Les femmes venaient nous apporter à boire et à croûter. Elles ne savaient rien de la bataille, mais les tringlots du Train des Équipages, débarqués des nombreux camions accidentés, parlaient comme s'ils en revenaient. Ils se reposaient dans les granges en attendant leur évacuation. Ils m'en ont appris long. Pendant les premières vingt-quatre heures, pas un officier ne savait ce qui se passait en ligne. Ils envoyaient des coureurs qui ne revenaient jamais. En a-t-on vu pétarader, de ces voitures d'état-major à qui les camions réservaient la voie du milieu, sur les sept mètres de route. Les culottes de peau et les képis à feuilles de chêne de Dugny, du corps d'armée, ou d'Avise, du groupement de Langle de Cary, s'approchaient du front pour tenter d'y voir clair. Rien. Ils rentraient comme ils étaient venus, sans en savoir plus, bredouilles.

– Ils y ont vu plus clair le lendemain ?

– Pas davantage. Le bombardement a repris le 22 février, interdisant tout survol aux avions français. Les tringlots racontent que le triangle Verdun-Ornes-Brabant-sur-Meuse a reçu dans les deux millions d'obus. Un gars du 208e de Saint-Omer a raconté qu'un seul de ces monstres avait éliminé une section tout entière : quinze morts et dix blessés d'un coup. Les Boches ont attaqué à dix contre un. Les chasseurs de Driant, encerclés, ont eu très peu de survivants. Ils ont parlé les premiers des lance-flammes, ces engins de mort qui ne laissent pas de traces.

Bigouret demande des précisions. Il ne peut comprendre que, dans une guerre moderne, on brûle les gens comme la paille dans les champs.

– C'est pourtant vrai, dit Bouguin. J'ai vu quelques rescapés du lance-flammes parmi les blessés du camion accidenté. Ils ne sont pas beaux à voir. Brûlés au dernier degré. Les cloques les empêchent d'ouvrir les yeux et de respirer. Il paraît que le colonel des chasseurs, Driant, a fini dans un trou d'obus.

– Et nos canons, que faisaient-ils ?

– On a entendu leur voix timide au soir du 22. Des 155 et des 120, rassemblés sur la rive gauche de la Meuse. Mais pas de 75. D'après les tringlots, ils ne savaient pas sur quoi tirer, faute de liaisons avec l'infanterie.

– Le front est-il tenu, oui ou non ? demande Bigouret dont l'égarement croît à vue d'œil.

– Le 23 au matin, quand j'ai été blessé, l'infirmier qui m'a soigné racontait que la ligne tenait toujours. Les

Allemands n'avaient pris que le bois des Caures et celui d'Haumont. Mais au soir, on disait à Bar-le-Duc que la première ligne française était forcée du côté de Samogneux et de Brabant. Le bois de la Wavrille serait perdu.

– On fait tuer des milliers de gens pour garder trois bois ?

– Si l'on veut sauver Verdun, chaque repli de terrain compte. Un blessé du 2e zouaves était avec moi à l'hôpital de Bar-le-Duc. Il faisait partie des premiers renforts. Dans sa section, treize survivants sur cinquante-trois. Chez les tirailleurs algériens appelés à la rescousse, c'est encore pire. La moitié des officiers sont morts. Mais les soldats résistent pied à pied. On voit des blessés légers demander à retourner au combat. « Il ne faut pas qu'ils passent. Ils ne passeront pas. » C'est ce qu'ils disent.

– Ils ne sont pas passés, dit Bigouret, ému aux larmes. Nos braves soldats se sont fait tuer pour qu'ils ne passent pas.

– Le 24 au soir, quand j'ai pris le train à Bar, on s'attendait au pire. Les Allemands ont attaqué sur toute la ligne, malgré leurs pertes énormes. Ils ont asphyxié les zouaves, brûlé les villages, éliminé les tirailleurs. On dit qu'ils filent sur Douaumont, le plus grand fort de la place. À l'heure où nous parlons, Douaumont est peut-être pris.

– Ils ne l'annoncent pas dans le communiqué, assure Bigouret.

– Vous croyez encore ce qu'ils vous disent ? Ils vous l'annonceront demain, quand ils ne pourront pas faire autrement, parce que les radios allemands auront trompeté dans le monde entier que Douaumont vient de tomber, et que Verdun est à eux.

– C'est un scandale, un vrai scandale ! fulmine le général Gallieni dans son bureau de la rue Saint-Dominique. Je suis le ministre et c'est moi le dernier à apprendre la chute de Douaumont. Joffre est-il devenu fou ?

Il est sept heures du matin. Le vieil homme, fatigué, malade, en proie à la fièvre, a quitté son lit quand son aide de camp lui a appris la nouvelle.

Il ajuste ses bésicles, relit le communiqué de Chantilly : « Une lutte acharnée a lieu autour du fort de Douaumont, élément avancé de l'ancienne défense de Verdun. Cette position, que les Allemands ont pu enlever le matin, au prix de pertes très élevées, est de nouveau atteinte et dépassée par les troupes françaises, que toutes les tentatives des Allemands, pour s'en emparer de nouveau, ne peuvent faire reculer. » Ils sont tous fous ! Le fort est pris et ils prétendent qu'ils l'ont repris. C'est insensé ! Que pourront-ils raconter demain à la presse ?

– Je vais vous le dire, mon général, explique le lieutenant Gaston Mitois. Je le tiens de Jean de Pierrefeu, qui rédige les communiqués sous la dictée du major général Pellé. Ils diront que « les troupes françaises enserrent étroitement les fractions allemandes qui ont pu y prendre pied et qui s'y maintiennent difficilement ». Tout est déjà prévu dans le détail. Il n'y a plus qu'à imprimer en temps utile.

– Vous revenez de Chantilly ?

– À l'instant.

– Comment les Allemands ont-ils pris Douaumont ?

– Ils prétendent qu'ils n'en savent rien. Une enquête serait en cours. Mais j'ai mes propres informations.

– De qui les tenez-vous ?

– D'un groupe de déserteurs allemands du 24e régiment

de Brandebourg, interrogés sans relâche à l'état-major du 30e corps. Les ordres de von Mudra, qui dirigeait l'assaut sur ce secteur du front, étaient de s'arrêter à huit cents mètres de la masse de béton, que l'on croyait défendue par les Français. Les Boches voulaient la bombarder au 420. En fait, elle n'était tenue que par une cinquantaine de territoriaux qui s'apprêtaient à l'évacuer selon les ordres du général Herr, en plein accord avec Joffre. Ils étaient commandés par un margis sexagénaire. Quand un lieutenant du 24e Brandebourgeois, von Brandis, s'est aventuré dans la citadelle, ses propres hommes l'ont traité de fou. Certains n'ont pas voulu le suivre et ont déserté. Ceux-là nous ont renseignés. Les Allemands ont pris le fort, ont-ils assuré, avec une seule compagnie. Mais ils ont été renforcés et ils ont creusé tout de suite un boyau les mettant en liaison avec leurs lignes.

– Et Joffre n'en savait rien.

– Il l'a sûrement appris. Mais ni le général Herr, commandant la région retranchée, ni les généraux Chrétien, qui commandent le 30e corps, et de Langle de Cary, chef des armées du Centre, n'ont lieu d'être fiers de cette absurdité. Ils ont donné l'information au compte-gouttes, et Chantilly a dû se fâcher pour connaître la vérité. D'où l'embarras de leurs communiqués. Les Allemands ont hissé le pavillon impérial sur le fort et envoyé leur fameux message radio : « *Douaumont ist gefallen.* » Comme s'ils avaient pris le fort d'assaut. Et ceux de Chantilly ont repris l'antienne, comme si les défenseurs du fort avaient succombé après des combats héroïques.

Gallieni est appelé au téléphone par le président du Conseil, Aristide Briand. L'émotion des parlementaires est à son comble. Les commissions exigent des comptes. Comment leur expliquer l'affaire de Douaumont ? On dira encore que Gallieni veut charger Joffre.

– Où est le 20e corps ? demande le général-ministre, d'une voix mourante.

– En ligne, mon général. Le capitaine Doumenc a fait des prodiges. Mille camions ont enlevé deux divisions en une seule file de trente kilomètres sur la *voie sacrée*. Les tracteurs d'artillerie suivent, avec des 155 et des 220 à tir rapide. Pétain a pris le commandement avec sa IIe armée à son PC de Souilly. Doumenc a de quoi acheminer deux mille tonnes de munitions par jour, cent tonnes de vivres et de matériel par division. En vingt-quatre heures, le corps de Balfourier a pu prendre position, le régiment de Nancy en tête. Les camions roulent aussi la nuit, pleins phares. Le canon allemand ne bombarde que de jour, quand les avions peuvent repérer leurs cibles.

– Enfin de bonnes nouvelles. Passez-moi la mairie de Souilly.

– Impossible, mon général, se risque Gaston Mitois. Le quartier de Pétain est relié seulement à Chantilly. Poincaré lui-même ne peut l'appeler.

Le vieil homme hoche la tête. Il se souvient de la bataille de la Marne, quand Joffre refusait de le prendre au téléphone. Il n'était alors que gouverneur militaire du camp retranché de Paris. Il est aujourd'hui ministre de la guerre, et il a encore moins de chances de l'obtenir.

– Envoyez sur place Giraud de Saussure. Au lieu de se prélasser dans des loges de théâtre, il est temps qu'il se rende à Verdun.

– Il en revient, mon général.

– Qu'il y retourne. Au plus vite. À Souville, chez Boulangé, à Dugny auprès de Herr, à la mairie de Souilly où s'est installé Pétain. Et qu'il me rende compte. Je veux des nouvelles des braves de la 51e division. A-t-on une idée des pertes ?

– Au moins 60 %, répond Mitois. 681 morts, 3 186 blessés, mais 16 407 disparus pour les trois unités de première ligne. Prisonniers peut-être en partie, mais surtout volatilisés sur le terrain.

Cette 51e division du général Boulangé, Gaston Mitois s'en souvient brusquement, est bien celle où doit servir, s'il est encore de ce monde, le bombardier Aumoine, l'amant de Gabrielle, dont lui a si souvent parlé la belle Henriette.

Le hussard Giraud de Saussure débarque le soir même en gare de Verdun, avec un ordre de mission très spécial auprès de l'officier du 2e bureau de Pétain, le colonel Delaporte, ancien du Camp retranché de Paris, alors au service de Gallieni. Il apprend aussitôt que l'état-major allemand prépare une action de plus grande envergure sur les deux rives de la Meuse, mais que la première attaque de février vient de marquer le pas.

Les Français ont tenu. À peine en poste, le général Pétain a expédié un ordre à Balfourier, commandant du 20e corps, le 25 à minuit : « Je prends le commandement. Faites-le dire à vos troupes. Tenez ferme. J'ai confiance en vous. »

Il a engagé ses hommes sur le front du Nord, les généraux Bazelaire Guillaumat, Balfourier, Duchêne. Il a immédiatement concentré les canons rescapés des bombardements et les renforts arrivés récemment sur la rive gauche, pour préparer la contre-attaque des avancées allemandes. L'ancien colonel, blanchi sous le harnais du 33e régiment d'infanterie d'Arras, rappelé au service quoique tout près de la retraite, n'a qu'une idée : tenir le front et remettre de l'ordre.

Delaporte explique à Saussure que la première phase de la bataille est désormais terminée. Il faut faire le bilan des pertes.

– Précisément, Gallieni s'interroge, lui dit-il. Pourquoi ce grand nombre de disparus ? Les Allemands ont-ils fait tant de prisonniers ?

– Beaucoup plus qu'on ne dit, à cause du désordre. La technique allemande de l'encagement des secteurs a fait merveille. Impossible de secourir les hommes encerclés. Ceux qui n'ont pas pu se frayer un chemin dans la nuit ont été pris au piège. C'est le cas des survivants des chasseurs de Driant et des unités de la 51e division. Que vouliez-vous qu'ils fissent, sans renfort et sans munitions ? Le lieutenant Robin, chez Driant, compte au nombre de ces prisonniers. Il a combattu jusqu'au bout, un Lebel à la main. Désarmé, renversé, il a été pris par les Boches à la dernière extrémité. Le sous-lieutenant Pagnon, défiguré par un lance-flammes, est aveugle dans un hôpital allemand. Beaucoup de ces prisonniers sont des blessés recueillis par l'ennemi. Ils avaient plus de moyens que nous de secourir leurs hommes, n'étant pas écrasés par le canon. On dit que les Boches enferment leurs captifs dans le fort de Douaumont, sans doute pour nous empêcher de le bombarder avec des pièces lourdes.

– Gallieni redoute le découragement des poilus, après quatre jours et quatre nuits de combats. N'y a-t-il pas eu d'abandons ? Les disparus dont vous parlez ne sont-ils pas des gens qui se sont rendus en groupes ?

L'officier du 2e bureau réfléchit en bourrant sa pipe. Il rechigne, devant ce gandin d'état-major, à diminuer les mérites du combattant de Verdun. Pourtant il doit la vérité à Gallieni, son ancien chef.

– Il est vrai, dit-il, qu'au soir du 24 février, le moral a chuté. Trop de fatigue sans doute. Mais surtout trop de canons détruits ou abandonnés dans la retraite. Et trop de pagaille ! Des détachements isolés luttant sans espoir dans les bois encerclés, des troupes sans direction, sans ordres, sans officiers, bientôt sans munitions…

Il lève les bras au ciel, en signe d'impuissance.

– À qui donner des ordres ? Nous n'avions plus d'unités constituées, plus de coureurs. Seuls des groupes d'hommes isolés, agglutinés, résistant jusqu'au bout, mais sans autre but que de vendre leur peau. Les chefs aussi étaient découragés. Ils recevaient des ordres impératifs de contre-attaques, aussitôt annulés. Les unités voisines n'étaient pas informées. Les commandements s'ignoraient, luttaient pour leur compte. Un officier du génie racontait à qui voulait l'entendre qu'il avait reçu l'ordre de faire sauter tous les forts de la rive gauche et qu'il fallait s'attendre à cinquante mille prisonniers français. Un coureur du 2e zouaves, un des plus braves régiments de l'armée, m'a dit en face : « J'ai entendu le général Dégot déclarer que "même s'il était Napoléon, il ne pourrait empêcher la défaite de cette armée". » Oui, les Allemands ont fait beaucoup de prisonniers. Pour la plupart, des territoriaux isolés, des tirailleurs abandonnés, des biffins misérables, sans vivres ni munitions, réduits à leurs seules ressources. Croyez-moi, ils ont lutté jusqu'au bout. Sans eux, les Allemands auraient pris Verdun. Rien ne les en empêchait, sinon l'incroyable résistance anarchique et désespérée des poilus.

– Où sont les lignes, à ce jour ?

– Ils ont pris Douaumont, mais nous gardons Thiaumont et Vaux. Notre ligne part du sud de Vacherauville jusqu'à Hardaumont. Nous avons perdu Louvemont après d'affreux combats, mais préservé Haudromont. Pétain dispose encore de plusieurs lignes de défense avant Verdun. Il peut tenir.

– Où sont les rescapés de la 51e ?

– Regroupés autour de Souville, au repos.

– Puis-je les voir ?

L'officier du 2e bureau s'étonne. Pourquoi cette insistance ? Gallieni ne s'intéresse-t-il qu'au sort du général Boulangé ? Il n'a rien à craindre. Pétain et Joffre lui conserveront son commandement. Boulangé n'a pas failli. Mais sans doute en sait-il long sur les atermoiements de Joffre, sur la lenteur de l'arrivée des renforts. Le hussard dépêché par le ministre veut sans doute entendre ses plaintes.

Il demande d'abord à voir les survivants de l'unité la plus éprouvée, le 208e de Saint-Omer. On le conduit à leur popote. Ils sont mêlés à des compagnies des autres régiments du Nord, et même à des chasseurs rescapés de la brigade Driant. Il veut savoir pourquoi ils n'ont pu résister à l'attaque allemande du 22 février, pourquoi ils n'ont pas été soutenus par l'artillerie. On lui répète que les 75 ne pouvaient pas tirer, ne connaissant pas leurs objectifs.

– Mais les canons de tranchée ?

Le hussard insiste. Il a souvent entendu Gallieni déplorer que les unités ne fussent pas davantage renforcées de crapouillots. Il tient là un motif solide de critique, qui fera plaisir au patron.

– Il y en avait six, en tout et pour tout, intervient le chasseur Jean Losfeld, du 56e bataillon. Ils ont été tout de suite écrasés par les *Minen*.

– Puis-je rencontrer certains de ces bombardiers ?

– Un homme avait survécu aux bombes, insiste un adjudant du 208e. Celui-là s'est battu avec nous jusqu'au bout. Il a disparu dans l'ouvrage T6, anéanti au lance-flammes.

– Je suis le seul à l'avoir vu peu de temps avant sa mort, dit Jean Losfeld. J'ai parcouru la tranchée des disparus. Il faudrait un tamis, et une équipe de recherche spécialement formée, pour identifier leurs restes. Un travail d'archéologue. On ne retrouvera jamais rien du crapouilloteur. C'était un lieutenant. Il s'appelait Julien Aumoine.

– Vous avez dit Aumoine ?

Le lieutenant Giraud de Saussure n'a pas le cœur d'apprendre à Gabrielle la mort de son amant ni les circonstances de sa disparition. Il en charge Gaston Mitois, qui annonce la nouvelle à la jeune femme avec de singulières précautions.

– Nous avons un témoin du drame, lui dit-il, mais pas la preuve du décès, pas de plaque d'immatriculation. Il sera porté disparu.

– Votre témoin l'a-t-il vu mourir ?

– Nullement. Il a seulement vu les restes de la tranchée abandonnée, pas les cadavres.

Gaston Mitois n'ose donner plus de précisions. Mais il sent bien, s'il reste dans l'incertain, que Gabrielle sera tentée de mettre en doute la mort d'Aumoine.

– Il arrive tous les jours, explique-t-il, que des poilus disparaissent dans une poche de boue gluante, comme dans les sables mouvants. D'autres sautent sur des mines et leurs corps pulvérisés ne sont pas identifiables.

Il ajoute, presque à voix basse, pour atténuer le choc de la révélation :

– D'autres encore sont brûlés, consumés au lance-flammes. Malheureusement, nos ennemis ont recours à cette arme barbare.

Cette fois, il est sûr d'avoir été compris. Le cri déchirant de Gabrielle ne laisse aucun doute. C'est un cri sorti de très loin, de l'aube des temps ; le cri de l'enfant qui naît et qui hurle : je n'ai pas demandé à venir au monde, je suis seul, abandonné, j'ai froid et faim. Je veux retourner dans le ventre chaud d'où vous m'avez chassé. C'est le cri de la créature qui apostrophe le monde et Dieu : Toi qui as fait cet enfant bon, fort, brave, généreux, Tu l'as rayé des vivants, réduit en cendres, sans que son corps puisse ressusciter. Où est Ta mort chrétienne, Dieu de sang et de larmes ?

Désespérée, Gabrielle se mure bientôt dans le silence. Elle prend la résolution de se laisser mourir. Même les restes de son amant lui sont refusés. Il a quitté la terre, elle n'a plus rien à y faire. Qu'on la condamne au bûcher, que le vent emporte aussi ses cendres. À quel évêque mitré pourra-t-elle lancer l'imprécation douce et sulfureuse de la sorcière blonde : « Faites-moi donc mourir, et que Dieu vous protège ! »

Elle n'a pas le courage d'annoncer la nouvelle à Marie Aumoine. Peut-elle faire état d'une mort que l'armée ne veut affirmer ? N'y a-t-il pas l'ombre d'un espoir ? L'officier a été formel et elle est, hélas, convaincue qu'il n'y en a aucun. Mais elle n'a pas le droit de poignarder une mère qui, jusqu'au bout, voudra s'accrocher à l'idée de la survie de son fils. Celle-ci ne la croira pas, ne le pourra pas. Elle fera constamment, farouchement, confiance au discours officiel, qui s'exprime d'abondance par lettres, rapports, télégrammes.

Aux dernières nouvelles, celles du 27 février, Marie Aumoine apprend que le front accuse « un certain ralentissement » de l'offensive allemande. Impression confirmée le lendemain, le communiqué ne signalant « aucune action d'infanterie ». Le front se stabilise, le courrier va reprendre. Elle va recevoir des nouvelles de son Julien. Qui sait, plusieurs lettres peut-être ? Elles sont toutes bloquées au service postal. Elle les recevra d'un coup, en paquet.

De fait, le facteur lui délivre le 29 une lettre du front, une seule, cachetée du secteur 165, qu'elle ouvre en pleurant de joie. C'est bien Julien qui lui parle des grands bois de Lorraine, des sapins recouverts de neige, du temps radieux.

« Tu n'es jamais absente de mon cœur, petite mère, toi qui m'as donné la vie une deuxième fois en me rendant mes souvenirs. Je suis sûr désormais de ne jamais t'oublier, puisque tu es la seule dont j'attendais le retour, dans la nuit de l'oubli. Je serai toujours près de toi, quoi qu'il puisse m'arriver. Je reviendrai bientôt pour ne plus te quitter, quand la neige sera fondue et que le printemps renaîtra, quand ton poirier fourchu retrouvera ses fleurs blanches. Le soleil se lève, dans ces bois, c'est la liesse de Noël qui me revient en mémoire, quand je t'ai reconnue, toi seule, dans les lumières de l'hôpital. Chauffe-toi à ses rayons, là-bas, sous ton petit mur de pierres sèches qui te protège si bien du vent froid. Et donne double picotin à ma jument blanche, avec une caresse, en lui glissant mon nom à l'oreille, pour qu'elle sache que je ne l'oublie pas. »

Julien lui a écrit cette lettre à l'aube du 21 février, en prenant son café. Sent-elle confusément qu'elle sera la dernière, qu'elle n'en recevra plus jamais d'autre ? Elle se dirige d'un pas rapide vers l'église, et demande à l'abbé Carmouze de prévoir un ex-voto sur le mur de la chapelle de la Sainte-Vierge, pour le jour où Julien reviendra du front. C'est sa grâce qu'elle implore, à genoux.

Gaston Bigouret sort réconforté du bureau du sous-préfet de Montluçon. « Ils » n'ont pas passé ! Les nôtres ont tenu à Verdun, comme jadis à Valmy. Ils tiendront encore. Ces nouvelles réjouissent le cœur du vieux républicain.

Mais les gendarmes ont repris leur ronde funèbre dans les rues de Montluçon, d'Huriel, de Domérat, de Villebret, de Chamblet, de Durdat-Larrequille, de Néris et de Commentry. Les listes des morts s'allongent dans les mairies. Avec le fils Bouguin, auquel il rend souvent visite, il évoque les disparus : Henri Simoneau, le trompette de Durdat. Le premier tombé.

– Et Dubost, l'apprenti ferrailleur, se souvient Bouguin. Il était placé sur la place de l'église, chez le charron. Il jouait aux barres avec mon fils, et aux palets de fonte.

– Il est mort en novembre, à Vingré, au régiment de Raymond, songe Gaston. Un brave garçon qui ne cherchait noise à personne. Jamais pris par les gendarmes dans les bagarres aux bals du samedi.

– Et les frères Aucouturier, tués tous les deux le même jour en Lorraine. Il n'en reste plus qu'un, mobilisé au 321ᵉ. Espérons qu'il échappera. J'ai rencontré le père Lecouvreur, le vieux vigneron de Domérat à la trogne épanouie. Il ne veut plus parler à personne. On ne le voit plus au café des Amis. Il a perdu le goût de vivre. On dit qu'il veut tuer son cheval et se pendre. Sa femme devient folle.

– Tu te rappelles Edmond Prost, le copain de lycée de Jean Aumoine ? dit Gaston. Il avait fait des études, mais il voulait partir avec les autres au front, faire son devoir comme les costauds de sa classe. Il était toujours malade, les pieds en sang durant les marches de l'été, les poumons gelés dans la tranchée de l'hiver. Il a été tué sur la route, dans une ambulance, par un obus de 210, alors qu'on l'évacuait vers l'hôpital de Vitry-le-François. Sa mère avait quitté Dun-sur-Auron pour habiter de nouveau Montluçon. Elle voulait vivre tout près de la caserne en attendant son retour. Quand les gendarmes sont arrivés, elle a poussé des cris de bête en se jetant la tête contre les murs. Ils ont dû la raccompagner dare-dare à Dun, mais à l'asile, avec la camisole.

– À Montluçon, dit Bouguin, le père Lasnier tourne au mauvais coton. Il était chargé par le maire de planter des fleurs à l'entrée de l'hôpital, pour remettre un peu de joie sur le visage des estropiés. Tu sais qu'il a perdu sa femme en couches, et que son fils a été tué dans les Flandres, à la compagnie de mitrailleuses de Bouin. Il a planté des soucis, un par un, comme des soldats à l'alignement. Uniquement des soucis. Et quand il a eu terminé, il les a écrasés à coups de bottes en hurlant : « Comme à Verdun ! Tous foutus ! »

Gaston se souvient du fils Lasnier, un tout fou aux cheveux bouclés, qui plaisait aux filles. Il faisait la paire, à la chorale, avec Raymond Aumoine. On les voyait plus souvent qu'à leur tour dans les bistroquets du canal. Toute une jeunesse perdue.

– On dit toujours que les paysans sont les seuls à trinquer, reprend Bigouret. Ce n'est pas vrai. Les mineurs des Ferrières ont eu leur part. Ils les ont tous embarqués l'année derrière pour les coller aux sapes. En ont-ils fait sauter, des mines ? Et trop souvent, ils ont sauté avec.

– Tu penses à Roger Nigier, le mineur de fond ? Il est mort dès le mois d'août, avec toutes les victimes du massacre de Petitmont, celui qui a coûté la vie au colonel Trabucco. Nigier était dans l'escouade de Jean Aumoine. Quant à Lachelier, l'anar de Saint-Christophe, qui faisait sauter les voies pendant la grève de 1910, il est mort lui aussi, pulvérisé par un 77.

Michel Bouguin songe que son fils, de la classe 17, va partir au casse-pipe plus tôt que prévu si l'hécatombe continue à Verdun. Comme Bouin, le secrétaire de mairie, le boucher n'a qu'un enfant. Il songe que la levée de la classe 17 est inévitable. Le Parlement ne pourra plus s'opposer à leur départ. Ils sont la dernière réserve.

Il se refuse à penser à la douleur de sa femme, si les gendarmes viennent un jour lui annoncer la mort de son fils unique.

– Marguerite Bouin ne s'en est pas remise, murmure Bigouret, comme s'il devinait, dans le vague à l'âme de Bouguin, ses vraies préoccupations.

Les Bouin et les Bouguin sont voisins au village. Jamais plus Marguerite Bouin ne fait ses courses. Son mari doit se charger de tout. Elle vit cloîtrée, les persiennes closes. Elle ne sort pas de son école de filles. Elle ne pense qu'à son fils mort.

– Un garçon si doué, regrette Bouguin. Pendant toute sa jeunesse, quand les autres dénichaient les nids d'ajasses après la classe, ou faisaient sauter au lance-pierres les « tasses » des fils électriques, il était au travail, apprenant par cœur les leçons du lendemain. On lui demandait s'il voulait faire instituteur. Son rêve, c'était d'être ingénieur, comme Jean Aumoine, de construire des ponts et des machines. Il avait été promu sous-lieutenant dès le mois de novembre et chargé de la compagnie de mitrailleuses. Que seront demain nos communes, sans ces jeunes qui portaient l'avenir en eux ?

– Tu verras, demain les politiques feront de longs discours, ils inaugureront des monuments, donneront des pensions aux éclopés, aux veuves de guerre. On lira le nom des morts sur des plaques de marbre froid. Mais qui se souviendra de la fougue d'un Lasnier, des colères de Lachelier, de l'intelligence sensible d'André Bouin ? On pourra mouler leur photo glacée sur leur tombe, avec une cocarde et des médailles, on oubliera leurs gestes, leurs voix, leurs regards, leur appétit, leur passion de vivre. Et la nation sera leur orpheline.

Troisième jour, quatrième jour sans lettre. Marie Aumoine est anxieuse. Gaston ne sait comment la rassurer. Certes, le service postal est sens dessus dessous dans la région des combats, mais enfin le courrier a repris. Les voisins reçoivent des missives du front. Pour que Julien n'écrive plus, il doit être au cœur du cyclone et combattre sans répit.

Michel Bouguin a raconté que les blessés de la *voie sacrée* étaient épuisés par les longues journées de lutte et ne fermaient pas l'œil de la nuit. Comment écrire, dans ces conditions ? Mais faut-il dire à Marie que Julien risque sa vie à chaque minute ?

Tant que les gendarmes ne passent pas, l'espoir est là. Faut-il attendre passivement ? Comment se renseigner sur l'unité de Julien ? Le secteur 165, Michel Bouguin l'a confirmé, est bien à Verdun, et même au nord de la ville. Seul le centre de mobilisation de l'artilleur peut recevoir des informations officielles. C'est à Lyon qu'il faut écrire.

Il s'en ouvre à Marie. Elle se souvient que Julien lui avait parlé du comte de la Fouillère, de Villebret, qui commandait le dépôt de l'artillerie, à son dernier passage. Elle sait qu'il a perdu l'un de ses fils à la bataille. Les gendarmes sont passés au château. Il comprendra l'angoisse d'une mère.

Elle veut prendre le train de Lyon. Gaston l'en dissuade. Il ira lui-même. Il a l'habitude de discuter avec les autorités et fera tout pour obtenir des nouvelles. Il sait qu'en cas d'échec l'espoir sera le plus fort : si personne ne peut affirmer que Julien est tombé, c'est qu'il est encore debout. La pagaille est telle dans les lignes qu'aucun recensement des unités ne doit être encore possible.

Le comte de la Fouillère reçoit Bigouret avec simplicité. Il ne peut malheureusement lui donner aucune information. Les unités de bombardiers relèvent de la direction de l'artillerie et non d'un chef de dépôt, comme lui. Il a pour mission d'expédier vers le front tous ceux qui se présentent. Depuis belle lurette, Julien ne figure plus sur les états du 5e régiment d'artillerie de campagne, son unité d'origine, ni même sur le journal du régiment tenu quotidiennement par un sous-officier. Ce document est d'ailleurs avec lui, en ligne. On ne peut en avoir connaissance.

– Mais Julien Aumoine relève bien d'une grande unité? s'angoisse Gaston Bigouret.

– Il est à la 110e batterie de crapouillots, quelque part sur le front. On a créé en grand nombre ces groupes de bombardiers, dispersés dans les régiments d'infanterie. Je puis vous dire, ajoute le vieil aristocrate avec un sourire bienveillant, que votre parent a été versé au 208e d'infanterie de Saint-Omer, avec les volontaires qui l'on rejoint.

– Mais Saint-Omer est en zone occupée?

– C'est pourquoi son dépôt a changé. Il a été reconstitué dans le Sud, à Bergerac, en Gascogne.

– Je suis prêt à m'y rendre, dit Bigouret, qu'aucun obstacle ne rebute.

– Vous n'y obtiendrez rien. Les informations reçues au dépôt ne concernent que les fantassins. Les batteries de crapouillots sont disséminées tout le long du front, mais relèvent encore de la direction de l'artillerie. J'ignore si elles restent attachées aux régiments d'origine. Je n'ai jamais reçu de documents concernant la 110e batterie. J'envoie les renforts au colonel du 5e RAC, qui les ventile ensuite à son gré dans les régiments d'infanterie. Mais il ne me tient pas au courant du sort de ces enfants perdus. Voyez comme il est difficile d'avoir des nouvelles d'un crapouilloteur. Ce sont des francs-tireurs du front, tous volontaires ou presque. Votre Julien Aumoine a bien du mérite, sortant de l'école de Fontainebleau, d'avoir choisi le pire.

– Supposons qu'il soit tué, dit brutalement Gaston Bigouret. Qui préviendrait la famille?

– Les gendarmes, par la procédure habituelle. Relève de la plaque d'identité, des papiers, transmission par l'autorité jusqu'au centre de recrutement. Il peut y avoir un retard dans la communication, mais la voie est sûre, inéluctable. Joffre considère comme un devoir de faire prévenir officiellement les familles. Des secours sont attribués aux veuves, ou aux mères dans le besoin. Les objets personnels sont restitués.

– Et s'il a disparu corps et biens ?

– En ce cas, la procédure est plus lente, plus compliquée. Le soldat dont on ne retrouve pas trace est porté disparu. Mais il peut être déserteur, ou prisonnier. Alors, il faut attendre, souvent des mois, que les autorités allemandes veuillent bien communiquer la liste des PG à la Croix-Rouge suisse, laquelle nous informe à son tour.

– Les Allemands ne sont pas obligés de le faire.

– S'ils y manquent, nous appliquons la règle de réciprocité. Ils finissent toujours par s'y résoudre. Mais leur administration est encore plus lente que la nôtre. Le cas le plus grave, pour nos soldats manquants, c'est la disparition des corps. La guerre moderne est impitoyable, dit le vieux gentilhomme. Elle anéantit les cadavres, les rendant méconnaissables, non identifiables. Ils sont pulvérisés par le canon, brûlés par les incendiaires et les lance-flammes. On finit par considérer les disparus comme des morts, mais il y faut du temps, beaucoup de temps. À moins que l'unité dont ils relèvent ne puisse témoigner de leur disparition brutale. Mais votre Julien est plein de vie et d'enthousiasme. Sans doute se terre-t-il, noir de poudre et de boue, dans quelque trou du bois d'Haudromont. Comment voulez-vous qu'il puisse écrire, quand tout s'écroule autour de lui ?

Au fort de Souville, le colonel Belfond, commandant le 208e d'infanterie, est reçu par l'envoyé spécial de Joffre, le commandant Jean Dufour. Ce dernier lui demande des explications sur la destruction presque totale de son unité, et sur le grand nombre des disparus.

Belfond prend très mal cet interrogatoire. Il a perdu suffisamment d'hommes dans les combats acharnés pour s'estimer exempt de toute investigation, surtout de la part d'un galonné qui n'a jamais vu le feu de près. Joffre les a assez maltraités depuis le début de l'affaire pour qu'il se dispense de prendre des gants à la visite d'un de ses émissaires, dont on sait qu'ils sont des coupeurs de têtes d'officiers supérieurs.

Le canon allemand tonne sans cesse, alourdissant l'ambiance. Le colonel Belfond lâche ses mots comme des balles, sans regarder son interlocuteur, comme s'il se parlait à lui-même.

– Nous avons été engagés dans le bois des Fosses dès une heure du matin, dans la nuit tragique du 21 février. Les hommes ont couru comme des fous dans la direction de Beaumont. Bougard ! crie le colonel à un poilu qui revient de la roulante, son quart de café fumant à la main. Caporal Bougard, racontez au commandant comment était le bois des Fosses sous la neige.

Le poilu s'assied à la table des chefs et commence son récit :

– La fièvre nous a gagnés au moment de franchir les réseaux de barbelés non détruits pour renforcer nos frères du 327e. Nous enjambions des morts. Le ravin était complètement labouré par le canon. Une succession de trous remplis de cadavres. Dans notre course folle, un énorme obus est tombé droit sur la première section de notre compagnie. Nous étions tous couverts de sang.

– Notre artillerie ? interroge Dufour.

– Muette, absente. Jamais entendu un coup de 75. Par contre, les pièces lourdes du colonel Wasser ont donné une partie de l'après-midi, avant d'être réduites au silence sur la rive gauche. Nous avons subi de nouveau le bombardement du 22 février. Un charivari infernal. Des arbres aussi gros que des demi-barriques voltigeaient en l'air, coupés comme fétus de paille. Avec ça, il gelait à pierre fendre. J'avais les pieds comme de la glace. Enfin, nous avons réussi à tenir le village détruit de Beaumont et la lisière nord du bois des Fosses.

– Combien de temps ?

– Le temps qu'on a pu, mon commandant, coupe le caporal impatienté. En deux jours, on a tout de même envoyé au tapis au moins trois mille Allemands. Nous avons repoussé trois de leurs attaques en vingt-quatre heures. Nos blessés agonisaient sans soins. Beaucoup sont morts entre les lignes. Le colonel a envoyé des coureurs pour demander du renfort.

– C'est exact, confirme Belfond. Ils se sont tous fait tuer. Pas un n'est revenu.

– À huit heures du soir, un obus est tombé sur notre tranchée. J'avais de la cervelle plein ma capote, et le sang des copains sur les mains. On a construit un abri avec leurs cadavres, pour résister au froid de la nuit. L'ennemi a attaqué en force sur la Wavrille. Il a capturé toutes les unités du 327e régiment de Valenciennes.

– Ils se sont rendus sans combattre ? demande Dufour.

– Que pouvaient-ils faire, sans munitions et sans

renforts ? Nous avions sur les lieux la réserve de notre régiment. Les gars ont pris leurs jambes à leur cou pour échapper à l'encerclement et se replier au bois des Fosses. Là, pour la première fois, au troisième jour de combat, notez-le bien, martèle le caporal au commandant d'un ton lourd de reproches, nous avons reçu du renfort.

– C'est encore exact, affirme Belfond. Des zouaves du colonel Decherf et des tirailleurs algériens.

– Quand les zouaves sont redescendus, ils n'étaient plus que 1200 sur 3000. Pas un ne s'est rendu. Ils étaient tous morts ou laissés pour morts.

– Nous avons fait creuser des positions par le bataillon de réserve au sud-ouest de Bezonvaux, du 23 au 24 février, prévoyant une nouvelle attaque allemande, précise Belfond. Dans la nuit, les survivants de notre artillerie ont dû abandonner leurs pièces sur place, faute d'attelages. Le 24 février, dans l'après-midi, notre position de Beaumont s'est trouvée attaquée de toutes parts. Notre compagnie a défendu les ruines, avec des camarades du 327e de Valenciennes et du 243e de Lille. Les gens du Nord luttent jusqu'au bout, mon commandant. Ils ne se rendent que blessés ou sans cartouches.

– Pourtant vous avez reculé, coupe Dufour.

– Ils nous ont chassés du bois des Fosses, avec leurs gaz asphyxiants et leurs lance-flammes, explique le colonel. Intenable ! Nous nous sommes encore battus au bois le Fays, toutes unités confondues, pendant que notre général Boulangé abandonnait son poste de commandement de Louvemont pour se réfugier à Fleury.

– Nous étions, poursuit le caporal, la seule force française encore organisée, avec le bataillon du lieutenant-colonel

Puech, au nord de Douaumont, en lisière du bois Hassoule, pour être précis. Des renforts nous sont arrivés.

– Ils ne voulaient pas attaquer, précise le colonel Belfond. Ceux du 95e avaient marché pendant dix heures pour prendre position, exténués. Le général Reibell les a expédiés vivement en ligne. Nous avons ri sous cape. Étaient-ils plus fatigués que nous, qui combattions depuis trois jours et trois nuits sans arrêt ?

– C'est alors que les Allemands, qui ont surgi en force, se sont emparés de troupes sans direction, de groupes sans chefs, de détachements isolés. Mais nous, nous avons tenu. Boulangé nous a encore alignés dans la journée du 25 février. Avec des survivants d'autres régiments, nos mitrailleurs ont résisté jusqu'au bout dans les ruines de Louvemont. Le lieutenant Leborgne nous commandait.

– Puis-je le voir ? demande Dufour.

– Mort dans l'action, lâche le colonel.

– Devant le feu très accablant de l'ennemi, nous avons gagné le sud, vers Douaumont, contourné le fort par l'est, affirme le caporal.

– Les Allemands ont encerclé un bataillon et l'ont fait prisonnier, confesse Belfond, avec le 2e bataillon de chasseurs.

– N'est-ce pas étrange ? insinue Dufour. Cela ressemble fort à une reddition en masse. Mille prisonniers d'un coup !

– Faites venir l'aspirant Bourdillat, hurle Belfond.

Le caporal salue, et l'aspirant fait son entrée. Il s'explique volontiers sur la soirée du 24 février.

– Nous étions avec les débris du 208e. Les Boches attaquent une première fois. Nous les repoussons. Ils se retirent, et l'artillerie nous prend pour cible. Un cri retentit à notre droite : ils nous ont contournés ! Les chasseurs refluent en désordre, entraînant les biffins du 208e. Un capitaine les arrête, revolver au poing. Mais le groupe est bel et bien encerclé. Une cinquantaine de soldats seulement réussissent à s'échapper pendant la nuit. Je suis du nombre. Au matin, le village de Douaumont, au sud du fort, tenait toujours.

– Mais le 26 février, après cinq jours de combat, notre division a été retirée du front, reprend le colonel. Depuis lors, les survivants sont au repos et nous comptons nos pertes. Elles sont immenses. Nous sommes incapables de dénombrer nos morts. Trop d'entre eux ont été volatilisés sous le tir des pièces lourdes. Il faudrait passer au tamis les trous et les cratères des secteurs abandonnés à l'ennemi. C'est impossible. Ainsi s'explique le grand nombre des disparus.

– Pourquoi l'artillerie de tranchée ne vous a-t-elle pas mieux soutenus ? interroge Dufour.

– Demandez-le à Joffre. Mon régiment n'avait que six misérables tubes de 58, aux mains d'un lieutenant d'ailleurs remarquable, disparu lui aussi dans le combat. Un certain Aumoine. Il a combattu avec les miens en fantassin, Lebel en main, avant de se faire tuer. Ne cherchez pas son corps. C'est encore un disparu.

– Ainsi, vous n'avez pas d'état précis des pertes, dit le commandant Dufour, perplexe. Que diront les familles ?

– Joffre leur écrira, grince Belfond. Il est si populaire.

Le bois des Corbeaux

Le 25 février 1916, Jean Aumoine embarque en camion avec son régiment pour gagner, dans la nuit, la région de Sainte-Menehould, au pied de l'Argonne. Il se rapproche de Verdun où l'on entend tonner le canon, au-delà du massif boisé. Son unité sera rattachée deux jours plus tard à la IIe armée du général Pétain. Il ne se fait aucune illusion : le 121e s'engagera à son tour dans la bataille.

Depuis son retour en ligne, à la fin de juin 1915, le lieutenant a été affecté à des secteurs calmes de Picardie. Il a repris ses habitudes de poilu, entouré de ses camarades. Il a gardé dans sa compagnie Jules Bousquin, de la Genebrière, promu sergent, le clairon Biron, le plombier de Néris, Jules Massenot, qui l'a accompagné dans sa mission suicidaire devant Saint-Quentin, et Maurice Duval, de Champignier, le coureur du Tour de France de 1913. Le caporal Joannin, l'Hercule du bataillon, a échappé à tous les coups durs et l'apiculteur Lavelle est toujours versé à la compagnie de mitrailleuses, où le malheureux André Bouin a trouvé la mort.

Le régiment n'a pas été engagé dans la sinistre bataille de Champagne, pendant l'automne de 1915. Il a pu se reconstituer avec des renforts venus de plusieurs centres de recrutement, celui de Montluçon ne suffisant pas à compenser les pertes. L'évasion de Jean Aumoine et son retour épique de la ville de Saint-Quentin occupée par l'ennemi lui ont valu une palme sur sa croix de guerre. Le commandant Latouche, chargé du renseignement et des opérations spéciales, y a veillé.

Jean envoie régulièrement à sa mère des lettres tendres, où il la rassure sur son sort. À son tour, il en reçoit de son frère Raymond, retenu dans un secteur tranquille. Il lui raconte son nouvel état de téléphoniste avec force détails techniques, comme s'il voulait le persuader qu'il s'est racheté une conduite, et qu'il travaille d'arrache-pied pour prendre du galon dans sa spécialité. Jean est inquiet pour son plus jeune frère Julien, engagé dans l'armée de Verdun, et dont Marie leur mère est également sans nouvelles.

Le 121e régiment se déplace sans cesse, par étapes, dans la direction de Verdun. Le 28 février, quand la bataille se calme, il cantonne à Rarécourt et à Froidos, village d'essarteurs perdu dans les bois. On entend nuit et jour, dans les granges où dorment les poilus, le grondement du canon.

Les ordres viendront du QG de Pétain, de la IIe armée. On les attend, ils ne vont pas tarder. Le capitaine Vincent Gérard, qui commande le premier bataillon, sait parfaitement que le casse-pipe est pour demain. Le régiment est en réserve de bataille. Les camions peuvent surgir d'un jour à l'autre pour conduire les hommes en première ligne.

Essayant de tromper l'attente, les biffins creusent des tranchées dans la boue de l'Argonne. Quand ils s'enterrent sur les bords de la petite rivière de la Cousances, autour du gros bourg de Récicourt, et plus au sud, vers Brocourt-en-Argonne, c'est encore une manière de se rapprocher de Verdun.

Les téléphonistes s'activent, comme si le 121e devait rester longtemps en deuxième position sur cette ligne. Quelques jours plus tard, Pétain charge le régiment d'organiser la résistance dans les bois d'Avocourt et de Malancourt. L'état-major n'a pas prévu de transport en camions pour un secteur aussi calme. Les poilus doivent traverser à pied la forêt de Hesse, remonter vers le nord la petite route départementale poussiéreuse, sinueuse et trouée par les obus, afin de cantonner à Malancourt.

– Nous sommes toujours dans l'Argonne, dit à Jean le capitaine Gérard. À quelques kilomètres de la butte de Vauquois, de sinistre mémoire. Devant nous, la cote 304, une belle croupe pour un observatoire. C'est le point le plus élevé. On doit y apercevoir la boucle de la Meuse, devant Samogneux. Verdun n'est pas loin.

– À une quinzaine de kilomètres, affirme Jean, qui devient familier des cartes d'état-major. Observez, mon capitaine, que les Allemands, dans ce secteur, se sont déjà avancés jusqu'à la rivière. Ils ont pris Brabant-sur-Meuse et peut-être même Samogneux.

– Oui, mais Regnéville est à nous, sur la rive gauche.

– Dans quel état ! Il n'en reste plus une pierre. Je n'aperçois même pas le clocher.

– Nous sommes bien implantés, en face de l'ennemi, sur la rive gauche de la Meuse. Le massif du Mort-Homme est juste devant nous, impressionnant, avec ses milliers d'arbres abattus par Krupp, le bûcheron.

– Plus au sud, descendant du bois des Caures où notre résistance a été acharnée, ils ont pris Vacherauville.

– C'est exact, confirme le capitaine. De nouvelles unités viennent sans arrêt renforcer les troupes d'assaut des *Feldgrau*. Nos barrages devant Verdun tiennent sur la rive droite. Mais l'ennemi peut être tenté de passer sur la rive gauche, pour prendre la ville à revers, par Bois Bourrus.

– Tous les renseignements en notre possession, précise doctement le commandant Latouche qui a rejoint les deux officiers, indiquent avec une clarté suffisante que la rive gauche de la Meuse est le but de guerre immédiat du *Kronprinz*. Je vous promets une belle noce.

Les Auvergnats de Clermont-Ferrand et d'Aurillac, ceux de la 52e brigade, sont en réserve entre Esnes et Bethelainville, à l'est d'Avocourt. Les Montluçonnais du 121e campent à trois kilomètres vers l'arrière. Les tranchées de la ligne d'Avocourt, au sud du bois de Malancourt, sont tracées au cordeau, avec le plus grand soin, à l'extrême ouest du front de Verdun. Le lacis des boyaux est soigné, les communications faciles.

Ernest Courazier, le cuistot, est aux anges. La soupe arrive chaude en première ligne. Il n'a jamais vu ça. Des bouthéons luisants, pas cabossés, des bassines à friture propres, des porteurs bien accueillis. L'état-major ne s'attarde pas dans ces délices de Capoue. Il s'est soucié, dans ce secteur calme, de protéger le petit village d'Avocourt, en le fortifiant pour qu'il devienne un point d'appui inexpugnable en cas d'attaque.

Le gigantesque caporal Joannin se rend chaque matin au marché d'Avocourt pour faire les courses de la section. Quoique très près du front, le village n'est pas entièrement déserté par les civils. Les paysans savent qu'ils peuvent gagner de l'argent avec la troupe, en offrant ce que l'intendance ne peut garantir : les produits frais de l'élevage, lait, fromage, beurre. Ils ont gardé leurs vaches, leurs chèvres et leurs moutons. Seules les poules disparaissent. Elles sont achetées à prix d'or par les officiers ou volées à la brune par les maraudeurs impénitents, menacés pourtant des pires sanctions pour pillage. Les mercantis ont dressé leurs baraques. Joannin rapporte du vin bouché et du papier à lettres à qui en veut. Il suffit de sortir les sous du porte-monnaie.

La vie de cantonnement, simple et tranquille, se poursuit jour après jour, ponctuée par les tirs des pièces lourdes allemandes, moins insistants sur cette extrémité du front. Dans une ferme au toit percé, recouvert d'une bâche, le commandant Latouche et Jean Aumoine se font servir une omelette au lard. D'autres officiers s'approchent de la table d'hôte, un lieutenant du génie, Jérémie Larquier, chargé de faire sauter les ponts de la Meuse et de miner les routes d'accès à la rive gauche, en cas d'assaut inopiné de l'ennemi.

Deux officiers d'artillerie boivent un verre de vin lourd et âpre. La maison rurale fait auberge, profitant de l'aubaine. Les patrons, un couple de vieux paysans, ont leurs deux fils au front, mobilisés dès le début de la guerre dans le régiment de Verdun.

– Mon aîné venait de finir ses trois ans à la mobilisation, raconte volontiers la mère à qui veut l'entendre. Il était déjà pourvu des chevrons d'or de sergent-major. C'est lui qui écrivait tous les soirs le journal du régiment, parce qu'il avait la plus belle plume, une écriture d'instituteur. La mère de sa promise avait réuni le trousseau, ils devaient se marier le 4 août. Pour mon René, c'était la quille. Hélas ! Il a été consigné à la caserne à partir du 30 juillet au soir. Il ne pouvait déjà plus voir sa future jeune épousée. Elle en pleurait de désespoir chez sa mère.

– Ils sont partis au premier jour, poursuit le père, pour prendre position sur la route d'Étain. Au 151e de ligne, colonel Deville, du 6e corps d'armée. Les mitrailleuses suivaient, tirées par des chevaux, dans des voiturettes, comme à la parade. En tête, des chasseurs cyclistes. Un vrai défilé. Le canon les a vite arrêtés. La colonne a été décimée sans que nos 75 puissent répondre. Quand ils ont attaqué les Boches à la baïonnette, mon fils m'a raconté que son vieux commandant, abrité sous un pommier, attendait leur retour dans l'angoisse. Le bataillon d'attaque devait franchir une voie ferrée pour tomber sur l'ennemi, embusqué autour de la gare d'Abaucourt.

– Ils ont été fauchés par les mitrailleuses, intervient Jean.

– Quand ils sont revenus, il en restait deux de valides sur dix. Les autres étaient morts ou blessés. Le commandant n'a pas résisté.

– Que voulez-vous dire ? s'inquiète Latouche. Un officier ne doit-il pas montrer l'exemple en toutes circonstances ?

– Sans doute, sans doute, dit le vieux en hochant la tête. Mais le pauvre homme avait soixante ans. Il était seul dans la vie, veuf, sans enfants. Il considérait les conscrits comme ses fils. Il avait formé au métier militaire ces gosses de vingt ans, tous patriotes et impatients d'en découdre. Il les connaissait par leurs prénoms. Pour eux, il était le vrai père du régiment. Le colonel Deville, un officier venu de l'état-major, breveté de l'école de guerre, était plus froid, plus loin de ces gosses. C'est lui qui a donné l'ordre de la charge. Ils sont partis au clairon, lieutenants en tête. Leurs officiers sont morts les premiers, fauchés par les rafales.

Jean croit revivre l'attaque de Petitmont, en août 14, par son bataillon du 121e. Il n'a pas le cœur d'interrompre le récit du vieux, mais il en connaît d'avance la conclusion.

– Quand mon fils est redescendu, blessé au bras, le commandant était mort, sous le pommier.

Aumoine et Latouche se taisent. Ils ont entendu parler des suicides d'officiers. Des cas navrants, pas toujours explicables. Ce commandant n'était pas en faute. Il n'avait rien à se reprocher, il était seulement désespéré.

– C'était un ancien de 70, dit le vieux. Un franc-tireur de Metz. Il s'était battu tout jeune, à quinze ans à peine, contre les Bavarois d'occupation. Un de ses copains avait été fusillé pour crime contre l'armée allemande. Ils avaient vécu six mois dans les bois, faisant le coup de feu contre les patrouilles de uhlans, alors que l'armée française s'était rendue honteusement dans Metz avec le maréchal Bazaine.

– C'est loin. Près de cinquante ans.

– Pour lui, pour nous, l'invasion c'est hier. Il s'est dit que tout allait recommencer. Comme en 70, quand les généraux inconscients ordonnaient aux cuirassiers de charger les Bavarois embusqués dans les vignes de Reichshoffen, en Alsace. Non, il n'a pas pu supporter le massacre de notre jeunesse, en pure perte. Il s'est fait sauter le caisson.

– Arrête ton radotage, coupe la vieille. Les morts, tu ne les feras pas renaître. Maintenant, il faut tenir.

Le soir, dans son abri, Jean pense constamment à Clelia. Il s'en veut de n'avoir pu la rencontrer en Suisse, quand il est passé par Genève, dans le convoi des évacués de force de Saint-Quentin. Être si près d'elle et ne pas la voir ! Mais pouvait-il abandonner les malheureux dont il avait moralement la charge, et qui imploraient son aide en toute occasion ? Un officier français devait conduire à bon port ses compatriotes, et retrouver lui-même son unité perdue depuis des mois. Et Jean Aumoine a le sens du devoir.

Une épreuve qu'il n'a pas surmontée. Depuis plus de six mois, il n'a aucune nouvelle de la lumineuse jeune fille et son amour, au lieu de s'atténuer, s'en trouve renforcé. La guerre les a séparés. Se reverront-ils ? Il sait seulement qu'elle habite en Suisse, près de sa mère, au palais de Lugano. Il ne peut même pas lui écrire.

Le commandant Latouche connaît l'attachement du lieutenant pour la jeune Allemande. Cette idylle insolite ne lui déplaît pas. Il sait que Jean Aumoine, loyal patriote, transcende sa passion contrariée en acceptant des opérations à haut risque. Un officier français amoureux d'une Allemande est, aux yeux de Latouche, un oiseau rare qu'il faut garder en cage, et lâcher en temps opportun comme un pigeon voyageur.

Jean a prouvé ses qualités dans les missions spéciales. Il est devenu l'un des plus audacieux agents de l'armée, aguerri aux coups durs de corps franc en même temps qu'aux investigations dans les lignes ennemies. Latouche se sent responsable de son avenir militaire, comme il se crédite lui-même de sa formation. C'est à ses yeux une valeur sûre, un bon produit d'élevage des services spéciaux. Il n'entend pas le laisser s'abîmer dans le désespoir.

Le briandisme est le temps des missions d'agents secrets en terrain neutre, particulièrement en Suisse, pour évaluer les chances de paix ou discuter avec les Allemands des échanges de prisonniers. Aristide Briand, président du Conseil en 1916, ne croit plus à une décision militaire sur le seul front du Nord-Ouest.

Latouche lit les journaux suisses et britanniques. Il sait que Briand, partisan, comme Churchill en Angleterre, d'un élargissement du conflit vers l'Orient, ne manque pas de s'intéresser de très près aux nouvelles venues d'Autriche-Hongrie, fort éprouvée par les combats et dont les troupes slaves, serbes ou tchèques, désertent par unités entières sur le front russe. L'Élysée soupçonne le président du Conseil et ministre des Affaires étrangères de multiplier les initiatives de diplomatie secrète. Le commandant Latouche, du 2e bureau, a eu vent de ces tractations soigneusement cachées, toujours désavouées.

– Une mission part prochainement pour Genève, annonce-t-il à Aumoine. Je puis faire porter une lettre en Suisse, si tu l'écris cette nuit. Ne te soucie pas de l'adresse. Nous connaissons parfaitement la résidence d'une *Fraulein* nommée Clelia von Arnim.

Jean découvre en clair, en message décodé, ce qu'il soupçonnait déjà : Latouche est au courant de tout. Il sait qui est Clelia. Sans doute l'a-t-il fait suivre à la trace quand elle est venue chercher son frère au titre d'une mission de la Croix-Rouge suisse, dans la forteresse d'Oléron où il était interné, soigné comme blessé convalescent et rapatrié au titre des échanges par la Suisse. Latouche sait parfaitement que les jeunes gens ne se sont pas rencontrés à cette occasion.

Jean commence à se douter qu'on encourage à toutes fins utiles ses relations avec la jeune Clelia dont la famille est proche du *Kronprinz* de Bavière. Il est persuadé que la proposition du tortueux officier de renseignements camoufle en réalité l'amorce d'une manipulation.

Il n'en a cure. Il saute sur l'occasion pour écrire à son amour :

Les trompettes sonnent l'extinction des feux, lui dit-il, mais elles ouvrent chaque soir les portes de la nuit où je ne pense qu'à toi. Le canon gronde au loin, une grande bataille se prépare qui va jeter l'un contre l'autre le Français et l'Allemand. Nous allons vivre ensemble, les tiens et les miens, ici, à Verdun, le plus grand carnage de l'histoire. Tout se met en place pour que pas un pouce de terrain n'échappe à l'anéantissement. Sur ces ruines, si nous survivons, nous pourrons sans doute un jour, Français et Allemands, nous tendre la main ; alors, rien ne s'opposera plus à notre union, personne n'y trouvera rien à redire. Le cyclone aura disparu, volatilisé. Pour l'heure, je suis très exactement dans l'œil de ce cyclone, et sans doute aussi les tiens.

Je sais que je sortirai vivant du brasier, protégé par l'armure invisible de ton amour. On a tellement tout prévu pour empêcher quiconque de survivre que, une fois encore, l'intervention d'un dieu caché me permettra de te rejoindre. Tu es la lumière et la joie. Vers toi, je marche sur une mer de feu, de laves brûlantes, sans me brûler les pieds.

Je ne redoute que l'oubli. Je t'en prie, mon amour, souviens-toi de ce que nous sommes l'un pour l'autre. Un jour nous partirons ensemble, loin du vieux monde et de ses cicatrices douloureuses. Vivre sans haine et sans crainte, entièrement tournés vers l'avenir, est à notre portée, si tu m'aimes autant que je t'adore. Quand le canon se rapproche, je sens couler plus vite le sable du temps qui me rapproche de toi. Que l'orage éclate et que je puisse courir vers toi à perdre haleine, pour te retrouver à jamais. Je suis de notre amour le très humble serviteur et de toi, ma Clelia, l'adorateur éperdu.

À peine a-t-il terminé sa lettre que le commandant Latouche descend dans l'abri. Au-dehors, un déchaînement d'obus. Du bois de Malancourt aux bois de Cumières et des Corbeaux, sur toute la ligne du 13e corps du général Alby, l'artillerie lourde allemande s'en donne à cœur joie. Les tranchées de Béthincourt, Forges, Regnéville, les massifs de Mort-Homme et de la Côte de l'Oie sont pris à partie dès sept heures du matin.

Le commandant Latouche s'escrime au téléphone. Pas un poste ne répond. Pétain a pourtant donné des consignes pour maintenir les communications à tout prix, mais comment réparer les fils coupés dans cet enfer ? Il réussit à joindre le colonel du 121e, assez loin vers l'arrière, mais non la brigade des Auvergnats, dont le général Alby est sans nouvelles. Son chef d'état-major appelle Latouche, en tant qu'officier du deuxième bureau :

– Considérez-vous comme détaché de votre unité, lui dit-il, au service exclusif de l'état-major de division. Les ordres vous parviendront par coureur. Prenez deux hommes avec vous, si possible des gradés, et gagnez les avant-postes. Rétablissez les liaisons et réparez le désordre. Chantilly me demande le nom des unités allemandes d'assaut. Faites des prisonniers au plus vite, le plus possible, et interrogez-les rondement. Pétain ne veut pas que l'affaire du 21 février se renouvelle. Pas de bordel dans nos lignes. Ouvrez l'œil et informez !

Dix heures. La neige tombe en giboulées. Le bombardement vient de cesser. Latouche fait signe à Julien de le suivre, sans perdre de temps. Ils rencontrent des unités débandées, qui reculent depuis le village de Forges, à l'est de Béthincourt. À la jumelle, le commandant distingue, dans le brouillard, des hordes de *Feldgrau* qui avancent difficilement sur le terrain marécageux, franchissent le ruisseau de Forges et parviennent à encercler le village. L'artillerie française donne sur les marécages, mais les obus s'enlisent sans exploser.

– Les nôtres ne tiendront pas, dit Jean. Personne ne les soutient. Ils seront tous prisonniers.

À cinq heures, il est clair que le front français est enfoncé. L'offensive allemande sur la rive gauche, si mal contenue, progresse avec une avance comparable sur l'aile droite française, dans la région de Vaux. La citadelle de Verdun risque d'être encerclée simultanément sur les deux rives de la Meuse.

Latouche et Jean Aumoine courent vers le village de Béthincourt, défendu par un réseau Brun de barbelés, toujours tenu par les Français. Le téléphone fonctionne avec l'arrière. Ils peuvent signaler l'avance allemande à l'état-major de la IIe armée.

– Beaucoup de prisonniers, dit le commandant en précipitant son débit, dans les bataillons du recrutement du Sud-Ouest ! Ils ont succombé sous le nombre. Les régiments de Montauban et de Foix sont en lambeaux. Les Gascons se défendent courageusement, par petits groupes. Mais les compagnies montalbanaises sont enfoncées de trois kilomètres à l'intérieur des lignes ennemies. Forges est occupée, le Moulin de Raffecourt est aux Allemands, comme Regnéville et la cote 265. La barricade dressée par les nôtres dans le village de Malancourt en ruine tient toujours, mais elle ne résistera pas longtemps s'ils ne sont pas immédiatement secourus. Ils ont perdu beaucoup de monde pendant le bombardement de préparation, et les autres sont trop nombreux.

– Ralliez les groupes dispersés, transmettez l'ordre du général Alby d'organiser la résistance aux abords du bois des Corbeaux et de tenir fermement la seconde ligne en y regroupant tous les soldats perdus, lui répond, au bout du fil, la voix tranchante d'un officier d'état-major du général Pétain.

Jean s'étonne du désordre qui règne dans le village de Chattancourt, à l'arrière immédiat de cette seconde ligne qui n'existe vraiment que sur les cartes de l'état-major. Des débris de sections cherchent leurs officiers. Les hommes, sonnés par le bombardement, battent en retraite pour éviter la capture.

Ceux du bois des Forges ont été faits prisonniers sans pouvoir se défendre, les Allemands surgissaient de partout, en troupes de choc armées de lance-flammes. Pas d'officiers de liaison, pas de PC opérationnel au village.

Les biffins en retraite se succèdent, hagards, dépenaillés. Ils demandent du pain et de la gnôle. Les blessés, déposés sur place par les équipes de premier secours, attendent en vain les ambulances, qui n'arrivent pas.

– Les roulantes vont suivre, avec du pinard, au bois des Corbeaux, ment effrontément le commandant Latouche. Rejoignez-le rapidement. Vous y trouverez des organisations de défense.

Neuf heures du soir. Un semblant de lignes s'organise à la va-vite au bois des Corbeaux. Jean explique au commandant qu'il n'est pas possible de tenir longtemps sur cette position. Seule la lisière nord est en état, avec une ligne de tranchées creusées par les territoriaux, mais aux banquettes de tir à peine ébauchées. Les boyaux de raccordement existent à peine, eux aussi. L'eau suinte de partout dans les abris. Pas de banc pour se reposer. Pas de réseau de fils de fer barbelés pour protéger la position précaire. Au moindre tir de marmite, les hommes céderont.

– Il faut envoyer des territoriaux d'urgence, dit-il.

– Pas le temps, répond Latouche. Nous ferons avec ceux qui arrivent.

Les sections dépareillées, décimées, se rejoignent sous les ordres brefs et impératifs du commandant. Les soldats comprennent qu'ils sont perdus s'ils ne creusent pas. Ils profitent de la nuit pour consolider fébrilement les avants, dégager une tranchée centrale assez vaste et mettre en état la lisière sud. Plus les rescapés des premières lignes affluent, plus Latouche dispose de travailleurs consentant à manier la pelle et la pioche malgré leur fatigue.

Le bois lui-même a beaucoup souffert dans la matinée. Les arbres abattus constituent autant d'obstacles à la progression de l'ennemi. On peut espérer y tenir jusqu'à l'arrivée des renforts de la division. Le soir qui tombe autorise cet espoir. Jean ne ferme pas l'œil. Il attend la chasse de nuit des Allemands pour tenter de faire des prisonniers.

Mais ceux-ci n'attaquent pas. Sans doute vont-ils renouveler leur préparation d'artillerie à l'aube, pour progresser d'un nouveau bond sans effort. Ils savent parfaitement, grâce aux observations aériennes, combien les défenses françaises, sur cette partie du front, sont fragiles. Jean Aumoine réussit, en rampant à l'orée du bois, à arracher des pattes d'uniformes sur des cadavres allemands du *no man's land.* Latouche, qui connaît le détail des unités adverses, opère les regroupements nécessaires des numéros de régiments à la lueur de sa lampe de poche.

– Les unités d'assaut, affirme-t-il, appartiennent sans contestation possible à deux divisions différentes. Les Français ont devant eux vingt-cinq mille hommes. Il faut prévenir l'état-major.

Le bois des Corbeaux est sinistre sous la lune. Le commandant Latouche s'est éloigné vers le sud en direction du village de Cumières, pour tenter de téléphoner. Jean reste seul dans son abri sommaire, bientôt rejoint par un sergent blessé, la tête recouverte d'un pansement. Il s'est échappé de l'enfer du bois de Forges pris par l'ennemi, où ses camarades ont été faits prisonniers.

– Je vous croyais tous capturés, dit Jean d'une voix lasse.

– Pas tous, puisque me voilà ! répond le sergent Galabert. Mon lieutenant tente de regrouper les autres dans la tranchée de l'orée du bois que tenaient nos trois compagnies. Nous nous sommes évadés. Nous étions à l'avant. Quinze d'entre nous sont tombés dans une embuscade. Les officiers boches nous ont confiés à la garde d'un piquet de soldats de l'arrière. Un tir de nos 75 les a rendus circonspects. Ils se sont cachés dans leurs trous, nous laissant en plein bois. Un *Feldwebel* nous tenait en respect, à portée de revolver. Notre lieutenant lui parlait en allemand, pour endormir sa méfiance, quand les salves ont cessé. En langue d'oc – car nous sommes tous gascons – il m'a dit de me tenir prêt à m'enfuir, et de faire passer le mot d'ordre aux copains.

– Les Allemands ne se sont pas méfiés ?

– Ils restaient dans leurs trous, craignant d'autres salves. Mon lieutenant a tiré comme au rugby dans la tête casquée du *Feldwebel* qui dépassait de l'abri. Nous sommes tous partis en courant vers nos lignes, poursuivis par des coups de feu qui, dans le noir, ne pouvaient nous atteindre. Une fois que nous sommes arrivés à l'orée du bois, nos malheurs ont commencé.

– Les copains vous tiraient dessus !

– À la mitrailleuse. Pas de fusées pour prévenir. Nous avons crié tout notre saoul des injures de chez nous. Une heure pour faire trois cents mètres en rampant ! Quand les guetteurs nous ont entendu hurler : *Macarel de putas !*, tout près de leurs oreilles, ils ont enfin cessé le feu. J'ai glissé dans leur tranchée, la nôtre, et j'ai perdu aussitôt connaissance. Ils m'ont réveillé à l'armagnac.

– Vous avez tout de même lâché le bois de Forges assez facilement.

– Ne parlez pas sans savoir, mon lieutenant, vous n'étiez pas là. Et ne dites pas cela devant mon officier. Il vous casserait la gueule. On dit trop légèrement du mal des copains prisonniers.

– Eh bien, parle ! Je raconterai aux autres. Dis-moi tout.

– Nous étions aux premières loges, pour le pilonnage. Un volcan de terre et de lave sur la tranchée de la compagnie. Quarante hommes vaillants, à peine. Les autres blessés ou enterrés. Disparus, comme ils disent à l'arrière. Pendant une heure, en rampant, nous avons déterré nos camarades étouffés sous les parapets. La boue était pétrie de chair verdâtre. Nous écumions de fatigue. Certains rendaient leurs tripes, de peur et de dégoût. Puis un cri : « Les

Boches ! » Ils attaquaient. Les quarante hommes valides sont tous montés aux parapets bouleversés, le Lebel en mains, prêts à vendre leur peau. J'étais mitrailleur. Ma pièce a été détruite par une patate de *Minenwerfer.* Celle de gauche continuait à tirer. Les officiers récupéraient des grenades dans les sacs des copains morts. Mon lieutenant insultait l'ennemi en tirant au fusil. Il a réussi à descendre le porteur de lance-flammes qui avançait vers nous…

– Pourquoi vous êtes-vous repliés ?

– La première vague a hésité. Nous nous sommes dépêchés de constituer un barrage avec des sacs et des poutres. La deuxième mitrailleuse a vidé ses derniers chargeurs. Une flopée de *Minen* nous est tombée droit dessus. Le serveur a eu sa cervelle dans son casque. Quand nous avons quitté la tranchée, nous n'étions plus que quinze survivants, sans munitions. Ils nous ont cueillis épuisés, après six heures de combat. Et nous avons encore trouvé le moyen de nous évader. Vous appelez cela se rendre ?

– Pardonne-moi, camarade, mais le désordre est tel !

– À qui la faute ? Où étaient nos pièces lourdes pour répondre à leur tonnerre ? Où étaient les renforts qui devaient surgir à la première attaque ? Et où étaient les munitions de réserve ? Nous étions là, tous les survivants, prêts à continuer le combat dans ce maudit bois des Corbeaux, moins bien défendu encore que le bois de Forges. Qui est responsable du désordre des lignes, de l'insuffisance des tranchées ? Pouvez-vous nous le dire, lieutenant ?

Jean Aumoine reste silencieux. On soumet les hommes à de telles épreuves qu'il trouve normal de parler d'égal à égal avec un simple sergent. Celui-là revient de l'enfer. Il faut l'entendre et l'aider.

– Je suis avec toi, camarade. Et je me battrai comme toi jusqu'à la mort. Parce que je ne veux pas qu'ils passent et ils ne passeront pas.

Le 7 mars, au matin, le bombardement recommence. Toujours pas de tirs français pour contrarier les pièces lourdes allemandes. Une formidable explosion semble trouer le ciel, tout près du bois des Corbeaux. Un dépôt français de munitions vient de sauter vers l'arrière. Les renforts d'artillerie amenés par la division sont en miettes.

– Attention, crie Aumoine, c'est l'attaque.

Il se jette dans un trou de la ligne de feu, un fusil à la main. Le commandant Latouche n'a sans doute pas pu rejoindre le village de Cumières. Jean devient solidaire des fusiliers, des grenadiers et des mitrailleurs du 211e régiment de Montauban qui défend la position. Sa seule chance de rester en vie est de faire le coup de feu avec eux.

– Qui est cet officier qui risque sa peau en avant de la tranchée ? demande-t-il à son voisin d'infortune, le sergent Galabert.

– C'est le colonel du régiment de Montauban. Il s'appelle Mollandin.

– Mais il va se faire tuer !

– Nous y passerons tous, répond Galabert, fataliste, en visant les assaillants qui sautent dans la première tranchée. Il a vu déjà tant de ses copains mourir.

Les Boches approchent par bonds à quelques mètres de la tranchée. Jean aperçoit un groupe de trois *Feldgrau* ajustant une mitrailleuse légère dont le canon est monté sur fourche.

Ils la mettent en batterie sur le rebord d'un trou d'obus. Autour des mitrailleurs, des grenadiers commencent à balancer les grenades à manche dans les trous où sont embusqués les Français.

Jean, tireur d'élite au stand de tir de Montluçon, classé premier au stage des élèves caporaux, vise soigneusement le mitrailleur, et fait mouche. Son voisin le remplace. Nouveau coup de Lebel. L'autre chancelle, tombe sur son engin. Voilà au moins une Maxim qui ne fera pas entendre sa voix. Pas tout de suite.

Les grenadiers arrosent sérieusement la ligne française. Le colonel Mollandin, pour stimuler le courage de ses Montalbanais, jaillit hors de son trou et commande le feu de salve à la compagnie où Jean s'est intégré.

– Il est fou, se dit le lieutenant. Où se croit-il ? Nous le savons bien, qu'il faut tirer. Pourquoi tirer tous ensemble, comme à l'exercice ? Chacun doit viser soigneusement, individuellement. À chacun sa cible repérée. À chacun son mort.

Le colonel tombe en avant, blessé au bras par une balle de Mauser. Les fusiliers ennemis tirent l'officier à même le sol, sans ménagement, par ses bottes. Une bonne prise pour le *Feldwebel*, ivre de sa victoire. Il aboie des ordres. On éloigne le gradé sanguinolent vers l'arrière, en le traînant à terre. Plus loin, à cinquante mètres, il est chargé sur un brancard, plus mort que vif.

Jean se rend compte que la résistance du régiment de Montauban est compromise. Tous les officiers ont péri. Les soldats gagnent l'arrière, par petits bonds, d'un trou à l'autre. Impossible de les maintenir sur place. Plus de mitrailleuses pour couvrir la position. Deux pièces tenues par des territoriaux viennent de se taire, leurs servants anéantis.

Les *Feldgrau* n'ont plus d'obstacle sur cette ligne. Aucun tir d'artillerie ne compromet l'arrivée constante des renforts. Il est temps pour Jean Aumoine de gagner, à quelques pas vers l'arrière, la position intermédiaire du bois des Corbeaux, pour tâcher d'animer la résistance.

Il y trouve en position un autre régiment du Sud-Ouest, le 259e de Foix. Impossible de tenir. Les Allemands ont mis en batterie des *Minenwerfer*, montés sur brancards, qu'ils déposent dans des trous d'obus. Un feu d'enfer s'abat sur le régiment de Foix, qui se trouve déporté sur sa droite, bientôt attaqué par derrière.

Pour couper à cette menace d'encerclement, le colonel ordonne la retraite. Les Gascons combattent pied à pied pendant tout l'après-midi. Ils sont soumis à un tir constant de mitrailleuses sur leur flanc droit. Jean Aumoine, estimant la situation désespérée, ne songe qu'à rejoindre le commandant Latouche vers Cumières, le village de l'arrière où doivent se regrouper les Français accablés par l'attaque de deux divisions d'infanterie.

Impossible de trouver Latouche dans le capharnaüm du village, rasé par les obus de 210. Les Allemands ont occupé à la fois le bois des Corbeaux et celui de Cumières. Jusqu'au village et au bourg prochain de Chattancourt, plus un pan de mur droit. Le gaz des obus se répand dans les ruines, obligeant les hommes à porter le masque.

Jean reconnaît l'écusson du 214e, le régiment de Toulouse, dont les poilus s'organisent pour se barricader sur la position. Ils sont rejoints par les débris de compagnies meurtries des régiments de Foix et de Montauban.

Les Lebel partent tout seuls. Des mitrailleuses sont hâtivement installées dans les éboulis des fermes. Les Boches sont arrêtés dans le cimetière, contraints de s'abriter derrière les pierres tombales. Le village ne pourra tenir longtemps sans soutien. Et les renforts n'arrivent pas.

Pas de Latouche à Cumières. Il est parti depuis longtemps. Jean Aumoine s'engage sur la route du Sud, bombardée, encombrée d'attelages, de voitures de blessés, de convois du génie ou du train.

Le toit de la gare a volé en éclats. Les quais sont défoncés par les obus. Les trains s'arrêtent à cent mètres de là, en pleine campagne. Les sanitaires chargent les blessés dans des wagons de marchandises. Des soldats débandés crient en passant « Sauve qui peut, les Boches arrivent ! »

– Venez avec moi, dit Jean à un groupe de territoriaux en armes.

Ils croisent la baïonnette, se postent au travers de la route et arrêtent les fuyards. Des officiers du génie accourent pour aider Jean. Des barricades sont dressées, gardées par les soldats perdus.

Le capitaine Pougès, commandant une compagnie du régiment de Toulouse, prend la tête de la résistance. Deux mitrailleuses récupérées suffisent pour arrêter la progression des avant-gardes ennemies. Les ruines du village sont mises en état de défense, les grenadiers postés, les tireurs à l'affût.

Jean se retrouve à la tête d'une section de soldats sans chefs, tous originaires de Muret. Pougès annonce à Jean que les territoriaux ont abandonné leur tranchée, creusée en avant du Mort-Homme, une position dominante à leur droite ; elle vient d'être reprise par une attaque des biffins de Marmande.

– Vous ne trouverez pas Latouche, dit à Jean le capitaine Pougès. Il est parti vers l'arrière pour faire monter les renforts. Peut-être est-il allé jusqu'à l'état-major de Dugny.

La nuit tombe sur le village de Cumières, organisé en position défensive. Jean décide d'y attendre l'arrivée des troupes de relève dépêchées sur ce front par le général Pétain. Pougès, le seul officier de la position, vient de recevoir un ordre porté par un coureur, qu'il montre au lieutenant Aumoine. La division du Sud-Ouest va partir à l'arrière, relevée par une brigade du 13e corps du général Alby.

– Le 13e corps est celui du 121e, dit Jean. C'est mon régiment.

– Son tour n'est pas venu. Il est encore en réserve. J'attends la 52e brigade de la même division du général Pauffin de Saint-Maurel. Sur ces Auvergnats repose la défense de cette partie du front. Sans eux, le dispositif de la rive gauche s'écroule. Ensemble, nous pouvons reprendre le bois des Corbeaux. Les Allemands avancent jusqu'à Verdun. Je ne vous cache pas que deux bataillons du régiment de Clermont en sont chargés. L'attaque sera menée par le lieutenant-colonel Macker en personne.

Jean se souvient du nom de Macker. Il était célèbre dans les casernes de Clermont, et son frère Léon lui en avait parlé. Une figure légendaire, héroïque culotte de peau qui faisait trembler les bleus. Un fanatique de l'attaque à la baïonnette, en files de tirailleurs. Infatigable aux manœuvres, toujours en tête au défilé, caracolant sur son cheval noir, la coqueluche de la place de Jaude. Un officier de l'ancien style, capable de mourir à la tête des siens, mais aussi de les envoyer tous à la mort, en un seul convoi.

– Nous n'avons pas de canons, grince Jean, mais nous avons Macker.

– Il est déjà prêt pour le baroud, assure Pougès. Ne trouvant pas d'eau propre, il s'est rasé de près dans un litre de pinard.

Le 92e, débarqué des camions à Esnes-en-Argonne, a gagné Chattancourt à pied, puis Cumières, afin d'organiser son attaque. Soutenu par des batteries de 58 transformées en crapouillots, il a les moyens d'accabler l'ennemi retranché dans les bois par un feu de canons de tranchées. Le colonel a du répondant.

Le capitaine Pougès lui présente Jean Aumoine, du groupe de renseignements du commandant Latouche. Jean ne songe qu'à retrouver son 121e sur ses positions de réserve, mais Macker le retient. Puisqu'il est dans le renseignement, il va pouvoir éclairer sa lanterne.

– Vous connaissez le bois des Corbeaux? Nous y avons rendez-vous avec la mort. Venez me montrer les positions de défense.

Jean se rend compte que le foudre de guerre est capable de lire un paysage, de se repérer parfaitement dans ses profils dessinés. Il lui décrit minutieusement les anciennes positions de résistance des Français, sans doute immédiatement retournées par l'ennemi, la première ligne tracée à l'orée du bois, les ouvrages intermédiaires, la troisième position flanquée à sa droite par la route de Cumières à Forges. Le colonel l'interroge sur la nature des tranchées, l'abondance des boyaux, la résistance des abris.

– Les Allemands ont eu toute la nuit pour travailler, affirme Jean, et ils creusent très vite. Ils ont dû renforcer considérablement nos défenses, sans pouvoir, pour autant, disposer d'abris profonds.

– Lejeune ! crie le colonel à pleins poumons.

Un capitaine d'artillerie s'avance, à cheval, saute à terre pour saluer le colonel en claquant ses bottes.

– Je vous présente Henri Lejeune, chef de groupe au 53e de Clermont. Le lieutenant Aumoine, du 121e d'infanterie de Montluçon.

– Ainsi, dit Henri Lejeune, vous êtes le frère de Léon !

Jean s'est trompé sur le compte de Macker : le colonel a du canon. Il a obtenu un groupe de l'état-major de la 26e division pour étayer sa contre-attaque. Ses biffins de Clermont ne marcheront pas à la mort sans appui d'artillerie, comme jadis les pantalons rouges du colonel Trabucco, tués devant Petitmont.

Sur les ordres de Lejeune, la batterie s'éparpille au galop pour gagner ses positions de tir. Celui-là remplacera bientôt le colonel Guyard, mort au front, en Champagne. Il le sait, mais il ne se presse guère. Il a pris goût à son commandement de groupe, au milieu de ces hommes rompus à leur tâche, dévoués à l'arme, fiers d'être artilleurs de campagne, toujours prêts à risquer leur vie pour casser une attaque ennemie.

En entendant Lejeune parler aux chefs de pièces, Jean reconnaît tous les compagnons de son frère, ceux dont il parlait longuement, avec tendresse : Auguste Lapierre, le pourvoyeur manchot, le vacher de Durdat-Larequille devenu maréchal des logis ; Justin Dagois, l'ouvrier de Michelin, brigadier pointeur sur un 75 ; et Jules Bracon le chargeur, ex-convoyeur aux mines de Saint-Éloi, qui porte les chevrons de brigadier-chef. Ils se le crient d'une pièce à l'autre : « C'est Jean, le frère de Léon. » Ils lui adressent des signes d'amitié, tout en poussant leurs pièces dans les emplacements dégagés par les territoriaux à coups de pics et de pelles. Tous les amis sont là. Il n'y manque que le grand Léon, toujours présent pourtant parmi eux.

– Tu vas voir petit ! crie le brigadier Dagois au lieutenant Aumoine. Nous allons leur faire manger leur casque !

Près de deux ans déjà ! Les anciens d'août 14 font figure d'ancêtres aux yeux des fantassins de dix-neuf ans qui se préparent pour l'assaut. Avec ses deux ficelles, Jean Aumoine est resté lui aussi un gosse aux yeux des copains de son grand frère, de deux ans son aîné. Lieutenant ou pas, il est le petit frère de l'immense Léon, l'artilleur légendaire du 53ᵉ, mort à la bataille de la Marne, la médaille militaire sur le cœur. Chacun rappelle ses exploits au col du Donon et se souvient avec émotion du jour où il avait porté sur son dos, aidé par Henri Lejeune, le commandant Dubaujard blessé.

À peine installées, les pièces crachent leurs seize explosifs à la minute sur les objectifs signalés au mètre près par Jean à Henri Lejeune. Un feu d'enfer qui réjouit le cœur des biffins, alignés sur les positions de départ.

Dans le bois déjà réduit en allumettes par le bombardement allemand, les Boches se terrent. De jeunes recrues, sans doute, qui n'ont pas l'habitude du canon français. Ils sont stupéfaits devant ses effets meurtriers. Les mitrailleuses tordues sautent en l'air dans leurs abris, pendant que les *Feldwebel*, revolver au poing, empêchent les bleus de reculer. Les officiers signalent les emplacements des batteries françaises par téléphone aux arrières et lancent des fusées indiquant leur position. Le tir d'anéantissement ne va pas tarder.

– Attelez, crie Lejeune, changement de positions !

Pendant l'attaque de l'infanterie, les pièces sont avancées au plus près, la gueule bourrée de mitraille. Comme à la Marne, Lejeune fait tirer au lapin, sur des cibles à vue, des escouades de renfort, des nids de mitrailleuses embusquées, des colonnes d'approvisionnement de munitions.

Droit devant ses troupes, à quatre cents mètres au plus de l'objectif, le colonel Macker s'avance seul, à découvert, l'épée tirée. Le matin même, il a fait bénir ses poilus par l'abbé Chabrol, l'aumônier de la brigade. Un des premiers tués pendant la charge.

– Baïonnette au canon !

Les 75 couvrent la voix du colonel, lâchant une deuxième série de salves qui obligent les Allemands à rentrer la tête dans les épaules.

Jean, d'enthousiasme, se joint à la première section, un Lebel dans les mains. À Petitmont, songe-t-il, nous sommes partis de deux mille mètres. Pas étonnant que tant des nôtres y aient laissé leur peau.

Le tir de barrage allemand se déchaîne. Les officiers ont suivi à la jumelle la charge de Macker. Cette fois les 77 aboient et les canons français ont de la peine à les contrebattre, ils sont si nombreux! Les pièces lourdes, alertées par les avions d'observation à croix noire, signalent les déplacements des batteries françaises. Elles doivent lutter de vitesse pour échapper au tir d'extermination qui couvre toute la zone.

– Retirez-vous ! lance le capitaine Lejeune en constatant les dégâts de son groupe. Mille mètres en arrière.

L'infanterie poursuit seule son avance vers le bois des Corbeaux, environné de brume et de poussière opaque. Seuls les gaz sont épargnés aux Français. Ils sont trop près de la ligne allemande. Les obus et les balles déciment les compagnies, anéantissent les sections, dispersent les escouades. Encore cent mètres ! Les plus durs.

Macker fait sonner la charge à son clairon, toujours à ses côtés. Les Allemands, en face, sont stupéfaits. L'armée française de mars 1916 trouve encore un colonel pour faire battre tambour. Pourquoi ne pas déployer le drapeau ?

Les grenadiers de tête arrosent déjà les tranchées en lisière. Les Boches lèvent les bras pour se rendre. On leur intime d'avancer, les mains sur la nuque et désarmés. Personne ne s'occupe des prisonniers.

Les fusiliers sautent dans la tranchée, poussent à la baïonnette, tuent tous ceux qu'ils trouvent. En un quart d'heure, malgré ses lourdes pertes, le premier bataillon du 92e s'est rendu maître de la ligne avancée et progresse sous le bois, vers les défenses intermédiaires malmenées par le canon de 75.

Deux compagnies de fantassins d'Aurillac arrivent à la rescousse. Les Auvergnats veulent en découdre. Grâce au sacrifice des Clermontois, ils n'ont pas eu de pertes dans la montée vers le bois. Les batteries d'Henri Lejeune, de nouveau rapprochées, tonnent pour empêcher les Allemands d'acheminer des renforts.

Le colonel fait signe d'arrêter le feu. Dans la brume du bois, sur la dernière position allemande, il aperçoit des casques français, des capotes bleu horizon.

– Ruse de guerre, lui dit Aumoine. Les Boches ont récupéré les casques de nos soldats tués.

– Nous n'en savons rien, répond Macker, une autre unité française a pu tourner la position.

Jean Aumoine avait raison. Il a entendu raconter par des survivants de l'Artois des subterfuges de ce genre. Les grenades à manches sont lancées par l'ennemi déguisé sur les premières lignes.

Une rafale de mitrailleuse, les Boches sont alignés à terre. À la tombée du jour, le bois des Corbeaux est entre les mains du colonel Macker, qui envoie lui-même les fusées rouges dans le ciel : mission accomplie, ne tirez pas sur nous, nous sommes maîtres de la position. Dans un abri allemand débarrassé de ses cadavres, Jean Aumoine passe la nuit avec le capitaine Lejeune, le copain de son frère Léon.

Ils ne parviennent pas à dormir. Les contre-attaques incessantes des Allemands doivent être repoussées à la baïonnette. L'ennemi ne se résigne pas à la perte des Corbeaux. Les gars du 92e de Clermont et du 139e d'Aurillac sont encore renforcés par des coloniaux, des zouaves ct des tirailleurs du général Debeney. Pétain, décidément, a le secteur à l'œil et nulle intention de le perdre, se dit Jean Aumoine en voyant défiler autour de son abri les Algériens en capotes kaki.

Avant l'aube, Lejeune a encore déplacé ses batteries, enterrées en plein bois, pour renforcer les crapouillots, dans une sorte de réduit de feu tirant à bout portant sur les assaillants. Deux attaques successives sont repoussées, l'une dans la soirée du 9 mars, l'autre au cours de la nuit suivante. Les sections de mitrailleuses affluent et s'embusquent, décourageant les assaillants. Plus de neige sur le sol. Elle a viré à une boue brunâtre, irriguée du sang des morts. Le 10 mars, le colonel Macker, qui a perdu dix de ses officiers dans les combats, subit encore une attaque.

– Vous le voyez comme moi, dit-il à Jean Aumoine, à qui il a confié le commandement d'une section, les Allemands sortent tous de la corne du bois voisin de Cumières, qu'ils ont sans doute enlevée. Cela leur permet de nous surprendre quand ils le veulent, de front et de flanc. C'est là que nous devons contre-attaquer.

De nouveau, Lejeune est invité à rassembler les pièces qui lui restent pour arroser les Cumières. Jean l'accompagne aussitôt.

– Beaucoup des miens sont morts, lui dit le capitaine. Écrasés pendant le tir des batteries lourdes.

Justin Dagois, le pourvoyeur de Léon, est porté disparu, sans doute enseveli sous une montagne de débris. Auguste Lapierre, le vacher de Larrequille, a le bras arraché. Lejeune a pu le faire enlever et garrotter par une équipe de nuit. Mais Jules Bracon et le pointeur Courtade, le jardinier de Saint-Saturnin, sont toujours à l'ouvrage. Lejeune les désigne à Jean, comme des anciens de la batterie de Léon.

À cinq heures du matin, le feu tonne sur la corne du bois de Cumières. Les obus incendiaires répandent des flammes, les explosifs chassent les Allemands de leurs trous, les crapouillots bouleversent les tranchées avancées. Trois compagnies de Clermont, dont l'une menée par Jean Aumoine, et deux autres compagnies d'Aurillac, conduites par le commandant Arnoux, enlèvent le bois tout entier en une demi-heure. Jean n'a jamais vu de fantassins aussi ardents à l'ouvrage. Ils grenadent les mitrailleuses, prennent d'assaut les réduits, attaquent les défenseurs à l'arme blanche. Jean tue de ses mains, à la baïonnette, un *Feldwebel* qui visait le commandant Arnoux.

L'affaire, rondement menée, permet aux Clermontois d'évacuer vers l'arrière une file de cinquante prisonniers. On ne compte pas les morts et les blessés dans le secteur. Déjà, Lejeune pointe ses pièces sur le nord du bois des Corbeaux, d'où partent des fusées blanches : les Allemands y tiraillent encore.

Le colonel Macker retire son casque, sûr de sa victoire ; il demande au lieutenant Jean Aumoine de gagner l'état-major de la 26e division pour signaler le retrait des Allemands du bois des Corbeaux et du bois de Cumières. Pour qu'il aille plus vite, il lui donne son propre cheval, harnaché dans une grange des ruines de Cumières.

Il exige des renforts d'artillerie pour faire face à la contre-attaque inévitable. Ce secteur est en pointe de l'offensive allemande sur la rive gauche de la Meuse. Il est impensable que le *Kronprinz* renonce à pousser plus vite et plus fort sur cette partie du front où il vient de prendre l'avantage.

Le colonel estime nécessaire de faire avancer en ligne la brigade intacte de la division, avec le 121e d'infanterie de Montluçon, renforcé de bleus de la classe 16.

Macker serre le commandant Arnoux sur son cœur. Son allant, lui dit-il, a permis la victoire. Il sera cité, avec Aumoine, à l'ordre de la division.

Arnoux fait état de ses craintes. Les Allemands sont encore retranchés à l'orée du bois. Ils peuvent recevoir des renforts sous peu. Les combats sont acharnés sur les pentes du Mort-Homme, tout proche. Il ne faut pas crier trop tôt victoire.

Macker lui signale que les batteries du capitaine Lejeune vont reprendre le tir sur les fonds marécageux de la vallée de la Meuse. Elles ont assez d'obus pour décourager l'ennemi dans l'immédiat.

Le silence, à huit heures du matin, est impressionnant sur le secteur. À croire que les Allemands se sont évanouis, ou enterrés.

Soudain, le tacatac d'une mitrailleuse crépite. Le colonel Macker tombe le premier, haché par la rafale. Le commandant Arnoux reçoit trois balles dans la poitrine.

Ils avaient tous les deux échappé, en tête de leurs troupes, à des milliers de balles et d'éclats d'obus. Voici qu'ils trouvent la mort par surprise, au coin du bois qu'ils ont reconquis. Jean Aumoine les aurait accompagnés dans leur dernier voyage s'il n'avait été chargé de mission par le colonel. Ainsi frappe la camarde, au hasard. Jamais lasse de frapper.

Jean a quitté le bois des Corbeaux au bon moment. La rafale de mitrailleuse a donné le signal de la contre-attaque. Les pièces d'Henri Lejeune frappent en vain. Elles sont trop peu nombreuses pour contrarier la charge du régiment prussien qui infiltre le bois de Cumières et en chasse les escouades retraitées des régiments de Clermont et d'Aurillac.

Un des sous-lieutenants de celles-ci, Paul Girault, se voit cerné par une nuée de grenadiers allemands. L'officier lui demande de se rendre, pistolet en main. Girault le tue aussitôt, abat trois autres *Feldgrau* casqués d'acier, puis tombe, percé de coups de baïonnette.

Les Auvergnats se défendent avec acharnement, racontera plus tard Henri Lejeune à Jean, qui avait dû enlever ses pièces pour ne pas les laisser capturer. Les corps à corps étaient nombreux. Beaucoup sont morts sous les balles des leurs, aussi bien des Allemands que des Français.

Les défenseurs du bois des Corbeaux sont bientôt complètement cernés. Un capitaine, Delbos, empêche longtemps l'ennemi d'avancer, en soutenant une résistance pied à pied.

– J'ai connu ce Delbos au régiment de Clermont, dit Henri Lejeune. Il est arrivé par le rang. Adjudant en 14, nommé officier à vingt-deux ans. Intrépide et acharné, décoré à la Marne de la médaille militaire. Il a regroupé toutes les escouades rescapées du Nord, à la lisière sud des Corbeaux. Il a fait dresser une ligne continue de défense, sur trois cents mètres, avec tous les survivants. « Les renforts arrivent, leur disait-il, il faut tenir. » Ils ont tenu jusqu'à midi. Pied à pied, jusqu'à la dernière bande de mitrailleuse. Les ailes ont fléchi d'abord, faute de munitions. Plus ils tuaient de *Feldgrau*, plus il en arrivait. Une pluie de grenades a eu raison de leurs ultimes résistances. Delbos a quitté la position le dernier, grenadant à son tour, un sac sur la poitrine. Les Allemands se sont enfin emparés des Corbeaux, et nous n'avons pas pu les en déloger, affirme le capitaine Lejeune avec tristesse.

Pour le 92e de Clermont, c'est la relève dans les ruines de Chattancourt. Jean Aumoine s'est placé dans la suite du général de Bazelaire, qui commande le secteur au nom de Pétain. C'est à lui qu'il a remis les demandes de renforts formulées par le colonel Macker.

Le général voit défiler devant lui les restes du pauvre 92e, commandé par un simple capitaine et deux lieutenants, Ordoni et Denefle. La revue est vite passée : cent quarante hommes sur mille dans le troisième bataillon, cent soixante-six dans le deuxième.

La plupart sont morts au combat ou disparus sous les décombres. Les sanitaires n'ont pu secourir que six cents blessés, évacués difficilement sur les hôpitaux de Verdun.

Les deux bataillons avaient en face d'eux quatre régiments d'assaut allemands : douze mille hommes contre deux mille!

– Regarde les deux lieutenants en tête des bataillons, dit le capitaine Lejeune à Aumoine. Ils ne devraient pas être là.

– Des survivants?

– Les Allemands les avaient cernés, faits prisonniers dans le bois. Un caporal a réussi à prévenir le lieutenant d'une compagnie voisine. «Il faut les délivrer», lui dit-il. Des volontaires sont partis aussitôt et se sont insinués dans le brouillard à la suite de la colonne de prisonniers conduite vers l'arrière par les Allemands. Ils ont attaqué les gardes, libéré les lieutenants et réussi à rejoindre les lignes françaises. Le général de Bazelaire les a décorés sur le front des troupes, ainsi que leurs sauveteurs. En voilà qui n'ont pas volé leurs croix de guerre!

Jean hoche la tête, admiratif.

– Le 139ᵉ d'Aurillac n'était pas présent à cette distribution, reprend Henri Lejeune. Il a continué le combat au sud du bois de Cumières. Mais on vient de m'apprendre que le capitaine de la Pornélie est mort. Il servait lui-même une mitrailleuse. Il a été déchiqueté par une grenade. Bazelaire, au lieu de délivrer des récompenses et de lancer sur le front de la troupe, avec emphase, «Bravo les Gascons!», ferait bien d'accélérer les renforts. Nous sommes enfoncés sur toute la ligne, malgré le sacrifice de ces braves, et la destruction de mon propre groupe de 75.

Henri Lejeune se rend au poste de première urgence pour voir ses blessés. Il y retrouve son Auguste Lapierre, ancien pourvoyeur de pièces de Léon Aumoine, devenu maréchal des logis. Son bras arraché est en train d'être charcuté par le médecin chef Portefax, du 9ᵉ tirailleurs d'Alger.

Le major opère dans la boue, les manches de sa capote relevées et un casque percé d'éclats d'obus sur la tête. Comme il ne dispose d'aucun matériel pour fractures, il entoure les jambes cassées de tronçons de fusils en guise d'attelles et dit du margis :

– Il a perdu du sang, mais il survivra. Je le fais évacuer vers l'intérieur.

Le capitaine soupire d'aise. En quelques mois, Henri Lejeune a appris au front la fraternité. Le jeune polytechnicien, imbu de chiffres et pétri de logique, a trop vu souffrir autour de lui. Il sait qu'Auguste Lapierre, une fois rentré dans son village, sera toute sa vie un *manchot* prématurément vieilli, tenu en marge, incapable de serrer une fille au bal ou de pousser la charrue.

– Tu auras un bras artificiel, lui dit-il, comme le général Gouraud. Je te réserve ici ta place à la batterie. Elle portera ton nom : batterie Lapierre !

Lapierre garde les yeux baissés. Il souffre de son bras, il sent encore le picotement de sa main absente, l'irritation des muscles, comme s'il en disposait encore.

– Adieu, mon lieutenant. Je sais bien qu'on ne se verra plus. Le mal me ronge. Je suis déjà du côté de Dubaujard, de Guyard, de Léon Aumoine, de Justin Dagois et de tous les braves morts à la guerre. Ce sont eux qui m'attendent désormais. Regardez-les, ils sont tous là, alignés comme à la parade : ils me font signe, de l'autre côté du miroir.

Jean Aumoine parcourt en vain les cantonnements à l'arrière du front, où se pressent les régiments prêts à entrer dans la fournaise du Mort-Homme ou du bois des Corbeaux. Il ne retrouve ni le commandant Latouche, ni les bataillons de réserve du 121e.

Sur la route d'Esnes, encombrée d'attelages disloqués et de cadavres de chevaux, il s'arrête pour laisser défiler les rescapés du premier bataillon du 139e, une quarantaine d'hommes marchant derrière le lieutenant Trenty, le pas traînant et en désordre. Ils sont si épuisés qu'ils s'effondrent dans le fossé, sans mettre les Lebel en faisceaux.

– Nous avons tant donné, s'excuse Trenty. Il faut comprendre. Tant donné pour tout perdre!

– Rien n'est perdu, dit Jean. Le front n'est pas rompu.

– Le soir tombe, et dans cette journée du 10 mars, lugubre et sanglante, nous n'avons réussi à tenir ni le bois des Corbeaux ni le bois de Cumières. Les Boches sont au nord du Mort-Homme.

– Mais nous gardons le sud, l'assure Jean qui montre les troupes de renfort montant à l'attaque.

– J'espère que ceux-là savent où ils vont, répond Trenty. Cet après-midi, une brigade entière de la division Debeney s'est trompée de destination. Elle était attendue au bois des Corbeaux, que nous tenions encore. Elle s'est présentée au bois de Cumières, où les Allemands l'ont reçue à la mitrailleuse. Le lieutenant Lemöelle et sa compagnie sont morts sur le coup.

Les hommes exténués se relèvent pour s'approcher de la popote, attirés par l'arôme du café chaud.

– Et toujours ces damnées saucisses! soupire Trenty. Leurs avions les protègent. Les nôtres ne sont pas assez nombreux. Leurs observateurs décrivent par radio le moindre de nos mouvements. Il n'y a pas deux heures, une troupe de renforts progressait à grand-peine dans le boyau du bois Bourrus à la cote 275. Des biffins du 239e de Rouen, aux capotes toutes neuves. Ils se sont fait massacrer par un tir nourri de 150. Le sang coulait dans le boyau.

Un officier rompu, la capote déchirée, les bottes boueuses, s'approche du groupe, son casque bosselé au ras des yeux. Le commandant Latouche, c'est bien lui, prend Jean Aumoine à part.

– Je reviens de Massencourt, lui confie-t-il. Nous ne pourrons tenir ce front. Les Allemands attaquent sur Avocourt, ils veulent envelopper notre aile gauche. Le colonel de Laborderie, commandant la 134e brigade, vient d'être tué dans sa salle à manger en compagnie d'un député mobilisé, Tomé. Le moral est déplorable dans les régiments qui tiennent les seules bonnes tranchées du front de Verdun. Elles ont été tracées au cordeau, aménagées, bien garnies de mitrailleuses. J'ai dû avertir Pétain. Pour la première fois, des bataillons se sont rendus sans combattre. À Verdun ! Alors que les camarades se font tuer sur la rive droite pour contre-attaquer sans cesse dès que les Allemands emportent un bois ou un ravin. Alors que les téléphonistes, les infirmiers, les auxiliaires de la « compagnie des lions » du lieutenant Gleizes ont tous pris le fusil pour repousser l'ennemi dans le ravin de la Caillette entièrement couvert de morts.

– Vous voulez parler de la division de Giraud de Salins ?

– Bien sûr. Elle tenait ce front du côté d'Avocourt et de Malancourt. Le colonel Brümm commandait la brigade. Il avait éclaté ses effectifs sans tenir compte des régiments, une quinzaine de compagnies en position.

– Qui est ce Brümm ?

– Un officier à l'ancienne, très responsable, d'origine alsacienne, très estimé par Pétain. En quelques heures, les Allemands se sont emparés du bois de Malancourt.

– La reprise des Corbeaux ne leur a pas demandé plus de temps, objecte Jean.

– Mais les Français ont résisté avec acharnement. Tandis que les biffins du 111e, un régiment formé à Antibes, n'ont pas appuyé sur la gâchette. Ils ont été dispersés pratiquement sans combat. Quant au 258e d'Avignon, le lieutenant-colonel Géant qui le commandait a été tout de suite fait prisonnier.

– Qu'a fait Brümm ?

– Il s'est laissé encercler dans son PC. Il a expédié un pigeon voyageur à la division, expliquant qu'il était sans nouvelles de ses unités. Les Allemands ont fait d'un coup deux mille cinq cents prisonniers. Demain, leur presse annoncera cet exploit au monde. Je lis d'avance leur communiqué : « Les Français se rendent à Verdun par régiments entiers. »

– Et Brümm ?

– Parti en captivité, avec ses vingt compagnies. Les Allemands occupent son PC, rétablissent les lignes de téléphone, transforment les tranchées à peine remuées, occupent d'excellents abris, utilisent même nos mitrailleuses.

– Vous avez pu joindre Pétain. Qu'a-t-il dit ?

– J'ai vu Lauré. L'état-major de la IIe armée savait qu'au moment de l'entrée en ligne vingt et un hommes et un sergent du régiment d'Avignon avaient déjà abandonné leur poste. La défaillance de l'unité n'est pas une surprise. On s'y attendait.

– Pour quelles raisons ? Ces soldats étaient reposés. Ils entraient dans une position bien organisée.

– Ils ont déclaré qu'ils n'admettaient pas d'être sacrifiés et de payer les erreurs, les fautes des généraux.

– Ils ont choisi de se rendre. Qu'a dit Bazelaire, le responsable du secteur ?

– Que des sanctions seraient prises, au besoin par contumace. Le général de Bazelaire a été déplacé.

– Ainsi les fantassins d'Avignon ont délibérément abandonné leur poste.

– Oui, laisse tomber le commandant Latouche.

Il entraîne Jean Aumoine dans son sillage, vers la ville de Verdun, bombardée par les obus lourds allemands. Ils roulent en voiture sur la *voie sacrée*, vers Souilly. Au centre de la route, la voie est libre, entre deux files continues de camions.

– Attendez-moi, dit Latouche dans le hall de la mairie, encombré de gendarmes, d'officiers d'état-major, de messagers et même de coureurs exténués. Je dois voir d'urgence le commandant de Cointet qui dirige le 2ᵉ bureau de Pétain.

Il assiste à la sortie du général Berthelot, qu'il reconnaît parfaitement en raison de son embonpoint et de l'expression très pénétrante de son regard.

– Il vient d'être nommé, à la place de Bazelaire, chef du groupement de la rive gauche par Joffre, dit à Jean un lieutenant du bureau de presse venu lui tenir compagnie. Sans doute à la demande de Latouche. Bazelaire a cessé de plaire. Il est considéré comme « très fatigué ». Peut-être retrouvera-t-il un commandement. La valse des généraux semble reprendre, comme en août 14.

Rien de choquant pour Jean, qui juge pourtant étrange que l'on fasse retomber sur un chef de secteur étoilé le comportement d'une troupe qu'il n'a pas eu le temps de connaître, qu'on lui a envoyée d'office sans qu'il puisse la choisir. Ses maladresses de langage ont pu surprendre. Voilà qu'il porte le chapeau.

Jean se garde d'exprimer la moindre opinion. Ces affaires d'officiers supérieurs le dépassent. Il estime qu'il a de la chance de ne pas vivre dans les sphères du haut pouvoir militaire, où ce petit lieutenant du bureau de presse au parler délicieusement parisien semble se montrer à l'aise et s'autorise, de plus, quelques critiques à l'égard des chefs, comme si c'était de bon ton.

– Je viens aux nouvelles, de Chantilly, lui précise-t-il. J'accompagne le colonel Dupont, chef du 2e bureau de l'état-major général. Nous sommes ici en mission.

Si de telles huiles se déplacent, la situation doit être grave, se dit Jean. Sans doute Pétain n'a-t-il pas les moyens de défendre Verdun. Le front craque de tous les côtés, si l'on se fie aux nouvelles de la rive gauche.

Le commandant Latouche redescend, le front soucieux. Il rend son salut au petit lieutenant de presse et demande à Jean de l'accompagner.

– Nous partons pour Vaux, dit-il en ajustant son casque et en vérifiant son masque à gaz.

Vaux est une forteresse située au sud-est du grand fort de Douaumont, que l'état-major français semble décidé à tenir jusqu'au bout, afin d'éviter le désastreux effet psychologique de la chute des forts. La garnison, renforcée, est placée sous les ordres d'un commandant, Raynal. On ne peut y accéder qu'en traversant une zone de combats acharnés.

– Nous devons à tout prix y arriver avant la nuit, explique Latouche. Un radio vient de communiquer, par la Tour Eiffel, le texte du journal allemand *Nauen*, annonçant la chute du fort.

Jean Aumoine lit le texte du radio : « Dans une brillante attaque de nuit, les régiments de réserve de Posen, portant les numéros 6 et 10, sous la direction du général de l'infanterie von Guretzki-Cornitz, ont emporté d'assaut le fort cuirassé de Vaux, ainsi que de nombreuses fortifications voisines. »

– Cette nouvelle est fausse, déclare Latouche. Les gens d'ici sont stupéfaits de l'audace des Allemands. Le grand état-major de Joffre exige des explications. Dupont et Cointet m'envoient sur place pour être en mesure de confirmer ce qu'ils savent déjà : le fort de Vaux est bien entre nos mains.

– Comment y accéder ?

– Par Souville et le bois de Damloup, c'est le plus simple. Sinon, par Tavanne. Personne ne connaît exactement la situation dans cette zone. La ligne des combats bouge d'heure en heure et les contre-attaques succèdent aux attaques. La neige tombe de nouveau. Les nuages sont bas et notre aviation ne peut prendre le ciel.

Le fort de Souville vient d'être marmité. Des voitures sanitaires évacuent les blessés. Plus loin, le village de Vaux est en flammes.

– La ligne est tenue par une division nouvelle, à peine débarquée des camions, précise Latouche. Mais les soldats du général de Maistre sont attaqués au lance-flammes. Nous ne savons pas s'ils pourront tenir.

Ils tiennent. Ils reprennent aux Allemands le ravin de Vaux-Hardaumont, jonché de cadavres. L'approche de cette ligne avancée du front donne la nausée. Les soldats du « brave 17e», venus du Béziers, celui qui s'était mutiné en 1907 pendant la crise de la viticulture, sont au cœur du secteur d'attaque des lance-flammes. Les corps recroquevillés des soldats, et surtout l'odeur de chair brûlée, sont insupportables.

– Nous n'arriverons jamais au fort, dit Jean Aumoine en consultant la carte. On se bat au village de Vaux. Le panache de fumée en témoigne.

– Il faut prendre à droite, assure le commandant, à travers le bois. C'est notre seule chance de rencontrer le commandant Raynal.

Le 409e régiment tient le village de Vaux, attaqué à treize reprises dans la journée. Le passage est libre vers le fort, même si le canon tonne à l'est, sur Damloup. Le commandant Latouche a choisi la voie la plus sûre. Sur cet axe, le tir de l'artillerie allemande s'est interrompu, pour livrer la place aux assauts des *Feldgrau*.

– Les régiments fondent dans cet enfer, dit Latouche. Voyez les survivants du 409e. L'unité doit être retirée de toute urgence des lignes, alors qu'elle a été engagée seulement hier dans la nuit. Les effectifs sont squelettiques et les cartouchières des poilus sont vides.

Des hommes avancent péniblement, hagards, sans sac, le masque au visage, le fusil sous le bras. Pas question pour eux de s'abriter dans des tranchées. Ils se cachent comme ils peuvent, dans des trous, à la moindre rafale d'obus. Il n'y a plus de ligne de défense organisée.

– On revient à la guerre de forteresses, dit Latouche. Les nôtres se font tuer barricadés dans le village de Vaux ou à Damloup. Ils tiennent le fort et la ferme de Dicourt. Dans le *no man's land*, on ne sait à qui sont les ravins, les cratères, les embryons de boyaux. Les Allemands ne peuvent y voir plus clair que nous, malgré leurs saucisses. Le plafond du ciel est trop bas. Pas question d'avertir l'artillerie avec des fusées. Chez nous, Pétain a commandé impérativement d'utiliser les signaux optiques, par projecteurs. Mais nos canons de 75 ne répondent pas. Comment pourraient-ils tirer sans risquer de tuer aussi les nôtres ?

On arrive en vue du fort de Vaux. Une attaque allemande vient d'être repoussée, comme en témoignent les nombreux cadavres en *Feldgrau* qui jonchent le sol. On s'est battu finalement sur les pentes du fort, mais il est, à l'évidence, dégagé. Les troupes de choc se sont enfoncées dans les ravins, cachées dans les trous. Les abords de la position sont accessibles.

L'ouvrage a conservé sa masse impressionnante. Les marmites ne l'ont pas ébranlé.

– Les Allemands sont descendus, explique le commandant Raynal, par les ravins de la Caillette, de la Fausse-Côte, dans la direction de Souville. Ils ont été repoussés. Les nôtres étaient déployés dans les bois, les trous d'obus, les ravins. Deux régiments tout au plus. De notre observatoire, on a suivi les nombreuses tentatives infructueuses des *Stosstruppe* de la brigade Gurestski-Cornitz. Ils ne sont pas passés !

– L'article allemand publié par le *Nauen* est donc un mensonge complet, dit Latouche.

– Cela vous surprend ? N'ont-ils pas annoncé à son de trompe la prise du Mort-Homme, alors qu'ils n'en tiennent que l'un des sommets, et le moins élevé ?

Le commandant Raynal n'a pas le physique de son tempérament de fer. Jovial mais grisonnant, empâté, le vieux soldat a été deux fois blessé au front, au 95e d'infanterie de Bourges. À quarante-neuf ans, il a demandé à remonter en ligne, mais à un poste où il n'aurait pas à se déplacer. Il ne peut marcher qu'avec une canne.

On l'avait nommé à Vaux, à l'époque où il était question de désarmer toutes les fortifications. Les régiments d'infanterie ont livré bataille à l'extérieur, jamais dans le fort. On avait pourtant renforcé sa garnison de territoriaux d'une compagnie d'active, parce qu'il se trouvait désormais très exactement sur la ligne du front que l'état-major voulait défendre à tout prix.

Sa position stratégique reste essentielle, car elle interdit la descente des unités allemandes vers Souville et Verdun. Autour de lui, les villages très proches de Damloup et Vaux-de-Damloup, totalement détruits par le canon. Les Allemands viennent enfin de comprendre à Verdun que les destructions de fermes ou de villages offrent à l'ennemi une défense naturelle, inexpugnable, chaque bloc de pierres constituant un abri. Ils n'ont pas réussi à prendre le village de Vaux, malgré leur écrasante supériorité en effectif. Les mitrailleuses embusquées, presque enterrées, les ont massacrés.

– Vous pouvez rassurer Pétain, dit le commandant Raynal. Ici, nous tiendrons. Leurs gros obus n'ont pas endommagé le fort. Les dalles de béton tiennent le choc. Le sous-sol est intact et nous y logeons les mitrailleuses. Un canon de 75 manque dans une des tourelles blindées, dites de Bourges, mais l'autre est en bon état. La tourelle est mon observatoire. Je peux expédier des signaux optiques aux troupes du voisinage. Les alentours sont truffés de nids de mitrailleuses qui ont fait reculer les Allemands, au village, dans le cimetière, dans les bois de la Caillette jusqu'à Damloup. Croyez-moi, ils ne s'y frotteront pas de si tôt.

Jean Aumoine remarque le petit chien du commandant, qui le suit à la trace.

– C'est mon compagnon le plus fidèle, sourit Raynal. Il ne m'a pas quitté depuis le début de la campagne. Nous rentrerons à la maison ensemble, après la victoire.

Pour la première fois depuis le 21 février, Joffre se dérange pour rendre visite au front de Verdun. Il ne demande pas à parcourir les tranchées. Il descend lourdement de sa voiture grise et entre directement dans la mairie de Souilly, où l'attend Pétain.

Le lieu est assez éloigné des lignes pour éviter les tirs d'artillerie. La mairie, légèrement en retrait, domine de sa façade de belle demeure bourgeoise en pierres de taille les maisons à étage de ce village-rue, étape de la *voie sacrée* vers Verdun. Pétain peut y dénombrer les camions qui transportent les divisions de renfort. Il en use trois en deux jours de bataille.

Le commandant de Cointet a tenu Latouche et son adjoint en réserve dans son bureau, afin de pouvoir produire leur témoignage en cas de besoin. Il les a abandonnés pour rejoindre Pétain et son état-major, devant la carte des opérations.

Berthelot est assis, comme Balfourier, le chef du 20e corps, en face de Joffre, qui trône dans un fauteuil Louis-Philippe. Pétain, debout, commente les opérations sur la carte en s'aidant d'une canne de bambou. Il montre la nouvelle ligne de résistance de la IIe armée, ainsi que les échelons successifs qui permettront une retraite graduée jusqu'à la citadelle de Verdun, si celle-ci s'avérait nécessaire en cas de nouveaux coups de boutoir de l'ennemi.

Joffre l'interrompt d'un geste.

– Je veux savoir quelle est la situation à Vaux.

Pétain songe immédiatement que c'est la vraie raison de la visite du général en chef à son état-major. L'aura du vainqueur de la Marne ternit à chaque offensive manquée, dont la plus récente est la chute de Douaumont, laquelle a produit à Paris une impression considérable, exploitée par ses ennemis, dont Gallieni.

Que les Allemands annoncent la chute de Vaux, c'est un pas de plus vers le limogeage du général en chef. Le milieu parlementaire est en émoi. Poincaré demande des assurances. Joffre les exige.

– Rien n'est plus facile, mon général, dit Pétain en faisant un signe à Cointet.

On introduit le commandant Latouche.

– Cet officier revient à l'instant du fort de Vaux où il est parti hier à ma demande. Il pourra vous dire lui-même que la position est intacte et que le commandant Raynal n'a pas eu d'assaut à subir.

– C'est bien, dit Joffre, qui ne pose aucune question à Latouche.

Il a estimé d'un seul coup d'œil que cet officier était un témoin solide. Berthelot, consulté du regard, a donné son approbation. On peut se fier à Latouche.

– Faites préparer immédiatement la mise au point du communiqué du jour, poursuit Joffre, et avertissez la presse. Les mensonges allemands ne doivent plus demeurer sans réplique.

– Il reste que la région du fort est vulnérable, affirme Pétain. Les Allemands reprendront par là, un jour ou l'autre, leur descente vers Souville, et je n'aurai pas les moyens de m'y opposer.

– Comment cela ? s'étonne Joffre. L'armée de Verdun compte cinq cent mille combattants. Elle en avait cent cinquante mille le 21 février. Vous avez reçu les renforts d'artillerie nécessaires. Que voulez-vous de plus ?

– Des pièces lourdes, mon général, martèle Pétain, des 155 courts, des 120 longs. Tout de suite.

– Où voulez-vous que je les prenne ? Ils sortent au compte-gouttes de chez Schneider.

Berthelot hoche la tête. Il sait parfaitement, en ancien familier de l'état-major, que Joffre ne dit pas toute la vérité. Il réserve l'artillerie lourde pour l'offensive qu'il prépare sur la Somme, avec les Britanniques, et pense que le meilleur moyen de dégager Verdun est d'attaquer sur une autre partie du front. D'ici là, l'infanterie doit tenir.

– L'affaire de la 29e division est grave, mon général, se risque tout de même Berthelot.

Il n'est désormais qu'un officier du front parmi d'autres, solidaire de Pétain dans sa demande de moyens supplémentaires. Il a précisément hérité du secteur du général de Bazelaire, celui qui a flanché.

– Retirez cette unité du front, suggère Joffre. Pas de contamination de la lâcheté.

– Pas de prime à la lâcheté non plus, riposte Pétain, fixant le général en chef de son regard clair. L'égalité devant la mort est un principe essentiel. C'est le commandement qui doit être changé. Les généraux doivent tenir leurs troupes en toutes circonstances.

– Pour le reste, tranche Joffre, prenez vos dispositions.

– Elles sont prises, mon général. La 29e division aura à cœur de reconquérir ses positions, à l'assaut devant la 76e du général Vassart, des troupes sûres. Avec du canon, pour encager l'itinéraire.

– C'est bien, dit Joffre. Sauvez Verdun. Demandez-nous ce qu'il faudra. On tâchera de vous le donner.

Jean Aumoine, à qui Latouche rapporte le dialogue des deux chefs, pense que le « sacrifice de l'infanterie » n'est pas près de cesser. Joffre n'a en tête que de préserver ses pièces lourdes.

– C'est pire, affirme Latouche. Des deux côtés, ils se sont ralliés à l'idée de « guerre d'usure ». Sais-tu que Cointet est chargé, au quartier général de Pétain, de la statistique des morts à destination de Chantilly ? Un travail de polytechnicien destiné tout spécialement au milieu politique et à la presse.

– Ils se jettent les chiffres à la tête, pour la propagande ?

– En les augmentant tous les quinze jours dans une proportion insensée. On décompose en pertes journalières les 300, 400, 500 000 morts que l'on impute à l'armée allemande de Verdun. On établit des moyennes quotidiennes, hebdomadaires, mensuelles. On ne manque pas de faire ressortir dans les communiqués que si l'ennemi échoue, c'est en raison de ses pertes.

– Pour faire oublier les nôtres ?

– Naturellement. Les victimes, très nombreuses, de ces combats quotidiens, alimentent l'effort de guerre des journalistes planqués à l'arrière, qui reprennent rituellement ces chiffres et les amplifient au besoin.

– C'est égal, remarque Jean. Dans cet holocauste, où l'on consume une division par jour, la brigade de Clermont a été massacrée. Pourquoi pas la nôtre ? Pétain, sans raison évidente, a ménagé notre pauvre 121e. Il reste toujours en travaux sur la seconde ligne d'Avocourt.

– Tu oublies que nos effectifs sont encore maigres, complétés seulement par les gosses de la classe 16, avec des officiers de réserve, d'une valeur douteuse au feu. Quand le 121e donnera, la fin des combats sonnera pour Verdun. Il y a de belles troupes à faire tuer avant nous.

Sacrifice de l'infanterie, sans doute, se dit Jean. Mais la nature du terrain a rendu possible la victoire des biffins. En rentrant de Vaux, il a traversé, avec Latouche, des ravins alignés en travers de l'axe d'attaque des Allemands. Les soldats pouvaient s'y cacher, sans avoir besoin de creuser sans cesse des tranchées.

Impossible de les déloger des crêtes déchiquetées des plateaux, des trous des pentes montueuses, de la pierraille des villages. La supériorité de l'artillerie ennemie n'a fait qu'accumuler les ruines, renforçant ainsi les moyens de défense.

– Les Français ont pu tenir, observe Julien. Même si le sol est jonché de leurs cadavres.

– On n'imagine pas l'état exact des pertes, ajoute Latouche. Dans cent ans, quand on retournera ce terrain pour y tracer des routes, on trouvera les restes de soldats inconnus, des disparus comme on dit. Des files entières de squelettes, recouverts de dizaines de mètres cubes de pierraille.

Pressentiment ? Jean songe à son jeune frère Julien, le bombardier, qui pourrait bien l'avoir précédé à Verdun. Est-il porté parmi les disparus ? A-t-il pu donner de ses nouvelles ? Il se rassure : lui-même n'a pu écrire une seule ligne depuis le début de la bataille. Julien a la baraka, il aura échappé au pire.

– Le seul véritable danger de l'artillerie lourde, reprend Latouche, c'est qu'elle rectifie le paysage. Elle est capable d'ensevelir les hommes vivants. Le sergent-major, s'il survit, est le seul croque-mort capable de donner l'état des pertes après avoir rayé sur son carnet les blessés, les morts et les disparus. Inutile d'engager des recherches pour les dénombrer. Nous avons à peine les moyens d'évacuer les blessés.

– Impossible de retrouver les corps ?

– Pas de certitude absolue, juste des témoignages. Pense à Foch. Son fils Germain et son gendre Paul Bécourt ont été portés disparus le 22 août 1914. Une patrouille de reconnaissance dans le secteur de Longwy, pour l'un, une charge à la tête d'un bataillon de chasseurs, pour l'autre. On avertit le général seulement trois semaines après, le 14 septembre pour Paul. Le 20 septembre, son chef d'état-major Leboucq l'informe de la disparition de son fils. On lui dit beaucoup plus tard qu'on aurait vu Paul dans une ambulance allemande, pendant que Germain serait prisonnier. Il se reprend à espérer. Il ne doit abandonner toute illusion qu'au mois de novembre. Imagine-toi, quelque part en France, une générale Foch subissant la torture du chaud et froid.

Jean pense à Marie, sa mère. Il souhaite de tout son cœur qu'un semblable martyre lui soit épargné.

Raymond le fugueur

Le capitaine Lacassagne, qui commande le bataillon de Raymond, tient l'ordre du colonel Flocon : le 321e régiment de réserve doit se rapprocher de la région de Verdun où les Allemands ont engagé leur grande offensive. Raymond et ses camarades doivent abandonner les rives poissonneuses de l'Aisne, où ils étaient au paradis. Il est écrit que les trois frères Aumoine se présenteront successivement au rendez-vous de Verdun.

Raymond, comme Jean, ignore la fin tragique de son jeune frère Julien. Il poursuit avec André Leynaud, l'électricien, son entraînement de téléphoniste qui lui permet d'échapper à la tutelle de l'adjudant Bourdon, son instructeur.

André est un chef très compréhensif. Ancien de l'école d'électricité de Grenoble, cet adjudant est techniquement supérieur au lieutenant Abel Courtot, un ancien polytechnicien chargé de diriger les nombreux téléphonistes de l'unité. À croire que l'électricité n'est pas une discipline jugée digne de l'illustre école. Raymond a compris tout le parti qu'il pouvait tirer du savoir-faire de « Dédé l'Ardéchois », comme on le surnomme familièrement à la section. Il potasse les manuels les plus ardus avec fièvre. Sa cantine en est pleine.

La TSF surtout le passionne. Les postes deviennent de plus en plus nombreux aux armées, mais ils sont monopolisés par les artilleurs et les aviateurs, selon les instructions de l'état-major. L'infanterie en est encore assez dépourvue. Seul le colonel Flocon en a reçu un exemplaire, qu'il utilise à peine. Raymond n'a de cesse, au moindre prétexte, de s'approcher de l'appareil, resté dans sa boîte. Il réussit assez bien à établir la liaison avec l'état-major de la 63e division et finit par se rendre indispensable au PC du colonel. Raymond le fugueur a déserté la tranchée.

Flocon, le 26 février, rassemble les trois bataillons pour un exercice avec le nouveau modèle de masque à gaz. Au moment de se rapprocher du front, il est urgent de faire bonne figure sous la cagoule kaki, percée de lunettes de soleil brunâtres. On passe même des masques aux chevaux et aux mulets attelés aux fourragères et aux fourgons de matériel.

La dernière veillée sur l'Aisne est émouvante, comme si les copains de Raymond pressentaient qu'ils ne connaîtront jamais plus de secteurs aussi calmes. Un phonographe branché dans une grange diffuse les airs de Paris, de *Tais-toi, mon cœur* aux *Midinettes* de Mistinguett, l'étoile de *La Vie parisienne.* Armand Berthon, le maraîcher de Malicorne, chante des rengaines de la campagne, des scies de vielleux et de cornemuseux que tous reprennent en chœur en dansant des bourrées. Bernard Lefort, le cuistot, a réussi des crêpes, comme pour la Chandeleur, avec de la confiture du village arrosée de rhum. Le rigoureux colonel Flocon a laissé faire : il sait que de rudes étapes attendent les garçons.

Les bleus sont prêts les premiers, une heure avant les autres. Raymond s'indigne de leur tapage, une réaction d'ancien.

– Cette bleusaille prend sur notre sommeil, maugrée-t-il. Nous étions si bien sur la paille propre.

– Si vous n'êtes pas harnachés dans cinq minutes, hurle l'adjudant Bourdon, je vous affecte d'office au transport des crapouillots.

Chacun se hâte de boucler son sac. Pas le temps de se laver le visage dans l'eau verte de l'Aisne, ni de se raser. Le signal du départ est donné sous la neige.

On embarque en pleine campagne dans un train qui conduit les bataillons à Compiègne et, de là, vers Crépy-en-Valois et Ormoy-Villers. Aucun doute, la colonne constituée après l'arrêt du train marche droit vers l'est. En tête, les états-majors à bord de voitures, puis les sections de munitions, l'artillerie divisionnaire et les bataillons d'infanterie chantant sur ordre le long de la route. Les étapes sont longues, de vingt à quarante kilomètres, et ne laissent que peu de loisirs aux téléphonistes de la section spéciale, obligés de marcher comme des biffins.

La dernière semaine de février, la marche vers l'est s'interrompt. Le répit dans la bataille de Verdun semble rendre l'état-major français perplexe. Faut-il continuer à diriger des renforts dans cet espace minuscule et difficile d'accès, si les Allemands ne reprennent pas leurs attaques ?

Raymond en profite pour tendre des collets dans les forêts d'un grand château, où le colonel a décidé de fixer provisoirement son PC. Il fait de nouveau tirer des lignes de téléphone pour se relier à la division et attendre un nouvel ordre de départ dans les meilleures conditions. Les gars de l'Allier ne peuvent que s'en réjouir : de pêcheurs sur l'Aisne, ils deviennent braconniers en Champagne. Les gras faisans et les savoureux garennes améliorent l'ordinaire de Bernard Lefort, ancien chef du restaurant du Château Saint-Jean, à Montluçon.

Mais les festins sont servis aux escouades dans l'inconfort de la tente, et, lorsque la neige tombe en giboulées glacées, les hommes ont des crampes dans les mains à force de couper du bois pour alimenter les braseros. Tous n'ont pas le privilège de souper, comme Raymond et les téléphonistes, dans les caves abritées du château.

Au premier avril 1916, le 321e régiment franchit les abords du département de la Marne. Il cantonne au village de Longeville, près d'un domaine appartenant au magnat des sucres Lebaudy, surnommé dans la presse « l'Empereur du Sahara ». Selon les journalistes, le magnat, pris de folie, rêvait de s'y constituer une principauté parmi les Touaregs.

Sa vaste demeure est une étape de choix pour les Montluçonnais. Mais ils n'y restent pas plus d'un soir. Raymond et ses copains sont chargés de placer des câbles téléphoniques reliant Reims et Fismes aux premières lignes. Travail qui risque de les occuper longtemps. À Bouffigneux, petit bourg au nord-ouest de Reims, tout proche de la ligne du front, Raymond tombe en arrêt devant un poste de TSF installé dans un groupe d'artillerie, pour la liaison avec l'aviation et l'infanterie. Il n'a pas le temps d'en observer le fonctionnement. Il faut tendre au plus tôt les lignes sur des poteaux de bois plantés par les territoriaux.

On annonce une attaque imminente. L'état-major de Joffre persiste à croire que les Allemands vont ouvrir un nouveau front en Champagne.

Le jeudi 6 avril, Leynaud et ses téléphonistes montent en première ligne. Si le canon manque à Verdun, ici les batteries françaises se touchent les unes les autres. Si les tranchées sont défaillantes au Mort-Homme, en Champagne elles sont creusées superbement dans la craie profonde, avec des boyaux impeccables. Pas le moindre coup de canon. Le bruit roulant du bombardement vient de très loin vers l'est. Les secteurs champenois sont tranquilles. Les tiges des fougères pointent dru, priapes annonciateurs de l'été, et les premières violettes tapissent les pentes des cratères, aussitôt la neige fondue.

Les batteries de 75 tonnent pour conjurer un danger inexistant. Les pièces lourdes de l'ennemi dédaignent de leur donner la réplique. Raymond compte le long des boyaux jusqu'à quinze lignes de téléphone par paroi. Une installation luxueuse, comme si l'on espérait y attendre confortablement la fin de la guerre, un ordonnancement modèle qu'aucun tir de l'ennemi ne vient troubler. Les crapouillots, qui manquent à Verdun, sont ici en abondance et des postes d'écoute sont installés dans des galeries souterraines de quatre mètres de profondeur. On y attend un assaut qui ne se décide pas.

Le 7 avril, quand le *Kronprinz* lance une attaque générale sur les deux rives de la Meuse à Verdun, Raymond parcourt un front de Champagne tranquille. On l'emploie à creuser un abri pour un poste sans fil. Il se plaint à André Leynaud. Des camarades ont été désignés pour suivre un stage de volontaires pour la TSF. Pourquoi n'a-t-il pas été choisi, alors qu'il en rêve chaque nuit ? André promet d'en parler au colonel Flocon, mais sans grande conviction.

Les grands chefs sont les seuls à se préoccuper d'une attaque ennemie imminente. On fait construire une nouvelle ligne de téléphone pour relier un observatoire à un PC de bataillon situé en seconde ligne, comme pour réparer un oubli criant. Raymond, des étriers aux pieds, s'entraîne à grimper le long de poteaux de bois pour fixer les tasses de porcelaine qui soutiendront les fils. Un raffinement de temps de paix.

Le 14 avril, quelques obus tombés sur Bouffigneux semblent donner raison aux alarmistes. Est-ce le début d'un matraquage, l'ouverture en fanfare de la véritable offensive allemande, Verdun n'étant qu'un trompe-l'œil ? Plusieurs camarades sont blessés ou morts, des fourgons pulvérisés. Le lendemain, les 105 allemands continuent la danse, obligeant les bataillons à s'abriter aux tranchées. Raymond réalise son rêve : tapi dans l'abri du poste de TSF, il suit très attentivement les manipulations des experts qui en vérifient le fonctionnement.

À Verdun, l'offensive d'avril bat son plein. Les Allemands sont arrêtés par la noria des divisions françaises qui roulent jour après jour sur la *voie sacrée* jusqu'au sacrifice. Berthelot, Alby et Balfourier organisent la relève rapide des unités décimées, et donnent l'ordre absolu de se cramponner au terrain. On entend depuis le bourg de Bouffigneux les échos du canon français qui matraque le bois d'Avocourt.

Le 17 avril, André Leynaud annonce sérieusement à Raymond que l'attaque est pour le lendemain. Les sous-officiers distribuent aux biffins des paniers à grenades et des poignards pour les corps à corps de tranchée.

Rien ne vient. Les soldats mangent sans entrain leur repas froid sur leurs genoux. Le 18, puis le 19, l'attaque est encore remise. On promène les hommes de jour en jour durant une semaine entière. L'aube à peine levée, on leur instille l'angoisse insupportable de l'assaut, pour le décommander au dernier moment.

– On se paie notre tête, grogne Raymond.

– C'est navrant, répond Leynaud, philosophe. Mais mieux vaut l'angoisse que la mort. Si les chefs remettent, c'est tout bénéfice pour nous. Préfères-tu Verdun ?

Le 20 avril, l'ordre de départ immédiat vers l'est tombe sur chaque chef de section, au 321e régiment.

– Cette fois, dit André Leynaud, les attaques ne seront pas remises. Nous marchons vers la vraie guerre, celle qui ne pardonne pas.

Les téléphonistes emballent le matériel, les fourgons attelés s'alignent en convois, les canons de 75 de la division sont déjà partis. La relève des bataillons en ligne depuis le 21 février ne saurait tarder. On couche le soir à Montigny-sur-Vesles et l'on poursuit le lendemain vers Jonchery, dans une colonne de *joyeux*, ces bataillons disciplinaires destinés aux attaques de choc.

– Nous marchons plein sud, remarque Raymond. À croire qu'ils vont nous faire passer la Marne. La bourrique commence à fatiguer.

La colonne de voitures à cheval longe Châtillon pour franchir la rivière à Port-à-Binson, avant d'obliquer vers l'Est. Les bataillons à pied arrivent épuisés le soir du 22 avril à Épernay. Raymond patiente sous la tente, devant la gare, en face de l'hôtel où son frère Julien a conduit Gabrielle. Mais ce dernier n'a jamais eu l'occasion d'en faire confidence à son aîné.

Deux heures d'attente sous l'averse avant l'embarquement, en face des docks des marchands de champagne Mercier. Heureusement, de gentilles Sparnassiennes versent dans les quarts des poilus un peu de ce pétillant breuvage, qui les fait patienter. Sur les voies de garage sont alignées les boîtes de conserves en piles géantes. Les parcs du génie et de l'artillerie, des caisses de munitions, des crapouillots, sont rassemblés dans la gare de marchandises, attendant leur embarquement pour le front.

Le train s'ébranle vers l'Est. Après une nuit éprouvante, il débarque les soldats du 321e à Givry-en-Argonne.

– Nous n'allons pas à Verdun, assure Leynaud. Nous sommes sur le front de l'Argonne, dans la IIIe armée du général Humbert. Cela me paraît clair.

Le colonel, son képi détrempé par la pluie, monte à cheval et parcourt les piquets des escouades, sans mot dire. À croire qu'il ne connaît pas lui-même sa destination, qu'il attend encore des ordres.

Devant la gare de Givry, et le long de la route, défilent des postes de secours pour blessés, des villages-ambulances avec des chapelles en bois, quelquefois des mosquées.

– Les tirailleurs sont passés par là, dit Raymond. Regarde les croissants !

Ils sont nombreux sur les tombes, autour des baraques en planches où les musulmans vont prier. Le général Humbert a longtemps commandé la division du Maroc. Il a des égards pour ses troupes de choc.

Le jour de Pâques, 23 avril, la troupe quitte Givry à quatre heures du matin. On cantonne le soir à Charmontrois, pour repartir, le matin avant l'aube, en direction de Vaubécourt.

– Tu te trompais, dit Raymond à André Leynaud. On entend distinctement le canon de Verdun. Ils nous ont fait traverser à pied et en charrette tout le massif de l'Argonne. Notre compte est bon.

– Il faut croire qu'ils n'ont pas besoin de nous, pour choisir des itinéraires aussi longs. Nous arriverons comme les carabiniers, après la bataille.

– Ne craignez rien, intervient l'adjudant Bourdon. Il en restera. Les camarades se battent furieusement autour du Mort-Homme, à Verdun, sur la rive gauche de la Meuse. Les Boches sont obstinés. Ils reviennent sans cesse plus nombreux.

Bourdon est de bonne humeur au matin du 23 avril. L'artillerie divisionnaire a recomplété ses 75. Elle passe au trot sur la route de Sommaisne, avec ses caissons gris bleuté, flambant neufs. On traverse allégrement le village, dont la route est coupée par un ruisseau. Raymond arrête un instant son fourgon à bobines de fil électrique pour faire toilette dans l'eau claire. Leynaud et les autres le suivent.

Le capitaine Lacassagne surgit, furieux.

– Vous croyez-vous aux bains de mer ? Vous êtes attendus à Verdun.

On semble peu pressé de les recevoir en haut lieu, car une halte est décidée à la source de l'Aisne, en plein bois. Le capitaine fait laver les voitures. Cette fois, les hommes peuvent se doucher à l'aise, et même jouer au football avant de s'endormir, épuisés, dans leurs guitounes. Raymond a honte d'écrire à sa chère Albertine qu'il trompe le temps sur la route de Verdun en disputant des matchs et en prenant des bains.

Une semaine passe ainsi, au repos. Pour occuper les biffins, le colonel leur fait ramasser des *caffus*, vieux culots d'obus restés sur place depuis la bataille de la Marne.

– Récupération, dit-il, nous manquons de cuivre dans les usines.

À n'y pas croire ! Le 321e entrera-t-il jamais dans cette bataille gigantesque où l'on assure que toute l'armée française est engagée ? C'est vrai, les bleus de la classe 16 constituent la moitié des effectifs du régiment. Est-ce une raison pour les ménager ? Ceux de la 26e division de Clermont-Ferrand, où figure le régiment frère du 121e, sont sans doute entrés dans la danse depuis longtemps.

Le 1er mai, après la sieste, André Leynaud revient du PC du colonel en annonçant que Pétain est remplacé par Nivelle à la tête de l'armée de Verdun. Raymond pense à son frère. Après la Marne, Julien ne parlait que de cet homme qui était son colonel, au 5e d'artillerie de Besançon, en cantonnement à Lyon. Que devient Julien ? Est-il engagé dans cette reconquête du fort de Douaumont méditée par Nivelle et claironnée périodiquement dans les journaux ? Raymond n'en a aucune nouvelle, et pas la moindre lettre de sa mère. Sans doute le courrier est-il interrompu, à cause de Verdun.

– Que devient Pétain ? demande Raymond qui semble regretter son départ.

Il passe pour ménager la vie des soldats. Nivelle, au contraire, s'il se souvient bien des propos de Julien, est un fonceur féroce qui ne ménage personne et risque lui-même sa vie à l'occasion.

– Pétain est nommé plus haut, affirme Leynaud, à la tête du groupe des armées du Centre. C'est aussi une manière de se débarrasser des gens. Mais il est vrai qu'il garde un œil sur Verdun.

Encore huit jours de football et la compagnie des téléphonistes désœuvrés remonte, le 9 mai au petit matin, dans ses fourgons bien propres pour prendre la direction de Bulainville. Le lieutenant Courtot est en tête, à cheval, éclairant la route vers le nord.

– On a besoin surtout de nous à Verdun, dit-il à l'adjudant Leynaud. Le reste du régiment viendra plus tard. Sur ordre du colonel, nous devons marcher les premiers. Nous prendrons les consignes directement de l'artillerie divisionnaire, elle aussi diligentée dare-dare vers la rive gauche de la Meuse, arrosée en permanence par les grosses pièces allemandes. Elle nous suit, paraît-il.

Leynaud s'étonne que l'on brise aussi facilement l'unité de la 63e division. Elle n'aura plus ni artillerie ni services, pour un temps indéterminé.

– À Verdun, c'est monnaie courante, dit le lieutenant en achetant son journal dans un bureau de tabac-épicerie de Nubécourt. Tous les régiments sont disloqués. Les attaques sont montées au niveau des bataillons, souvent des sections. Le pays de Poincaré! ajoute-t-il en montrant une statue sur la place.

C'est un meusien, par sa mère. Son arrière-grand-père était député de l'arrondissement, au temps des débuts de la République.

On campe à Nubécourt, sans se presser, dans la soirée du 10 mai. *L'Est républicain* annonce que les troupes françaises ont contenu l'attaque allemande sur le Mort-Homme. Comme d'habitude, on ne parle que des lourdes pertes de l'ennemi.

– Même dans la Meuse, les baveux bourrent le crâne de leurs lecteurs, s'exclame Leynaud en repliant son journal.

Pour repartir, les téléphonistes attendent le passage du convoi de l'artillerie divisionnaire, dont le colonel était souffrant.

– On a dû l'hospitaliser pour une fièvre typhoïde, explique Leynaud. Le commandant Rheims a pris sa suite. Un vrai dur à cuire. Avec lui, nous n'allons pas traîner.

– Il finira général, lance Raymond.

Dans la nuit, les téléphonistes sont réveillés à une heure du matin. On part sans délai. On traverse Fleury-sur-Aisne pour bifurquer sur Ippécourt, petit village planté sur la rivière Cousances, que l'on remonte jusqu'à Jubécourt.

Le commandant Rheims a déjà choisi l'emplacement du parc d'artillerie. Il montre dans le ciel, à son adjoint le capitaine Atger, des saucisses marquées de la cocarde et des avions français qui décollent d'un terrain d'aviation voisin.

– Nous avons reconquis les airs, dit-il avec soulagement.

Raymond est fasciné par le décollage assourdissant des nouveaux chasseurs au moteur renforcé. Les appareils se regroupent pour foncer en vol serré sur la cuvette toute proche de Verdun. Des avions d'observation, au vol plus lent, les suivent, chargés d'un équipage de trois hommes. Ils partent d'un deuxième champ d'aviation, situé tout près du village. Les poilus réalisent que les efforts ont été considérables. On a réussi à équiper le champ de bataille de

Verdun d'une force aérienne convenable, en quelques semaines.

– Il faut aménager le parc, lance Leynaud en ouvrant la bâche d'un fourgon. Nous n'y couperons pas d'une revue de détail.

Les vingt-cinq téléphonistes mettent en ordre le matériel, nettoient les magasins des carabines, vérifient les cartouchières, détellent et soignent les chevaux. Les bleus poussent le zèle jusqu'à les bouchonner.

Mais le commandant Rheims, sans leur accorder un regard, a déjà gagné la mairie, où il demande le téléphone. Des formations de chasseurs à pied, de biffins de plusieurs régiments, montés sur des trucks américains, de territoriaux, de tringlots en camions Berliet chargés de matériel, se suivent sur la route de Verdun. On peut entendre très distinctement le bombardement, à près de dix kilomètres à vol d'oiseau.

L'artillerie, enfin récupérée, est partie la première. Le samedi 13, les téléphonistes sont encore au repos. Ils doivent attendre la mise en place des batteries pour intervenir. Leynaud avise un camion-bazar, tenu par un mercanti.

– Il faut prendre des forces, dit il à Raymond. Par la route, nous en avons pour vingt bornes. Au moins quatre heures, vu les encombrements.

Il s'étonne du prix d'une bouteille de vin : trois francs! Tout est à l'avenant. Il faudra se contenter de l'ordinaire.

Rien n'est encore décidé le 13 mai. Les hommes restent au village, désœuvrés. Ils visitent le cimetière militaire de 1914, ses tombes fleuries par les habitants de Jubécourt. Des restes de tranchées garnies de cartouches allemandes. À midi, il pleut à verse, les poilus se serrent sous les tentes.

Le lendemain, les molletières sont trempées. Il faut demeurer à l'abri toute la journée du dimanche et du lundi. Raymond et André Leynaud jouent aux échecs, au son proche du canon de Verdun.

Le mardi, on démonte les tentes pour les replanter sur une hauteur. Raymond s'acharne à enfoncer les piquets, sous le soleil revenu. Aucun message de l'état-major du régiment d'artillerie. Ni Rheims ni Atger n'ont reparu. Personne, décidément, ne semble avoir besoin d'eux. Les hommes se morfondent en jouant à la manille.

– C'est égal, dit à Raymond le caporal Porcher, instituteur à Montmarault, également affecté à la section des téléphonistes. Si l'on écrit aux femmes qu'on coinche le carton à Verdun, elles ne voudront pas nous croire.

Mercredi 17 mai. Trois heures et demie du matin. Guy Beaujon sonne le rassemblement. Il a convaincu le colonel qu'on ne pouvait laisser partir une section de téléphonistes sans clairon. Connaissant son dévouement d'infirmier, Flocon a laissé faire. Après tout, les musicos, à la bataille, deviennent brancardiers. Pourquoi s'en priver? Une pluie d'injures accueille le sonneur. Le sifflet du lieutenant Courtot vient à la rescousse. Départ immédiat.

À peine une heure de marche et le convoi s'arrête. L'aube point à peine. Arriveront-ils jamais à Verdun? Ils sont à Brocourt-en-Argonne, dans un village garni de troupes au repos. Un officier d'état-major désigne au lieutenant Courtot le bois des Fouchères comme lieu de bivouac.

– Nous ressemblons à des gitans, dit Leynaud en rangeant

la voiture. Jamais de secteur fixe et, partant, point de courrier !

On monte de nouveau les tentes. Il faut aller chercher l'eau à la source, distante de trois kilomètres. Plusieurs hommes souffrent de dysenterie, les cas de typhoïde ne sont pas rares. L'eau des anciens champs de bataille reste polluée par les gaz et les cadavres. Raymond, mal en point, choisit de dormir au chaud dans une voiture, enfoui sous deux couvertures.

Au bruit incessant du bombardement de Verdun, la section passe le jeudi à se morfondre dans le bois. André Leynaud explique aux camarades que l'état-major d'armée concentre ainsi autour du champ de bataille, espace réduit d'à peine vingt kilomètres carrés, de nombreuses troupes laissées au repos en attendant d'entrer dans la danse au moindre besoin urgent. Leur inactivité est programmée, elle n'est pas due au désordre.

Rassurés, les hommes consentent sans rechigner aux corvées élémentaires : le ramassage du bois pour les feux de bivouac, la marche au point d'eau pure, où il faut attendre son tour, la queue à la roulante pour la soupe, les soins donnés aux chevaux. Le bois aux arbres saccagés et au sol détrempé décourage les jeux sportifs. Personne ne propose plus jamais de disputer un match de football ou de rugby.

Le samedi 20 mai, un officier d'artillerie vient demander au lieutenant Courtot des volontaires pour une corvée de bombes vers les crapouillots des lignes. Une voiture est aussitôt attelée. Le caporal Porcher dirige l'escouade. Quand il est de retour, son récit terrorise les téléphonistes. Pour joindre la batterie, ils ont traversé des bois bouleversés par les obus, couverts de cadavres d'hommes et de chevaux, soumis encore au marmitage qui empêche d'enterrer les corps. Les Boches ont attaqué avec deux divisions sur le Mort-Homme.

Un cycliste, au soir du dimanche 21 mai, vient apporter les ordres au lieutenant. Il raconte que le front s'est fait enfoncer sur la rive droite, et que les Allemands préparent de nouveau une grande attaque de la rive gauche. On demande des téléphonistes dans la batterie divisionnaire qui vient d'entrer en action sous les ordres du commandant Rheims.

Le lundi 22, à une heure du matin, branle-bas de combat dans le camp forestier des Fouchères. Les chariots et les fourgons prennent la direction de Dombasle-en-Argonne et s'arrêtent à l'entrée du village de Béthelainville, rasé par les obus des pièces allemandes à longue portée. Impossible de continuer sur la route, elle est sous le tir de l'ennemi. Les hommes chargent les paquetages sur leur dos et gagnent le bourg voisin de Montzéville, immédiatement au sud d'Esnes-en-Argonne, où les tranchées de seconde ligne, à peine creusées, sont régulièrement bombardées.

Le long de la côte, les cadavres de chevaux se multiplient. C'est le signe évident que la bataille se rapproche. Le premier travail des téléphonistes est de réparer les lignes des batteries du commandant Rheims, rompues par le bombardement. Le capitaine Atger vient d'être blessé par un tir de 210 qui a fait sauter une pièce. On l'évacue vers l'arrière.

Raymond, très impressionné par le bombardement, avance lourdement chargé, d'un pas sûr, presque tranquille, comme s'il était protégé par son étoile. Il est du groupe qui répare la ligne d'un poste d'infanterie sur la cote 287, dans le massif du Mort-Homme. Au cœur de la bataille.

Devant lui donc, la cote 287 dont parlent les communiqués dans les journaux, et au-delà la crête dénudée et sinistre du Mort-Homme. Autour de lui, des corps amoncelés que personne ne songe à enterrer. Ils pourrissent sur place, tués depuis plusieurs jours.

Le canon épargne les téléphonistes, qui peuvent alors réparer les lignes sans se faire massacrer. L'offensive allemande a lieu plus loin, au bois Camard. À la tombée de la nuit, Raymond distingue très bien les jets de lance-flammes et les fusées rouges de l'infanterie allemande qui demande le soutien de l'artillerie. Il sent le souffle chaud des canons de 75 qui tirent sans arrêt en passant devant la batterie.

Il dort avec ses copains dans les abris précaires de la cote 287, d'où la moindre trace de végétation a disparu. Une corvée leur apporte au matin du café chaud. Un margis de spahis vient chercher Raymond et le caporal Porcher pour qu'ils installent un poste de projecteurs à la cote 304.

Ils redescendent sur Esnes, toujours sous les tirs des obus allemands, puis grimpent sur la colline défoncée. Leur intervention est urgente. Pas de temps à perdre. Les signaux optiques sont le seul moyen de signaler les positions des escouades à l'artillerie.

Ils progressent vers le sommet avec Pierre Laplanche, téléphoniste d'un autre groupe, spécialisé dans les projecteurs. Un éclat de 210 roule sur la rocaille du sentier, presque sous les pas de Raymond, qui poursuit sa marche, imperturbable, le matériel sur les épaules. Laplanche échappe de peu à un obus fusant. Raymond le fugueur découvre en haut de la cote 304, en plein soleil de midi, toute l'horreur de la guerre à Verdun. Le voilà vraiment au cœur du cyclone.

Les fusants n'explosent pas toujours, et pas plus les mastodontes de 305 et de 380 qui cherchent à détruire les forts et s'égarent en chemin. Raymond prend peur en découvrant un 380 intact au bord du sentier. S'il explose, il creuse un cratère profond de trois mètres et large de huit.

Il a poursuivi sa marche, inconscient, sous une pluie de fusants, étonnant ses camarades par son intrépidité, et voilà qu'il tombe en arrêt, n'osant plus bouger par crainte de provoquer le cataclysme. Laplanche le pousse d'une bourrade en lui disant :

– S'il avait dû péter, ce serait fait depuis longtemps. Celui-là n'est pas pour nous. Un cadeau, un œuf de Pâques ! Tu pourrais lui passer un ruban rose.

Ils se retournent. Jules Porcher ne suit pas. Le caporal courageux n'ose avancer. La pluie d'obus lui inspire une terreur panique. Lui, toujours premier aux assauts, voilà qu'il se terre dans un trou.

– La trouille, dit Laplanche, tu ne la domines pas, elle t'arrache les tripes. Regarde ses mains : elles se crispent sur le rocher. Tu ne peux rien pour lui, tant qu'il est en crise. Sauf un coup de gnôle. La détente !

Mais Porcher ne veut rien entendre. Ses lèvres restent serrées. Il a les yeux fous, le visage blême. Si raisonnable, si maître de lui à la tranchée, il a perdu tous ses moyens. Les explosions qui redoublent d'intensité le sortent soudain de sa réserve. Il se précipite en hurlant vers le sommet.

– Il va se faire tuer, dit Laplanche.

On le retrouve au fond d'un cratère géant, à demi immergé dans la boue molle et glauque. À le tirer de là, les deux soldats oublient le danger. Ils ne pensent plus qu'à leur camarade au bord de l'enlisement. Ils descendent la pente prudemment en s'accrochant aux rocailles. Quand ils réussissent à le sortir du trou, le caporal instituteur a honte de sa défaillance. Soudain l'émotion le prend à la gorge : il doit la vie à deux copains qui ont tout lâché pour l'arracher au gouffre.

Les autres risquent leur casque en haut de la boutonnière du cratère. Des jets de pierres tintent sur l'acier. Ils ont juste le temps d'apercevoir au loin le clocher de Chattencourt s'écroulant comme un jeu de cartes, sous l'effet des obus géants. Quand le bombardement s'arrête, ils se tâtent pour s'assurer qu'ils n'ont rien de cassé. Laplanche retire du dessus de sa cuisse un éclat de vingt centimètres qui s'est déposé là, comme en vol plané. Le bout de ferraille brillante était en fin de course. Pas de cicatrice, mais une forte contusion, et comme une brûlure sans gravité.

Jules Porcher a retrouvé ses moyens. Il est le premier à sortir du trou, pour s'orienter. Impossible. Autant chercher son chemin sur la lune : le terrain est entièrement défoncé par les obus. Pas un mètre carré intact. Ils finissent par repérer les restes d'une tranchée où les corps en désordre de tirailleurs algériens marquent la ligne d'une ancienne position. Devant quelques survivants médusés qu'on tente encore de grimper jusqu'à leur calvaire, ils installent à la hâte un projecteur que deux soldats du génie s'offrent à expérimenter.

L'appareil envoie des signaux à la batterie d'artillerie située au flanc sud de la colline, en contrebas. Quand les artilleurs répondent, les téléphonistes ne demandent pas leur reste. Ils filent vers la cote 287, dévalant à grandes enjambées sous les éclats.

Raymond est en tête, chamois agile au pied sûr. Ils ont l'impression de courir dans un désert de pierres. Ils ne rencontrent personne et pourtant, chaque trou, chaque abri est occupé par des vivants ou des morts.

Les défenseurs du Mort-Homme se sont incrustés dans la montagne, comme des fossiles. Il faut voir bouger un canon de fusil pour deviner une présence humaine, silhouettes karstiques d'un gigantesque rocher mis à nu, dépouillé par le fer et le feu de toute végétation, ridé, buriné, creusé de cicatrices profondes depuis des nuits et des jours.

Où sont les violettes de mars, les muguets de mai ? Et les vols d'alouettes dans les blés verts ? En grimpant de nouveau le long des rochers et des croûtes laiteuses de la cote 287, Raymond se surprend à bénir la pluie qui noie ces débris pierreux, déluge qui fera disparaître les canons, empêchera les avions de partir, libérera le ciel des *Drachen.* Vive la pluie qui purifie le sol et lui donne une chance de se refaire en comblant la ligne étroite des tranchées parallèles, en empêchant les guetteurs de tirer et en imposant une trêve !

Même si elle moisit le pain, pourrit les cadavres, remplit les trous d'obus d'eau empoisonnée, la pluie est l'amie du soldat, ici, à la cote 287. Pris de folie, Raymond enlève son casque, l'offre à la pluie pour boire les gouttes pures, encore préservées de la meurtrière pollution de la guerre.

La mission assignée au groupe des téléphonistes consiste à remplacer sous des trombes d'eau, dans la semi-obscurité, les fils du téléphone coupés en de multiples endroits.

Raymond oublie sa fatigue et récupère un à un les débris d'un poste de TSF détruit. Il les enfouit dans un sac qu'il porte sur son dos. Enfin, il pourra comprendre tous les secrets de la radio sans fil. Il exigera d'assister au remontage. C'est *son* poste. Il a bravé la mort pour le sauver. La moindre des récompenses est qu'on l'initie à une technique assez précieuse pour que l'artillerie exige le sacrifice d'une escouade à la récupération d'un seul de ces maudits engins.

Il refuse l'aide du caporal Porcher et prend, en tête, le sentier de la descente. On approche de minuit.

– C'est l'heure des 130 autrichiens, prévient Laplanche. Ils tirent toujours dans le même axe. Éloignons-nous d'ici en vitesse. Nous sommes en plein dans leur couloir.

Les trois hommes s'éparpillent. Raymond, alourdi par ses trente kilos de charge, les suit difficilement. Les éclats d'obus l'entourent, le rattrapent. Il glisse sur la pierraille, dans un bruit de marmite fracassée.

Jules Porcher a entendu la chute. Il rebrousse chemin, trébuchant sur les cailloux qui dévalent la pente, dans le vacarme assourdissant du bombardement.

Raymond est à terre, immobile, son énorme sac accroché au dos. Porcher demande de l'aide à Laplanche, qui rapplique. Ils retournent le corps, ouvrent la capote.

– Le cœur bat, constate le caporal. Il est seulement sonné. Pas de blessure apparente.

Les éclats ricochent autour d'eux sur les rochers. Laplanche découvre que le sac de Raymond est troué de part en part par un énorme morceau d'acier tranchant.

– Le matériel de TSF l'a sauvé, souffle-t-il.

Il envoie promener le sac, vidé de son contenu. Ils portent Raymond, encore étourdi, en le soutenant sous les bras. En bas de la pente, celui-ci respire, recouvre ses forces et la parole.

– Mon sac, où est mon sac ?

– Sans lui, tu serais mort, l'assure Porcher.

– Je veux retourner le chercher.

Il refuse de croire que le matériel a été entièrement détruit. Le lieutenant Courtot intervient.

– Tu as fait tout ton possible. Tu seras cité à l'ordre du régiment. On nous fournira d'autres postes. Aucun poste ne vaut la vie d'un Raymond Aumoine. Réjouis-toi d'en avoir réchappé.

L'équipe est aussitôt renvoyée en mission de nuit, sans avoir pris aucun repos. Le projecteur de la cote 304 est déréglé, les artilleurs protestent.

Courtot galope vers l'avant pour éviter le marmitage régulier de la nuit. Les hommes ont de la peine à le suivre. Au moment où ils arrivent en première ligne, l'aube se lève sur le massif. Le feu des canons s'est tu. Ils aperçoivent les nuages de fumée qui couronnent la position de Douaumont. Les Français veulent-ils vraiment reprendre le fort ?

Le lieutenant fait diligence. Les signaux passent. Les deux soldats du génie qui assuraient la transmission sont morts. Leurs cadavres sont allongés devant l'appareil. Deux volontaires de l'abri voisin se proposent pour transmettre les messages en morse. Les artilleurs peuvent régler leur tir.

Le lieutenant donne le signal du retour. Il emprunte les tronçons de boyaux, pour assurer, pense-t-il, une meilleure protection. Les trois téléphonistes coupent à travers les arbres déracinés, dévalent les flancs ravinés de la colline.

Rien de pire, selon eux, que les boyaux : les artilleurs ennemis repèrent tous les jours, du haut des *Drachen,* le lacis discontinu des tranchées. Les obus commencent à pleuvoir dru dès que des files de soldats sont identifiées. L'ennemi pratique à Verdun la guerre d'usure. Il s'agit pour lui de tuer le plus de Français possible.

– Sortez des boyaux, mon lieutenant, crie le caporal. Ils sont hachés tous les jours par la mitraille. Les gens d'ici les ont abandonnés depuis longtemps.

Courtot comprend son erreur. Il donne ses ordres sans connaître la réalité du terrain. Il croit qu'on peut s'abriter dans des boyaux. Sur les pentes du Mort-Homme, c'est tout le contraire. Les boyaux sont mortels.

Il dévale à son tour la pente, sans pouvoir se retourner. Il comprend à quel point les missions ordonnées à ces hommes sont dangereuses. Les tirs d'artillerie sont trop denses, les chances d'en réchapper trop minces. Pourtant, il faut assurer les liaisons si l'on veut tenir les positions dont dépend le sort de la bataille. Il n'y a aucune raison de ne pas partager les risques à égalité avec les hommes expédiés chaque jour en enfer.

Le lieutenant Abel Courtot est un honnête homme, un quadragénaire arrivé par le rang dans la réserve, un ingénieur des mines d'Alès, employé dans les houillères des Ferrières. Désormais il se promet d'accompagner ses téléphonistes à chaque sortie, en vertu de la solidarité du front, de l'égalité devant le feu. Un officier doit courir les mêmes risques que la troupe. Il n'y a pas de mort réservée.

À son retour du Mort-Homme, Courtot est sceptique. Ce front peut-il tenir ? Il s'en ouvre au commandant Rheims, dont il dépend, son groupe étant au service de l'artillerie divisionnaire.

– Tout le canon disponible est ici, lui répond Rheims, en position devant le Mort-Homme.

Il a de l'estime pour l'ingénieur, auquel il pense pouvoir livrer le fond de sa pensée.

– Pétain nous a beaucoup renforcés, mais nous n'avons encore que mille sept cents bouches à feu, dont cinq cents lourdes, contre deux mille deux cents de l'autre côté, capables de briser toutes les offensives. Le camarade Nivelle s'est cassé les dents devant Douaumont. Mangin a échoué. Maintenant tout l'effort allemand se reporte sur la rive gauche. Nous les avons tous contre nous. Regardez les pièces : elles ont les tubes rougis à force de tirer. Et je n'ai pas assez de 155.

Les artilleurs, nus jusqu'à la ceinture, ne cessent d'enfourner des obus dans les culasses. Les douilles sautent à terre à toute allure, formant des pyramides de cylindres de cuivre. Les petites pièces bondissent sur leurs affûts, dans un bruit à percer les tympans.

Courtot se bouche les oreilles. Il s'éloigne des batteries pour rejoindre Chattancourt, où les fantassins levés dans le Midi et expédiés en renfort sautent des camions. Il reconnaît un officier d'état-major de Muteau. C'est Henri Voisin, son condisciple à Alès.

– Nous les envoyons à la boucherie, dit celui-ci en désignant ses poilus qui avancent à pas lents, sac au dos et fusil à l'épaule. Tu ne peux pas savoir ce qui se passe là-haut. Les gars du 9e corps qu'on relève sont devenus fous. Ils s'enfuient à notre arrivée, sans donner de renseignements sur les Boches. Cinq jours et cinq nuits de bombardement leur ont fait perdre la boule.

– Je reviens de la cote 304, dit Courtot. Les hommes veillent. Pas de panique.

– Pour sûr. Ils n'ont encore rien vu, sauf les bombardements. C'est au Mort-Homme qu'ils montent à l'attaque, lance-flammes en tête et précédés d'obus asphyxiants. Un rescapé du 151e m'a dit : « Les mitrailleurs du 162e se repliaient sur nous en criant "Sauvez-vous, les voici !" »

– Quelles consignes donnez-vous à vos biffins ? demande Courtot, inquiet de cette débandade.

– Personne ne connaît le secteur. Nous leur disons de pousser droit devant eux, jusqu'à ce qu'ils rencontrent l'ennemi, dont tout le monde ignore la situation.

– Vous les envoyez au casse-pipe.

– Que faire d'autre ? C'est Berthelot qui mène la danse. Il veut arrêter l'ennemi à tout prix, sinon Verdun tombe. Nous avons déjà des blessés en masse, après deux heures d'engagement. L'hôpital de Chattancourt en est plein. Les trois divisions vont y passer l'une après l'autre. Berthelot en a programmé une troisième, déjà très éprouvée. Ces unités en sont à leur deuxième, parfois à leur troisième tour de *noria*. Toute l'armée française va défiler à Verdun.

– Les artilleurs tirent sans arrêt sur le flanc des colonnes allemandes, signale Courtot. Je puis l'affirmer, j'en reviens.

– Nous avons 36 000 hommes en ligne, ou qui montent en position. Demain à la même heure, ils auront accusé 60 % de pertes. C'est une hécatombe.

– Pour les autres aussi. J'ai vu des morts allemands en quantité sur la 304, des gosses de la classe 16, lâche Courtot en baissant la tête, comme s'il trouvait monstrueux le sacrifice de la jeunesse, d'un côté comme de l'autre.

– Si cela peut te rassurer, la moitié de ceux qui montent en ligne devant toi sont aussi de la classe 16. Et nous avons chaque année deux fois moins de conscrits que l'Allemagne. À qui profite leur guerre d'usure ?

– À personne. Mais faut-il leur ouvrir les portes ? Le Kaiser fait déjà cirer ses bottes par ses larbins pour passer à Verdun, sur l'esplanade de la citadelle, la revue de sa garde prussienne, en compagnie du *Kronprinz*, son fils, et du prince Rupprecht de Bavière. Ils mettront le paquet jusqu'au bout, inlassablement, jusqu'à la mort du dernier Français. Il restera toujours, statistiquement, deux Allemands au moins pour l'enterrer, et même pour lui rendre les honneurs militaires. Ces *Junkers* sont si corrects.

– C'est Berthelot, dit Henri Voisin en désignant l'automobile grise qui s'arrête devant le PC du corps d'armée, à Chattancourt. Ce bougre-là ne fait confiance à personne, et surtout pas aux poilus du 15e corps ; les nôtres, ceux du Midi, ceux qui vont mourir au Mort-Homme pour la République.

– Pour la patrie, rectifie Courtot en voyant débarquer le général obèse, à l'épaisse moustache, couvert d'une houppelande bleu sombre. Il vient ordonnancer la résistance des morts vivants.

Raymond, inlassable, répare toujours les lignes de la cote 304 avec ses camarades. On le réveille, le 26 mai, à trois heures du matin, avec mission de remonter une troisième fois au poste de projecteurs.

Le caporal Porcher en a assez.

– Qu'on nous laisse sur place, dit-il, quitte à y crever. Nous réparerons toutes les quatre heures. Les projos sont repérables, donc vulnérables.

– C'est le seul moyen de communiquer, tranche Courtot. Refuserez-vous de m'accompagner ?

– Non, mon lieutenant, avec vous nous marchons.

Ils grimpent de nouveau vers le poste, vérifient le fonctionnement. Le fil n'est pas cassé, mais un interrupteur est mort. On leur a fait risquer leur vie pour ça. Courtot en profite pour réparer les lignes des postes d'infanterie. Sur la 304, c'est l'accalmie. Le canon tonne en face, et gagne jusqu'au pied du Mort-Homme, sur le flanc sud. L'attaque allemande a beaucoup progressé.

– Ils n'attaqueront pas de ce côté, dit Courtot au caporal Porcher. Ils préfèrent tomber en masse du Mort-Homme sur Chattancourt, dans le ravin, attaquer Marre et progresser sur Verdun par la vallée de la Meuse, qu'ils bombardent comme des sauvages. Voyez les nappes de fumée.

Les téléphonistes redescendent dans la vallée pour réparer les lignes coupées du village fortifié d'Esnes. Laplanche grogne :

– C'était bien la peine de nous faire enterrer les lignes.

En fait, les obus lourds de l'ennemi les ont enfouies encore plus profondément, sous des monticules de vingt mètres de terre. Malgré la pluie battante, l'équipe doit sonder les fonds boueux des marécages, s'enfoncer jusqu'aux chevilles, tirer avec force sur les fils enterrés afin de les reconstituer en surface.

Le soir, de retour dans leurs abris, une nouvelle mission de nuit attend les hommes. Sur un ordre de l'état-major de division, signé de Rheims en personne, ils doivent remonter sur la colline pour évacuer les projecteurs. D'un modèle précieux, ceux-ci pèsent moins d'un kilo et leur lampe à incandescence de 16 volts est alimentée par des accus. Ce matériel est rare et coûteux. Il faut absolument l'évacuer, parce que l'armée n'a plus les moyens de tenir la cote 304.

Tous les hommes de la section repartent, sac au dos, sur les pentes attaquées par les obus fusants. Le lieutenant Courtot est en tête, se repérant à la boussole. Une mitrailleuse allemande se met en action, c'est une surprise.

– Ainsi ils infiltrent déjà la position ! dit Laplanche.

Le lieutenant ignore où sont passés les survivants des postes français. Les téléphonistes progressent par bonds. Après cinq cents mètres d'une marche d'approche difficile en direction du sommet, ils découvrent un poste de TSF dont les servants ont été tués. Pas d'Allemands en vue. L'antenne est brisée. Le projecteur a éclaté. Enfin Raymond serre dans ses bras le précieux poste de radio sans fil, qu'il pourra réparer plus tard.

Cette perspective lui ôte toute inquiétude. Pourtant, la descente est périlleuse. Les soldats sont chargés de matériel comme des mules. Ils trébuchent sur des cailloux, glissent sur des cadavres, se plaquent à terre sous le bombardement. Le marmitage, des plus intenses, dure pratiquement jusqu'en bas de la côte. En plus du matériel, il faut bientôt évacuer les blessés. Le lieutenant Courtot s'y emploie de son mieux, avec l'aide de brancardiers. Il a bientôt perdu la moitié de son effectif.

Raymond est en tête, comme si le poids du poste l'entraînait. Il se sort de l'épreuve sans une égratignure. Une fois de retour à l'échelon de son unité, dans le bois de Montzéville, il pourra, songe-t-il, se consacrer tranquillement à son poste.

Des spécialistes aussi chevronnés qu'André Leynaud lui livreront volontiers les secrets de cette fabuleuse technique. Obsédé par son idée, il presse encore le pas, mais soudain se retourne. Les autres ne suivent pas.

Ils sont en groupe, arrêtés en bas de la côte. Raymond les rejoint pour découvrir, à leurs pieds, le corps démembré du lieutenant Courtot. Un obus de 77 l'a cueilli de plein fouet, alors qu'il reprenait pied sur le plat. Le casque a été soufflé, un peu de cervelle s'échappe du crâne. Un poilu tâte la veste du malheureux, à la recherche de son portefeuille et de sa plaque d'immatriculation. On pose le matériel au bord de la route, afin de charger le corps dans une toile de tente. Le caporal Porcher essuie ses larmes, Laplanche lui-même est ému.

– Celui-là connaissait la vie des poilus et savait partager leur peine. Il en est mort.

Telle est l'oraison funèbre, prononcée par le caporal, au-dessus d'une tombe creusée à la pelle de tranchée, à l'entrée de Chattancourt. Sur la croix de bois, Raymond a gravé le nom d'Abel Courtot, suivi de la mention « Mort pour la France ».

Berthelot a dû donner l'ordre d'évacuation du Mort-Homme, où toute résistance est devenue impossible à cause du matraquage de la position par l'artillerie lourde, nuit et jour, sans compter la terreur inspirée par les lance-flammes dans les rangs des Méridionaux, dont les effectifs sont tombés à 30 %.

Les *Alpen,* troupe d'élite allemande, spécialisée dans les combats en montagne, ont réussi à prendre d'assaut, le

28 mai, le sud du Mort-Homme et le village de Cumières. Le général Berthelot, devant cette avancée rapide, retire immédiatement les unités encore engagées pour tenter de constituer une ligne de résistance au lieu-dit le Chapeau Chinois et à la « tranchée des zouaves ».

Les Corses du 173e régiment se sacrifient pour tenir cette position improvisée qui permet de dégager Chattancourt. Les renforts arrivent constamment sur la rive gauche. Mais, pour les téléphonistes de la section Courtot, il n'est plus question que de la relève. Le groupe d'artillerie qu'ils devaient soutenir est dispersé, ses pièces pour la plupart détruites. Le commandant Rheims, la jambe cassée, est évacué sur l'hôpital d'Esnes. La section doit reprendre sa place dans le dispositif du 321e régiment de Montluçon, dont elle ignore le lieu de cantonnement. Les ordres sont de revenir à Montzéville, puis de prendre, vers l'arrière, la route de Blercourt, sur les traces du régiment.

Raymond retrouve avec joie l'adjudant Leynaud, à qui il montre le poste de TSF endommagé. Ils ont tout le temps d'en étudier le fonctionnement pendant la longue étape où l'on attend les ordres du général de la 63e division, Hirschauer. Sous une toile de tente, Raymond oublie toute l'horreur de la bataille pour recevoir, quarante-huit heures durant, un cours d'électricité portative.

– Tu as exactement le même type de poste sur les avions, lui dit Leynaud. Nous devons cette technique au génial Ferrié, inventeur de la télégraphie sans fil, aujourd'hui général et créateur du poste de la Tour Eiffel. L'émetteur touche les antennes de réception très longues de l'artillerie. La charge des accus est lourde. C'est pourquoi les engins sont rares et peu maniables. Ce poste peut recevoir des ondes de cent mètres de longueur grâce au magnéto et à la boîte A. Sur ordre de Nivelle, ce type de poste est installé dans chaque corps d'armée.

– Est-ce la meilleure technique ?

– Il y a mieux, en tout cas pour les avions. Il fallait un poste moins lourd. Le sous-lieutenant Regamey est célèbre dans l'aviation pour avoir été tué en vol lors d'un essai du poste à lampe E8 de réception par induction, sur une distance de quinze kilomètres. Tu as raison de t'intéresser au sans-filisme. C'est l'avenir immédiat de la guerre.

Le bruit du bombardement n'empêche pas les passionnés de télégraphie sans fil de poursuivre leurs expériences. L'adjudant parvient à émettre, sous l'œil admiratif de Raymond. Il comprend que la maîtrise technique est le seul moyen d'échapper à l'enfer des trous d'obus et des boyaux marmités. Pourtant, les téléphonistes trinquent les premiers, accusant des pertes sévères en allant réparer les lignes plusieurs fois par jour. Ceux de la TSF ne sont pas mieux abrités que les autres.

– Ne compte pas là-dessus pour te planquer, dit André Leynaud. Plus il y a de danger, plus on a besoin de nouveaux moyens de liaisons. Les postes à fournir seront affectés aux secteurs les plus pourris, tu peux en être sûr.

– Je ne pense qu'à l'aviation.

– Si tu crois y être peinard, tu te trompes.

– J'ai envie de voler. Tous les moyens sont bons. Et le sans-filisme me paraît un bon moyen. Plus facile en tout cas que le pilotage.

L'attention des deux hommes est attirée par une saucisse qui passe dans le ciel, entraînée par le vent, à quatre cents mètres d'altitude. Elle est poursuivie par deux chasseurs Fokker qui la visent à la mitrailleuse.

– Le ballon a largué ses amarres, dit André. Il est en vol libre. L'observateur ne pourra pas tenir longtemps. S'il est équipé de TSF, voilà un poste à récupérer avant peu.

Les Fokker tournent, font un dernier passage. Les mitrailleuses crachent et atteignent la saucisse. À la jumelle, André Leynaud aperçoit parfaitement l'aéronaute qui se jette dans le vide, en parachute.

– Il est sauvé, applaudit Raymond. Le parachute s'est ouvert.

Les Fokker font un troisième passage, visant cette fois le parachutiste. Celui-ci atterrit sur un peuplier, la jambe cassée. On se précipite à son secours. Un officier s'empare de sa sacoche, d'où il retire le registre du chiffre des communications en morse, et la carte d'état-major marquée, au crayon rouge, de ses observations.

– Celui-là a de la chance, dit Leynaud. Le vent contraire aurait pu le pousser aussi bien chez les Allemands.

Ils n'ont pas le temps de s'attarder. L'adjudant André Leynaud reçoit un courrier du colonel Flocon. Ils doivent se tenir prêts à partir pour une heure du matin. Le 30 mai, des camions viennent charger les téléphonistes pour les conduire à Dugny, l'ancien PC du général Herr, en dehors de la zone la plus bombardée.

Le repos est de courte durée. L'ensemble du 321e va être engagé dans la bataille, alors qu'il vient de perdre son artillerie. Les compagnies commencent à se ranger dans leurs cantonnements de part et d'autre de Dugny, où le colonel Flocon a installé son PC provisoire. Raymond voit défiler vers l'arrière les sections démembrées du 155e régiment de Chalons-sur-Marne, qui a perdu quinze cents poilus en un rien de temps.

Il offre à boire à un téléphoniste épuisé.

– Nous y avons laissé beaucoup des nôtres, dit l'homme, que des ampoules empêchent de marcher. Tu remarqueras qu'ils envoient toujours les camions pour t'expédier au casse-pipe, plus rarement pour t'en tirer. Je ne peux plus arquer. Nous avons défendu Cumières à un contre dix. Une vraie boucherie.

Des convois ininterrompus d'ambulances défilent à Dugny pour rejoindre la *voie sacrée*, évacuer leurs blessés sur les postes de secours établis tout le long de la route, les hôpitaux de Bar-le-Duc étant submergés. Un spectacle impressionnant pour les bleus du 321e, qui ne sont pas encore montés en ligne, du moins à Verdun. On les a tenus en renfort d'armée. Il semble que leur tour soit venu.

– Le capitaine Lacassagne est là, en tête du premier bataillon, dit Leynaud à Raymond. Impossible de savoir à quelle sauce nous serons mangés. Il tire sur sa pipe sans desserrer les dents.

– Il n'a jamais été bavard, observe Raymond. Mais peut-être n'en sait-il rien lui-même. Les ordres arrivent au dernier moment.

Les camions déchargent les sections dans le désordre. Javelon, caporal au 2e bataillon, reconnaît Raymond. C'est un ancien élève du lycée. Ils sont heureux de se retrouver en vie.

– Verdun, quelle planque, dit Javelon en grinçant des dents. Nous avons assisté à tout, participé à rien.

– Plains-toi, je reviens du Mort-Homme. La moitié des copains du téléphone sont morts. Où étiez-vous passés ?

– Nous avons marché sans arrêt d'un bout à l'autre du champ de bataille, prêts à intervenir, mais toujours tenus à l'écart. Il paraît que Hirschauer enrage. Ce n'est jamais son tour ! Et il brûle de s'illustrer, de montrer sa valeur. On le fait tourner en rond, comme au cirque.

– Enfin, intervient Leynaud, l'Ardéchois sarcastique, son heure est venue. Il aura son compte de pertes.

Javelon hausse les épaules.

– Hirschauer ou un autre, pour nous, c'est le même tabac.

– Qui est ce Hirschauer ? interroge Raymond.

– Un aviateur, répond Leynaud. J'ai bien connu son fils Louis. Un ingénieur de l'aéronautique. Le père est un patriote natif de Saint-Avold, en Lorraine annexée, replié à Lille après 1871. Un de ces Lorrains qui ont choisi la France. Sorti de Polytechnique dans le génie, comme Joffre, c'est un pionnier de l'aviation militaire, pas une culotte de peau.

– Pour sûr. Pétain ne l'aurait pas gardé à la tête d'une division, dit Javelon, s'il avait été une bourrique de la cavalerie. Joffre l'a nommé, Pétain l'a gardé, Nivelle lui fait confiance, tout cela est plutôt bon signe.

C'est Raymond qui met son grain de sel. Qu'on ait l'idée saugrenue de confier une division d'infanterie à un ancien inspecteur général de l'aviation lui paraît parfaitement normal. Les généraux se plaignent assez de ne rien voir sur le terrain. Ce Hirschauer aura obtenu les escadrilles nécessaires. C'est lui qui les a formées. Ils ne se battront plus à l'aveuglette. Qui sait ? S'il cherche des aviateurs, Raymond aura peut-être la chance de pouvoir l'approcher.

– Louis, son fils, a été breveté sur ballon libre en 1911, dit Leynaud, puis sur dirigeable. Il est pilote de ligne depuis l'année dernière.

– Je serai peut-être embarqué comme sans-filiste sur son zinc… rêve Raymond.

– Hirschauer est un dur à cuire, dit Javelon. Il commande une division d'infanterie et il se battra sans concession, comme tous les hommes de l'Est. Attendez de l'entendre parler pour le juger. Il nous a fait un discours avant notre départ. Pour lui, lâcher Verdun est inconcevable. Il n'oublie pas Saint-Avold et Forbach, son enfance d'émigré. Les Boches ne trouveront pas devant eux d'adversaire plus coriace. C'est là-dessus que compte le père Joffre.

Le général arrive à cheval, suivi de son état-major, des brigadiers et des colonels de ses six régiments. Tous de la région d'Auvergne. Les poilus présentent les armes.

– La danse va commencer, dit Javelon. Nous partirons dans la nuit.

Javelon n'avait pas tort. Sans tambours ni trompettes, le régiment part à pied, vers deux heures du matin, le 2 juin 1916, sur les chemins défoncés qui conduisent à Verdun. L'itinéraire a été minutieusement établi pour que la troupe gagne son point de rassemblement sans gêner d'autres unités.

Silence dans les rangs. On traverse la forêt de Sommedieue sans rencontrer âme qui vive. Les batteries de 75 rassemblées là attendent d'être enlevées plus près du front, une fois les renforts de munitions livrés. On aperçoit sous la lune les fortifications de Rozelle, où s'abritent les compagnies d'un bataillon du régiment de Roanne. Les colonnes du 321e traversent le camp militaire et gagnent, vers le nord, le fort de Chatillon.

Grande halte décidée à l'aube, pour laisser passer l'artillerie qui marche au trot vers Moulainville.

– Leur point de regroupement est Eix, dit un capitaine à Lacassagne. Nous avançons vers le fort de Vaux, par le sud.

– Pour rompre la tenaille allemande, suggère l'ancien professeur de maths, qui a étudié à fond sa carte d'état-major.

– Sans doute, répond l'artilleur. Nous avons de quoi les matraquer, faites-nous confiance. N'oubliez pas que Nivelle est un des nôtres.

Les hommes versent la goutte dans le café chaud, avant de poursuivre en colonnes, les uns vers Moranville, les autres sur Eix, et sur l'aile gauche vers le fort de Tavannes, où sont entreposées d'énormes quantités de munitions dans un tunnel.

Le 321e marche sur le bourg d'Eix, envahi de troupes. Lacassagne, sortant enfin de son mutisme, explique au lieutenant Bériot qu'il est question de dégager le fort de Vaux, presque entièrement cerné par l'ennemi. Les Allemands, partis des bois d'Hardaumont, ont entièrement submergé les défenses françaises. Seul le sud du fort tient encore, grâce à l'héroïsme de mitrailleurs abrités dans des trous.

– Nous devons les relever ? demande le lieutenant.

– Si nous pouvons. Plusieurs divisions ennemies, d'après les renseignements, sont en route. Ceux de Mende, commandés par Chevassu, tiennent avec l'énergie du désespoir. Son adjoint, Tabourot, a perdu ses deux jambes. On a réussi à l'évacuer de justesse. Il a raconté la situation au colonel Flocon. Les Boches ont pris le village de Damloup par surprise, profitant du brouillard. Ils débordent le fort par l'est. Une poignée de braves défendent encore les tranchées de Belfort, de Saverne et d'Altkirch, si l'on peut appeler ces trous à rats des tranchées.

– Qu'attendons-nous pour attaquer ? se demande Lacassagne. Qu'ils soient tous morts ?

– L'artillerie est en place, mon capitaine ! affirme Bériot l'optimiste. Il ne lui manque pas une gargousse. Regardez nos ballons !

De fait, les observateurs en nacelles renseignent le général Hirschauer. Une quarantaine d'Allemands, vers midi, sont signalés au-dessus du fort, cachés dans des trous d'obus. Ils attendent à coup sûr l'heure du dernier assaut. Faut-il partir avec une division pour dégager une position déjà prise ? Hirschauer décide d'attendre.

Trois heures plus tard, il reçoit un pigeon voyageur du commandant Raynal, qui dirige la résistance. Les coffres, au nord du fort, sont pris par l'ennemi. La lutte se poursuit dans les gaines. Les blessés sont nombreux. Mais le commandant affirme qu'il entend « lutter jusqu'au bout ».

Toujours pas d'ordre d'attaque. À dix-neuf heures, les observations indiquent une pénétration de *Feldgrau* dans la corne nord-ouest. Un message optique du commandant Raynal est capté dans la nuit du 2 au 3 juin. Il demande que l'on « batte le fort par petits calibres » pour dégager le dessus de la place. Une mitrailleuse ennemie est dirigée vers le sud. Mais Chevassu résiste encore, avec les débris du 142e.

Les soldats du 321e, une fois de plus, ne sont pas désignés pour la contre-attaque. Hirschauer ronge son frein, voyant partir devant lui les poilus du général Tatin, des hommes de l'Ouest. En tête, le 53e de Perpignan. Au lieu d'avancer sur le fort, les Catalans sont assaillis dans la tranchée de Belfort par une attaque allemande. Ils arrivent à grand-peine à remonter vers Vaux.

Hirschauer téléphone à l'aviation pour connaître les résultats de l'attaque. On lui répond qu'une erreur fatale a couché les Catalans sous le feu de nos 75. Les mitrailleuses françaises ont sauté en l'air avec leurs servants. Hirschauer ne peut savoir que le commandant Chevassu, l'âme de la résistance du secteur, rendu fou furieux par ce tir insensé, est mort d'un éclat dans le crâne.

Au-dessus du fort, on aperçoit à la jumelle des terrassiers allemands bouchant toutes les issues pour gazer les survivants. Les lance-flammes entrent en action à l'extérieur, contre les tranchées qui tiennent encore au sud.

Des groupes de fantassins de Mende reculent dans une sorte de sauve-qui-peut. Le lieutenant Bériot arrête un sergent aux yeux hallucinés et qui titube :

– L'air est empoisonné, dit-il, par la fumée des gaz, la poudre et la poussière. Personne ne peut tenir dans cet enfer.

Une contre-attaque est lancée enfin par la division Hirschauer au matin du 5 juin. Le 321e part à l'assaut avec ses deux bataillons de tête. Raymond avance bravement, avec les autres téléphonistes joints aux troupes d'assaut. Nul n'a plus à se soucier en effet d'établir des liaisons sur un terrain battu en permanence par les canons allemands et français.

Impossible d'avancer. Le feu des 77, presque à bout portant, se conjugue aux tirs de mitrailleuses postées aux abords du fort. Les Allemands ont creusé des trous en lisière. Ils répondent à la grenade aux assauts des tirailleurs. Raymond saute d'un trou dans l'autre, devenu grenadier malgré lui après avoir épuisé toutes les balles de son Lebel.

Dutoit surgit à ses côtés, pestant comme un diable contre les obus français qui les empêchent de voir ce qui se passe autour du fort. Le lieutenant Moulinet, chargé du commandement de la section, meurt dans les bras de Raymond, percé d'une rafale. L'ancien fondé de pouvoir de la Banque de France à Montluçon a fait jusqu'au bout son devoir d'officier de réserve. Impossible de se charger de son cadavre, le feu allemand devient terrifiant.

André Leynaud s'est caché dans un trou, son sac pardessus son casque. La moitié des effectifs des deux bataillons sont couchés à terre, morts ou blessés. Armand Berthon, le maraîcher de Malicorne, affronte au couteau de tranchée un géant qui l'attaque à la baïonnette. Il tombe, percé de coups. Raymond ne peut le secourir sans essuyer lui-même une rafale de mitrailleuse au ras du sol.

Devant lui, l'adjudant Bourdon s'arc-boute en hurlant, balance son sac de grenades contre les assaillants. Le vide se fait autour de lui. Mais au moment de sortir de son trou, il est touché de plein fouet par une balle de Mauser entre les yeux. Raymond éclate en pleurs, de rage. Il veut le venger.

– Suis-moi, lui dit Dutoit. Nous n'avons plus rien à espérer ici, sinon mourir jusqu'au dernier.

Il rampe hors de son trou, fait le mort sur le terrain. Les bottes des Allemands, lancés à l'assaut, le piétinent. Il progresse insensiblement en direction du sud, lance ses dernières grenades sur les assaillants avant de se terrer dans un trou. Il reste une quarantaine de poilus du 321e, encerclés, pilonnés, promis dans le meilleur des cas à la capture.

Hirschauer, voyant le désastre, fait tirer des obus à gaz lacrymogène sur le secteur. Aveuglé, Leynaud a le temps de sortir sa boussole et de trouver la bonne direction. Les autres le suivent.

Les Allemands, perdus sur ce terrain bosselé et troué, empêtrés dans les obstacles, semblent abandonner la poursuite. Ils refluent vers le fort, pour en finir avec le commandant Raynal.

Le troisième bataillon du 321e est prêt à la contre-attaque. Les hommes ont reçu quatre jours de vivres, deux musettes pour les cartouches et les grenades, deux bidons pleins de vin, quatre sacs à terre et des outils de terrassiers.

Des batteries de 75 et de 155 court commencent à battre les dessus du fort. Les survivants du premier bataillon se comptent sous l'œil du colonel Flocon, qui estime les pertes à 70 %.

La dernière attaque, pour dégager le fort de Vaux, est prévue pour le 8 juin avant l'aube. Il n'est pas question de la différer.

Hirschauer, raconte le colonel Flocon au capitaine Lacassagne, a reçu des ordres comminatoires de Nivelle. Bien incapable de deviner, depuis son PC de Souilly, ce qui se passe réellement sous les murs du fort de Vaux, celui-ci tient avant tout à faire savoir, en France et dans le monde, qu'on a tenté l'impossible pour libérer les martyrs de Vaux.

« Je dois vous prévenir, a répondu notre général, que je dispose d'une toute petite quantité de troupes en état de marcher : cinq bataillons au maximum, sur les vingt de la division. »

Il n'importe : le bouillant Nivelle, pourtant morigéné par Pétain, ne peut admettre qu'on lui impute la prise du fort de Vaux par les Allemands. L'effet dans l'opinion sera considérable. Il sera tenu pour responsable de cet échec. À tout prix, jusqu'au dernier moment, la « dernière cartouche » doit donc être tirée. Le fort ne passera à l'ennemi qu'à la mort de son dernier défenseur, comme s'y est engagé Raynal.

On ne laissera pas périr un homme de cette trempe, dont l'héroïsme fait déjà le tour des rédactions de la presse parisienne. Que le général Hirschauer en soit conscient : il est de son devoir de partir en avant, sans souci des pertes, mais avec le concours assuré du canon et de l'aviation d'assaut, afin de reprendre à l'ennemi le fort de Vaux. L'enjeu paraît capital. Que chacun le sache, au 321e, le général en chef a les yeux fixés sur cette offensive de la dernière chance!

Raymond voit donc partir les camarades du 3e bataillon de réserve vers cet enfer dont il a eu la chance de revenir indemne après quatre jours de combats meurtriers. Ils n'auront pas d'important soutien d'artillerie.

– Pétain, dit Lacassagne à Leynaud, a refusé d'engager de nouveaux groupes de 155 dans la bataille.

Leynaud propose d'installer des lignes reliant la position au fort de Souville, avec qui la correspondance est optique.

– À quoi bon! répond le capitaine. Ce soir, nous aurons abandonné la position.

Leynaud a du mal à comprendre que les camarades soient envoyés au feu dans une opération destinée à sauvegarder la bonne conscience d'un état-major résigné d'avance à un repli, après la perte inévitable du fort de Vaux.

– Si nous ne pouvons nous rendre utiles comme téléphonistes, mon capitaine, je suggère que nous montions en ligne avec ceux du 3e bataillon.

– C'est bien, Leynaud, faites selon votre cœur. Nous allons préparer les positions de repli.

Raymond suit André, et Dutoit suit Raymond. Quand Beaujon et le vieux Laplanche les voient reprendre le Lebel et garnir leurs sacs de grenades, eux aussi les imitent. Ils se mettent en route malgré leur fatigue, malgré leur trouille, car ils ont honte de ce qu'ils ont sous les yeux : l'abandon programmé des défenseurs de Vaux, un simulacre de délivrance.

– Il ne sera pas dit qu'on aura laissé crever dans leur trou comme des chiens d'aussi braves gens, dit Raymond, approuvé par tous.

Comment la contre-attaque pourrait-elle réussir, alors que les soldats sont matraqués par l'artillerie allemande avant même d'avoir atteint leurs bases de départ ? Les fusées ont jailli dans le ciel et averti les artilleurs du Kaiser, à peine les compagnies du 3e bataillon se sont-elles avancées dans la boue. Des obus à gaz lacrymogène bloquaient toute progression des coloniaux de tête.

L'attaque du 8 juin tourne à la tragédie. Quand ils partent à l'assaut, à quatre heures et demie, les biffins du 3e bataillon ne peuvent savoir que les défenseurs du fort se sont déjà rendus. À dix-huit heures, le 7 juin, le commandant Raynal a reçu les honneurs militaires du *Kronprinz* en personne. Toute la presse allemande était aussitôt informée par radio...

Pourtant, l'ordre d'attaque est maintenu par Nivelle. Une explosion formidable embrase le ciel avant l'aube. Les Allemands viennent de dynamiter le fort. Les attaquants n'ont plus qu'une ruine en face d'eux. Ses défenseurs l'ont évacué avant d'être dirigés dans les camps de prisonniers. Ni Pétain, ni le général Nivelle, ni Joffre lui-même ne sont au courant de la capitulation honorable de Raynal. Comment Nivelle aurait-il pu prendre l'initiative d'annoncer à

Chantilly une reddition dont il n'était pas certain, même s'il avait toute raison d'y croire, le fort n'émettant plus le moindre message depuis la veille ?

– Ils sont tous morts là-haut, dit Raymond. Nous ne pouvons sauver que leurs cadavres.

Une vague de découragement s'empare des assaillants. Pourquoi poursuivre, s'il n'y a plus personne à secourir ? À quoi rime cette offensive bidon ? À sauver l'honneur du général Nivelle ? Au 12e corps, tout proche, des Limousins de Nudant, le moral baisse. En secteur depuis trois jours, les poilus ont vu fondre la moitié de l'effectif.

Chez tous, les récriminations vont bon train.

– On nous envoie reprendre le fort, dit Émile Dutoit à Raymond maintenant que ses défenseurs sont morts et enterrés. Pourquoi n'a-t-on rien fait quand ils tenaient encore ?

Les ordres sont de résister, malgré la reprise du bombardement, dans l'ouvrage R1 qui répond aux signaux. Les fantassins rescapés du 3e bataillon s'y retranchent, exténués, avec leurs camarades des régiments de Roanne et de Saint-Étienne. Les grenadiers bavarois s'approchent, avec des lance-flammes. Les défenseurs, accablés, se retirent en désordre, se cachent dans des trous, tout en continuant de tirer.

Raymond et Dutoit rejoignent Leynaud dans une position de repli encombrée de cadavres.

– Ils sont fous, s'exclame Dutoit. Les Bavarois attaquent en force. Devant Thiaumont, c'est la même catastrophe. Les Allemands sont à dix contre un et les nôtres sont accablés par les obus à gaz. Ceux de Sedan résistent pied à pied, comme les Ardennais savent le faire. Mais ils ont du lâcher du terrain. Le régiment est réduit à trois cent cinquante hommes par le bombardement. Les officiers sont tués.

Deux lieutenants, Herduin et Milan, ordonnent le repli après avoir arraché une quarantaine de leurs camarades à la captivité. Mais les ordres stricts de Nivelle sont de ne pas abandonner un pouce de terrain. Le colonel Bernard se croit obligé de faire un exemple. Herduin et Milan sont fusillés à Fleury. Le régiment est dissous.

– Nous sommes comme les Ardennais, dit Dutoit. Que pouvons-nous faire ? Nous rendre ?

– Lâcheté, crie Raymond qui grenade de plein fouet un *Feldwebel* bavarois, aventuré devant son abri. Les camarades arrivent. Il faut tenir. Avec ou sans officiers !

Les généraux ignorent totalement la position de leurs troupes. Ils ne se réveillent que pour prendre des sanctions, lorsqu'un repli leur est signalé. Alors, on brandit les grands principes. Les bonnes âmes !

Est-ce une raison pour abandonner ? Raymond serre les dents, pense à Jules Bourdon, son instructeur, fusillé sur place par un Boche. Il dégoupille et lance droit devant lui.

Quand il a épuisé ses grenades, Dutoit lui passe un fusil. Une mitrailleuse se met en position à dix mètres pour balayer les rangs bavarois. Les zouaves viennent à la rescousse. Ils attaquent follement, grenadant sans trêve, poussant en avant leurs armes automatiques.

Un adjudant saute dans le réduit de Leynaud.

– Ordre du colonel Flocon, repliez-vous ! C'est aux coloniaux de vous relever.

– Pas question, dit Raymond. Nous n'avons pas terminé le travail !

Il abat sans le viser, en rafale, un grenadier barbu qui vient de surgir dans la tranchée. Les zouaves sautent dans la position, font feu tous ensemble. André Leynaud ne reconnaît pas Raymond. Il est pris d'une folie homicide. Il tue à n'en plus finir, comme pour venger Léon, Bourdon et tous les morts de Vaux.

– Il va mourir, dit le lieutenant des zouaves à André. Emmenez-le !

Émile Dutoit rampe déjà vers le prochain abri, réoccupé par les coloniaux. L'un après l'autre, les poilus du 321e se replient, se cachant derrière le moindre obstacle pour échapper au tir d'interdiction qui commence.

– Hâtons-nous, dit Leynaud en prenant Raymond à bras-le-corps. Dans deux minutes, il sera trop tard.

Raymond se dégage. Il veut mourir lui aussi, combattre jusqu'au dernier souffle.

– Il faut que tu saches, lui hurle Leynaud à l'oreille, sous le vacarme des obus, que l'un de tes frères a déjà disparu dans cette putain de terre de Verdun ! Je le tiens d'un témoin sûr, de l'artillerie de tranchée. Si tu veux que tous les frères Aumoine se fassent tuer là comme des bêtes sacrifiées, libre à toi.

C'est ainsi que Raymond apprend, devant le fort de Vaux, la disparition de son frère Julien. Il suit Leynaud comme un somnambule : une ombre au royaume des ombres.

Le rendez-vous de Tavannes

Entre le fort de Souville, à main gauche, et le fort de Tavannes, à main droite, sous la masse des collines déboisées, court le tunnel de Tavannes, où passait le chemin de fer qui reliait Verdun à Vaux. Désaffecté, il sert de refuge aux poilus éclopés venus du nord, aux blessés des combats du fort de Vaux et des tranchées alentour. On y stocke des réserves de munitions et les vivres destinés à ceux des positions de l'avant. On ne peut plus parler de lignes continues, elles n'existent plus, ni de tranchées, recouvertes ou à peine creusées. La défense s'articule autour d'un ravin, d'un monticule percé de trous, d'une ruine de village ou de fortifications tronquées.

Raymond Aumoine, effondré par la révélation de l'adjudant Leynaud, est à l'abri du tunnel, au milieu des poilus en état de choc. Ici trouvent refuge les soldats perdus, rescapés des unités dissoutes faute de renforts, des escouades sans chefs et des compagnies débandées.

Dans l'odeur de pourriture et de gaz délétères, Raymond étouffe. Il chasse les mouches qui lui tournoient autour de la bouche et des yeux. Sur les civières, autour de lui, les blessés qui ne peuvent se protéger ont le visage couvert d'insectes. La chaleur est suffocante. À l'extérieur, au-delà d'un voile de fumée, le vacarme du bombardement ne faiblit pas. Les hommes restent prisonniers dans l'enfer de Tavannes. Comment en sortir sans se faire tuer ?

Même dans les casernes Bevaux de Verdun, les rescapés des batailles sont regroupés, puis renvoyés au front dans les meilleurs délais, quitte à les changer de bataillon, de régiment, de division. Un homme vaut un homme pour résister seul dans un trou, un sac de grenades en bandoulière. Tous ceux qui tiennent encore sur leurs jambes à Tavannes doivent repartir.

Ils ne se reconnaissent plus entre eux. Plus de « pays », de conscrits, de « classes » dans les groupes de combattants. Des anciens de vingt ans voisinent avec des bleus de quarante, réservistes de la territoriale traités désormais en poilus à part entière. La solidarité ne repose plus sur l'origine commune du recrutement, mais sur la proximité de la section, reconstituée de bric et de broc par des sergents recruteurs improvisés qui regroupent inlassablement les hommes valides, dans la puante pénombre de Tavannes.

Pas question de s'y endormir : les gradés, petits et grands, continuent de se distribuer les rôles, d'étiqueter les survivants. Un infirmier s'informe auprès d'André Leynaud :

– Qu'attend cet homme écroulé sur une caisse de grenades ? Blessé, valide ? Prêt à repartir ?

– Extrêmement choqué, répond l'adjudant. Raymond Aumoine vient de perdre son frère.

L'infirmier hausse les épaules, passe à d'autres groupes. Il peut soigner le mal, pas le malheur. Comme si le malheur n'était pas commun à tous les locataires du tunnel. Finalement, il ne connaît que deux manières d'en sortir : le brancard ou le casse-pipe.

Un coup de gnôle doit suffire à remettre le soldat d'aplomb. Le remède universel. « Surtout, n'oubliez pas la gnôle ! » écrit le général de la division à ses officiers, avant l'assaut. La gnôle contre la mort, pour oublier qu'on va mourir. Pour ne plus penser à ceux qui sont morts.

Raymond crache l'eau-de-vie du sergent infirmier. Il se redresse et se dirige seul vers la sortie du tunnel. Il ne dit plus un mot à André Leynaud et ne veut plus le voir. Celui-ci savait que son frère Julien était mort, depuis plusieurs jours peut-être, et ne lui en a rien dit. Il le croyait son ami, l'autre était son mentor, il attendait tout de lui. Comment a-t-il pu ?

Un sergent l'arrête. Où va ce dingue, seul et sans armes, vers la sortie ? Se rendre aux Boches ? Se faire tuer par un shrapnell ? Vite, qu'on l'arrête !

Leynaud intervient. Raymond est avec lui, explique-t-il, dans son escouade.

– Où sont les autres ?

– Perdus, morts. Tous des téléphonistes de la section du 321e.

– Rendez-vous utile, dit le sergent. La ligne reliant le fort de Souville vient de sauter. On prépare le matériel, allez réparer. Vous avez la nuit devant vous. Au petit matin, tout doit être terminé.

Les territoriaux déroulent les bobines de fil, sortent les cisailles, risquent des épissures sous l'œil critique de Leynaud, qui met aussitôt la main à la pâte.

– Enfin un professionnel, se réjouit le sergent recruteur.

Il était temps. Je ne vois pas comment nous tiendrons ici sans téléphone.

Les biffins tendent à Raymond une pioche, lui ceignent le torse d'une lourde cordée de fils épais et le poussent vers la sortie.

– Déroule ta bobine dans le fond du ravin vers le fort, lui disent-ils. Inutile d'enterrer. Pas le temps. Prends des repères pour ta ligne. Par exemple, l'arbre mort, ou la carcasse du camion que tu apercevras à la sortie. Attache le fil au passage, qu'on puisse le retrouver à des points fixes. Avance en rampant. Dès qu'un nouveau trou s'ouvre devant toi, plonge avec le fil. Ne le lâche jamais. C'est ta sauvegarde, et la nôtre.

Avec soixante kilos de bobines sur le dos, les porteurs arrivent éreintés au pied du fort de Souville. Ils ont dû multiplier les arrêts, non pour réparer les lignes hachées, éclatées, introuvables, mais pour en poser de nouvelles tout en se hâtant, par crainte d'une relance du bombardement.

Le nouveau masque à gaz collé de force sur la tête de Raymond par un adjudant de la territoriale l'empêche de respirer. Cette cagoule d'un seul tenant, fermée par une courroie d'un bleu tendre, assure pourtant la survie du malheureux caporal, perdu dans un ravin encombré de morts, où stagne une odeur d'amande amère.

Pas question de planter les fils sur des piquets à poulies. La ligne n'est ni enterrée ni suspendue, mais tirée à même le sol. Le capitaine de la territoriale, qui bondit d'un cratère à l'autre pour s'assurer de la rapidité du travail, explique qu'on consolidera le tout plus tard. L'essentiel est de faire vite. Les hommes isolés dans Tavannes et les états-majors perdus n'ont plus de contacts avec Souville.

André Leynaud rejoint l'escouade au moment où elle grimpe la pente qui conduit au fort, sous un tonnerre de bombardements. Impossible de poser des fils, même à la va comme je te pousse. La terre est entièrement retournée. Les Allemands donnent l'assaut, mitraillés à bout portant par la résistance improvisée de quelques sections perdues.

Force est de revenir en arrière, de suivre la ligne à peine posée que déjà rompue en mille endroits. On reflue, en plongeant à terre tous les vingt mètres, en direction du tunnel de Tavannes. Une fois de plus, le lieu maudit est le seul refuge pour les soldats en danger extrême.

– Il était impensable de remplir cette mission, mon colonel, explique Leynaud à un officier supérieur du génie, furieux que les équipes n'aient pas réussi à établir la liaison avec Souville. Le fort est encore défendu par les nôtres, et il est accablé par le tir de notre artillerie. Nous n'avons pu en approcher. Si vous disposez d'un poste sans fil, avertissez Nivelle pour qu'il fasse immédiatement cesser le tir des batteries de 75 !

À l'intérieur du tunnel, le désordre est à son comble. Les officiers de liaison de l'état-major de Mangin courent d'un groupe à l'autre pour essayer de trouver des renforts et de les expédier sans retard vers les points les plus menacés.

– On ne sait plus qui commande ici, pleure le vieux colonel du génie dans le giron d'André Leynaud. Mangin a été surpris par l'attaque allemande en pleins préparatifs d'offensive. Ses régiments ont été bousculés avec de lourdes pertes. Nivelle veut, paraît-il, lui reprendre son front. Qui commande à Tavannes ? Mangin ? Barret ? Personne ne sait au juste, mais Tavannes et Souville peuvent tomber.

Pendant la nuit, les blessés envahissent le tunnel, abandonnés sur des civières faute de soins et de moyens d'évacuation. Les groupes de combattants affluent eux aussi des positions environnantes, le plus souvent sans chef. Une popote improvisée leur sert du café chaud et des conserves. Ils ont marché toute la nuit pour échapper à l'ennemi.

Le sergent Moisset, du 7e de Cahors, raconte à Raymond, épuisé et déprimé jusqu'au fond de l'âme, la résistance insensée des défenseurs de Souville :

– Le colonel Astruc, commandant le fort, est mort asphyxié par les gaz. Un de nos bataillons a été entièrement capturé par l'ennemi la nuit dernière.

Il compte sur ses doigts pour retrouver le fil du temps dont il a perdu l'usage.

– Dupuy, notre lieutenant, ajoute-t-il, a résisté dans les ruines à la grenade, avec notre compagnie. Nous nous sommes enterrés dans les caves pour ne pas être écrasés par les gros obus. À l'aube, il nous a fait sortir, les sacs bourrés de grenades. Nos mitrailleuses ont épuisé leurs bandes. Les Boches ont fini par refluer. Avec mes camarades, Bertho et Laforêt, nous avons tenté de rejoindre le fort en rampant. En vain. Notre artillerie nous matraquait. Enfin, des rescapés d'un bataillon de chasseurs ont pris la relève, ce matin, et nous voici ! Une fois de plus, a conclu le colonel du génie, ils n'ont pas passé… Mais combien des nôtres y sont restés ?

– Tous comptés disparus ? demande Raymond.

– Allez savoir. Qui dresse les états du régiment ? Les sergents sont morts, comme les officiers. Comment distinguer, parmi les disparus, les nombreux prisonniers ou déserteurs et les victimes de l'artillerie lourde ou des lance-flammes ? Vous parlez de comptes ? Ils seront faits après, longtemps après, à l'aveuglette. On nous enterrera tous ensemble sans distinguer nos membres. Un amoncellement d'ossements sans noms.

Raymond baisse la tête, puis replonge dans sa torpeur, à l'entrée du tunnel. Leynaud n'ose lui dire que son frère est justement l'un de ces disparus et que les chances de retrouver son corps sont nulles. Deux officiers rompus de fatigue, le casque bosselé, les traits tirés, les bousculent pour chercher refuge à l'intérieur. L'un d'eux, un lieutenant, tombe en arrêt devant Raymond. Il a reconnu son jeune frère. C'est Jean Aumoine.

– Julien est mort dans les rangs des fantassins du régiment de Saint-Omer, affirme Leynaud au commandant Latouche, qui le questionne. Ils défendaient, le 21 février, l'ouvrage T6, attaqué au lance-flammes par les Allemands.

– Comment pouvez-vous être sûr de sa mort ?

– Un chasseur perdu du 56e bataillon, un des hommes du colonel Driant, est passé sur les lieux aussitôt après l'attaque allemande. Il a vu de ses yeux les cendres fumantes des défenseurs de l'ouvrage, des fantassins du 208e et quelques artilleurs de crapouillots. Il a pu suivre les traces du lance-flammes qui a tué Julien.

– Aucun objet permettant son identification formelle ?

– Pas le moindre. Mais le témoin, que j'ai rencontré au repos dans une caserne de Verdun, m'a affirmé qu'il avait écrit au dépôt du 208e régiment d'infanterie pour signaler la présence de Julien parmi les morts de l'ouvrage T6. La procédure devrait suivre.

– Je l'appuierai, dit Latouche, mais le dépôt du 208e, un régiment de Saint-Omer, est à Bergerac. Cela peut demander encore du temps. En outre, ce témoignage très précieux n'intervient qu'après l'action. Il peut être contesté.

Latouche se tait. Les frères Aumoine se sont rapprochés de lui.

– Voulez-vous dire, demande Jean, que notre frère pourrait être prisonnier ?

– Hélas ! Je ne crois pas. Mais pour faire la preuve que le disparu est mort, il faut établir qu'il ne figure sur aucune liste de prisonniers dressée par les Allemands et communiquée, à titre d'échange, par l'intermédiaire de la Suisse. Voilà pourquoi vous n'avez pas reçu d'avis officiel. Je vais m'employer à précipiter la procédure. Veuillez m'accompagner au PC du général Nivelle à Souilly. Nous établirons ensemble les documents nécessaires, à partir des bureaux de l'armée de Verdun. Et nous pourrons informer officiellement votre famille.

– Où se trouve cet ouvrage T6 ? demande Jean.

– Aux premiers postes de l'attaque allemande du 21 février. Nous ne pourrons y pénétrer qu'après notre victoire complète sur le front de Verdun. C'est vous dire que cela peut demander du temps.

– C'est exactement le lieu de passage des corps d'armée allemands qui nous attaquent en ce moment sans aucun répit, dit Latouche.

– Je veux y aller, dit Jean. Je veux retrouver les restes de mon frère.

– Quels que soient votre courage et votre expérience des coups de main, vous ne pourrez pas approcher, s'oppose le commandant Latouche. Et votre mère recevra l'annonce d'un troisième décès.

L'offensive allemande contre Souville fait long feu, au 14 juillet. Rentré à Souilly, Latouche réussit à joindre au repos les survivants du 56e bataillon de chasseurs, dont René Losfeld. Il obtient son témoignage écrit et la déclaration officielle de décès au niveau de la IIe armée.

– Peut-on au moins épargner à ma mère la visite des gendarmes ? demande Jean.

Latouche obtient le nom du chef du dépôt à Lyon du régiment d'artillerie dont dépend Julien : le commandant de la Fouillère.

Jean sursaute. Il se souvient du jour de la mobilisation. Le comte partait à la guerre. Il connaît sa mère.

Averti, La Fouillère prend aussitôt la plume. Sa missive est un modèle d'humanité chrétienne. Mais qui peut consoler Marie ? Les longues lettres de Jean et de Raymond, qu'elle a reçues, l'ont accablée de douleur. Ils n'ont pas voulu décrire les circonstances atroces de la mort de leur frère. Elle a deviné, en baignant de ses larmes le pauvre papier quadrillé, qu'ils ne pouvaient pas tout lui dire, et que son Julien, son dernier, n'avait pas eu la mort des héros, mais celle des martyrs.

Depuis cinq longs mois, elle était sans nouvelles. Gaston Bigouret, l'adjoint au maire d'Huriel, avait en vain multiplié les démarches. On ne retrouvait aucune trace de l'artilleur de tranchées.

Cinq longs mois d'espoirs fous, à guetter jour après jour les listes de prisonniers en Allemagne, suivis de déceptions mortelles, devant le silence des autorités.

Ainsi, Julien était parti sans laisser de traces. Il devenait un oublié du conflit parmi des dizaines de milliers d'autres, un rayé des contrôles, un inconnu pour l'armée, un de ces innombrables disparus.

Vont-ils tous mourir, les quatre fils Aumoine ? Marie, en souriant aux deux ans épanouis de son petit-fils Léon, porte le deuil de ses espoirs. Est-ce un péché que d'être trop beau, trop fort, trop confiant dans la vie comme l'était son Julien ? Ceux-là doivent-ils partir d'abord ? Sont-ils les premiers promis au massacre par leur nature généreuse ?

Qui exige un tel sacrifice ? Un Dieu d'amour et de pitié peut-il y consentir ? Elle soupçonne déjà, hélas, au ton sombre de la lettre de Jean, que non seulement il condamne la guerre et son cortège de meurtres, mais qu'il est prêt à tout pour le faire savoir. Quant aux mots d'amour de Raymond, si pleins d'un attachement presque charnel à Léon et Julien, elle les sait dictés par la détermination farouche d'égaler ses frères morts, de se rendre digne d'eux, au risque de les rejoindre un jour. Et c'est sans doute ce qui l'afflige le plus.

Le caporal Aumoine est affecté à l'école d'aviation du 13e corps d'armée, comme élève pilote.

Raymond lit la dépêche à son retour au 321e régiment reconstitué au repos, dans un secteur des Vosges, après la tuerie de Verdun, à la fin de juillet 1916.

Le commandant Latouche, poussé par Jean, a obtenu que le fantassin soit affecté à la nouvelle arme, et réalise ainsi son rêve le plus cher. Avec deux frères tués au front, on lui a donné la priorité sur les nombreux autres candidats qui, par dégoût des tranchées, se pressent aux portes des camps d'aviation.

Au centre de sélection de Dijon, Raymond a pour collègues – comme Julien, jadis, à l'école d'artillerie de Fontainebleau – des jeunes gens venus de partout, et de niveaux d'instruction très différents. Tous ne seront pas déclarés aptes au pilotage.

Au dortoir, le soir, les langues se délient. Les candidats sont répartis par chambrées de quatre. Le deuxième classe Georges Huisman, le plus proche voisin de lit de Raymond, doit à son agrégation d'histoire et de géographie son affectation. Très inquiet sur son avenir dans l'arme, il s'en ouvre rapidement à ses compagnons.

Les gens du centre de recrutement l'ont, raconte-t-il, rasséréné. On ne lui demande pas d'être pilote, mais de savoir lire avec précision une carte d'état-major et de repérer, dans le paysage, des emplacements de batterie. Huisman est terrorisé à l'idée de tenir le manche à balai d'un chasseur. Lui, déclaré inapte à la conduite automobile, comment piloterait-il un avion ? On l'a rassuré tout de suite. Il n'aura qu'à se familiariser avec la mitrailleuse et avec les jumelles d'artillerie. À la rigueur, avec le maniement d'un poste de TSF, si toutefois son appareil en est pourvu.

L'autre voisin de Raymond, un candidat au brevet de pilote, vient, comme lui, de l'infanterie.

– Appelle-moi François, lui dit-il. Mon vrai nom est Carcopino-Tusoli, mais je suis connu à Paris sous le nom de Francis Carco.

C'est un réserviste de vingt-six ans, né à Nouméa, en Nouvelle-Calédonie. Un vieux, presque. Huisman explique à Raymond qu'il est un auteur, célèbre pour avoir publié, en 1914, une savoureuse histoire de la pègre parisienne, *Jésus la Caille*.

– Il est sûr d'être reçu au brevet, dit Georges. C'est un vrai casse-cou. Je crois qu'il a déjà piloté dans des clubs d'aviation civile. Son problème, c'est la discipline. Il ne supporte pas les sous-offs.

Ils sont quatre, dans la chambrée de Dijon. Le dernier venu est un brigadier du 2e cuirassier, le régiment le plus chic de la capitale, colonel comte Halna du Frétay. Hervé de Cabanel porte naturellement de ces gants de cuir jaune qui ont tant fait pour la réputation des baronets gandins de la paroisse Saint-Pierre du Gros-Caillou.

– Tiens, dit Carco, on est sauvés, v'la la cavalerie !

L'ont-ils assez répétée, cette scie de tranchée, quand ils recevaient en renfort, au 321e, quelque lieutenant de dragon en bottes de cuir fauve !

Tout en descendant au mess des sous-offs, Raymond se souvient de ses copains de la biffe. Où peuvent-ils être ? Leynaud, l'électricien, renforce sans doute les lignes du côté du Vieil Armand, la montagne légendaire des Vosges. Émile Dutoit est assurément déçu de ne pas avoir suivi son camarade dans l'aviation. Il le rejoindra peut-être. Pour l'heure, il boit du lait des alpages, lui écrit-il, et embrasse sur la bouche des filles de ferme blondes.

Raymond a besoin de se rassurer sur le sort de ses camarades. S'il s'apprête à risquer sa vie dans l'aviation, c'est un choix personnel, mais il veut que les autres soient heureux, que la vie sourie enfin à ces rescapés de Verdun.

À peine arrivé, il a déjà des nouvelles d'André Leynaud : le col de la Schlucht est un paradis touristique, les villages y sont accueillants et gais. Le service est tranquille, on double, on triple les lignes pour s'occuper. Les crapouillots tirent leurs bombes pour faire du bruit. Il ne viendrait pas l'idée à l'ennemi de répondre. Quelle joie de pêcher la truite dans les ruisseaux, de chanter le soir *Mam'selle Cécile* ou *Les Trois Boules* en buvant le vin *remboursable* avec les *Joyeux.* Que Raymond se rassure, les copains ne sont plus en danger.

Que Marie et les camarades ne s'inquiètent pas davantage : Raymond n'est pas près de voler. N'est pas pilote qui veut. Les épreuves sont longues, ardues. Tous ici redoutent d'être rejetés.

Il l'écrit à sa mère, croyant ainsi la tranquilliser. Peut-être ne sera-t-il qu'un observateur d'aviation, ou tout simplement renvoyé à son régiment qui coule des jours heureux dans les Vosges.

Elle n'est pas dupe. Julien l'artilleur avait choisi les crapouillots. Raymond l'aviateur fera tout pour être pilote, il prendra de bon cœur les plus gros risques. Elle se résigne en lisant, entre les lignes de Raymond, son espoir de s'arracher à la boue sur un oiseau et d'écrire en boucles blanches des mots de tendresse dans le ciel.

Le séjour à Dijon est une déception. À peine arrivé, Raymond apprend que son école de pilotage est sur le point de fermer. Il n'aura entendu là, pendant trois mortelles journées, que des considérations techniques, mathématiques, sur les objets volants plus lourds que l'air. De savants professeurs ont monologué dans un hangar désaffecté du tunnel imaginé par l'ingénieur Gustave Eiffel pour tester les prototypes, une vaste soufflerie destinée à étudier les lois de l'aérodynamique.

Les jeunes gens ont entendu des mots nouveaux pour eux : longerons, nervures, assemblages de toile à la colle Certus et marouflage à l'émaillite. On leur a tout dit, sans rien leur montrer, des moteurs Renault de huit cylindres en V à refroidissement d'air, des moteurs en étoiles Anzani placés en début de fuselage sur les appareils. D'aimables officiers leur ont offert un « baptême de l'air », sans leur faire le coup des « montagnes russes », pour ne pas les décourager. Ils ont été traités en invités, pas en camarades.

On les pousse ensuite vers la gare, pour y prendre le train vers le champ d'aviation d'une autre école, celle d'Avord, située à vingt kilomètres de Bourges.

– Elle est spécialisée dans le Voisin, explique Huisman, qui connaît par cœur toutes les caractéristiques des zincs. Je ne comprends pas pourquoi je suis du voyage, alors qu'il n'est pas question pour moi d'être pilote.

– Les gens d'Avord ne volent pas sur Voisin, mais sur Farman, assure le cuirassier Hervé de Cabanel. Je le tiens de mon ami Paul-Louis Weiller, l'homme qui a bombardé l'état-major du *Kronprinz* à Stenay.

– Êtes-vous sûr que les avions Voisin volent encore ? ironise Francis Carco en désignant, à l'entrée du camp, une décharge remplie d'ailes en morceaux, de fuselages brisés, de moteurs rouillés.

Plus loin, derrière un hangar, une prolonge d'artillerie, chargée de cercueils.

– Les accidents de vol, hasarde Georges Huisman. Ils sont, paraît-il, très nombreux sur ce type d'appareil. Un tombeau volant.

Au bureau de recrutement, ils signent une feuille mentionnant « la personne à prévenir en cas d'accident ».

Raymond, la mort dans l'âme, y met le nom et l'adresse de Marie Aumoine.

– L'aviation, leur dit l'adjudant préposé à l'accueil, ce n'est ni du sport ni du tricot.

Les voilà prévenus. On ne leur passera rien. Le capitaine les fait ranger en carré, prétendument pour leur demander de choisir un appareil, en fait pour leur apprendre à quelle sauce ils seront mangés, sans leur donner vraiment le choix : Raymond est inscrit dans la « division » des Farman en bois, des biplans à roues de vélo, d'allure déjà préhistorique.

À peine ont-ils le temps de s'installer que les bleus, toujours dans l'uniforme de leur corps d'origine, sont inscrits sur des étiquettes au tableau avec la mention énigmatique « à la suite ».

– À la suite de qui ? demande Raymond.

– De ton chef, ballot ! répond Carco. Tu dépends désormais d'un papa moniteur. Le tien s'appelle Quément. Pense à le saluer bien bas, il est margis !

Le chef Quément est plein d'attentions pour le caporal Aumoine. Il lui fait visiter la carlingue de son Farman, l'installe auprès de lui, et ne manque pas de l'initier aux commandes : les « ciseaux » tirant les câbles d'acier qui contrôlent la stabilité, le palonnier, manœuvré par les pieds, qui dirige l'appareil, enfin l'étévé, cadran de contrôle de la vitesse inventé par le capitaine du même nom. Va-t-on décoller ?

– Attache ta ceinture, dit le chef pilote Quément à son élève.

Il fait un signe au mécanicien, pour qu'il mette le moteur en route.

– Pleins gaz coupés ? demande le mécano.

– Pleins gaz coupés ! répond Quément.

Suspendu à la longue hélice d'acajou, l'homme de piste,

en la faisant tourner au prix d'un rude effort, remplit les cylindres de gaz.

– Contact !

Quément répète, puis lance le moteur jusqu'à douze cents tours. L'avion vibre, mais ne bouge pas.

– Pas de danger de décoller. Les roues sont calées, explique le moniteur. Prends ma place, dit-il à Raymond. C'est à toi de répondre au mécano et d'exécuter les manœuvres.

Raymond doit actionner successivement, d'une main légère, toutes les commandes, pour évaluer leurs réactions.

Le soir, à la cantine, les commentaires des candidats sont pessimistes. Le lieutenant Lévi, chef de la division des Farman, annonce que cette école ferme, elle aussi. Il ne leur donne aucune indication sur leur avenir. Rejoindront-ils leurs corps ? Ils n'en savent rien. Sans doute ne les a-t-on pas jugés dignes de piloter.

– Pour moi, on parle de Cazaux, tout près de Bordeaux, avance Huisman, en homme bien informé. C'est l'école des observateurs.

Le lendemain, Raymond reçoit sa feuille de route. Avec Carco et le brigadier de Cabanel, il leur faut prendre le train d'Orléans et Bordeaux, puis continuer jusqu'à Pau, où ils arriveront dans la soirée.

Un sergent les attend. Il les embarque dans un tramway qui gagne le terrain d'aviation de Lescar.

– Cette fois, dit Carco, nous y sommes.

Les moteurs grondent sur le terrain. Des avions décollent. Un capitaine prend les arrivants en charge, les invite à inscrire leur nom sur une étiquette à la salle des affectations. Ils sont bien poussés sur la piste, mais pour regarder voler les autres. Leur tour n'arrive jamais.

Trois jours plus tard, ils doivent encore partir. Cette école ne leur est pas destinée. Elle doit former des pilotes entraînés aux exercices de voltige. La décision vient d'être prise on ne sait par qui. Le soir, sur le boulevard des Pyrénées, Carco entend chanter les rossignols.

Le lendemain, ils apprennent qu'ils sont attendus à l'école de Buc, en Seine-et-Oise, tout près de Versailles.

– L'aviation, dit Carco, c'est comme tout le reste, le bordel organisé ! Nous venons de faire un petit tour de France en chemin de fer sans être jamais invités à décoller.

Dès leur arrivée, l'instructeur Berger, grand diable aux cheveux longs noirs et frisés, originaire du Vaucluse, les prévient sobrement que l'école Blériot est la plus dure, et les radiations nombreuses. Il leur donne rendez-vous une heure plus tard au « pingouin ».

– Un surnom, dit Cabanel. Ils nous confient un zinc un peu tocard, pour minimiser les risques.

En fait, la « classe des Pingouins » apprend la méthode Blériot. Pas de double commande. Raymond est d'abord installé sur « la Mère », un avion au fuselage amarré solidement au terrain. Il s'assied à la place du pilote pour apprendre les manœuvres au sol.

– Maintenant, au pingouin ! lui dit Berger.

C'est un Blériot aux ailes rognées. Il roule, mais ne peut voler.

– Celui qui sait rouler sait voler, lance, sentencieux, l'instructeur.

Pas facile, en vérité, de faire avancer cet appareil aux

roues fragiles sur les pistes herbeuses des champs d'aviation. Berger explique à Raymond qu'on a vu des pilotes capoter dans la luzerne. De haut, on juge impeccable la belle étendue verte. On croit pouvoir se poser sans histoire. À l'atterrissage, les tiges de luzerne s'enroulent autour des moyeux, bloquent les roues et provoquent le triste «cheval de bois», le tête-à-queue brutal de l'appareil.

Raymond attache sa ceinture, fait ronfler le moteur Anzani de 28 chevaux. Il tient entre ses pieds le palonnier pour garder le cap sur la piste. Mais, surpris par le vent, il donne un coup de pied trop violent, et c'est le cheval de bois. La sanction est immédiate. Le pingouin tourne sur lui-même.

L'instructeur accourt.

– Descends tout de suite! Laisse le moteur en marche, au régime minimum, et remets l'appareil en ligne.

Raymond est prêt à tout pour continuer son entraînement, même à supporter les injures de l'instructeur, qui ne le ménage pas. Il réussit à conduire bien droit le «rapide», un super-pingouin lancé à la vitesse angoissante de 80 km/h.

– Gare au trou salé! lance Berger.

Il faut s'arrêter avant l'étang, sous peine d'un bain forcé, après un kilomètre de piste. Pour revenir, Raymond doit descendre, tourner l'appareil, le remettre en ligne, moteur en marche, et regagner prestement la carlingue. Il réussit les cent parcours successifs en ligne droite, attestant sa capacité à conduire le pingouin.

La récompense immédiate, c'est le passage au magasin d'équipement. Raymond y retrouve Carco et Cabanel, déjà vêtus de la tenue de cuir noir et chaussés de bottes. Ils essaient le casque Rolls, garni de liège, les lunettes et les gants fourrés. Les voilà dignement dans la peau d'élèves pilotes, groupés à huit par chambrée dans des locaux pourvus de douches et d'eau chaude. Berger les avertit :

– Deux ou trois fautes seront tolérées. Pas plus. Le brevet se mérite. Durement. Demain, soyez tous à six heures au rendez-vous des Blériot.

Raymond prend les commandes de cet avion aux ailes normales pour les « cinquante lignes droites obligées », aller et retour du hangar au fort de Buc. C'est le « trois pattes volant », un exercice ainsi surnommé à cause des trois cylindres de l'appareil utilisé.

Avec émotion, il tire sur la *cloche*, le manche à balais qui commande le décollage. D'instinct, il le repousse, lorsque les roues quittent le sol. Il retrouve ainsi la terre ferme, plus ou moins brutalement. Puis il se risque à des bonds de cinquante, cent mètres, et finalement survole toute la longueur de la piste, pour finir ses mille mètres à une altitude de dix mètres.

D'en bas, le moniteur lève le pouce vers le ciel. Raymond s'enhardit, tire le manche. Il atteint cent mètres en quelques secondes. Berger lui fait signe de couper les gaz. Il obéit, la mort dans l'âme, et atterrit en un vol plané, suivi d'une série de rebonds non contrôlés. Il sort de sa carlingue presque en dansant de joie. Il a volé.

Il est en bout de piste. Il court à grandes enjambées pour rejoindre Berger. L'instructeur l'engueule.

– En selle, cul-de-jatte ! As-tu vu un cavalier planter là son cheval pour rentrer sans lui à l'écurie ? Repars aussitôt, et ramène ton trois-pattes, sans cheval de bois !

L'instructeur ne lâche pas son élève d'une semelle. Raymond doit tout de suite attaquer l'épreuve décisive, le moment où il sera lâché seul dans les airs. Il grimpe sur un avion plus puissant, pour son premier « tour de piste ». Il pousse les gaz avec parcimonie et constate, non sans surprise, que l'avion monte très rapidement en palier. Le terrain est déjà à peine visible. Vient alors le premier virage à cinq cents mètres, sur Billancourt. Il baisse le régime pour se maintenir en palier. Magie de l'avion qui vole tout seul ! Mais il doit penser tout de suite à la préparation de l'atterrissage et sait qu'il ne lui faut pas dépasser la piste. Il essaie de maintenir l'appareil sur la trajectoire de descente, secoué par les turbulences du ciel d'été. Puis il se débat avec son palonnier pour rester dans l'axe, met le cap sur Châteaufort et se présente à cent mètres devant la piste. L'arrondi a été bien dosé, il se pose comme une plume, à la satisfaction de son instructeur.

– C'est bien ! dit Berger. Demain, tu montes sur Blériot. Je te laisse le choix : une heure seulement, mais à deux mille mètres, ou deux fois mille mètres. Regarde le barographe ! Tu ne peux pas le trafiquer, il est scellé derrière toi. Il indique ton altitude. Un officier viendra contrôler tes performances à l'atterrissage.

Le lendemain, Raymond, délirant d'enthousiasme, lance son moteur de 60 chevaux, grondant comme un tonnerre. Il atteint trois mille mètres en une heure et vingt minutes. Le sourire du triomphe sur les lèvres, il retire son casque sur la piste.

Le lieutenant Hanriot vient contrôler. C'est un chef pilote acrobate, spécialiste de la voltige.

– Bien ! lui dit-il. Mais vous auriez pu monter plus vite. Contre l'adversaire, chaque seconde compte.

Sans le savoir, Raymond Aumoine, caporal d'infanterie en stage de formation aérienne, vient de réussir l'apprentissage le plus difficile, sur un avion Blériot dépourvu de tout système de contrôle de stabilité, où le pilote doit lui-même « sentir son appareil par l'assiette, les mains et le cerveau », comme le serine l'instructeur. Il n'a jamais volé en double commande. Il a tout appris, seul en l'air, livré à ses réflexes, sans contrôle ni garde-fou. Il lui reste à réussir l'avant-dernière épreuve : atterrir sans moteur dans un rond de cinquante mètres de diamètre.

– De la folie ! dit Carco. Icare était sensé comparé au commandant Tricornot de Roses, l'inventeur de ce plaisant exercice. Je vais repartir dans la biff. Aucune vocation pour l'acrobatie de cirque.

– Tu as raison, répond Raymond. Ici, tu ne ferais pas de vieux os. Si tu n'es pas prêt à t'entraîner pour tomber, à mille mètres et de toute ta vitesse, sur une cible de cinquante mètres, quatre fois plus grande qu'un avion de chasse boche, ta place n'est pas parmi nous. Même chez les *joyeux*, tu seras plus en sécurité.

Carco n'en revient pas de ce blanc-bec qui lui fait la leçon. Il se résigne déjà à se voir refuser le brevet, alors qu'il est le seul à avoir volé sur un zinc de club civil avant la guerre. Il ne peut savoir qu'il a devant lui le frère d'un homme désintégré à vingt ans par la guerre chimique. Pour Raymond, les durs des romans de Carco, les porteurs d'*eustaches* de Grenelle, les surineurs des Batignolles, ne sont pas l'image de la violence.

Que Carco sauve sa peau tant qu'il voudra. Le frère de Léon et de Julien Aumoine n'est pas ici pour apprendre un sport, mais bien pour tuer les porteurs de bombes, les incendiaires en *Taube*. Comme hier au camp de la Courtine, où il était le meilleur élève de l'adjudant Jules Bourdon, son instructeur intransigeant tué d'une balle entre les yeux devant le fort de Vaux, il boit aujourd'hui, dans ce camp de Buc, les paroles de l'instructeur Berger, si peau de vache qu'il soit. Il apprendra à viser la cible de cinquante mètres en tombant comme une pierre. Il tentera l'impossible.

Pour cela, il faut changer de terrain. L'apprentissage de cet exercice difficile n'est pas admis sur la piste de Buc. Une camionnette le conduit, en compagnie d'Hervé de Cabanel, au terrain de Toussus-le-Noble, au sud des Loges-en-Josas.

– Berger n'est pas des nôtres ? s'étonne Cabanel.

– Non, répond le chauffeur Albert Giquel, un mécano des débuts de l'aviation, la casquette rabattue sur l'œil, gardant sa *cousue* aux lèvres : vous êtes attendus par l'as des as, l'adjudant Brothier. Il sait atterrir dans un timbre-poste.

L'avion est déjà prêt, moteur en marche sur le terrain. Un Caudron G3 flambant neuf.

– Vous ne pouvez pas vous tuer là-dedans, explique Giquel. Pas possible ! Si vous voulez mourir, prenez votre revolver !

Raymond est déçu par le préambule de l'adjudant instructeur : le but, avertit Brothier, n'est pas d'attaquer l'ennemi en piquant d'en haut, tel le vautour ou l'aigle, mais de pouvoir se poser tranquillement n'importe où, dans un mouchoir de poche, en cas de panne du moteur.

– L'avion, leur dit-il, dispose de 80 chevaux. Son moteur Rhône ne peut pas, en principe, vous lâcher. Mais tous les modèles ne sont pas aussi sûrs. L'exercice est des plus simples : vous grimpez à 1 500 mètres dans le temps minimum. Vous coupez le moteur, et vous descendez en spirale, à la vitesse du meilleur plané, pour vous présenter au plus près du rond de cinquante mètres. Vous devez poser vos roues à l'intérieur. Des questions ?

Aucune. Aumoine et Cabanel savent parfaitement qu'ils doivent apprivoiser l'appareil, faire corps avec la machine, pour utiliser au mieux sa voilure dans le vent.

– Paré ? demande Giquel, prêt à balancer l'hélice, après un coup de botte dans les cales triangulaires qui bloquent les roues. Mettez les gaz !

L'avion vrombit, remue ses toiles, fait trembler le frêne des nervures. Le vent avant ne contrarie en rien le puissant Rhône qui met à rude épreuve la voilure marouflée. Raymond s'arrache dans une chandelle superbe qui rend dubitatif l'adjudant Brothier.

– Celui-là se croit au cirque, dit-il à Cabanel. Il veut faire l'as des as avec un appareil de père de famille. Gare à la descente !

Raymond a coupé le moteur, il se laisse tomber trop vite, sans multiplier les spirales à gauche comme à droite. Il cherche des yeux la cible, à travers ses lunettes de mica.

– Il ne maîtrise pas, dit l'adjudant. Il n'utilise pas les ressources incroyables du Caudron pour manœuvrer.

Raymond voit le paysage défiler sous ses ailes de plus en plus vite. Il ne s'approche pas du rond, mais s'en éloigne. Impossible de redresser, il n'a plus l'altitude nécessaire pour ruser avec le vent, faire marche arrière en décrivant des cercles. Il cherche à reprendre au moteur. Impossible. Les commandes ne répondent pas.

Il passe en trombe, à cent mètres au-dessus de la tête de l'adjudant, et réussit tout de même à se poser en vol plané un peu au-delà du terrain.

– C'est bon, dit Giquel. Je prends la camionnette.

Le Caudron a disparu aux abords de Toussus. Il ne doit pas être loin. Giquel a l'habitude de repêcher les débutants. Il aperçoit bientôt Raymond dans un champ de pommes de terre en fleur. C'est miracle qu'il n'ait pas capoté.

Un paysan aide à le charger sur la remorque de la camionnette.

– Rien de cassé ? Pas de pièces détachées ? demande Giquel.

Tout est en ordre. L'appareil, reconduit sur le terrain, est aussitôt monté par l'adjudant, qui met les gaz. Giquel demande un délai pour décoller, car le ronron du moteur l'inquiète. Un simple réglage de l'arrivée des gaz suffit à permettre le décollage.

Raymond a échoué. C'est le cavalier Hervé de Cabanel qui réussit à poser avec élégance, et sans autre bruit que celui du vent dans les voilures, le Caudron dans l'espace balisé du rond des cinquante mètres.

Déçu, humilié, Raymond attend la sanction. Il est persuadé qu'il n'aura pas son brevet.

– Tu n'as pas démérité, lui dit l'adjudant Brothier. Sans la panne du moteur, tu aurais pu redresser et refaire un passage. Je te tiens quitte. Ici, à l'entraînement, rien n'est grave. Tu seras un jour un bon pilote, moins nerveux, plus conscient des possibilités de la mécanique. Mais, à la guerre, tu serais tombé dans les mains des Pruscos.

Raymond doit se rattraper à la dernière épreuve. Sur la grande piste de Buc, l'adjudant-chef pilote Berger attend de lui un sans-faute.

Mission difficile : l'aviateur est seul dans sa carlingue. Il doit repérer au sol le triangle de l'exploit en rejoignant, par des circuits précis, les trois pôles marqués en rouge sur la carte d'état-major : Buc, Évreux, Chartres, Buc.

– Fais gaffe, dit Giquel, que Berger n'ait pas besoin de t'hypnotiser ! C'est son exercice favori. Il croit qu'il peut t'endormir, et te suggérer, dans ton sommeil, des conduites précises à réaliser. Hier encore, il a persuadé un bleu d'aller chercher une tartine de moutarde pour la manger devant nous sur la piste.

Raymond reste sourd à ces plaisanteries de *bouseux*, se souvenant de son ami Berthon de Malicorne, qui, un soir d'ivresse, prétendait avoir fait manger de la bouse à un gendarme.

– Monte, lui dit Berger, aux commandes d'un Blériot de 80 chevaux. Je vais te montrer l'itinéraire.

Ils grimpent allégrement au-dessus de la Seine, virent sur l'aile pour survoler Mantes-la-Jolie, mettent le cap sur Évreux. Raymond se penche hors de la carlingue afin de repérer le cours du fleuve, les lignes de chemin de fer, les villes. Il sera seul, au jour de l'épreuve, pour lire le paysage. Il cherche justement des points d'ancrage : la cathédrale de Chartres, dont la flèche s'annonce de loin, le château de Versailles, le pont d'Argenteuil. Il note sur sa carte les lieux où l'instructeur change de cap, traçant ainsi en l'air la figure d'un ballet à cadence métronomique, le moteur battant la mesure régulière des mouvements de l'avion de toile claire.

Au retour, le moteur tousse, crache, s'étrangle. Berger, furieux, tente en vain de pousser les gaz. Il fait signe à Raymond de garder son calme. L'avion commence à descendre en vol plané. Dans ses lunettes, Berger cherche un champ convenable. Il se méfie des prés à trèfle et à luzerne et désigne un chaume déjà jauni.

Raymond lui signale une antenne de TSF plantée au milieu des meules. Douze mètres de haut. Berger vire sur l'aile avec adresse, se faufile entre deux meules, puis atterrit sur ses pattes, telle une cigogne. S'il osait, Raymond le féliciterait.

Il serait mal reçu. L'instructeur voulait donner au bleu une leçon de maîtrise, voilà qu'il rentre furieux à la base, à bord de la camionnette de Giquel.

– Le Blériot est capricieux, articule-t-il. Il réalise des prodiges, mais peut vous laisser tomber sans préavis. Demain, prends un Caudron, c'est plus sûr.

Raymond est-il fasciné, happé par le spectacle que la terre offre du ciel quand il décolle avec liesse ? Il est plus occupé à chercher ses repères qu'à surveiller ses manœuvres. Ses 80 chevaux l'entraînent pourtant avec fougue au-dessus de la Seine, dont il perçoit, en ce matin du 15 août, les rives ombragées. À mille mètres, il distingue les détails au sol, reconnaît sans difficulté l'approche du repère essentiel d'Évreux, le mur blanc du terrain. Première étape réussie.

Le sous-off de service contrôle la feuille et le mécanicien fait tourner l'hélice. Nouveau départ en droite ligne vers Chartres. À peine a-t-il décollé que Raymond repère la flèche de la cathédrale. Il suffit de survoler les champs fraîchement moissonnés de la Beauce pour y parvenir sans encombre. Il peut distinguer jusqu'aux paroissiens qui se rendent à la messe de la Sainte Vierge en longues files de charrettes. Le soleil s'alourdit, frappe la carlingue de plein fouet. Le moteur s'emballe, comme pour chercher l'altitude, puis s'arrête brusquement.

Les spirales du vol plané n'ont plus de secrets pour Raymond qui choisit un champ moissonné, comme Berger la veille. Le Caudron, très maniable, permet une approche raisonnable à cent mètres. Mais une meule en cache une autre et l'avion disparaît dans la paille, provoquant l'envol d'une nichée de poules. S'extraire de la carlingue, accepter le verre de cidre des paysans accoutumés aux erreurs des pilotes sur ce parcours fréquenté, courir à la poste pour téléphoner à la base, autant d'humiliantes obligations pour Raymond qui s'attendait à un parcours tranquille, par temps idéal.

Avec l'aide des paysans, il allume un feu de broussailles pour signaler sa présence à l'avion de Berger, qui se pose, parfaitement, entre les meules. Très vite, le Caudron, dont les commandes sont intactes, est remis sur pattes et vérifié par les mécaniciens, qui transportent dans leur camionnette une hélice de secours. Sur ordre de l'adjudant Berger, Raymond reprend les commandes et s'envole vers Chartres. Les mécaniciens l'applaudissent. Ils estiment à sa juste valeur le sang-froid de ce pilote qui reprend sa course à l'endroit précis où elle a été interrompue, à bord de l'appareil accidenté. C'est assurément un bon point pour un futur chasseur.

Raymond peut enfin survoler le toit vert cuivré de la cathédrale sans plus redouter l'appel irrésistible du sol, puis amorcer sa descente vers le terrain de contrôle.

Il ne peut repartir aussitôt pour Buc : son mât de queue inquiète les mécanos. Ils décident de démonter le mât d'un autre Caudron et de le remplacer. Raymond apprend, à cette occasion, combien le pilote dépend étroitement de l'assistance technique constante des mécaniciens. Ce jour-là, leur diligence lui sauve la mise et lui permet de recevoir tout ensemble son brevet de pilote et ses galons de sergent.

Un bonheur n'arrive jamais seul : les anciens entraînent Raymond vers le magasin d'habillement où Hervé de Cabanel et Francis Carco, également reçus, l'attendent en tenue de gala. Voilà qu'on lui ajuste une vareuse d'un bleu sombre, portant au col les comètes d'or, insigne du pilote militaire. Au bras gauche, toujours brodée d'or, l'hélice en travers des deux ailes. La tenue du parfait séducteur.

Le trio ferait bonne figure dans le tram de Versailles s'il n'était ralenti par un séjour prolongé au mess des sous-offs. Las d'attendre Francis Carco, soutenu par l'obligeant Cabanel tant il a de la peine à marcher droit, Raymond prend au vol le tramway. Il est impatient de faire une visite au service des urgences du lycée Victor-Duruy.

L'entrée d'un aviateur en tenue dans un hôpital ne devrait pas passer inaperçue, mais les sœurs en ont vu d'autres et Raymond n'a nulle envie de parader. Les camarades blessés à Verdun sont ici, dans les chambrées, et leurs pauvres gueules cassées en disent long sur leurs souffrances. Discret, Raymond attend l'infirmière en chef, qu'il ne veut déranger pendant sa tournée des lits. Il n'a pas reconnu sa chère Albertine parmi les jeunes filles en blouse blanche occupées aux soins.

Il finit par apprendre qu'elle n'appartient plus au service. Elle est en stage à l'hôpital improvisé du Panthéon, où opèrent les plus grands noms de l'école de médecine. Albertine y suit des cours accélérés. Elle est en passe, lui assure-t-on, de devenir infirmière diplômée.

Raymond regarde sa montre : cinq heures. Elle doit être

encore au travail. Inutile de se précipiter. Occupée par son service, elle ne pourrait le suivre.

Il prend le métro, descend à la station Saint-Michel et remonte lentement le boulevard. Il entre à la brasserie La Source, où sont attablés des étudiants étrangers, de vieux fumeurs de pipe lisant le journal du soir, et quelques permissionnaires en uniformes. Des jeunes de la classe 17, pense Raymond, pas encore en ligne, et qui viennent consulter leurs anciens professeurs rappelés à leurs chaires. Peut-être certains d'entre eux suivent-ils encore des cours en médecine, en chimie, en pharmacie, toutes matières nécessaires par temps de guerre.

Il doit patienter jusqu'au changement des brigades. Albertine sera libre, peut-être.

Il ne l'a pas oubliée, certes, la blonde rencontrée naguère dans un tripot du front de l'Aisne, mais, depuis la mort de son frère Julien, il l'a négligée, pris par la bataille de Verdun et par son stage de pilote. Sans nouvelles d'elle (mais pouvait-il en avoir ?), il a interrompu leur correspondance. Il s'en veut de son silence. Il a écrit tous les jours à sa mère, pour la rassurer, quelquefois à Jean, mais plus rarement à celle qu'il appelait sa « marraine », pour rester dans le ton de l'époque. Il ne lui a pas annoncé sa visite, comptant sur l'effet de surprise pour renouer avec elle.

Ce qu'il vient d'apprendre le rassure. Albertine ne s'est pas laissé entraîner par la vie parisienne, elle continue de travailler, de se dévouer aux blessés, de suivre les cours d'infirmière. À la vue de ses insignes d'aviateur breveté, elle comprendra qu'il n'a pas, lui non plus, disposé de son temps, mais qu'il a changé de vie.

Il cherche des excuses à son silence, s'absout lui-même,

avec complaisance. Elle pourra le comprendre puisqu'elle est, elle aussi, entièrement prise par les soins à l'hôpital et ses études difficiles. Voilà qu'il lui trouve des raisons de n'avoir pas cherché à le joindre. Il se persuade qu'elle n'en avait pas le temps. Il ne se fait plus scrupule d'avoir abandonné son rôle de sauveur. Elle n'a plus besoin de lui désormais, et s'est remise seule dans le bon chemin. Il pense avec satisfaction qu'il n'a plus de devoir envers elle.

Le pur plaisir de la revoir, dont il se berce, est tout neuf : c'est une autre Albertine qu'il s'apprête à rencontrer et qu'il devra séduire. La séparation n'a nullement émoussé son désir puisqu'il est là, à l'attendre, et qu'il l'attendra s'il le faut toute la nuit.

Pas un instant, il n'a été tenté d'emboîter le pas de Carco pour sa tournée des grands ducs, dans les bars crapuleux de la capitale. Provincial, il a décliné l'initiation aux plaisirs troubles avec le prince de la canaille, le romancier des gouapes et des putes. Il n'est plus le Raymond du canal, le noctambule des cabarets à lanterne rouge de Montluçon, où les forçats de la mine et des laminoirs venaient chercher dans les bras des filles des consolations lugubres. Il n'y a d'ailleurs jamais trouvé d'autre plaisir que de fuir la contrainte et l'ennui de la vie au lycée.

Il commande un bock à un serveur vêtu de noir, en tablier blanc. Il se sent dévisagé par ce vieil homme si convenable. La sirène de la mairie résonne à l'extérieur. Il en demande la raison.

– Un *Taube* sans doute, prêt à lâcher sa bombe, répond le garçon en fixant d'un air réprobateur les insignes d'aviateur de Raymond. Que font ces gandins au café au lieu de poursuivre les Boches dans le ciel ? se dit-il.

La Source est évacuée. Ce sont les ordres de la préfecture « en cas d'alerte ». Les clients descendent à l'abri. Les attaques quotidiennes de zeppelins sur Londres, les morts et les blessés d'outre-Manche, les raids fréquents des avions sur Reims, Belfort et Nancy, mais aussi sur Paris, rendent les autorités prudentes, soucieuses d'éviter les victimes civiles. Le quartier Saint-Michel a déjà reçu des bombes. Les éclats d'obus des canons antiaériens claquent sur le pavé de grès et ricochent sur l'acier poli des rails du tramway.

Sous le regard las du garçon qui erre parmi les tables abandonnées, Raymond, très mal à l'aise dans son bel uniforme neuf de pilote, demande à régler son bock, auquel il a à peine touché, et gagne la sortie. Devant la porte de la brasserie, il se campe sur ses bottes, sans hâte, et contemple le ciel. Pas un bruit d'avion. Silence dans les airs comme sur le boulevard déserté par les passants.

Personne n'interdit l'accès du Panthéon au sergent aviateur. L'immense église, temple de la République, est aménagée en quartiers sanitaires, séparés par des toiles de tente montées sur des piquets. Pendant que les gloires de la nation reposent dans la crypte du sous-sol, les chirurgiens opèrent dans leurs carrés de campement, dressés devant les anciens emplacements des chapelles, sur le dallage de marbre du monument. Les pompiers de Paris, les soldats du génie et les étudiants en médecine s'y croisent dans le désordre. Des blessés sont débarqués des voitures de l'intendance, marquées d'une croix rouge, qui stationnent en quinconce place du Panthéon.

Raymond a du mal à se frayer un chemin dans l'immense édifice. D'un service à l'autre, il se heurte à tout un personnel hospitalier affairé : brancardiers, aides-soignantes, médecins civils d'âge canonique, en tenue d'hôpital, femmes de ménage chargées de nettoyer les lieux en permanence et d'évacuer les seaux d'ordures, abbés en soutane venus dépêcher les mourants… Il est pris par l'odeur du formol, de l'éther, des sanies et du sang frais, suffoqué par la poussière montant du sol. Les râles et plaintes des blessés, le martèlement continu des bottes sur le carrelage, les éclats de voix lançant des ordres et la course des brancardiers demandant le passage rappellent le désordre des hôpitaux du front.

Dans ce capharnaüm, il est difficile de retrouver une infirmière stagiaire, quelle que soit la constance de Raymond, qui interroge des jeunes femmes d'un service à l'autre. Excédées, débordées par l'arrivée soudaine d'un convoi des hôpitaux de la région de Verdun, elles refusent de répondre, même à un sergent d'aviation.

Vers huit heures, il obtient enfin un renseignement d'une brunette en uniforme de la Croix-Rouge. Elle connaît Albertine. Elle suit avec elle les cours de la faculté de médecine.

– Pourquoi est-elle absente ? demande Raymond

– Elle a fini son service depuis longtemps, dit la brunette, c'est moi qui l'ai remplacée. Elle est sans doute rentrée chez elle. À moins qu'elle ne soit partie pour le dîner du maître de stage.

À pied, Raymond redescend la rue Soufflot, encombrée de convois sanitaires. Les grilles du jardin du Luxembourg sont fermées. Il se rappelle l'adresse d'Albertine, rue de l'École-de-Médecine. Ses bottes font craquer les vieilles marches des trois petits étages. Une inconnue vient lui ouvrir et l'introduit dans l'unique pièce d'un studio où quatre matelas sont alignés côte à côte.

– Mon nom est Emma et je viens de Carpentras, dit la jeune fille avec un accent chantant. Entrez si vous le voulez dans notre dortoir. Albertine nous héberge. Nous travaillons toutes en brigade dans les hôpitaux du quartier.

– Et moi je suis Isabel, de Toulouse, annonce une longue jeune femme brune, émergeant, l'épaule découverte, d'une couverture rouge.

– Tu es en retard pour ton service, l'avertit Emma.

La brune se retranche derrière l'unique paravent de la chambre, passe ses vêtements à la hâte. En un rien de temps, elle a revêtu sa tenue d'infirmière pour se rendre aux Quinze-Vingts, au service des aveugles de guerre.

– Vous n'avez pas l'accent de Toulouse, s'étonne Raymond.

– Comment l'aurais-je ? répond Isabel en brossant sa magnifique chevelure, dont les boucles brun fauve couvrent ses épaules. Je viens d'Abbeville. Mes parents sont seulement réfugiés à Toulouse. Accompagnez-moi, je vous montrerai l'amphithéâtre où Albertine suit les cours du soir du professeur Chalamel-Latour.

– Qui est la quatrième ? demande Raymond en désignant un matelas inoccupé dont le coussin cache un ourson en peluche.

– Véronique, de Montpellier. Je regrette que vous ne l'ayez pas rencontrée. Elle est encore plus belle qu'Albertine. Mais vous reviendrez, sans doute. Cette semaine, Véronique et moi sommes en service de nuit. Suivez-moi, beau sergent, ajoute Isabel en embrassant Emma l'Occitane, ou vous allez manquer votre amoureuse. Elle se fera enlever par un carabin.

Raymond, perplexe, avoue qu'il ignore la signification du mot *carabin*.

Elle rit de ses dents superbes.

– Un étudiant en médecine ! Il nous en reste quelques-uns. Il faut bien former des chirurgiens. C'est tout juste s'ils n'opèrent pas dès la deuxième année. Ils viennent aux travaux pratiques en uniforme, du front, pour une formation accélérée qui leur fait franchir les grades et avaler les années d'études en quelques semaines. Ils sont chou, nos bébés chirurgiens !

Elle lui prend le bras sans vergogne, le long du boulevard Saint-Michel. Raymond est étonné par l'allure affranchie de ces filles. Elles campent ensemble comme des soldats, travaillent jour et nuit, sortent seules le soir, invitées par les patrons, courtisées par les étudiants, libres comme l'air dans ce quartier cosmopolite où elles ont trouvé leurs repères, éclatantes de jeunesse et toujours prêtes à nouer des amitiés. D'où vient Isabel ? Où va-t-elle ? Le sait-elle ? S'en soucie-t-elle ? La guerre a bouleversé les gîtes sociaux et aboli la différence des sexes.

Elles sont comme nous, se dit Raymond. Le temps n'existe plus pour elles. Les joies et les peines alternent en une succession d'instants. Elles côtoient la mort de trop près pour ne pas mordre la vie à pleines dents.

Une infirmière en tenue passe la grille de l'école de médecine, sortant de la classe d'anatomie.

– Voilà Albertine ! dit Isabel en embrassant Raymond. Je vous abandonne. Revenez vite nous voir.

C'est bien Albertine, mais elle n'est pas seule. Elle marche dans la rue, droit devant elle, sans apercevoir Raymond, écoutant les explications d'un jeune homme au képi grenat.

Pour traverser la place de l'Odéon, le futur major lui prend familièrement le bras.

Raymond les suit de loin. Sans doute l'emmène-t-il dîner dans le bouillon de la rue Dauphine où les étudiants attendent une table sur le trottoir. Ils s'en approchent en effet.

Le carabin continue de parler à Albertine, la tenant toujours par le bras, mais sans poser une seule fois son regard sur elle. Elle prête l'oreille en silence, recueillie, comme si elle cherchait à graver ses paroles dans sa mémoire.

Raymond, attentif comme un chasseur de grives, croit surprendre un regard éperdu d'admiration d'Albertine. L'inconnu ne s'en soucie pas ; il disserte, raisonne, répond à des objections imaginaires. Elle se garde de l'interrompre. Comment oserait-elle, minuscule, distraire un si grand esprit ? C'est une chance de profiter de cette parole savante, agile, féconde !

– Il parle comme un curé, se dit Raymond. Il l'a hypnotisée. Je vais lui casser la gueule.

Il se retient pourtant. À quoi bon ? S'il le frappe, il se condamne. Elle se dévouera pour le protéger. Un comble ! Depuis combien de temps le suit-elle ainsi à la sortie des cours ? Un mois peut-être ? Cela expliquerait son silence. Eh bien ! mon vieux Raymond, tu viens de réussir un beau *cheval de bois*. Descends de ta carlingue, remets ton zinc en ligne ! Tu t'es fait des illusions, celle-là n'est pas pour toi ! De quel droit prétends-tu te l'approprier, alors que tu ne lui as donné aucun signe de vie depuis longtemps ?

Il va partir, seul dans la nuit de Paris où il ne connaît

personne. Que n'a-t-il suivi le sombre Carcopino-Carco dans ses fantasmes ! Des soldats peuvent-ils s'attacher, quand ils frôlent la mort à chaque envolée, aux filles de l'arrière ? Julien, dont il ne reste rien, avait-il une femme pour l'attendre ? Ce petit docteur sait que demain il sera au front, le tablier en sang, les mains dans la gangrène. Il se rassure en jouant les beaux parleurs, il se grise de ce bref instant de paix, sans même accorder un regard à son élève suspendue à son discours.

Un couple d'un soir, dans la nuit de la guerre. Albertine est déjà perdue pour ce carabin, qu'elle accompagnera peut-être à la gare de l'Est, les larmes aux yeux, comme s'il devait un jour lui revenir. Raymond se souvient que les larmes coulaient aussi sur son visage pur, quand il l'a quittée pour rejoindre le front.

Le jeune homme au képi grenat propose à Albertine de dîner en sa compagnie. Elle refuse, lui tend la main, soudain très lasse. À petit pas, elle s'engage dans la rue de l'École-de-Médecine.

Raymond, aussitôt libéré de ses noires pensées, la suit le cœur allègre, comme si elle ne pouvait plus lui échapper. Se sent-elle poursuivie par quelque importun ? Elle presse l'allure. La solitude lui pèse, la fatigue l'accable. Demain, elle se lève à l'aube.

Il la dépasse à grandes enjambées et soudain se retourne, dans la rue obscure, aux lumières voilées de bleu. Elle l'écarte de son chemin.

Il crie : « Albertine ! »

Enfin, elle le regarde.

– Raymond !

Elle lui ouvre les bras, émue aux larmes.

– Tu es revenu ! Je t'ai cru mort. Pourquoi, dis, pourquoi ce silence ?

Quelle réponse peut-il donner ? Des images de carnage dansent devant ses yeux. Il les écarte, entoure de son bras les épaules de la jeune fille, l'entraîne vers le boulevard désert, où ferment les cafés. Ils marchent vers la Seine, enlacés, sans autre désir que d'être ensemble, toute la nuit, à déambuler dans Paris, comme si la ville était à eux seuls.

Des péniches, glissant sur le canal du Nord, débarquent à l'Hôtel-Dieu, des blessés venus de la Somme. Des files d'aveugles gazés se suivent, guidées par des infirmières sur les passerelles. On n'échappe pas à la guerre. Elle est partout, à chaque instant. Il faut s'éloigner des gares et des hôpitaux, continuer le long de la Seine, trouver un havre au Pont-Neuf, sur un banc de pierre, et descendre au Vert-Galant. S'isoler et se blottir dans les maigres bosquets, faire un vœu d'amour éternel au passage d'une étoile filante, se bercer au clapotis du fleuve sur les berges, au glissement d'un chaland sombre qui plisse l'eau sous la lune, tous feux éteints.

Laisser la place aux clochards cherchant un gîte, franchir la Seine au pont des Arts pour trouver, dans les charmilles des Tuileries, un abri embaumé. S'endormir l'un contre l'autre, dans la senteur lourde des tilleuls, pour sursauter au son du canon de la Tour Eiffel, ébloui par les projecteurs qui cherchent les *Taube* dans le ciel. Pour guetter le rai de la lune, reflété par les toits humides du Louvre. Découvrir autour de soi tous les couples de la nuit, allongés sur les bancs des pelouses comme sur le pont d'un navire, enfin s'embrasser à bouche folle sur les quais de la gare de Versailles. En évitant les vaines promesses et en serrant au cœur, à en mourir, la joie énorme de l'amour retrouvé.

Deux heures plus tard, Raymond est aux commandes d'un Caudron. On ne l'a pas laissé piloter le nouveau Spad de chasse, doté d'un moteur Hispano-Suiza de 150 chevaux. On le traite encore en stagiaire, malgré son brevet. Le nouvel avion est une merveille de puissance.

– Même Guyemer n'en veut pas, lui dit le mécano Giquel. Il préfère son Nieuport. Pourtant, c'est l'ingénieur Bechereau qui a conçu le zinc. Un grand de l'aéronautique. Mais les as ont leurs marottes. Ils disent qu'il faut au moins trois mois pour maîtriser parfaitement un nouveau chasseur. C'est l'abbé Bourjade qui s'est dévoué aux essais.

– Un abbé ?

– Missionnaire des lépreux et pilote hors ligne. Il ira loin, l'abbé. Il a déjà descendu ses trois Fokker.

Raymond suit des yeux le saint homme à courte barbiche noire qui s'installe aux commandes et disparaît dans les nuages à la vitesse d'une fusée.

Un autre avion décolle. Un Blériot piloté par un élève. Raymond doit attendre son tour de piste complet avant de prendre les airs. Le Blériot revient en droite ligne, mais il est trop long pour atterrir et risque de s'écraser sur les hangars en bordure du camp. Le pilote remet les gaz pour tenter de reprendre de l'altitude. Peine perdue, son appareil rase les toits et se plante sur une ligne de peupliers.

Toute l'école est en état d'alerte. Raymond saute de sa carlingue pour participer aux secours. Les officiers sont au pied de l'arbre où l'avion s'est fiché. Le Blériot est à la verticale. Le pilote a la tête dans le vide, il est uniquement retenu par sa ceinture dans la carlingue. Il faut attendre deux bonnes heures pour que la grande échelle des pompiers de Versailles le tire d'affaire. On l'arrache enfin à son siège sous les hourras.

Raymond veut alors décoller. Un Caudron se présente pour atterrir. Le G3 est un avion sûr. Il est piloté, assure Giquel, par un adjudant chevronné. Raymond doit se tenir prêt pour le départ dans quelques minutes. Las ! Le Caudron, pour des raisons inexplicables, capote en bordure de piste. Les secours se précipitent vers la carlingue. On en retire l'aviateur, tué net, les vertèbres cervicales brisées.

– C'est beaucoup d'accidents pour aujourd'hui, déclare le capitaine Gerbe qui commande l'école. Annulez tous les vols et faites réviser les appareils.

Le lendemain, exercice de combat sur le Spad biplace piloté par le capitaine Van den Vaero contre le Nieuport de Sadi-Lecointe, responsable de l'école qui apprend à voler sur cet appareil.

L'adjudant Brothier, le mécano Giquel, Hervé de Cabanel et l'instructeur Berger ont rejoint les officiers de l'école pour assister à cette démonstration décisive. Il s'agit de prouver les qualités offensives du nouveau chasseur. Le capitaine Quillien est venu exprès de Chantilly. L'officier, jadis distingué par le général Berthelot, qu'il avait eu le courage d'affronter pour lui démontrer la valeur de la reconnaissance aérienne, est désormais l'expert de l'état-major, consulté à propos de toutes les innovations. Il s'agit de persuader les as capricieux que les performances de l'avion sont exceptionnelles. Avant de les convoquer sur le terrain, il faut réussir cet essai.

– Le Spad est une merveille de finesse et de puissance, explique à Quillien le capitaine Gerbe, virtuose de la chasse. Celui-là sort tout droit de l'atelier Duperdussin.

– C'est bien ce qui m'inquiète, dit Quillien. Le moteur n'est pas rodé.

– Si fait, affirme Gerbe avec autorité. Plusieurs dizaines d'heures d'essais en vol. Jugez vous-même : vitesse de 200 km/h et plafond de 5 000 mètres. Ils peuvent venir, les Albatros ! Van den Vaero est un de nos meilleurs pilotes.

Il grimpe comme un forcené, bien que son avion soit alourdi par un passager, élève de l'école, embarqué pour la vraisemblance (l'essai doit se faire à charge réelle de l'appareil). Il est convenu que le passager n'aura pas à se servir de la mitrailleuse.

– Vous pouvez voir, ajoute le capitaine Gerbe, que l'appareil est équipé des nouvelles fusées Le Prieur. Ces engins, tirés d'un seul Nieuport, ont descendu cinq *Drachen* pas plus tard qu'hier sur le front de Verdun. Redoutables d'efficacité. Les pilotes en demandent tous. Malheureusement, nous en manquons.

Le mécano fait tourner l'hélice. Le moteur ronfle, régulier. Le capitaine pilote lève le pouce. L'avion accélère le long de la piste, grimpe en flèche de toute sa puissance, sous les applaudissements du petit groupe des aviateurs restés à terre.

– Trop rapide, dit Francis Carco à Raymond, toujours pessimiste. Il va se planter, c'est sûr.

Le Nieuport décolle à son tour, plus prudent. Il reste à une altitude de deux mille mètres, et croise autour du champ de Buc. Les officiers ont sorti leurs jumelles pour ne rien manquer du simulacre de combat.

Le Spad apparaît dans le dos de Sadi Lecointe, qui se

dérobe alors sur l'aile et prend à son tour de l'altitude. Il fond comme une masse sur Van den Vaero qui se redresse pour échapper à la charge et grimpe vers les nuages. Grâce à la supériorité de son moteur, il est bientôt en position d'attaque et tombe sur le Nieuport qui exécute plusieurs virages en descendant au sol.

Van den Vaero pique alors droit sur sa cible, de dos. Il n'est pas douteux qu'en combat réel il l'aurait abattue. Mais il redresse trop tard. Le Spad explose au sol, dans un fracas de catastrophe, tout près du groupe des officiers.

Le capitaine et son passager sont retirés morts des décombres. Ce drame attriste la base, inquiète les bleus, et retarde de plusieurs mois l'entrée en action des Spads sur le front.

Raymond, impressionné par l'accident, apprend qu'il part le soir même en vol de nuit au-dessus de Verdun, en double avec le chef pilote Berger, sur un Caudron de 90 chevaux. L'appareil doit d'abord se poser sur le terrain de Cercotte à Orléans, puis à Bar-le-Duc, avant de gagner le champ de bataille. Simple vol d'entraînement. Il s'agit d'aguerrir l'équipage en lui faisant survoler la zone la plus dangereuse. Le cœur de Raymond se serre. Il pense à son frère Jean, qui est peut-être en secteur près de Tavannes.

Le 4 septembre, à la tombée de la nuit, il décolle du terrain balisé par un groupe électrogène muni de phares puissants. Au loin, le champ de bataille est signalé par de nombreuses fusées éclairantes qui percent la fumée des salves continuelles d'artillerie.

Malgré l'altitude et la fraîcheur de la nuit, Raymond n'a pas froid. Son tricot à col roulé sous sa combinaison fourrée, son casque Rolls par-dessus son passe-montagne, ses gants également fourrés, superposés à une autre paire en papier gras, lui permettent de supporter la basse température des trois mille mètres où il faut se maintenir, si l'on veut échapper aux salves des canons boches.

Pour repérer le champ de bataille, il doit perdre de l'altitude, franchir la nappe des nuages à mille mètres. Il est soudain aveuglé de lumière. Au-dessous de lui, comme en plein jour, il aperçoit le tunnel de Tavannes qui n'en finit pas d'exploser. L'observateur prend aussitôt des photos, par simple réflexe.

Le tunnel a-t-il été bombardé ? En tout cas, l'incendie fait rage à l'intérieur. On distingue, en descendant plus bas, les équipes de secours qui dégagent les blessés.

Raymond scrute, désespérément. Il se souvient d'avoir échappé à l'enfer de ce tunnel bourré de caisses de dynamite et de munitions, encombré de blessés non évacués, d'états-majors sans troupes et de soldats sans unités. Là, pour la dernière fois, il a vu son frère Jean, et appris les circonstances atroces de la mort de Julien. Il est tout près de lâcher le manche.

En double commande, l'adjudant Berger redresse. Il regarde Raymond avec inquiétude. Au sol, les explosions ne cessent pas.

– Le dépôt de fusées, hurle Raymond pour se faire entendre dans le vacarme.

Elles sautent pendant plus de deux heures, éventrant le tunnel qui s'emplit de fumée. Les secours peuvent à peine y pénétrer. Les brancardiers portent des masques à gaz.

L'artillerie allemande ouvre le feu sur la place, empêchant les sanitaires d'opérer. L'avion doit reprendre de l'altitude pour s'arracher à la zone des explosions. Il tourne autour du site jusqu'à épuisement de l'essence.

Berger demande par TSF des ordres à la base, puis signale l'accident monstrueux de Tavannes. Il n'entend pas le message de retour.

Quand ils atterrissent, guidés par les projecteurs du camion des officiers, ceux-ci les attendent. La catastrophe de Tavannes est connue de l'état-major. Le long tunnel est entièrement détruit, on compte plus de cinq cents victimes, brûlées et asphyxiées dans d'atroces conditions.

– Bombardement ? demande l'adjudant Berger.

– Non pas, simple accident, dû à une imprudence dans l'installation de fils électriques. Le tunnel contenait des obus de gaz, des charges de mélinite, du fulminate et des réserves de poudres.

– A-t-on retrouvé les coupables ? risque Berger.

– Autant chercher une aiguille dans une botte de foin, répond le commandant de la base. Une enquête sera faite, comme d'habitude. Et personne ne sera tenu pour responsable.

– Pas même le général commandant le secteur ?

– Vous n'y pensez pas.

– Je connais Tavannes, dit Raymond. On entassait les munitions auprès des postes de secours, au milieu des soldats épuisés qui dressaient leurs paillasses dans le plus grand désordre. Tavannes était un lieu maudit. Nul n'y commandait vraiment.

– Ainsi, commente Berger, lugubre, cinq cents des nôtres trouvent une mort abominable dans un trou à rats. Les

Allemands n'y sont pour rien, et personne ne sera condamné pour homicide.

– Qui pourrait témoigner ? Pourra-t-on même identifier les corps des disparus ? Il n'en reste rien.

Raymond pense à Jean. Dieu fasse qu'il ait depuis longtemps quitté ce tunnel fatal.

– Tenez-vous prêts pour décoller à l'aube, dit le chef de base à tous les pilotes réunis. Vous êtes envoyés en mission de reconnaissance. Toute l'escadrille passe au service immédiat de l'artillerie lourde. Il faut à tout prix empêcher l'ennemi de profiter de l'accident de Tavannes, qui a désorganisé l'ensemble du secteur, pour s'emparer sans efforts de la position de Souville. J'imagine que vous êtes tous conscients de l'enjeu. Les réglages doivent être permanents. Vous êtes transformés en observateurs d'artillerie, sauf les chasseurs de protection. Je ne veux pas un avion au sol.

Raymond prend les commandes d'un Caudron tranquille, pourvu d'un poste de TSF en bon état et nanti d'un équipage de trois hommes. Dès l'aube, il met pleins gaz sur Tavannes. Même pilote, il n'échappe pas à l'enfer de Verdun.

Verdun vu du ciel

Raymond Aumoine est à son affaire. On lui a raconté sur tous les tons l'exploit du 2 septembre 1914 : ce jour-là, le caporal-chef aviateur Louis Bréguet, volant au-dessus des colonnes allemandes, avait averti l'état-major que les Allemands changeaient de direction ; l'ennemi s'orientait vers le sud-est, abandonnant sa marche sur Paris. Information décisive.

Deux ans déjà. Depuis lors, l'observation aérienne est reconnue. Le commandant de Rose, à Verdun, l'a adoptée, et Raymond a été choisi dans ces escadrilles à haut risque.

Le but est de surveiller en permanence ce champ de bataille réduit, de vingt kilomètres carrés, de signaler tout mouvement des arrières, toute construction nouvelle en ligne, mais surtout les emplacements de batteries. De l'aviation dépend en partie le sort de la bataille, et chacun sait que Nivelle, commandant l'armée de Verdun, en était le premier convaincu.

Les avions d'observation d'artillerie sont rassemblés au nord-ouest du champ de bataille, sur le terrain de Jubécourt.

L'escadrille doit en compter quinze, mais une dizaine seulement ont pu le rallier. De Rose s'est engagé à rassembler sur Verdun toute l'aviation disponible, même si la bataille de la Somme, commencée depuis le 1er juillet, occupe beaucoup d'appareils.

Mais l'intervention soutenue de l'aviation britannique permet aux Français de tenir les deux fronts aériens, et la production d'avions commence à doter les lignes d'une véritable armée. L'état-major, qui ne disposait que de cent cinquante appareils en 1914, en compte désormais deux mille. Pour les équiper, on ne s'attarde pas à la formation des pilotes. Les bleus de l'école de Buc le savent. Ils ont été envoyés très rapidement au feu.

À Verdun, le premier vol d'escadrille de Raymond est capital. Le chef Berger explique qu'il doit permettre de stopper tout mouvement offensif des Allemands, suite à la catastrophe de Tavannes. Leur supériorité en artillerie lourde n'est plus ce qu'elle était en février, mais l'importance de leurs batteries les rend encore redoutables. Il faut les frapper au gîte.

Raymond, féru de sans-fil, découvre à bord de son appareil un poste de TSF flambant neuf. Jean-Christophe Lebat, jeune homme au visage réfléchi, venant de l'artillerie, en est chargé. Il sait lire une carte d'état-major et a appris à Polytechnique le sans-filisme en amateur. Un de ses cothurnes avait été engagé dans l'expérimentation de Ferrié à la Tour Eiffel et lui avait fait part de son émerveillement devant une technique révolutionnaire. Jean-Christophe s'est passionné tout de suite pour ce nouveau moyen de communication. Le dernier modèle n'a pas de secret pour lui.

Raymond rencontre avec plaisir un connaisseur. Comme lui, Jean-Christophe est à l'affût des innovations techniques et manipule avec une évidente satisfaction les fils électriques, les boutons et les manettes. Il a, de plus, suivi le stage accéléré des observateurs à l'école de Cazaux. Raymond se fait rapidement expliquer le fonctionnement de cette liaison vitale de l'avion avec les batteries d'artillerie :

– Une dynamo alimente l'engin, rechargée par une hélice, explique Jean-Christophe posément, comme s'il faisait un cours dans un lycée. À l'avant de ma carlingue, tu peux apercevoir l'antenne qui permet d'émettre à destination des pièces au sol. Elles disposent aussi d'une longue antenne pour intercepter les ondes.

Il a déployé devant lui la carte du champ de bataille de la rive droite, où les positions allemandes, indiquées en rouge, voisinent avec des repères signalés au crayon bleu : forts, villages détruits, tunnel de Tavannes… Il montre à Raymond, qui pilote seul, la carte de navigation détaillée. Levé à quatre heures du matin, il s'est assuré de n'omettre aucun détail pour cette opération décisive.

Le mitrailleur de l'arrière, Hervé de Cabanel, vérifie sa pièce, prépare des bandes de rechange et consulte fébrilement son chronomètre. Il sait que les Allemands ont multiplié les canons antiaériens, et que les tout nouveaux chasseurs Albatros détruisent allégrement les lourds avions d'observation. Mais les chasseurs français vont les protéger, il a vu Navarre monter dans les airs.

– Son frère ne le suivra pas dans l'escadrille, dit Jean-Christophe. Il s'est tué hier à l'entraînement des Nieuport.

– Tu veux dire du nouveau modèle, le « bébé » ?

– Les essais sont plus meurtriers que le combat. Un des

prototypes est tombé sur notre hangar Bessonneaux. Il a déchiré sa toile et brisé son armature.

– Pourtant, les as sont au rendez-vous, répète Hervé de Cabanel. Ils volent en patrouilles de trois à cinq chasseurs. J'ai vu passer non seulement Navarre, mais le père Bourjade, et Messeguich, et Nungesser. Ils attaquent les chasseurs allemands avant leur arrivée sur nos lignes. La N12, escadrille venue de Champagne, a déjà pris l'air. Ils volent en formation serrée.

– Regardez, dit Jean-Christophe, c'est Guynemer, en tête de la N3! Aujourd'hui, c'est jour de fête.

Sur la piste, le capitaine Brocard crie au chef d'escadrille :

– Balayez-moi le ciel!

– Je n'ai pas vu une telle mobilisation au-dessus de Verdun depuis longtemps, assure le chef Berger à son équipage. Plus que dix minutes avant le décollage!

Les moteurs vrombissent sur toute la ligne. Berger lève le pouce en l'air, comme à l'entraînement, pour s'assurer que Raymond le suivra. Un signe d'amitié, ponctué d'un bref sourire. Le coucou, en piste à l'arrière, est aux mains de Carco, qui a retrouvé Georges Huisman comme navigateur. Les poulains sont aux commandes.

Le Caudron G4 est un énorme avion de vingt-trois mètres d'envergure. Les mécanos lui donnent le départ, actionnant les hélices en simultané. Raymond reconnaît, dans la brume du petit matin, la silhouette rassurante d'Albert Giquel. Si le meilleur technicien de la base a vérifié lui-même les deux moteurs *Hispano* de 150 chevaux, on peut voler en confiance, même avec la surcharge d'un mitrailleur sur un avion construit pour deux passagers.

Le Caudron prend lentement de l'altitude. Le soleil se lève bientôt, découvrant le champ de bataille. À deux mille mètres, Raymond aperçoit d'abord, sur la rive gauche, les hauteurs de la cote 304 et du Mort-Homme. Jean-Christophe commence à prendre des photos avec un appareil Zeiss arraché aux Allemands, dont l'objectif lui semble de qualité supérieure. Toute trace de végétation a disparu sur le sol criblé de cratères. Impossible d'apercevoir le moindre signe de vie. Le terrain a la couleur de la glaise, de la terre remuée. Raymond se demande où sont cachés les fantassins. Il désigne à Jean-Christophe une ligne de tranchées très étroite, intermittente, recouverte de monticules qui ressemblent, vus du ciel, à des taupinières.

L'escadrille ne s'attarde pas. Elle franchit la boucle de la Meuse au-dessus de la côte de Talou, également labourée par les tirs de l'artillerie française. Au sol, des restes de fortifications. Aucune colonne en marche. Les Allemands aussi sont enterrés et ne se déplacent que de nuit. La Côte du Poivre, dépassant les trois cents mètres d'altitude, semble barrer le paysage en s'allongeant du sud-ouest au nord-est, entre Vacherauville et Louvemont, des villages complètement en ruine.

– Il n'y a pas âme qui vive, s'étonne Raymond.

– Un cadavre au moins par mètre carré, répond Jean-Christophe. Nous sommes à six kilomètres au nord de Verdun. Les Français se sont accrochés au terrain pour les empêcher de passer. Les Boches n'ont pas réussi.

Au-dessus du fort de Douaumont, ils essuient une sévère canonnade de l'artillerie antiaérienne allemande. Le mastodonte de béton, pourtant, ne semble pas défendu par des unités combattantes. Il dresse sa silhouette géométrique, rongée par des entonnoirs. On aperçoit le drapeau de la Croix-Rouge à l'entrée de l'un des bunkers. Jean-Christophe demande à Raymond de descendre plus bas, le temps de prendre une photo. Des nuages d'obus s'accumulent autour de l'escadrille. Il ne faut pas songer à se détourner de sa route. Raymond suit, à deux encablures, le zinc de l'instructeur Berger.

– Ils n'utilisent pas le fort pour la bataille, constate Jean-Christophe. Les soldats alignés dans la cour sont des prisonniers français qu'ils exhibent pour empêcher nos bombardements. Ils doivent y entreposer des munitions et y soigner leurs blessés, comme nous avons fait à Tavannes. Il suffirait d'un tir de 420 pour tout faire sauter.

Le Caudron survole déjà le bois de la Caillette, entre Douaumont et Vaux.

– Pas de chasseurs allemands, remarque Raymond.

– Ils ne peuvent pas intervenir ! explique Cabanel, du ton assuré d'un vétéran. Nos chasseurs n'en feraient qu'une bouchée, sans qu'ils les voient venir.

Ils tournent vers le sud, aperçoivent la flaque boueuse de l'étang de Vaux et les ruisseaux aux contours incertains bordant les bois aux arbres abattus. Ils gagnent l'ouvrage de la Laufée et le fort de Tavannes. À la fumée et à la poussière soulevées par le bombardement des positions françaises, on reconnaît les intentions de l'ennemi, qui prépare une attaque. Il est difficile de trouver des repères plus précis sur le terrain : les crêtes et les ravins sont rongés, l'aspect est désertique.

– Vois-tu les points blancs qui s'alignent ? dit Raymond.

Jean-Christophe prépare son appareil. Le Caudron passe

plus près du sol. L'observateur distingue alors nettement, dans son objectif, des hommes marchant à la file, par petits groupes, le long d'une ligne de boyaux discontinue. Ils ont un carré blanc dans le dos.

– Ce sont les nôtres ! crie le navigateur, heureux de voir des vivants sur le champ de ruines.

Une ligne brisée de points blancs qui monte à la contre-attaque, du côté du Chênois. En face, rien de visible, sinon des embryons de tranchées. Et, soudain, des départs de batteries allemandes, très nombreux, à trois kilomètres au nord.

À qui les signaler ? Les canons français ne sont pas repérables, parce qu'ils ne tirent pas.

– Nos artilleurs ont un système de signalisation inventé par le lieutenant Weiller, explique Jean-Christophe. Ils étalent au sol des draps de lit. Nous leur répondons par sans-fil. Ne disposant pas encore de la TSF, l'aviateur Weiller correspondait avec les artilleurs au sol par des figures codées, exécutées avec son avion dans le ciel. Heureusement, nous avons la radio. Mais nous pouvons émettre, pas recevoir.

Raymond hausse les épaules : il sait tout cela par cœur. Ce dadais de polytechnicien peut se dispenser de lui faire la leçon.

– Il faut absolument repérer notre batterie, avant toute chose, lui dit-il. Ce sont les ordres du chef de patrouille. Nous nous occuperons des Allemands après.

L'avion de tête, piloté par l'adjudant Berger, est déjà descendu à moins de mille mètres, cherchant en vain des signaux à terre.

– À bâbord ! crie Jean-Christophe, qui a fait ses classes dans la marine.

Raymond se penche et aperçoit sous son aile gauche trois panneaux blancs, de cinq mètres de long environ, que l'on distingue parfaitement. Ils sont disposés en N, cela signifie que la batterie est déjà prête.

Jean-Christophe envoie le message en morse depuis son poste émetteur.

– Prêt à intervenir. Tirez!

La salve des quatre canons de 210 se déchaîne. L'escadrille s'éclate. Chaque avion est affecté à une seule batterie et doit l'aider dans son tir jusqu'à destruction de l'objectif. Raymond opère un passage à deux cents mètres en arrière de la batterie et en distingue enfin les emplacements. Les pièces sont savamment camouflées, recouvertes d'un treillis de feuillages. Même les tubes des canons sont peints de couleurs bigarrées. Aucun artilleur n'est visible.

L'avion vire aussitôt et se dirige au nord, vers le massif d'Hardaumont. D'épais nuages de fumée masquent la vue des pièces ennemies qui ripostent.

– Trop court, hurle Jean-Christophe. Ils tirent comme des cosaques!

– Les cosaques n'ont pas de canons, bougonne Raymond. Donne la position exacte avec la carte numérotée!

Jean-Christophe cherche des repères dans le paysage et consulte le canevas de tir. Les artilleurs ont le même : chaque carré du secteur représente dix mètres au sol. Il faut envoyer en code le numéro du carré où se situe la pièce allemande qui vient de tirer. Il est difficile de la localiser avec précision, plusieurs passages sont nécessaires. Des éclats d'obus trouent régulièrement la carlingue.

– Des canons de 105, dit Hervé de Cabanel. Ils attaquent aux pièces mi-lourdes, plus précises à trois mille mètres.

Mais nous sommes trop bas pour elles. Nous n'avons que la gerbe des retombées.

Les 210 français tirent des salves incessantes. Raymond aperçoit des geysers d'explosions dans l'Hardaumont. Les camarades de l'escadrille ont bien travaillé, ils ont réussi à débusquer les pièces. Il remarque un tracteur allemand tirant vers l'arrière un canon lourd. Aussitôt le message codé est envoyé. Les obus pleuvent, le tracteur saute. Raymond décide un second passage au-dessus de la cible pour que Jean-Christophe puisse prendre une photo.

Ils s'avancent ainsi jusqu'à trois kilomètres à l'intérieur des lignes allemandes, et signalent aussitôt par radio une batterie embusquée au nord du fort de Vaux. Le réglage est long, les pièces bien dissimulées. Il faut croire que les artilleurs allemands demandent du secours, car un Fokker surgit, de toute la vitesse de ses chevaux. Raymond, sans se troubler, prend de l'altitude. Hervé de Cabanel arme la mitrailleuse Hotchkiss. L'empennage arrière reçoit une giclée de balles. La direction devient flottante.

Raymond constate que le niveau d'essence baisse. Heureusement, il est sur le chemin du retour. Au lieu de ralentir, il met les gaz. Le pilote allemand se retire, menacé par deux Nieuport en chasse. Aux commandes de l'un d'eux, Jean-Christophe croit reconnaître Navarre.

Le Caudron perd progressivement de l'altitude à l'approche des lignes françaises. Il encaisse des tirs de mitrailleuses d'avant-postes allemands, nichés dans les anfractuosités du ravin de la Dame, donc difficiles à repérer, juste avant le fort de Souville.

Un moteur est touché. Raymond descend encore pour se poser en catastrophe sur le plateau grêlé de trous d'obus. La seconde ligne de tranchée, très fraîchement recreusée par les territoriaux, approche à toute vitesse.

– À la cabane ! dit Raymond.

En cas d'écrasement prévisible de l'appareil, la « cabane » est un refuge à l'aplomb du longeron avant du pont supérieur, d'où les aviateurs peuvent sauter au dernier moment afin d'éviter de se briser les os dans la carlingue. Le mitrailleur et l'observateur doivent s'y glisser en s'agrippant en vol au fuselage : opération acrobatique dont Raymond donne l'exemple, suivi par Jean-Christophe. Haut de taille comme un cuirassier, Hervé de Cabanel manque le longeron et chute au sol, où il se casse une jambe.

Les territoriaux creusant dans la tranchée arrivent aussitôt avec une civière pour tirer l'aviateur du trou où il est tombé. Il est évacué vers l'arrière. Ses camarades, sonnés par leur réception brutale au sol, se reprennent vite.

– Les appareils ! dit Jean-Christophe Lebat.

Heureusement, l'artillerie allemande concentre ses tirs sur l'assaut de première ligne. Ils ont tout le temps de retourner à l'épave, de démonter les précieux appareils de navigation, le poste de TSF, l'antenne, la dynamo, la mitrailleuse et les gâteaux de cartouche. Ils chargent le tout sur un chariot tiré par un âne et évacuent vers le tunnel de Tavannes, où Raymond est ainsi de retour, par une sorte de fatalité.

La situation ne s'y est nullement améliorée depuis l'explosion. Des barbelés interdisent l'accès de l'intérieur, où l'odeur des gaz est encore très forte. Des équipes de secours, masquées, retirent des corps calcinés des décombres. Les territoriaux creusent des abris aux alentours. L'état-major de la 146e brigade figure au nombre des victimes, dont le colonel Florentin qui la commandait. On n'a toujours pas retrouvé ses restes.

Raymond s'informe sur l'état du front et sur les unités engagées dans l'offensive de Mangin, notamment la 26e division. On lui répond qu'on n'a pas entendu parler du régiment de Montluçon. Son frère Jean, il s'en persuade, n'avait aucune raison de se trouver dans ce tunnel. Il est sans doute rentré à son corps d'origine, à moins qu'il n'ait accompagné le commandant Latouche, du 2e bureau, au PC du général Nivelle à Souilly.

Une voiture de l'artillerie vient le prendre en charge avec son camarade Jean-Christophe et son matériel, afin de les reconduire au camp de l'escadrille, à Jubécourt. Un pilote est un agent trop précieux pour qu'on le perde dans la nature. Le chef Berger a dû, par radio, signaler leur accident à terre. Raymond interroge le chauffeur du véhicule, Jean Vanier, un soldat du Train des équipages. Toujours la même question : a-t-il entendu parler du 121e dans le secteur ?

– J'étais chauffeur de camion sur la *voie sacrée*, lui dit Jean Vanier. J'en ai conduit, des divisions. Je puis vous dire que la 26e n'a jamais mis les pieds par ici. Une des rares divisions exclues de la noria de Pétain. Elle était réservée pour la bataille de la Somme, à ce que disaient les huiles. Le 121e doit être quelque part en ligne du côté d'Amiens ou de Roye.

Tout vaut mieux que Verdun, songe Raymond en parcourant du regard le champ de bataille ravagé et la navette des brancardiers transportant les blessés recueillis dans les lignes. Heureusement, les copains du 321e se sont retirés dans les Vosges. Nivelle et Mangin enchaînent les contre-attaques pour briser la dernière grande offensive allemande sur le front de Verdun qui se prolongera jusqu'au 15 septembre.

– À Souilly, les gradés parlent entre eux quand je les ramène en bagnole, dit Jean Vanier. J'ouvre grandes mes oreilles. La bataille n'est pas près de finir. Guillaume a nommé un nouveau général en chef, un certain Hindenburg, qui revient de Russie où il a obtenu la victoire. Celui-là ne veut pas qu'il soit dit que le *Kronprinz* a échoué à Verdun. Il exige un succès immédiat, une descente par Souville sur la citadelle. Du côté de Tavannes, ils mettent le paquet.

Raymond observe dans le ciel l'arrivée fracassante d'une escadrille française de chasse. L'avion de tête pique en rase-mottes.

– Ils vont capoter ! dit-il.

– Entraînement spécial. Vous n'êtes pas au courant ? Ils ont l'ordre du général Mangin d'attaquer les Boches à la mitrailleuse sur le terrain.

Pas de chasseurs allemands dans le ciel, mais le bombardement de l'artillerie ne cesse pas. « Nos batteries ne sont pas assez nombreuses pour réduire les leurs, se dit Raymond. Sans l'observation de nos escadrilles pour régler le tir des pièces françaises, les nôtres sont perdus. » Les avions de réglage d'artillerie ont effectivement contribué à contenir la dernière attaque allemande.

– Ici, lui dit le « tringlot », les opérations se poursuivent tous les jours sous des vagues d'obus.

Il doit arrêter la voiture. Il se trouve dans la zone d'attaque des Sénégalais.

– Les coloniaux dégustent dans le secteur, depuis le mois d'août, et surtout la division d'Alger.

Le général Prax a lancé les tirailleurs noirs en contre-attaque au sud du ravin des Fontaines. Beaucoup sont morts. Les survivants appellent au secours d'une voix moribonde.

– Des malheureux, poursuit Jean Vanier. Blessés depuis plusieurs jours.

Un Sénégalais agrippe Raymond par le pan de sa veste, demande à boire.

– Personne n'a d'eau à Verdun, dit Vanier. La chaleur est accablante, les sources sont entièrement polluées. Quand il n'y a qu'un cadavre dans un trou, les hommes assoiffés boivent quand même. Ils crèvent ensuite de dysenterie.

Raymond est écœuré par le spectacle des cadavres en capote kaki, attaqués par les mouches et les rats. Il tire sa gourde pour offrir une gorgée au plus proche.

– Sauvons au moins celui-là, dit-il à Vanier.

Ils déposent le Sénégalais, avec précaution, sur la banquette avant de la voiture.

– C'est trop, maugrée le tringlot. Trop d'horreurs et de massacres. Les Allemands eux-mêmes désertent. On les recueille par dizaines. Les nôtres fraternisent. Nivelle a beau les menacer du conseil de guerre, ils s'entendent avec les Boches pour se partager les rares points d'eau potable. On voit parmi eux des gosses de dix-huit ans. Jusqu'à quand cela va-t-il durer ?

– Il faut les raccompagner à la frontière, dit Raymond.

– On a retrouvé ta carcasse, lui dit l'adjudant Berger quand il est enfin de retour au mess des sous-offs de

Jubécourt. Tu as échappé au pire. Giquel a expertisé les débris. Les rafales de mitrailleuses avaient décroché le câble du volet d'air du carburateur. Tu as eu de la chance de pouvoir rentrer et de réussir à te poser, même en cassant du bois. Cabanel s'en tirera. Considère-toi comme sergent-chef. Vous serez tous les deux cités à l'ordre de l'escadrille. Les résultats de votre repérage ont été fructueux.

Raymond et ses camarades sont surtout sensibles à l'hommage du technicien. Cet homme était leur instructeur à l'école de Buc, il sait de quoi il parle. Son discours les libère de toute angoisse quant aux causes de l'accident. Ils n'y sont pour rien. La manœuvre de Raymond n'est pas en cause. Pas davantage la stabilité du Caudron. Ils sont seulement désolés d'être à la base le seul équipage démonté, transporté sur les ailes des autres.

Ils ont à peine le temps de se restaurer. Les moteurs des avions ronflent dans la nuit tombante. Le chef de centre discute avec les sous-officiers pilotes.

– Ne vous changez pas, dit Berger. Il faut décoller immédiatement pour le terrain voisin de Vadelaincourt, où nos coucous sont attendus. Nous partageons désormais la base avec une escadrille de bombardiers de nuit. À chacun son tour de piste : à leur retour de mission, nous décollons, et vice-versa.

Pas de pertes dans la formation de nuit. Tous les appareils sont revenus. Les premiers arrivés ont déjà pris une douche dans les baraques Adrian qui leur servent de dortoir.

Les pilotes ont quelques heures devant eux pour se reposer, mais leurs nerfs sont à vif. Un brigadier propose d'inaugurer sur-le-champ le bar de l'escadrille dans une tenue bien particulière : nus, l'altimètre pendu sur le ventre, coiffés du casque Rolls et seulement vêtus de gants et de chaussons de vol. Dans cet accoutrement, les jeunes de la Farman, ne sentant plus leur fatigue, traversent cinq cents mètres de terrain détrempé et rafraîchi par la nuit et font une entrée triomphale au bar de la M F25. Ils sont applaudis par les mécanos méritants des vieux Maurice Farman, baptisés *Mort Foudroyante* en raison de leurs tristes aptitudes de vol.

Leur capitaine s'appelle Personne, comme Ulysse dans l'*Odyssée*. Un ancien de l'aviation civile, un des fondateurs de la chasse, aux côtés du commandant de Rose. Il sait que les pilotes, après des heures d'épreuves, éprouvent un besoin brutal de détente. Un peu surpris par l'arrivée des nouveaux venus, il se met dans le bain et fait cercle avec eux autour du brigadier-mitrailleur Carcopino, occupé à leur préparer un cocktail spécial. Plus pudique, celui-ci a revêtu un filet de pêche à grosses mailles et leur concocte un mélange de bière, gin, rhum et bénédictine.

Un immense tableau, derrière le bar, fascine Raymond. Presque entièrement noir, il représente la nuit. Le peintre Martin-Jaubert a-t-il voulu rendre à la mort l'hommage que lui doivent les aviateurs ? Des points verts et rouges, des pinceaux de lumière, c'est tout. Un tableau qui en dit long sur le mental de l'escadrille. Les bombardiers de la Maurice Farman partent chaque soir avec deux cents kilos de bombes dans leur bagage, sans savoir s'ils reviendront.

On fête bruyamment chez eux, ce soir-là, le retour à la base du sergent-pilote Grandjean. Un garçon de vingt-deux ans, blond et rose, ancien de l'infanterie comme Raymond, formé au camp des acrobates de Pau.

– La nuit dernière, raconte à Raymond l'adjudant Berger, il est tombé en panne de l'autre côté des lignes. C'est déjà un exploit que d'avoir atterri de nuit sur un champ d'avoine moissonné, éclairé par un mince quartier de lune.

– En vol plané ?

– Bien sûr. Heureusement, il rentrait à la base et avait largué toutes ses bombes. Il a tournicoté longtemps d'un bord à l'autre, virevolté sur ses ailes, pour se poser en danseuse, impeccable. Il a pu réparer l'avarie.

– Tout seul ?

– Nos amis de la Farman ont un avion tellement peu sûr qu'ils ont pris la bonne habitude de prévoir un mécano aux côtés du pilote. Il joue le rôle de navigateur et de bombardier, mais il est également chargé de sauver l'avion en difficulté. C'est lui qui a pu réparer.

– Les Allemands ne les ont pas repérés ?

– Si fait, mais trop tard, au bruit. L'hélice tournait déjà, le moteur vrombissait, la panne était réparée. Le mécano avait repris sa place à bord. Une patrouille d'infanterie ennemie a voulu intervenir. Grandjean lui a décollé presque sous le nez.

Le sergent-pilote exhibe une touffe d'herbe épaisse, qu'il arrose avec du rhum.

– De la terre française libérée ! dit-il. Je l'ai arrachée au sol avant de repartir.

Il est cinq heures. Raymond et Jean-Christophe ont touché un nouveau Caudron, retapé par le mécano Albert Giquel. Berger n'a pas une entière confiance dans l'appareil. Il demande à Giquel de coiffer un casque et de revêtir la tenue de vol.

– Tu feras la navigation, au besoin le service de la mitrailleuse. Te voilà caporal navigant.

– Quel honneur, monseigneur, répond Giquel, pas du tout impressionné.

Il sait que les plus brillants équipages ne seraient rien sans la vigilance et l'astuce des mécanos.

Le décollage du terrain de Vadelaincourt est une épreuve inattendue. La piste grimpe en pente douce, puis atteint le haut d'une bosse : de l'autre côté, l'escadrille des Farman est rangée en ordre d'arrivée. Il faut donc survoler les appareils pour prendre de l'altitude. Pris au dépourvu, Raymond grimpe trop vite, fait vibrer la carlingue et met à rude épreuve la solidité des ailes, frappées de plein fouet par le vent.

L'objectif est un réglage d'artillerie dans la région de Thiaumont-Fleury, où l'ennemi ne cesse de montrer les dents. Chaque matin, les bombardements de pièces lourdes préludent aux opérations ponctuelles de l'infanterie.

Raymond aime ces départs au petit matin. Le pilote français est alors sûr de naviguer sans être inquiété. Sous ses ailes, il devine les camarades de la biffe, embusqués dans des trous d'obus, attendant la fin du tir pour partir à l'assaut. Il sait, hélas, qu'il suffit d'une mitrailleuse portable bien postée, sortant *in extremis* de son trou, pour les arrêter.

En bas, le combat des hommes minuscules, d'un trou à l'autre, évoque celui des fourmis qui s'affrontent, l'été, sans raison explicable, par colonies entières. Raymond, adolescent, a été souvent témoin des mêlées frénétiques de ces insectes. Il pissait sur leur champ de bataille pour les séparer. Les fourmis s'arrêtaient un instant, et recommençaient plus loin. En files discontinues, Français et Allemands, de part et d'autre d'une croupe dénudée et d'une forêt aux arbres exfoliés, avancent les uns vers les autres pour s'éliminer à la grenade, à la mitrailleuse, d'un coup de fusil adroit, d'un jet de gaz enflammé, fourmis difficiles à repérer à deux mille mètres d'altitude. Pas de mouvement d'ensemble discernable du haut du ciel. Des bonds en avant, à l'abri des accidents du terrain. Qui se montre est mort.

La batterie française dont Raymond doit diriger le tir est si bien camouflée qu'elle est indétectable. Les artilleurs n'ont pas sorti les panneaux blancs de signalisation, sans doute pour éviter les lâchers de bombes des avions ennemis. Giquel envoie tout de même un message codé, indiquant aux artilleurs invisibles la position des canons allemands repérables au moment des tirs.

Bing! La carcasse de l'avion frémit. L'équipage s'inquiète. Raymond tourne la tête. Tout est normal.

Une autre explosion. Puis une troisième.

– Regardez à bâbord, dit Jean-Christophe.

On aperçoit distinctement, l'espace d'une seconde, des obus arrivant à l'apogée de leur ascension, à trois mille mètres. L'avion est pile dans la trajectoire des projectiles des canons de 75 de la batterie française. Il bat des ailes pour exiger la fin du tir, mais trop tard, ses ailerons sont touchés et l'empennage atteint.

– Atterrissons au plus près, dit Giquel, sinon je ne réponds de rien.

Raymond repère un terrain au sud de la forêt d'Argonne. Ils se posent en catastrophe à Thiaucourt, au milieu des chasseurs de l'escadrille des Cigognes, celle de Guyemer, de Fonck. Les pilotes de Nieuport ont un regard amusé pour les lourds Caudron.

– Je croyais que nos braves artilleurs descendaient exclusivement nos fantassins! raille un capitaine à jambe de bois, en examinant l'appareil endommagé. Je vois qu'ils abattent aussi nos avions !

– Je connais cet officier, dit Giquel à Raymond. C'est le capitaine Guy. Il totalise douze victoires. Blessé au-dessus de Verdun, il est revenu au combat. Chaque matin, il se présente à l'aéroport au volant de sa Renault de sport. Hier, il a reçu une rafale dans sa jambe de bois. Le blindage de son siège l'a protégé. C'est un vrai trompe-la-mort.

– Venez avec nous aux Cigognes, les invite Guy. Nous avons toujours besoin de jeunes pilotes expérimentés. Laissez les bimoteurs aux bleus. Les Caudron volent tout seuls. Pas besoin d'as comme vous !

Giquel hausse les épaules. Pour ce technicien sérieux, les imprudences des pilotes sont exaspérantes. « Ils ont de telles pertes au combat qu'ils racolent des volontaires tous azimuts ! » se dit-il. Pour être pilote de chasse, il fallait sortir, hier encore, de l'école de voltige aérienne de Pau. Aujourd'hui le premier chien coiffé peut chasser.

Aux yeux de Giquel, un bon pilote doit recevoir une formation adaptée à l'appareil et apprendre à bien tenir en mains son chasseur après des heures et des heures de vol. Si la casse est forte dans la chasse, c'est qu'on recrute des chasseurs à tout-va.

Il met le moteur en marche pour regagner la base de Vadelaincourt. Raymond réprime un regret en saluant le courageux capitaine à la jambe de bois. Il aurait aimé piloter le BB Nieuport.

Fanion tango marqué d'une étoile bleue, c'est l'insigne donné désormais à l'escadrille réunie au complet sur le terrain de Lemmes-Vadelaincourt autour du capitaine Maurice Durand, officier venu du génie et ancien collègue du commandant Quillien, passé à l'état-major. Il veut développer dans l'aviation d'observation cet esprit de corps dont les chasseurs arrogants font volontiers étalage. Il n'y a pas moins de mérite, serine-t-il à ses hommes, à se faire canarder des heures au-dessus des lignes pour repérer et signaler les batteries qu'à affronter Boelke, l'as des as allemands, en combat aérien. Les pertes sont plus lourdes sur les avions lents et mal protégés.

Durand dispose dans son escadrille d'une douzaine d'avions, équipage au complet. Pilotes débutants, observateurs stagiaires, pas tous officiers, mais capables du meilleur, anciens artilleurs ou fantassins pour la plupart. Les cavaliers préfèrent la voltige.

Le capitaine est heureux de pouvoir compter sur le renfort dévoué et compétent d'une centaine de mécaniciens, chauffeurs, armuriers, photographes et sans-filistes, tous passionnés par leur discipline et fanatiques de leur technique, passant des heures à fignoler le matériel pour l'améliorer, lui donner un rendement plus sûr, l'adapter aux nécessités du front, que les ingénieurs n'ont su prévoir dans les ateliers.

Retrouver en plein vent, dans la boue des hangars Bessonneaux, troués et sales, le goût du bricolage d'un poste radio ou d'un appareil photo, prendre sur son temps pour réfléchir aux moyens de perfectionner sans cesse les instruments, c'est l'esprit de la F 13 que Raymond le Montluçonnais, l'ancien élève d'un lycée technique, partage pleinement.

Dans l'équipe du capitaine Durand, il a appris la solidarité instinctive de ces pionniers aviateurs. Dépanner le camion photo, rallier les tracteurs égarés, accourir au secours d'un camarade en carafe dans un champ perdu, retrouver les avions en panne sur le champ de bataille, fussent-ils échoués dans le camp de l'ennemi, secourir les pilotes en cavale derrière les lignes en risquant des atterrissages de fortune, c'est le pain quotidien de l'escadrille. Un aviateur est toujours volontaire pour en tirer un autre d'embarras. Il a trop le sentiment de la vulnérabilité insensée de son matériel pour ne pas venir en aide à ceux qui mettent en jeu leur propre vie, du seul fait de voler. Les balles allemandes ne sont pour eux qu'un surcroît de risque.

Raymond pense à l'image de l'aviateur dans le public : le chevalier du duel sublime, le paladin du ciel. Aux yeux de Jean-Christophe Lebat, d'Albert Giquel et de lui-même, l'aviation reste ce qu'elle était pour les pionniers : un défi de la technique aux lois naturelles, une revanche d'Icare, une des chances du progrès, dont ils attendent l'éclosion d'un monde. Il est absurde qu'un Navarre risque sa vie contre un Boelke. Le vrai risque est celui de Blériot au-dessus de la Manche. Celui-là engage l'avenir de l'humanité. Le duel des as n'est qu'un retour en arrière, une revanche de la barbarie.

Raymond s'en étonne, au début : pas un aviateur ne jubile à *descendre en flammes* un adversaire. À une seconde près, c'est l'autre qui peut l'emporter. On dit que certains as rendent hommage à leurs ennemis abattus, jusqu'à lancer des couronnes sur les lieux de l'engagement. Un Albert Giquel va plus loin : l'avion qui vole est, en soi, une telle prouesse, que le détruire est un défi au bon sens. La guerre seule peut conduire à de telles absurdités.

Cependant, il faut survivre. À chaque jour sa tâche, fixée le matin sur la feuille de service du capitaine. L'équipage décolle deux fois par vingt-quatre heures, avec une autonomie d'essence de trois heures et demie.

Les demandes émanent de l'état-major du 13e corps d'armée, dont dépend l'escadrille.

– Où est notre infanterie ? Nous ne savons rien d'elle. Est-elle dans la tranchée Lamy, dans le boyau 3 bis ?

Jean-Christophe sourit, crispé. Comment repérer, de mille mètres, et même en descendant encore plus près du sol, des lignes disparues, des troupes qui se cachent ? L'état-major doit envoyer des agents de liaison marchant à la boussole et tombant sur des poilus allongés dans des entonnoirs et dont la seule certitude est que l'ennemi est à dix pas. L'infanterie au sol n'est pas en mesure de signaler sa position par des signes conventionnels ou des fusées, sauf quand une vague d'attaque est lancée.

Raymond en est vite convaincu : il ne peut rien pour aider directement les poilus. Il est impossible de donner par les photos une idée précise du champ de bataille d'infanterie. Seules les batteries peuvent être repérées, ainsi que les tranchées fraîchement creusées. Dès qu'elles sont bombardées, tout devient opaque à Verdun.

Le *bimoulin* se pose avec précaution sur le terrain de Vadelaincourt. Raymond sait qu'on y entend souvent le bruit caractéristique d'une boîte d'allumettes écrasée quand un imprudent atterrissant en Farman rencontre un Voisin qui s'élève dans les airs. Les collisions ne pardonnent pas.

Au retour, le triste spectacle d'un Farman de l'escadrille heurté sous ses yeux par un Fokker l'a rendu circonspect. À deux mille cinq cents mètres d'altitude au-dessus du fort de Souville, l'avion français a commencé sa descente en vrille.

À cinq cents mètres, les roues en l'air, il a éjecté le corps de son pilote, sans doute tué, avant d'aller s'écraser sur les toits de Verdun. Deux Nieuport ont pris rapidement le Fokker en chasse. Il s'est enfui sans demander son reste, virant à la verticale.

Chaque soir, Raymond ou l'un de ses camarades pilotes est emmené en automobile avec son chef d'escadrille, Maurice Durand, au PC de l'artillerie du 13e corps, commandé par le général Alby. Des territoriaux armés de petits drapeaux s'efforcent de régler la circulation dans ce faubourg de Verdun où les camions croisent les attelages et les colonnes à pied, dans des embarras inextricables.

– Êtes-vous le frère de Léon Aumoine ? lui demande un capitaine. Je suis Lejeune, son ancien camarade. Heureux de vous voir dans l'aviation et de vous accueillir à Verdun. J'y ai rencontré votre frère Jean.

– S'y trouve-t-il encore ? demande vivement Raymond.

– Je ne crois pas. Il a rejoint son régiment en secteur sur la Somme, où il livre bataille avec Latouche, son commandant, qui est à l'état-major du général Fayolle.

Henri Lejeune est-il au courant de la mort de Julien ? Probable, puisqu'il n'en parle pas. Au lieu de le réconforter, cette rencontre accable Raymond, comme si le capitaine, si bienveillant, était comptable de tous les décès de la famille Aumoine. De ses malheurs. Ses frères lui reviennent en tête, il s'assombrit ; il imagine Julien perdu dans la boue sinistre de Verdun, disparu à tout jamais.

Durand, qui vient d'être reçu par le général Alby en personne, l'entraîne au PC de la division, dans le souterrain d'une ancienne sape, où les secrétaires du général tapent des rapports, téléphonent, reçoivent des messages codés, distribuent des ordres écrits aux PC de régiments ou de brigades perdus sur le terrain du champ de bataille.

Ils y sont bien accueillis. On demande au capitaine de faire des photos de la surface du poste de commandement du général, pour savoir s'il peut être repéré d'avion, et par conséquent bombardé par un « funeste réglage ». Durand promet de vérifier le camouflage en surface avec le plus grand soin. « La division, dit-il, ne doit pas être frappée à la tête ».

Raymond s'étonne. Il semble que le sort de cette armée dépende désormais des aviateurs. Les chefs de l'artillerie ont pour eux des soins de marraine de guerre. Couvrez-vous bien, gardez-vous en bonne santé, ne faites pas d'imprudences, et, surtout, écrivez-nous, dites-nous tout ce qui se passe, ce que vous êtes les seuls à voir.

Il ne sert à rien de les détromper, de leur expliquer qu'on distingue peu de choses sur le terrain marmité. « Sans nos yeux, ils sont aveugles, se dit Raymond. À Verdun, l'aviation est devenue l'arbitre de la bataille, et chacun, à terre, lui reconnaît ce mérite. Quand ils voient passer nos avions, les biffins applaudissent. Les artilleurs nous tressent des couronnes au moment de dépouiller nos liasses de photos. Ils les comparent, les réunissent en vastes puzzles, les scrutent à la loupe pour tenter de leur arracher leurs secrets. Ils demandent sans cesse au capitaine Durand des repérages complémentaires, sous différents angles, ainsi que des raids à l'intérieur des lignes ennemies, capables de détecter les convois boches et leurs itinéraires, leurs passages obligés. Ils voudraient tout savoir. »

Au retour sur le terrain, le coucher du soleil embrase vers l'ouest les collines de l'Argonne. Les camarades embarquent dans les carlingues des cerfs-volants, dont la queue déploie des banderoles multicolores en allemand : *An die Deutschen*

Soldaten. On conseille à l'ennemi de venir manger le pain blanc des Français, d'attendre tranquillement la paix dans nos lignes. L'aviation est aussi chargée de cette besogne.

Le lendemain matin, le capitaine Durand regarde vers l'ouest, dubitatif. Pas de bulletin météo à l'escadrille. Il faut prévoir le temps soi-même. On ne peut décoller sur Verdun que si l'Argonne est dégagée au petit jour. Si les sommets demeurent invisibles, la « barre de brume » enveloppe la terre d'une couche de buée jusqu'à mille huit cents mètres. Les pilotes ne s'en plaignent pas. Raymond retourne se coucher dans le hamac installé par Jean-Christophe, pour dormir plus longtemps.

C'est l'esprit de l'aviation. Pas de fatigue inutile. On ne quitte la position allongée que si le décollage est possible. Aucun chef décent n'oserait sonner le réveil pour imposer aux hommes des revues de détail interminables ou des séances d'entraînement théorique.

Pas à l'escadrille C13. Quand ils rentrent de mission, les yeux picotants, le dos raide, les oreilles assourdies par le bruit des moteurs, ils ont droit au repos royal dans les hangars Bessonneaux surchauffés. Les chasseurs, qui atterrissent fous d'excitation et racontent leurs rencontres infernales avec les as allemands, jouissent d'une indulgence encore plus grande. Raymond finit par trouver normal qu'on les dorlote. Ne sont-ils pas au cœur de tous les dangers ?

En une semaine de repérages constants, le pilote Aumoine s'est aguerri. Il connaît la piste par cœur, sait mesurer au plus juste la capacité en essence. Il doit éviter, à l'atterrissage, de laisser les piquets des Bessonneaux déchirer sa toile, et ne pas se faire surprendre, au décollage, par la méchante bosse de la piste. Le travail quotidien de l'observateur, sa conscience professionnelle, son sang-froid dans le danger sont reconnus de tous.

À chacun sa tâche. Les Caudron de l'observation aérienne se croisent en se saluant au-dessus des premières lignes et restent parfois presque immobiles à la verticale de leurs proies, tant qu'ils n'ont pas débusqué les objectifs. Ils prennent tous les risques pour abattre leur besogne quotidienne et demeurent souvent en vol trois heures durant.

Autour d'eux, les chasseurs descendent sans relâche les *Drachen* avec leurs fusées. C'est leur mission la plus courante. Ils interviennent en groupes dans les combats aériens, pour empêcher les Fokker de contrarier leur travail de « nettoyage du ciel », comme dit le commandant de Rose, et pour leur interdire l'espace français. Ils sont assez heureux au-dessus de Verdun en septembre : l'essentiel de la flotte allemande est à l'ouest, au-dessus de la Somme, aux prises avec le *Royal Flying Corps.*

Le 12 septembre au matin, l'équipage est réveillé très exceptionnellement au clairon, ce qui fait chuter Jean-Christophe Lebat de son hamac. Raymond sort du hangar. Giquel est déjà debout. Le bombardement par l'artillerie lourde est assourdissant.

Durand distribue les cartes : décollage immédiat, il faut contrebattre les canons boches. Nos artilleurs multiplient les demandes d'aide. Le capitaine arrive, de son pas lourd, et avise Raymond.

– Mission de sauvetage, lui dit-il, vous suivrez les autres après. Un coup de téléphone de l'artillerie me signale qu'un

Farman désemparé a piqué dans nos tranchées, à cent mètres des lignes. Voyez ce que l'on peut faire.

Raymond apprend ainsi que la première mission d'un aviateur, toutes affaires cessantes, est de sauver les camarades. Les pilotes et les observateurs sont trop précieux pour qu'on les laisse aux mains de l'ennemi.

À peine a-t-il décollé que Jean-Christophe lui signale l'épave, juste en avant de la tranchée française. Le Farman, touché par les mitrailleuses, n'a pas pu rentrer, il a piqué jusqu'au sol.

– Une patrouille d'infanterie est sur place, dit Jean-Christophe à Raymond qui survole le lieu de l'accident à deux cents mètres d'altitude. La carlingue est aplatie, les ailes brisées, le nez enfoncé dans la terre. Je n'aperçois pas les corps. Les Allemands ont dû les enlever les premiers.

Raymond reprend de l'altitude. Il est temps. Les obus de 77 pleuvent autour de l'épave, qui commence à s'enflammer. Par radio, Jean-Christophe demande des ordres. Un grésillement lui répond. Le sans-fil, en dépit des efforts des techniciens, ne fonctionne alors que dans le sens air-terre, le retour est impossible. Il faut atterrir. Raymond vire aussitôt sur l'aile, dans un crissement de toile.

Le bombardement des lignes françaises a cessé. Le vent dissipe la poussière. À trois cents mètres, on distingue mieux le sol. Les Allemands passent à l'attaque. Ils avancent en bondissant dans les trous. Un bataillon, pour le moins, doté de lance-flammes. Jean-Christophe aperçoit les assaillants, tire une fusée pour avertir notre infanterie.

Pas de réponse. Les fantassins, sans doute épuisés par une nuit de combats, ne se manifestent pas. Pourtant, la direction d'attaque se situe autour du village ruiné de Fleury, juste au-dessus d'eux. Sonnés par un canardage féroce, les biffins hésitent peut-être à donner leur position, pour ne pas être écrasés de nouveau.

Les fantassins, couverts de boue, se défendent à la grenade, si l'on en croit la poussière qui se dégage des ravins. L'avion tourne et retourne, signalant la ligne des combats par sans-fil, sans pouvoir donner plus de précisions à l'artillerie. Des balles de mitrailleuses percent les ailes.

– L'hélice de gauche est touchée, hurle Giquel pour se faire entendre dans le vacarme. Il faut rentrer.

Le moteur finit par s'étouffer.

– C'est l'arrivée d'essence. Impossible de réparer en vol sans tout casser.

Raymond se souvient des leçons de l'adjudant Brothier. Il coupe les gaz et descend lentement, en vol plané. C'est le moment de montrer qu'il est capable d'atterrir sur un espace de cinquante mètres. Il regarde au-dessous de lui : un désert de sable. Impossible de distinguer les champs ou les forêts. Il aperçoit pourtant une étroite bande de terrain au sud de la Meuse.

– À la cabane ! crie Giquel, l'avion ayant perdu le maximum d'altitude. Il sort le premier de la carlingue, s'accroche aux haubans, se niche entre les longerons. Jean-Christophe l'imite à tribord, pour ne pas déséquilibrer l'appareil. Raymond, impassible, contrôle les commandes. Pas d'arbres, pas de buissons, un espace plat. Il espère encore se poser en catastrophe.

Brusquement, les roues plongent et se brisent dans un cratère. L'appareil capote. Giquel et Lebat roulent au sol. Raymond, projeté hors de la carlingue, reste évanoui sous le choc.

Il se réveille peu après, le casque enfoncé dans la glaise. Il n'ose bouger, remue lentement ses membres. Rien de cassé. Il parvient à dégager sa tête du Rolls rembourré de liège. Autour de lui, la terre nue, remuée en profondeur. Dans les trous, des cadavres abandonnés depuis juin. D'hommes et de chevaux mêlés. Dans un million d'années, leurs ossements seront toujours là. On exhumera les fossiles de Verdun, décimés au cours d'un accident de la planète, un de ces gouffres qui peuvent engloutir dix millions de morts, sans que la surface de la terre en garde mémoire.

Sur les bourrelets de la glaise projetée violemment par les explosions, des semis de bleuets ont repris, apportés par le vent. Les carottes sauvages du néolithique et les iris mérovingiens repoussent dans les fonds vaseux. Une libellule tourne autour de la tête bosselée de Raymond. Il se cache, prenant le froissement des ailes pour une giclée de balles.

Les secours arrivent. Les camarades ont vu la chute de l'appareil. Une ambulance, guidée par les artilleurs, conduit sur place les infirmiers qui préparent les civières. Raymond a le nez écorché, mal aux côtes. Rien de grave. Jean-Christophe s'est foulé une cheville. Albert Giquel a sauté au bon moment : il n'a que des égratignures. Ils refusent les brancards et, le cœur gros, rentrent à pied au camp en soutenant Jean-Christophe clopinant, abandonnant leur Caudron irrécupérable.

– Un F40 de 130 chevaux tout neuf vous attend, leur dit sobrement le capitaine Durand.

C'est en fait un avion ancien, au moteur gonflé, retapé par les mécanos. Qu'importe, il est puissant. À l'essai, pris de vertige, Raymond grimpe en chandelle. Giquel, satisfait, se laisse bercer par le ronronnement régulier.

– Plein ouest, dit Jean-Christophe, la cheville bandée. Une épaisse couche de nuages arrive vers nous à deux mille mètres.

Raymond ne veut plus entendre parler d'obstacles, de menaces, de limites. Quitter la terre, s'engloutir dans l'azur, oublier le sol boueux, la fumée âpre des carcasses incendiées, les odeurs de gaz et de pourriture, les nuées de mouches et les vols de corbeaux. Il glisse un œil vers la masse éblouissante de blancheur des nuages reflétant le soleil. Quelle joie de s'y enfouir, comme dans un bain de mousse, même s'ils sont trompeurs ! Raymond sait d'expérience que si le soleil les rend immaculés, ils peuvent apporter la pluie, la grêle, la guerre.

Trois mille mètres. Jean Christophe double ses gants, referme sa veste de cuir pour empêcher le froid de s'infiltrer par le col. Giquel a enfilé son passe-montagne sous le casque.

Il fait signe à Raymond d'arrêter. À l'oreille, le moteur faiblit. L'avion atteint trois mille cinq et grimpe toujours.

– Veut-il battre un record d'altitude ? Oublier sa condition de coucou de repérage ? s'étonne Giquel.

Le Farman tient vaillamment ses quatre mille mètres. Les lèvres crispées de Raymond se gercent. Il bâille pour retrouver son souffle, poisson sorti de l'aquarium. Giquel donne des signes d'impatience. L'air trop léger rend nerveux, irritable. Aucun son ne sort de la bouche de Jean-Christophe quand il tente de s'exprimer.

La visibilité quasi parfaite le console : à l'horizon, à peine ouaté de brume, tout le champ de bataille de Verdun. La ville elle-même bombardée jour et nuit, des quartiers entiers réduits à l'état de ruines. À quatre mille deux cents mètres, la Meuse est un serpentin brillant, aussi pacifique qu'une guirlande d'arbre de Noël. L'observateur distingue au loin les hangars de Béhonnes, l'aérodrome de Bar-le-Duc et, plus à l'ouest, le piton des Éparges, la sinistre tranchée de Calonne, un des tombeaux de l'infanterie française, et les ruines de Saint-Mihiel. Combien de Français sont tombés dans cette espace, depuis le 21 février ? Quatre cent mille au moins, et la liste s'allonge tous les jours.

Sur une seule plaque photographique de 13/8, Jean-Christophe réunit les quatre forts : Douaumont, Vaux, Froideterre et Souville, lieux de bataille martyrisés. Il cherche à fixer les positions allemandes au nord des forts, le bois des Caures des chasseurs de Driant. Il n'en a pas le temps. Giquel lui montre, très en dessous, une barre de nuages enveloppant la Meuse. Elle se répand comme un manteau de neige, masquant le sol.

– Il faut descendre, crie-t-il à Raymond. Dans cinq minutes, nous ne verrons plus rien.

Le Farman plafonne. Il n'ira pas plus haut. Force est de se résigner à réduire l'altitude, à accepter le combat du retour, l'engager contre les nuages.

Jean-Christophe se bat les flancs avec force, fait claquer ses gants contre ses cuisses gainées de cuir. Ses doigts s'engourdissent, ils vont geler.

À cette hauteur, les visites sont rares. Pourtant, un point grossit vers l'est. Il se rapproche. Un biplan invisible pour l'équipage aveuglé par le soleil. Ami ? Ennemi ? Faut-il le laisser approcher ?

Raymond pique à trois mille mètres. Giquel met en batterie la mitrailleuse Lewis dans la tourelle. Il a le plus grand mal à engager un rouleau de cartouches. Dans la visée, il ne distingue rien. L'avion passe au-dessus d'eux, rapide. Ni croix, ni cocardes repérées. Un fantôme. Il disparaît à l'horizon.

Le Farman plonge toujours, et la vitesse de la descente fait trembler les toiles et geindre les longerons. À deux mille mètres, il entre dans la mer de nuages. Un bateau qui s'enfonce, se noie, se tord dans les courants venteux.

Impossible de se repérer. Le paysage est opacifié, le soleil voilé. Jean-Christophe consulte la boussole. L'aiguille s'affole. Il réalise ce que veut dire « perdre le Nord ». L'avion fou tombe en larges spirales. Raymond le domine encore, mais ne sait où le diriger. La seule chance est de chuter plus vite, pour arriver au ras du sol.

Bientôt quinze cents mètres, le Farman descend toujours. Le nuage noircit, obstrue la vue. Les lunettes des aviateurs se couvrent de buée, ainsi que les instruments de bord. L'avion aveugle chute de tout son poids.

– Terre ! crie Jean-Christophe.

Ils sont à mille mètres. Nul ennemi en vue. Qui se risquerait dans la mer de nuages ? Des tranchées abandonnées, coupées en fragments, des bois matraqués, réduits en cendres par le canon, essarteur de Verdun. Des îlots de sapins intacts. Le bombardement les a épargnés.

Raymond met le cap plein ouest, retrouve son contrôle, se maintient à basse altitude.

– Saint-Mihiel, annonce Giquel d'une voix de chef de gare. Tout le monde descend.

Pas question d'atterrir sur des terrains inconnus. Il reste assez d'essence pour gagner Béhonne, près de Bar-le-Duc. Un champ familier à l'équipage, avec ses pistes d'herbe tendre.

La chaleur est accablante, le changement de température insupportable. La tête éclate, les oreilles bourdonnent. Jean-Christophe retrouve à grand-peine sa respiration, Raymond crie de douleur : le sang ne circule plus dans ses doigts gourds. Albert Giquel lui masse doucement les phalanges.

Fraîche réception à terre. Ils ont atterri à contresens, évitant de justesse un chasseur qui prenait l'air.

– Un vol d'essai au front n'est pas un record, maugrée le capitaine à jambe de bois. Je vous conseille de repartir pour Vadelaincourt au plus vite, avant que j'avertisse Durand.

Raymond reprend les commandes. Il a réussi le vol de l'ange. Il s'en veut d'avoir risqué pour satisfaire ses fantasmes d'évasion dans l'azur la vie de ses compagnons. Ils ne lui font aucun reproche. Chacun peut comprendre que l'on cherche à s'échapper follement de l'enfer de Verdun.

Le jeudi 14 septembre 1916 est un jour gris. Le vent miaule, la pluie inonde les abris Bessonneaux, qui oscillent et menacent de s'envoler. Les pieds dans des *snow-boots* de fabrication britannique ou canadienne – un cadeau de l'intendance pour les aviateurs –, Raymond quitte sa cabine Adrian, où il loge avec Jean-Christophe, après avoir écrit une longue lettre d'amour à Albertine et une autre à sa mère. Mal rasé, désœuvré, il se rend au hangar où le Farman est remisé, son moteur déposé par les mécanos sous l'œil vigilant de Giquel.

– Pour du soi-disant neuf, dit-il, j'ai dû tout réviser : bougies encrassées, hélice décentrée, allumage à revoir…

Impossible de tenter un décollage. Même les chasseurs restent à l'écurie. Au bar de l'escadrille, Raymond demande

L'Est républicain. Gros titre : Raymond Poincaré, président de la République, a fait une visite à Verdun.

– Première nouvelle, dit Carco en buvant son café allongé de marc à la table voisine, avec Georges Huisman.

– La cérémonie a eu lieu dans les galeries souterraines de la citadelle.

– Tu m'en diras tant ! Les huiles étaient à l'abri des obus. Voilà qui remonte le moral du poilu. Je suis étonné que la censure laisse passer.

– Joffre, Nivelle, Pétain, Mangin et Dubois, commandant de la place d'armes, sont montés sur l'estrade où le président a prononcé son discours.

– C'est normal, dit Huisman, toujours informé. Il remet la Légion d'honneur et la croix de guerre à la ville de Verdun, pour sa résistance héroïque.

– Mais aussi, poursuit Raymond, la croix de Saint-Georges de Russie, la Military Cross, la Croix de Léopold Ier, la Valeur militaire d'Italie, la Bravoure militaire de Serbie et la médaille d'or Obilitch du roi du Monténégro.

– J'ignorais que le Monténégro fût en guerre, dit Carco. C'est un allié de poids.

– Que nous ayons des alliés est bon signe, dit Huisman. En 14, ils ne se bousculaient pas. Savez-vous que, aujourd'hui même, la Roumanie entre en guerre à nos côtés ?

– Messieurs, les interrompt Raymond en imitant la voix sèche de Poincaré, voici les murs où se sont brisées les suprêmes espérances de l'Allemagne impériale. Avec une fermeté tranquille, la France a répondu : « On ne passe pas ! »

– Arrête cette éloquence. C'est vrai, ils ne passent pas. Il faudrait qu'ils marchent sur un million de cadavres, les nôtres, et les leurs.

Raymond achève sa lecture en silence. Parmi ces morts, il y a ses deux frères. Ont-ils été tués pour rien ? Le monde entier entre dans le camp des Alliés. Les journaux donnent des nouvelles de tous les nouveaux fronts, l'italien dans le Trentin, celui de Salonique et maintenant le roumain. Les Anglais et les Français attaquent sur la Somme. Demain les Américains viendront. Le sort de la guerre a changé à Verdun. Voilà ce qu'il pense avec force. Il veut rester sourd aux sirènes du pessimisme, tout comme Georges Huisman, qui prédit pour la France un avenir étincelant.

– Tout cela coûte trop cher, beaucoup trop cher, dit encore Carco. On n'a jamais fait tuer tant de monde en si peu de temps. Faut-il tenir jusqu'au dernier Français ? Qui fera des enfants à nos femmes ?

Un groupe d'officiers entre. Les bouches se ferment. Durand fait visiter le bar de l'escadrille à Quillien, en voyage officiel à Verdun dans la suite de Joffre. L'ancien as de la chasse se détend. Il appelle les aviateurs présents, figés au garde-à-vous, à porter un toast au sous-lieutenant Guynemer, qui vient d'abattre son seizième avion allemand, et à Nungesser, pour son douzième.

– Quel âge a Georges Guynemer, mon capitaine ? se hasarde Jean-Christophe.

– Le tien, ou presque. J'étais taupin avec lui au collège Stanislas. Il n'a pas voulu préparer le concours de Polytechnique pour s'engager dès la déclaration de guerre. Et savez-vous qu'on l'a refusé pour faiblesse de constitution ? Il n'a été accepté qu'en novembre 14, après trois tentatives. Il a aujourd'hui vingt et un ans.

– J'étais à son premier vol, affirme Durand. Le 8 juin 1915 en Champagne. Escadrille MS3 du capitaine Brocard.

Je ne vous conseille pas de voler comme lui : tous les risques, sans aucune protection, de la cascade de haute école. Il n'a qu'un but, abattre l'adversaire. Après sa première victoire, le 19 juillet, il est devenu une vedette dans les tranchées. Les poilus connaissent son « Vieux Charles » et l'acclament. Ils le guignent d'en bas, assistent à ses triomphes. L'escadrille des Cigognes est devenue celle des as.

– Comment y entrer ? demande timidement Raymond, conscient de l'indécence de la question. Un humblissime pilote de coucou peut-il y prétendre ?

– Je te dirais bien l'école de Pau, mais après tout Guynemer ne l'a pas faite, et pas davantage Navarre. À toi de faire tes preuves, mon garçon, et tu seras pilote de chasse.

Les Carco et Giquel éclatent franchement de rire. Le commandant a-t-il oublié ce que pouvaient être les Caudron et les Farman ? Comment réaliser l'exploit sur ces planches à repasser, ces « péniches » ?

– Soyez bombardiers, tranche Durand. La nuit dernière, nos avions ont incendié la gare de Stenay, coupé la voie ferrée Metz-Pont-à-Mousson, détruit les hauts fourneaux de Rombach et atteint les usines de Dillingen, dans la vallée de la Sarre. Nous engageons tout de suite pour le vol de nuit. Des volontaires ?

– Pour la chasse, oui, répond Raymond en fixant de son regard noir le commandant Quillien.

Ils veulent bien mourir dans le ciel de Verdun, mais avec panache. Ils en ont assez d'être attelés à la charrue. Au cours des visites du camp, les sous-offs de la biff leur demandent pourquoi ils ont une mitrailleuse sous tourelle…

– Les bourgeois ont bien des ports d'armes, rétorque Francis Carco, outré. Ça ne les empêche pas d'être refroidis par l'*eustache* des voyous.

On se détourne d'eux avec ennui, on veut voir des Nieuport, des monoplaces. Toute la gloire pour les chasseurs. Alors que seule l'aviation de réglage d'artillerie peut aider efficacement les poilus en éliminant les batteries adverses.

– Nous sommes aussi peu considérés que les aérostiers, dit Jean-Christophe, et presque aussi vulnérables, en tout cas incapables de nous défendre. Les autres ont droit au parachute, pas nous. Pourquoi ?

– Quelle question naïve, répond Carco. Le matériel est-il, oui ou non, plus précieux que l'aviateur ?

– Cela se discute.

– Pas pour les gens des bureaux. Le pilote est certes plus cher à former que le biffin ou même l'artilleur, et il faut tout faire pour le sauver, mais ce qui coûte le plus, c'est l'avion, et la République n'est pas riche. Voilà pourquoi nous n'avons pas de parachutes. Nous devons ramener l'appareil à la base à tout prix. Même à celui de nos vies.

– C'est simplement dit, avance Huisman, dubitatif et presque froissé par tant de cynisme.

– J'ajoute, pour ceux que la politique intéresse, poursuit Carco en guignant Georges, que nous ne sommes pas encore très nombreux en l'air. Pas assez pour tenter un industriel de la soie. Nous ne représentons pas un marché sérieux du parachute, capable d'être pris en considération par les sénateurs et députés des commissions d'armements.

Si vous ne voulez pas mourir, vous n'avez qu'à ne pas vous faire descendre !

– On pourrait donner les mêmes conseils aux « saucissiers ».

– Pas vraiment. Ils sont immobiles, sans aucune possibilité d'action. On ne trouverait bientôt plus un homme pour accepter de monter dans la nacelle s'il n'avait à sa portée un minimum de sauvegarde. D'ailleurs, le ballon ne coûte rien, mais l'observateur sort de Polytechnique ou de Centrale : une élite à ménager.

Cette discussion d'école est de celles qui alimentent les popotes et les mess de sous-offs. Elle irrite Raymond, soulagé d'entendre l'ordre de départ. Le Farman, révisé par les soins attentifs de Giquel, attend sur la piste, moteur lancé.

– Allons tourner comme la chèvre au piquet, dit Jean-Christophe en préparant ses appareils photo.

Les Allemands attaquent derechef, toujours en direction de Tavannes et de Souville. Raymond, qui a connu le sort du biffin, imagine l'angoisse des camarades soumis à l'usure continuelle, abrutis de canonnade, résistant trois jours et quatre nuits durant aux attaques incessantes de petits groupes de grenadiers et de mitrailleurs. Pas un jour qui n'ait son comptant de morts et de blessés, sans autre résultat que la prise d'un point d'appui en ruine, reconquis le lendemain par l'ennemi.

Ils sont en dessous des ailes du Farman, les poilus exténués, le Lebel en mains, guettant dans leurs trous l'avance des *Stosstruppe*. De leur vigilance dépend le salut du front. Ils n'ont pas le droit de se relâcher. Leur seul espoir est la relève, lorsque les camarades montant en ligne réussissent à retrouver leur position, connue d'eux seuls, qu'ils ont garde de signaler. Il faut dépêcher auprès d'eux des coureurs pour savoir où ils se trouvent. Quand on leur envoie des renforts, la consigne donnée aux sections de tête est d'aller de l'avant, jusqu'au contact avec une troupe, amie ou ennemie. Jamais plus de précision.

Dans son inconscience, l'artillerie demande que l'on règle aussi le tir des crapouillots. Comment repérer dans les lignes ces petits engins déplacés sur brancards et dispersés sur l'étendue du front selon les besoins immédiats des compagnies ?

Jean-Christophe a décidé, une fois pour toutes, de ne pas faire le détail. On ne peut lui demander de cadrer et d'observer en même temps. Pour le repérage de l'infanterie et de l'artillerie de tranchée, Raymond doit descendre le plus bas possible, au risque de se faire abattre par le tir des mitrailleuses. Jean-Christophe se charge de multiplier les clichés grâce à des passages successifs, sous des angles multiples. Aux bureaux de l'arrière de les déchiffrer.

Cette méthode est sûre, mais elle ne permet pas de réplique immédiate. Des maniaques du déchiffrage de photos s'emploient, la loupe en main, à les interpréter. Ils découvrent ainsi ce que les aviateurs n'ont pu voir : un chauffeur réparant un camion, un nouveau créneau en saillant dans la tranchée des zouaves, l'inondation du boyau Ludendorff, les brouettes de terre remuée sorties d'une sape, des tubes de batteries savamment camouflés. Jean-Christophe fournit ainsi quarante photos par raid, et le service de décryptage doit analyser dans la nuit plus de deux mille clichés livrés par l'escadrille, afin de donner des objectifs précis aux artilleurs dès l'aube.

Un travail d'abeille ouvrière. On exige toujours plus des aviateurs : des vues de l'entrelacs bombardé des tranchées, des camions de renfort vers l'arrière, des villages bondés de troupes la nuit, évacués le jour. Raymond doit toujours descendre plus bas, aller plus loin. Voler au-dessus des lignes ennemies sans l'appui des chasseurs relève de l'imprudence, et pour les Allemands de la provocation. Le Farman est pris en chasse au-dessus du fort de Vaux par un Fokker. Les deux mitrailleuses tirent.

Jean-Christophe fait signe qu'il veut terminer la photo des ouvrages devant Vaux. Raymond risque un dernier passage. Le chasseur allemand prend de l'altitude, vire sur l'aile et attaque par l'arrière, en piqué. Raymond a vu la couleur jaune sale de l'entoilage, la croix noire de la Prusse, la tourelle dont partent les balles incendiaires à traînées blanches.

– Pique, dit Giquel. J'entends miauler les balles.

Raymond cherche l'exploit. Il désigne à Giquel la mitrailleuse, engage le lourd Farman dans un virage sec, fait face au Fokker et le remonte, afin que Giquel puisse lâcher une rafale de sa Colt, un engin américain encore plus léger que la Lewis.

L'Allemand se redresse, intact. Il vire de bord, revient par l'arrière. Sa mitrailleuse fait sauter les cordes à piano du plan rabattant. Le Farman rentre dans les lignes françaises, pique sur la Meuse à quinze cents mètres. Le Fokker n'ose poursuivre. Il abandonne.

Ce jour-là, Raymond Aumoine n'a pas réalisé l'exploit dont il rêvait, mais il a échappé à la mort lors de son premier combat aérien.

Il ne se tient pas quitte pour autant et reprend aussitôt l'air avec son équipage, sur injonction du capitaine Durand. Des bombes allemandes pilonnent Verdun. Un des hôpitaux flambe à l'arrivée de la *voie sacrée* dans le faubourg de Glorieux. L'ordre est de repérer au plus tôt la batterie meurtrière.

Ils survolent Verdun incendiée, avec ses maisons sans toits, ses immeubles effondrés et ses rues obstruées. Des territoriaux travaillent à rétablir la circulation et les secouristes à évacuer les blessés. Les quartiers nord et les immeubles qui bordent la Meuse sont les plus frappés. Dans le faubourg Pavé, des artilleurs installent leurs pièces dans les jardins.

– Ils tirent sur nous, dit Giquel en désignant les flocons blancs des obus.

– Non, répond Jean-Christophe. Regardez plutôt au-dessus de vous.

Un lourd appareil allemand, d'une forme inusitée, s'avance vers la place de Verdun. Double moteur arrière, biplan à très large empennage.

– Un Gotha! affirme Giquel qui connaît ses classiques, un GVb. Ils s'en servent pour canarder Paris et Londres. Très long rayon d'action. Celui-là est en mission spéciale. Les Boches n'attaquent pas seulement Verdun au canon. Ils veulent faire sauter la citadelle à coup sûr.

Le monstre vole à quatre mille mètres d'altitude, droit devant lui. Les artilleurs l'ont repéré. À cette distance, leur tir est peu efficace, mais les éclats d'obus peuvent toucher aussi le Farman.

– Volons vers l'est, propose Jean-Christophe, nous l'aurons à son retour.

Raymond est heureux d'avoir déjà expérimenté la haute altitude. Il se sent parfaitement sécurisé. Loin de s'éloigner de sa cible, il prend le parti de grimper au-dessus du Gotha. L'Allemand descend sur Verdun, lâche ses six torpilles sur la citadelle et reprend aussitôt de l'altitude. Raymond ne le perd pas de vue. Il vire à 180 degrés pour se placer sur ses arrières lorsqu'il amorcera son retour. Giquel fait signe qu'il ne peut pas tirer. Le Farman doit prendre les devants, virer et attaquer de front.

La manœuvre réussie, la Colt crache ses deux cents cartouches. L'Allemand, imperturbable, continue sa route, mais en perdant de l'altitude.

– Hourra! crie Giquel, il est touché. Une commande coupée, sans aucun doute.

Raymond reprend de l'avance pour un second passage, en diminuant aussi l'altitude. L'équipage est électrisé par cette mission nouvelle, que personne n'aurait pu prévoir ni ordonner : travail de chasseur!

Le Gotha, à la deuxième rafale, prend de la gîte, vire d'une aile sur l'autre, tente de gagner le sol, de virevolter en feuille morte, porté par ses ailes immenses.

Un troisième passage, et le lourd appareil semble demander grâce. L'empennage est lardé de balles, la descente se fait plus rapide. Raymond se repositionne à l'arrière pour l'achever, mais, cette fois, la perte d'altitude brutale du Gotha ressemble à une chute.

– Prends-le par l'avant, hurle Giquel, surexcité par l'action. Donne-lui le coup de grâce!

Le Français n'a pas le temps de se retourner. Il plonge pour rejoindre le Gotha, dont le pilote a repéré sans doute les pistes du terrain de Béhonne. Il réussit à grand-peine un atterrissage ambitieux, avec un train endommagé et un moteur en rideau. Raymond n'hésite pas. Il se pose juste derrière lui.

– Pas question de laisser les chasseurs s'attribuer notre prise, dit-il en sautant à terre, pistolet en main.

Ils sont tous présents sur la piste, les as, en cette fin de journée torride. L'abbé Bourjade en tenue de vol, le capitaine Guy, qui s'avance, boitillant sur sa jambe de bois. Meseguich, hilare, se demande comment cette péniche de Farman a pu contraindre un Gotha à l'atterrissage. Raymond menace de son arme le pilote allemand, qui saute à terre, avec son équipage.

– Vous êtes mes prisonniers, dit-il, tel un capitaine de corsaire. Cet avion est à nous.

– Je te l'achète pour en faire un boxon, dit Coli, l'ami de Nungesser.

Giquel exhibe sa mitrailleuse Colt en sautant sur la piste pour que nul n'ignore qu'il est l'auteur des trous en pointillé, visibles sur la carlingue du Gotha. Les as rient de plus belle à cet étonnant spectacle de Far-West.

– Sergent-chef Aumoine, mon capitaine, dit Raymond le plus sérieusement du monde en saluant Guy, j'ai l'honneur de vous remettre l'appareil et l'équipage que nous venons de capturer.

Jambe de bois redresse sa canne, comme pour un adoubement.

– Vous venez de vous montrer dignes, leur dit-il, de servir dans la chasse. Cet exploit unique dans les annales vous vaudra citation et médaille militaire. Soyez les bienvenus parmi nous.

Les as les entourent, lancent des vivats, les entraînent au

bar de l'escadrille. Raymond a le triomphe modeste. On ne l'a pas compris. Il ne cherche pas la gloriole. Il veut seulement voler sur un avion de tueur.

La surprise de Bray

Le lieutenant Jean Aumoine rentre de Verdun, après y avoir accompagné en mission le commandant Latouche, du 2e bureau de l'armée. Il vient de lui demander comme une faveur la permission de retrouver ses camarades en secteur. Ses deux frères étant morts, il a besoin de se retremper dans la solidarité des tranchées.

Le capitaine Vincent Gérard, chef de sa compagnie au 121e, l'accueille avec chaleur. Il ne cesse de raconter aux bleus les exploits de ce héros, selon lui trop modeste, ses actions spéciales, ses coups tordus et ses incursions dans les lignes de l'ennemi.

Il l'entraîne dans son PC souterrain, renforcé de poutres et de tôles, en avant du village de Chilly, tout près des réseaux de fortifications de la ligne allemande. Les abris sont creusés dans dix mètres d'argile verte : des positions inexpugnables, des forteresses !

– En Picardie, pas de pierres en surface, lui dit-il. Au-dessus de nous, un plateau à limon, aussi riche que les plaines de France. En dessous, le tuf. Tu peux creuser jusqu'en Chine, tu trouveras toujours le tuf.

Les parois du blockhaus sont garnies de planches, les caillebotis superposés recouvrent le fond de l'abri envahi d'eau.

– Il a plu tout l'été, dit le capitaine. Les orages ont transformé les lignes en bourbiers. Il paraît que l'on s'inquiète du moral des troupes dans l'entourage de Joffre. Que nos gentils collègues de l'état-major fassent un tour ici ! Ils comprendront l'impatience des poilus à s'en sortir. Le commandant Latouche va-t-il, lui aussi, nous revenir ?

Gérard regrette l'absence de cet officier du renseignement, quinquagénaire posé, blanchi sous le harnais de l'armée de métier. Peu soucieux de décrocher grades ou citations, celui-ci n'aspire qu'à monter des opérations capables de déconcerter l'ennemi et d'économiser des pertes humaines aux bataillons français, déjà squelettiques.

– Il nous en faudrait beaucoup, des Latouche. Après une semaine d'offensive meurtrière, nous sommes de nouveau coincés ligne contre ligne. On sacrifie des milliers d'hommes pour partir à l'assaut des réseaux de l'ennemi jamais détruits, alors que des coups bien montés viendraient à bout des redoutes, l'une après l'autre. Rappelle-toi les Cinq Piliers.

– J'ai laissé Latouche en gare d'Amiens, dit Jean qui se souvient en effet d'avoir débusqué cette forteresse ennemie enterrée dans une caverne de l'Aisne. Le commandant cherchait le PC du général Fayolle. Je ne crois pas qu'il nous revienne avant longtemps. Fayolle, qui commande la VIe armée, doit maintenir une liaison étroite, presque protocolaire avec les Anglais, dans les opérations qui ont débuté le 1er juillet au nord de la Somme.

– Les relations sont-elles si difficiles ?

– Non, elles sont correctes, mais le général veut savoir à quoi il s'engage, j'allais dire à quoi il s'expose. Il demande le maximum de renseignements sur les Alliés et sur les ennemis. Il recrute les officiers du 2e bureau à son usage personnel, poursuit Jean avec une pointe d'agacement. Latouche me proposait de le suivre chez Fayolle. J'ai préféré me retrouver parmi vous, dit-il au capitaine Gérard, et mourir, s'il le faut, au milieu de mes camarades.

– Latouche ne revient pas dans notre secteur parce qu'il ne s'y passera plus rien, dit Gérard impatienté. Micheler, le chef de notre Xe armée, ne cesse de demander et d'attendre ce qu'il appelle les « moyens indispensables ». On dit ce Micheler très soutenu à Paris. D'où son arrogance. L'as-tu déjà rencontré ? Un visage d'oiseau de proie aux yeux enfoncés dans les orbites, de longues moustaches lissées en pointes fines. Une tête d'un autre temps. Rien ne changera tant qu'il n'obtiendra pas de Foch et de Joffre les moyens qu'il exige, non par excès de prudence, mais par calcul politique. Il ne veut avancer qu'à coup sûr, pour paraître en vainqueur.

Jean s'étonne des propos critiques, presque agressifs, du capitaine Gérard. Où est-il, le saint-cyrien d'août 1914 en gants blancs qui se précipitait sans discuter les ordres et au péril de sa vie à l'assaut de Petitmont, en Lorraine ? Voilà qu'il prend franchement le parti des poilus contre les états-majors. Comme tant d'autres chefs de compagnies, il a choisi son camp.

– Les généraux se comportent comme des mandataires des Halles ! ose-t-il affirmer dans le huis clos de son abri suintant de boue. Ils se disputent les arrivages. Les canons lourds, les unités coloniales, les renforts de travailleurs italiens, les contingents de prisonniers, tout leur est bon. Leur crédit se mesure à leurs effectifs. Ils en demandent toujours plus. Mais il n'y a pas assez de troupes pour tout le monde. Verdun brûle encore des divisions chaque jour et la Somme devient coûteuse. Micheler risque d'attendre longtemps, et nous aussi.

Jean ne pipe mot. Il sait que Gérard a raison. Par Latouche, il a vu de près les états-majors de Verdun. Il a compris, dans le sillage de Nivelle, que les généraux se constituaient des fiefs aux armées pour se protéger de la vindicte des hommes politiques, qu'ils jugent irresponsables.

« Ils ont besoin de moyens pour agir, se dit-il. Ils les exigent. Ils n'ignorent pas que les échecs ne leur sont jamais pardonnés. S'ils n'attaquent pas, ils sont coupables, mais s'ils n'obtiennent pas de résultats, ils sont encore plus pénalisés. Ils font désormais la guerre au conditionnel. »

– J'ai hâte de revoir les hommes, dit Jean en sortant de l'abri.

– Hélas ! l'avertit Gérard. Tu ne les retrouveras pas tous.

Dans le boyau d'accès aux premières lignes, Jean rencontre d'abord des hommes au travail. Des territoriaux quadragénaires aménagent bravement des tronçons de tranchées conquis à l'ennemi autour du village en ruine de Chilly.

Le sergent fourrier Nisard, arpenteur de son métier, dirige le chantier et fait opérer les jonctions nécessaires, creuser les boyaux de liaison indispensables aux poilus qui pataugent dans la boue. Il embrasse Jean comme un frère, ému presque aux larmes.

– Nous avons attaqué le 4 septembre, lui raconte-t-il. Les nôtres ont enlevé le boyau de Chilly, nettoyé les tranchées à la grenade. Mais nous n'avons pas été en mesure de progresser au-delà. Trop de résistance, surtout de l'artillerie. Le 8 septembre, nous avons reçu l'ordre de nous terrer sur les positions conquises et d'attendre.

Jean tombe dans les bras de Jules Bousquin, qui remonte le boyau. Tous deux sont voisins de hameaux, copains depuis la maternelle.

– Dieu merci ! Tu t'en es tiré !

– De la merde sûrement pas, plaisante Jules, embourbé jusqu'à la ceinture.

Il tire une bouffée de sa pipe et entraîne son ami vers la tranchée principale, où veillent les copains, certains à demi endormis sur le parapet.

– Vous êtes ici comme des papes, dit Jean. Pas de marmites ?

– Ils nous laissent tranquilles. Nous avons fait beaucoup de prisonniers. Des Saxons pépères de la *Landwehr*. Ils se sont laissé cueillir en sortant de leurs niches, tout heureux de « faire camarades ». Dommage que nos canons aient abîmé leurs tranchées avant l'assaut. Elles sont superbes, et les abris bétonnés. Ils n'ont pas réussi à nous les reprendre. Nous pouvons disposer royalement de leur confort.

Dans un poste de mitrailleuses crénelé, Jean aperçoit Maurice Lefort, l'imprimeur anarchiste, l'ancien déserteur devenu sergent et responsable d'une pièce. Jean se souvient de Poperinge, dans les Flandres. Lefort y avait pris la place d'André Bouin, tué par l'ennemi.

– Où est Lascot ?

Lascot, de la même compagnie de mitrailleuses, était lui aussi un déserteur repenti de la bataille des Flandres. Les deux compagnons, repris par les gendarmes, avaient été distingués par le capitaine Migat qui leur avait fait confiance. Ils avaient sauvé leur bataillon par leur tir ajusté. Jean gardait parfaitement cet exploit en mémoire.

– Lascot est mort, laisse tomber Lefort. La section est en deuil. Nous y passerons tous. Un obus de 220 s'est écrasé sur le poste. Un miracle si j'ai pu y échapper.

– Et Lavelle ?

– Tué lui aussi.

Jean mesure le désastre. Que reste-t-il des conscrits d'août 14 ? Combien seront-ils à rentrer chez eux ? Ernest Lavelle était dans son escouade, à la campagne de Lorraine. L'apiculteur de Bloux, jovial et pacifique, aimait ses ruches et ses abeilles. Blessé au doigt à Petitmont, il avait demandé à repartir au plus tôt. Un patriote. Affecté à la section de mitrailleuses d'André Bouin, il avait échappé au carnage des Flandres.

– A-t-on prévenu sa mère ? demande Jean.

Il revoit la paysanne du charmant village de Bloux, sur le chemin de Néris, perdu dans les châtaigniers et les genêts géants. Une veuve vivant chichement du produit de ses ruches, avec son fils unique.

– Je lui ai écrit, avoue Jules en baissant la tête, conscient que rien ne pouvait atténuer le désespoir de cette femme.

Jean n'ose poursuivre cette revue funèbre. Devant le regard fuyant de Jules, il comprend que l'hécatombe ne s'arrête pas là.

– Je ne vois pas Joannin en sentinelle, s'étonne-t-il.

Le géant du régiment avait capturé un drapeau bavarois en août 14. Vedette du championnat de boxe française à Montluçon, il avait été, quoique illettré, nommé caporal pour sa bravoure et portait avec fierté cette médaille militaire durement acquise.

– Il était le premier à l'assaut, comme d'habitude, explique Jules. Mais le 8 août, lors de la contre-attaque, les Mausers ne l'ont pas manqué. Il faut dire que les balles tombaient comme des prunes. On nous raconte que les Boches sont touchés par l'usure. Quelle blague ! Quand nous sommes cinquante, ils sont deux cents, armés jusqu'au dents. On leur tire dessus à la mitrailleuse, ils continuent d'avancer, poussés par leurs sous-offs.

– Joannin ! répète Jean, les yeux pleins de tristesse.

– Ils sont forts, les Boches, quand ils se sentent au coude à coude, poursuit Jules. Joannin commandait le feu. Les engins de Lascot et de Lefort avaient leur tube rougi par la cadence du tir. Ça dégringolait sur eux comme lorsqu'on secoue un arbre pour faire tomber les noix. Ils avançaient tout de même en tirant. Joannin en avait douze devant lui. On lui disait de se plaquer au sol. Il ne voulait pas. Il les attendait, baïonnette au canon. Il a bien fini par se coucher, pour toujours, avec dix balles dans la peau.

Dans le boyau au sol bétonné qui conduit à un avant-poste, Jean Biron le clairon et le docteur Montagne sont en train de ranimer un soldat dont le casque a roulé à terre, bosselé comme une vieille marmite. C'est Maurice Duval, de Champignier, un petit hameau de l'Allier, proche d'Huriel. Montagne lui fait respirer de la gnôle. L'ancien champion du Tour de France 1913 retrouve son souffle.

– Un tireur d'élite, bien planqué derrière sa meurtrière

blindée, commente le docteur en désignant le casque troué. Il l'a manqué de peu. Sans doute une balle explosive. C'est leur manière quotidienne d'assurer l'usure de notre armée.

Jean ne s'étonne pas de tomber sur le toubib, casqué et crotté lui aussi comme un poilu, aux avant-postes. À Montluçon, Montagne est connu comme le loup blanc, étant médecin de la toute nouvelle équipe de rugby. Duval retrouve ses couleurs, et Biron son sourire. Ils embrassent Jean avec effusion. S'il est de nouveau parmi eux, ils sont sauvés. Après tant de malheurs, son retour est un signe du ciel.

– Et maintenant, dit Jean Aumoine à Bousquin et à Massenot, assis dans l'abri bétonné creusé par les Allemands, racontez-moi comment tout est arrivé. Je vous croyais tranquille, en ce bout de front perdu.

– Nous aussi, répond Jules Bousquin. On était sûrs, pour une fois, d'échapper au casse-pipe. Tu sais que les Anglais ont attaqué dès le 1er juillet 1916, aidés par la VIe armée française du général Fayolle.

– Cela ne vous concernait pas. Vous êtes à la Xe armée de Micheler.

– Justement, intervient Vincent Gérard en se joignant au groupe. Micheler ne voulait pas attaquer.

Personne ne s'étonne de l'arrivée du capitaine. Les temps ont changé. Au front, un chef de compagnie est près des hommes, partage leur vie quotidienne. La discipline reste celle du feu, mais les rapports sont libres, presque familiers.

– Micheler, poursuit le capitaine, a reçu les instructions du général en chef le 19 juillet seulement.

– Ainsi, vous étiez totalement en dehors de l'offensive meurtrière des Franco-Britanniques.

– Sans doute. Il n'était question pour nous que de préparer l'attaque de Chilly, au sud de Chaulnes, la première ligne allemande que nous occupons aujourd'hui.

– Et l'opération a été ajournée pendant des semaines et des semaines, précise Massenot. On attendait tous les jours des ordres de notre colonel, Corneloup.

– Qui est ce Corneloup ? demande Jean.

– Un ancien dragon de Vincennes. À la mort de Migat, il a pris son commandement, en octobre 1915. L'état-major nous envoie des officiers de cavalerie pour compenser la perte des cadres.

– En août, vous n'avez rien fait ?

– Nous avons trempé dans des pluies d'orages, explique Vincent, en attendant les renforts d'artillerie et le « complètement » de nos effectifs. Notre général de corps d'armée, Anthoine, n'avait à ses ordres que deux divisions.

– Quelle est l'autre ?

– La 20e de Grandville, Saint-Malo et Cherbourg, que le général avait déjà commandée autrefois. Elle a été décimée bravement dans la dernière offensive perdue, du côté de la tranchée des Bigoudines. Aujourd'hui, c'est un fantôme.

– Vous avez donc attendu le 4 septembre pour sortir des parallèles ?

– Nous n'avions en ligne que cinq divisions, et deux seulement étaient réservées à l'attaque, dont la nôtre, explique posément le capitaine Gérard. Tous les moyens étaient alors réservés à Fayolle : dix divisions de première ligne et le gros de l'artillerie. Il n'a pas pu exploiter son succès. Pas plus que les Anglais. Au 31 juillet, les pertes de l'armée étaient déjà de soixante-seize mille hommes. Impossible d'aboutir au nord de la Somme, une attaque devait être conduite sur notre front, avec le renfort de deux corps d'armée. On les a attendus un mois entier.

– Depuis quand étiez-vous en ligne ?

– Tu sais que nous étions pratiquement tenus à l'écart des grandes offensives de 1915, dit Massenot. Nous avons tiré notre épingle du jeu à cause des pertes subies par le régiment en 1914. Nous avons aussi échappé à Verdun, car Joffre, apparemment, nous réservait pour la Somme. Au repos à Estrées-Saint-Denis, à l'ouest de Compiègne, le 121ᵉ a été débarqué par chemin de fer à Amiens, puis orienté vers Maucourt, un gros bourg rural bourré de troupes. De là, nous avons pris notre place à la tranchée pour y languir dans la boue, de semaine en semaine.

– Le général de notre 26ᵉ division est-il toujours en place ?

– Naturellement, répond Vincent Gérard impatienté. Aucune raison de changer Pauffin de Saint-Morel. Il n'a rien fait. À croire que Joffre l'a oublié, ou se méfie de ses capacités offensives.

– Ainsi, résume Jean, le canon tonnait jour et nuit à vingt kilomètres au nord, et vous restiez sur place.

– Quand nous avons enfin participé à l'offensive générale de la Xᵉ armée, le 4 septembre, notre objectif était la route Bapaume-Péronne. L'attaque du Bois triangulaire, de la tranchée du Héron et du bois de Chaulnes était prévue. Il a fallu en rabattre. Nous avons dû nous contenter de la prise du village de Chilly et de son réseau de tranchées. La 26ᵉ division n'était pas en tête. Les Bretons de la 20ᵉ ont fait le gros du travail.

– Alors, pourquoi tous ces morts dans nos rangs? s'étonne Jean.

– La contre-attaque du 8 septembre! soupire Bousquin. Nous avions pour mission de tenir les positions conquises. C'est nous qui avons subi le marmitage insensé de von Gallwitz et l'attaque des Saxons. Depuis, il n'est plus question de nous dans les calculs de l'état-major. Oublié de nouveau, Pauffin de Saint-Morel!

– Pourvu que ça dure! ajoute Jules Massenot, s'attirant un coup d'œil agacé du capitaine Vincent Gérard, aussi attristé par les pertes de son régiment qu'humilié par son échec.

Jean estime que la reprise de l'offensive peut demander de longs délais. Les captures de prisonniers effectuées par les patrouilles indiquent que les effectifs de l'ennemi se renforcent et que celui-ci creuse une nouvelle position à l'arrière. Tout à la joie de retrouver ses camarades autour de la roulante chaude du matin, dans les ruines de Chilly, il boit son café avec Jules Bousquin et le major Montagne.

– Si le commandant était des nôtres, lui dit le toubib, vous sauriez déjà ce qu'ils mijotent, ceux d'en face. Ils vont nous canarder d'importance, le temps que nous recevions des renforts.

– Micheler ne veut pas, comme Fayolle, être crédité d'un nouvel échec, souligne Jean Aumoine. A-t-il tort? Nous n'avons plus beaucoup de monde à faire tuer. Les Marie-Louise de la classe 17 sont notre dernière réserve. Nos généraux n'osent pas l'engager.

– Il paraît que les Anglais ont des armes secrètes, avance le toubib d'un air gourmand, en croquant dans sa galette de gruau.

– Veux-tu des cigarettes allemandes ? demande Jules. Nous sommes tombés sur un dépôt de vivres et de *Minen* de 240. Bonne prise !

– Je n'aime pas leurs cigarettes : du foin parfumé à l'eau de Cologne. Le caporal ordinaire est le meilleur tabac du monde, assure le major en bourrant sa pipe. Il a des bûches, mais il est sain, et la peau de couille le tient au frais, assure-t-il en exhibant une blague de caoutchouc rose noirci de boue.

À peine sont-ils rentrés dans les tranchées que le colonel Corneloup fait irruption, donnant l'ordre de consolider la position et d'ajouter des mitrailleuses en batterie. Micheler leur demande de s'installer, avec le plus de confort possible, dans une position défensive, et de compléter les effectifs par des hommes réclamés au dépôt.

– Pas question de relève, insiste-t-il. Qu'on se repose en ligne, qu'on aménage abris et couchettes dans les ruines de Chilly. Je n'ai pas les moyens d'envoyer les hommes fatigués à l'arrière. Dormez dans les *Stollen* ! Ils sont à l'épreuve du canon.

Il prend le capitaine à part, et lui dit en confidence :

– Ils nous ont enlevé cette nuit une partie de la tranchée Guillaume, au nord du bois de Chaulnes.

– Au 3e bataillon ?

– Oui. Ils ont profité du brouillard, entre cinq et six heures ce matin. Les sentinelles ont été surprises par le coup de main. Avez-vous des volontaires pour effacer discrètement l'affaire ?

– Jean Aumoine me paraît indiqué. Il commence déjà à s'ennuyer.

Le soir, Jean prépare l'opération avec Massenot, Bousquin et quelques bleus venus du dépôt depuis le 8 septembre, et qui n'ont jamais connu le feu, le vrai, celui des Mauser et des Maxims.

Il avise un garçon solide, Maurice Cazenave, vacher de Montmarault, un jeune de la classe 16. Un cou de taureau, des épaules de déménageur. Jean lui barbouille le visage de suie, vide le chargeur de son Lebel, remet l'arme au magasin et lui demande d'emporter sa baïonnette dans son étui.

– Arme blanche seulement, insiste-t-il. Pas de coups de feu.

Massenot et Bousquin ont chacun recruté un homme : passe-montagne et masque sous le casque, poignard en main, grenades fumigènes dans le sac en cas de besoin. Tous chaussent des bottes de caoutchouc, pour la progression en dehors des tranchées. Attaquer de nuit par le terrain, à condition de couper les barbelés sans faire de bruit. C'est la règle dans les corps francs.

– Les réseaux sont-ils électrifiés ? demande Jean.

– Pas encore. Ils n'ont pas eu le temps.

– Cazenave se chargera des cisailles. Avec Massenot.

Le jeune Roland Gaume, commis charcutier à Durdat-Larrequille, exhibe un couteau de tranchée fourni par le centre de recrutement.

– C'est pour le nettoyage, m'a-t-on dit à Montluçon. Pas de prisonniers !

– Pas de cela chez nous, jamais ! dit Jean en lui arrachant l'arme des mains. Entendez-moi bien : je ne veux que des prisonniers. La tranchée prise, vous les ferez sortir en file, un par un, vers l'arrière. Ils marcheront sans hésiter, de leur plein gré, trop heureux de n'être pas égorgés. On leur a assez dit que les Français étaient des tueurs. Ceux qui massacrent les hommes désarmés se déshonorent. Nous ne sommes pas des assassins.

Les bleus sont surpris. À l'entraînement, tant d'histoires horribles circulaient sur les nettoyeurs de tranchée, qu'ils s'attendaient à être chargés les premiers de la sinistre besogne : une sorte de déniaisement dans le sang. On les assurait aussi que les troupes d'assaut ennemies brûlaient les corps au lance-flammes, que les *Feldwebel* achevaient les blessés au revolver. Leur imaginaire était peuplé d'horreurs. Dans la presse patriote qu'ils lisaient au dépôt, le « Boche » était présenté comme un criminel à clouer à la baïonnette, telles les chouettes à la porte des granges.

– Le premier qui tue un ennemi désarmé, je le brûle, déclare Jules Bousquin pour clore l'incident.

Il prend la tête de la colonne qui s'éloigne de la tranchée par une nuit sans lune. Cette place lui revient de droit. Il est le seul à bien connaître les lieux.

Les bleus ont été chapitrés. Ils doivent coller aux bottes de l'ancien. Bousquin choisit un angle mort de la tranchée saillante pour rompre le réseau de barbelés. Il montre à Cazenave comment agrandir la brèche en évitant de faire claquer la cisaille.

Les hommes rampent ainsi dans la boue de Picardie, évitant les trous d'obus remplis d'eau glauque, et sans doute de cadavres, le *no man's land.*

– Le plus sûr, chuchote Jean, est d'approcher du parapet sans faire de bruit, en prenant garde aux casseroles et aux boîtes de conserve accrochées aux barbelés.

En serre-file, il fait signe à Roland Gaume de le suivre. Il veut attaquer, avant toute chose, la mitrailleuse de flanquement qu'il a repérée de jour à la jumelle. Un déboulé de lièvres lui donne de l'inquiétude. Les Boches vont se mettre en alerte. Il repère soigneusement l'angle mort, contourne l'obstacle, saute prestement dans la tranchée et avance à pas mesurés dans le boyau conduisant à l'arrière, sans provoquer de réactions chez l'ennemi, probablement assoupi.

Le soldat Gaume, glacé de peur, le suit dans ce dédale où ils ne rencontrent pas âme qui vive. Les *Feldgrau* sont aux abris. Seuls restent en ligne les guetteurs. Ils ont déjà été neutralisés par Bousquin et Massenot qui les ont proprement assommés.

Jean, grenade en main, surgit par l'arrière dans le poste des mitrailleuses dont les servants dodelinent du chef. Roland Gaume, tétanisé, crispe ses poings sur sa baïonnette, prêt à frapper, mais se voit intimer de n'en rien faire. Réveillés brutalement, les Allemands lèvent les bras en l'air et abandonnent leurs engins, que Jean fait aussitôt mettre en batterie dans la tranchée principale, visant la perspective du débouché des boyaux.

– Surveille les prisonniers, dit-il à Gaume.

Des clapotis de bottes sur la glaise humide. Des ordres brefs. Un chien aboie, perçant le silence. Une ronde se présente, conduite par un *Feldwebel,* à l'autre extrémité de la tranchée Guillaume, où Massenot a fait le ménage. Affolé, Maurice Cazenave lance une grenade. La patrouille allemande s'enfuit, son chef blessé à mort.

L'alerte est donnée. Jean prévoit la contre-attaque.

– Faites sortir les prisonniers en file vers l'arrière, dit-il.

Dans les lignes françaises, le capitaine Gérard presse l'escouade des territoriaux de déboucher l'ancien boyau réunissant l'avant-poste français à la tranchée Guillaume.

Les renforts arrivent. Une section entière prend position, installe ses mitrailleuses et ses crapouillots, pendant que les Allemands captifs et désarmés sont conduits au PC du colonel Corneloup, pour interrogatoire.

– Aux abris, dit Jean, ils vont arroser.

Les Allemands ne font jamais attendre leur contre-attaque. Les ordres donnés aux unités par le premier quartier-maître général Ludendorff sont de reprendre immédiatement, coûte que coûte, une position perdue. Les pièces de 77 tonnent, sans faire trop de victimes, mais en bouleversant la ligne de la tranchée Guillaume. Une heure de bombardement lourd suffit à la réduire à l'état de cratères.

– Les *Minen* tirent à leur tour, observe Massenot du fond de l'abri bétonné.

Dans la tranchée, les mitrailleuses allemandes tombées aux mains des Français sont bientôt détruites. Heureusement les équipes spéciales de la compagnie Gérard mettent en place les crapouillots, qui tonnent aussitôt contre la première ligne d'assaut. Et la pièce de Maurice Lefort, nichée dans le bunker, crache le feu à son tour.

Par fusée, Gérard a demandé à l'artillerie un tir de barrage à cent mètres. Les obus de 75 explosent, martèlent le sol et découragent les assaillants qui se terrent alors dans les trous. Les grenadiers avancent jusqu'au parapet et arrosent les *Feldgrau* qui tentent l'escalade.

Quand le jour se lève, la tranchée Guillaume reste aux

Français. André Biron, converti en brancardier avec Roland Gaume, évacue les blessés pendant l'accalmie. Le major Montagne est déjà prêt à fournir les premiers secours dans son poste d'urgence, et organise le transport des plus touchés vers l'antenne chirurgicale. Les pertes sont sensibles, mais plus encore chez les Allemands, dont les blessés, sous le feu des mitrailleuses françaises, ne peuvent être secourus.

Le sergent Nisard, qui dirigeait les territoriaux chargés de renforcer la position en toute hâte, a eu le bras arraché par un éclat de grenade, il perd son sang. André Biron se précipite pour ligaturer. Aidé de Gaume, il s'apprête à l'évacuer vers l'arrière quand un tir de *Minen* les recouvre de terre.

Le petit Gaume ne sera jamais charcutier. Massenot le dégage à la pelle avec une escouade, son cœur a cessé de battre. Le sergent fourrier Nisard n'a plus de tête. On retrouve son corps enlisé au fond d'un trou d'obus envahi de boue liquide. Seul Biron est indemne.

– C'est un échec, affirme Jean Aumoine au capitaine Gérard. La surprise n'a pas joué. Nous n'avons pas eu le temps de nous organiser. Ils reviendront plus nombreux dans quelques heures, après un nouvel écrasement des lignes. Nous avons perdu cinquante hommes pour rien.

Le lieutenant Aumoine n'a pas le temps de poursuivre devant Chilly la guerre d'usure avec sa compagnie. Un courrier d'état-major lui demande de partir immédiatement pour le QG de Fayolle, en mission spéciale.

– Non seulement le commandant Latouche nous abandonne, mais il vous enlève, se plaint Gérard. Vous allez préparer l'offensive du 21 septembre. Ils n'ont toujours pas compris, à l'état-major, qu'on ne pouvait venir à bout de trois lignes de fortifications sans moyens exceptionnels. Fasse le Ciel que vous nous reveniez intact!

– Pourquoi pas? sourit Jean Aumoine, fataliste. Vous avez pu voir que la camarde ne s'intéresse toujours pas à moi, en dépit de ma bonne volonté.

Le plus dur est de quitter les copains. Chaque épisode de la guerre boueuse fait de nouvelles victimes. Aujourd'hui, l'honnête comptable Jean Nisard, féru de musique et de voyages en chemin de fer; mais aussi la plus belle plume du régiment, capable de mouler à l'ancienne, sur le journal de bord, le nom des camarades disparus. Hier, Ernest Lavelle. Qui reverra-t-il demain, s'il en revient?

Latouche, à l'entrée du QG de Fayolle à Méricourt, lui donne l'accolade des chevaliers du chiffre et des missions spéciales.

Dans le village, embusqué sur un méandre de la Somme, à onze kilomètres du front, les gendarmes gardent l'entrée de cette maison de campagne, vidée de ses meubles. Au milieu du parc dévasté, les voitures d'état-major se pressent, sans égards pour les semis du potager ni pour les pommiers déjà chargés de fruits. Des motards pétaradants ajustent leurs sacoches bourrées de plis urgents.

Le commandant se rend compte, à la mine de Jean Aumoine, que son moral est atteint. Aussi n'est-il pas fâché de lui remettre une lettre non timbrée.

– Valise diplomatique de Suisse, lui dit-il. Elle m'était destinée. Mais une seconde enveloppe, glissée dans la première, portait ton nom.

Jean s'assied un peu à l'écart sur un banc de pierre criblé d'éclats et ouvre fébrilement le pli. Il découvre la belle écriture penchée de Clelia von Arnim, sa première lettre. Il n'en a jamais reçu d'autre.

Les souvenirs lui reviennent en rafales. La voici toute blanche dans sa blouse d'infirmière à l'hôpital allemand de Sarrebourg où il était blessé. Puis en Belgique, quand elle a pris le risque insensé de le reconduire en France. Arrêtés tous les deux par la sécurité militaire, ils ne se sont pas revus depuis.

Elle lui écrit du palais de Lugano, où elle a rejoint sa mère, la cantatrice Antonina Bellini, réfugiée en Suisse italienne dans le château de son père, alors que son époux, le *Graf* Hortz von Arnim, colonel de cavalerie, a suivi dans la guerre son suzerain et cousin, le prince Rupprecht de Bavière.

Clelia a reçu, peut-il lire, sa longue lettre d'amour, délivrée au palais par un facteur très spécial, le baron de Cortepiana, du 2e bureau français. Pendant qu'Antonina faisait attendre le messager, la jeune fille s'était isolée dans sa chambre, ouverte sur le lac, délicatement ornée de dessins de Botticelli sur la *Divina Commedia*, pour qu'il emportât vers la France sa lettre d'amour à Jean Aumoine.

Tes mots sont gravés dans mon cœur. Aussi loin que tu sois, tu ne m'as jamais quittée. Je ne vis que de ton retour. Combien de fois ai-je failli me laisser emporter sur la barque du lac, jusqu'en Italie, où, dans mon rêve, tu m'attendais sur le rivage. Que ne suis-je la fauvette nichée sous ma fenêtre pour m'envoler vers toi. Je ne rêve qu'évasion. C'est à moi de partir, puisque tu es attaché à l'horrible tranchée, enseveli vivant dans un sillon sanglant. À moi de te rejoindre. Il n'est pas de guerre si atroce qui ne laisse chanter les rossignols, ni voler les hirondelles. Regarde le ciel chaque soir. Demain, peut-être, tu y verras ta Clelia…

Il est vrai qu'elle fait tout son possible pour revenir en France. Son frère Erik, grand blessé de guerre, a voulu entrer en ligne. Les chirurgiens, en lui adaptant une prothèse, lui ont permis de piloter des avions. Il s'est fait tuer glorieusement dans le ciel de Verdun, son Fokker abattu par Navarre qui a jeté des fleurs sur sa dépouille.

Rien ne la retient plus dans le camp du Kaiser, où son père poursuit sa guerre féodale. Antonina, sa mère, n'a plus aucune objection à ce qu'elle passe dans le camp des Alliés. Si les Américains, encore neutres, refusent de l'accueillir dans leur antenne chirurgicale, par crainte des autorités françaises, elle ira dans le Nord, chez les Anglais. Sa vieille amie, la duchesse douairière de Sutherland, le lui a promis. Elle attend Clelia avec joie dans *l'Ambulance Millicent Sutherland*, où la jeune fille soignera les blessés de Picardie.

… Je ne puis t'en dire plus, mon amour. Ceux que Dieu a réunis ne peuvent être séparés, quand ils s'aiment comme nous nous aimons. Si tu regardes le soir les étoiles, dis-toi qu'il en est une nouvelle qui ne brille que pour toi. Tu la reconnaîtras facilement. Elle a six branches, et six lettres : Clelia.

Le général Fayolle n'est pas content. Une fois de plus, Foch, son chef, l'envoie au casse-pipe pour respecter les accords pris avec sir Douglas Haig, le chef du corps expéditionnaire britannique en France. Il est convenu par protocole que les Français doivent attaquer le 12 septembre.

– Nous sommes le 10 et rien n'est prêt, déclare-t-il au général de Bazelaire, le chef du 7e corps, récupéré après son éloignement du champ de bataille de Verdun. Regardez les photos aériennes. Les Allemands creusent toutes les nuits des kilomètres de tranchées. Les chemins deviennent autant d'abris imprenables. Voyez Sailly-Sallisel : une taupinière, quatre étages de galeries souterraines.

Le commandant Latouche se tient immobile dans un recoin du salon de la maison bourgeoise qui sert d'état-major à Fayolle. Il connaît les foucades de ce général de soixante-deux ans, bon père et bon chrétien, loyal époux et excellent artilleur. Ami et collègue de Foch depuis toujours, ce successeur de Pétain à la tête du prestigieux 33e corps a été placé par Foch lui-même à la tête de la VIe armée.

Il reste que Fayolle est de la race des Pétain, et non des Foch. Il pense que, avant de risquer la vie de milliers de poilus, on doit mettre toutes les chances de son côté, sans rien négliger. Il faut, certes, exiger du canon. Est-ce une raison pour passer à l'as les consignes d'aménagement du terrain ?

– Il est pénible de constater, dit-il à Bazelaire, que notre puissance de travail dans l'offensive est inférieure à celle d'un adversaire réduit à la défensive. C'est moins la faute des hommes que celle des officiers, qui ne savent ni organiser, ni conduire des chantiers. Assez du désordre et de l'incohérence !

– Nous n'avons matériellement pas le temps, ni d'ailleurs la main-d'œuvre nécessaire, pour entreprendre de grands travaux en moins d'une semaine, fait observer Bazelaire.

– Comment pouvez-vous attaquer ? Vous n'avez même pas arrangé les bases de départ !

– Les hommes sont épuisés, objecte Bazelaire. Ils ont trop donné. Ils ne peuvent ni attaquer ni se défendre, il faut les relever.

Pour qu'un Bazelaire, déjà mis sur la touche à Verdun, suite aux résultats décevants de ses troupes, tienne ce langage sur la Somme, se dit Latouche, il faut que ses hommes soient à bout. Le 7e corps est le meilleur corps de bataille. On compte sur lui pour enlever Bouchavesnes, point fort du dispositif allemand. Si le 7e montre des signes de découragement, rien n'est possible.

– Vous devez attaquer, lui dit Fayolle. J'en ai moi-même reçu l'ordre et je ne peux que l'exécuter, même si je ne suis nullement assuré du résultat.

Bazelaire semble accablé. Latouche se souvient des rapports du 2e bureau à propos du découragement de l'armée Fayolle, au mois d'août. Après ses brillants résultats du 1er au 4 juillet, elle s'était engluée dans la boue des orages incessants. Les généraux eux-mêmes n'obéissaient plus aux ordres, recherchant la percée sans s'occuper du reste du front de l'offensive, ni tenir compte des formidables difficultés rencontrées par les troupes d'assaut britanniques face aux forteresses allemandes. Foch avait dû mettre au repos le bouillant Berdoulat, chef du premier corps colonial, coupable de trop d'imprudences et, partant, de trop de pertes.

– Pourquoi ne pas attendre les deux corps d'armée de renfort ? demande Bazelaire en désespoir de cause.

Latouche sent monter l'exaspération chez Fayolle. Peut-il dire à son subordonné qu'il tient Foch pour un fou, qu'il joue lui-même sa tête dans cette affaire? La Somme est déjà le tombeau de l'armée britannique. Elle deviendra celui de l'armée française, après Verdun, si l'on continue d'y laisser exterminer les divisions. Les généraux en poste dans les unités en sont conscients. Ils refusent d'attaquer sans soutien suffisant.

Latouche se souvient aussi de la note du 6 août, signée Fayolle, où celui-ci reprochait aux chefs de bataillon la «mentalité déplorable» consistant à prendre l'infanterie pour «un instrument passif d'occupation du terrain». Ils exigent du canon, toujours plus de canon. Même à la division de fer du 20ᵉ corps. Ils en ont assez de se faire tuer. «Les récriminations des officiers sont de véritables défaillances», écrivait Fayolle ce jour-là.

– Considérez-vous comme le fer de lance de l'offensive du 12 septembre, dit-il à Bazelaire. Il vous revient de prendre Bouchavesnes.

Bazelaire pense à ses soldats sacrifiés lors de l'offensive manquée du 11 août, puis décimés durant les 24 et 25 août sur la route de Cléry à Maurepas. Au seul régiment de Belfort, six cents tués et blessés pendant la journée, et deux cents chez les chasseurs d'Albertville. Les poilus de Bazelaire avaient combattu contre les régiments d'élite de la garde prussienne. Une boucherie.

– Vous avez pris la forteresse enterrée de Cléry le 4 septembre, rappelle Fayolle, cherchant à remonter le moral de Bazelaire. Le père Joffre compte sur vous. Votre régiment de Langres a enlevé la position au son du clairon. Vous avez avancé de six kilomètres dans leurs taupinières. Que diable! Nous avons encore une infanterie!

– À la 41e division, rappelle Bazelaire à son tour, nous avons perdu plus de mille hommes par jour. Nos poilus sont épuisés.

– Prenez Bouchavesnes, insiste Fayolle, et vous partirez au repos ! Je vous en donne ma parole, celle de Foch, celle de Joffre. Que vous faut-il de plus ? Nous avons tous les yeux fixés sur vous.

Bazelaire parti, Fayolle fait signe au commandant Latouche.

– Je ne suis pas sûr des Anglais, lui dit-il. Je ne connais pas les intentions de sir Douglas Haig, et j'ai peur que Foch ne se laisse bercer d'illusions – j'étais à son état-major à Dury lorsqu'ils se sont rencontrés. Nous avons déjà fait défiler trente-neuf divisions sur notre front en quelques semaines, pour quarante-quatre à Verdun. Nous ne pouvons faire plus. Poincaré m'a rendu visite deux fois, le roi d'Angleterre en personne, et Joffre au moins quatre fois. Mais Haig ne s'est toujours pas clairement manifesté et nous n'avons plus le droit d'échouer.

– Qu'attendez-vous de moi, mon général ? interroge le commandant, que ces révélations rendent perplexe.

Fayolle le prend à témoin d'une situation inextricable. Devant lui, il appelle Joffre au téléphone.

– Vous avez tout pouvoir pour remettre l'opération si vous le jugez nécessaire, lui a dit le général en chef.

Latouche conçoit et comprend l'embarras de Fayolle : celui-ci doit attaquer pour soutenir les Anglais, mais il ignore tout de leur participation réelle à l'offensive.

– Haig a parlé d'une arme secrète, dit-il à Latouche. Partez immédiatement pour Abbeville et tâchez d'en savoir plus. Envoyez les informations par pigeon s'il le faut. Prenez un homme avec vous. Votre ordre de mission stipulera que vous devez réceptionner au port un envoi de mitrailleuses Lewis pour avions.

Une voiture de l'état-major de Foch, lequel doit regagner Dury, fait un détour pour déposer Latouche et Jean en gare d'Amiens. Ils y attendent le train d'Abbeville.

Une heure à perdre dans la capitale de la Picardie, qui regorge d'officiers d'état-major et de troupes alliées. Les mouvements des attelages, des roues bandées des camions, charrient dans les rues des traînées de boue du front. Elle colle aux trottoirs, s'infiltre dans les jardins publics où les bancs sont occupés par des retraités lisant *Le Progrès de la Somme*. On cherche d'abord dans le quotidien la rubrique « Les Picards au feu » pour avoir des nouvelles du pays envahi par la guerre, labouré par les obus. On commente la photo de l'église d'Albert détruite par le canon allemand. Son clocher, toujours debout, porte à son sommet une Vierge suspendue par les pieds à 90° dans le vide. C'est le miracle d'Albert.

Les Amiénois ont vu défiler, depuis le mois de janvier, tous les éléments de préparation de l'offensive. Ceux du génie, chargés de doubler les voies et d'ouvrir des routes de secteurs, des cantonnements de repos, des abris d'états-majors, des lignes de chemins de fer conduisant les obus géants aux batteries. Ils ont assisté au passage des monstres de 380 et de 400, des canons de marine montés sur rail, embusqués dans des tranchées percées à leur mesure.

Une gigantesque entreprise de travaux publics. Les hommes du génie français et de l'*engineering* ont posé cent mille kilomètres de lignes téléphoniques, installé partout des postes d'eau, organisé des relais d'ambulances pour les blessés. Ils ont monté, comme au meccano, de faux arbres en tôle, vrais observatoires d'artillerie, mis en place de faux canons, de fausses bornes kilométriques et des cadavres factices d'hommes et de chevaux pour tromper l'ennemi, si par malheur il avançait. Jamais une offensive alliée n'a été plus minutieusement préparée.

Foch est dans Amiens comme un poisson dans l'eau. Son état-major de Dury est à deux pas. Il est proche des Anglais, partenaires à part entière. Parlant leur langue, il les rencontre tous les jours près d'Albert où ils sont au contact immédiat de leurs lignes creusées devant Thiepval, Courcelette, Martinpuich et Guillemont. Depuis le jour où ils essaient, à toute force, de s'emparer de ces villages-forteresses, ils enterrent leurs morts par dizaines de milliers.

Mais ils sont également présents dans Amiens, où siègent nombre de leurs services. Dans les rues, circulent les uniformes kaki des *engineerings,* les organisateurs des défenses et des liaisons, ceux qui réparent les ponts détruits et les routes bombardées.

– Amiens a moins souffert qu'Albert, dit Latouche. Elle est plus loin des lignes. Tout est presque détruit dans Albert, où le canon tonne chaque jour. Ici, les soldats peuvent connaître le vrai repos, et croiser les plus belles filles de Picardie.

– Quand le beffroi sonne trois fois dix coups, c'est l'alerte aérienne, leur précise un garçon de café nonchalant, adossé à l'entrée de son établissement. Les aérodromes allemands ne sont qu'à quelques minutes. Les attaques deviennent routinières.

Personne ne se rend aux abris. Il faut dire que le sonneur de tocsin a deux cents marches à grimper pour mettre en branle la *Marie Firmine,* et qu'il arrive toujours trop tard. Pour sonner l'alerte, la municipalité a décidé d'utiliser les sirènes des usines, ce qui ne change rien aux habitudes de la population, convaincue que les bombes des Boches ne sont pas dangereuses. Un invalide poussé en petite voiture par une jeune Amiénoise s'attarde près de la devanture du bistrot. Il assure que, la semaine dernière, un de ces engins a tué une femme et ses deux enfants dans son quartier.

Latouche hausse les épaules : quand on arrive de Verdun, on ne craint pas les bombinettes des Gothas.

Sous un porche, une roulante distribue de la soupe chaude à une file de civils exténués, des réfugiés fuyant les villages détruits du front. La municipalité en nourrit plusieurs milliers chaque jour. Ils viennent de Guillemont et de Maurepas, de Hardecourt et de Méricourt, de tous ces villages riants de Picardie, réduits à l'état de ruines, et même de la ville d'Albert où ne subsistent plus que quelque trois cents habitants, en raison des destructions. Le commandant songe à Bray-sur-Somme, perle de culture médiévale où il s'est arrêté, avec sa jeune épouse, dans une auberge fleurie, au printemps de 1910. Que reste-t-il de Bray, ce paradis picard ? Est-elle aussi abandonnée qu'Albert ?

Attablés, devant la cathédrale, à la terrasse d'un café de la place Saint-Michel déserté par les bourgeois devant la marée des soldats, ils boivent du Noilly, sur recommandation d'un major écossais, assis à la table voisine. Le blond moustachu, aux pommettes rouge brique, est impeccable dans sa *jacket* et sa jupette de campagne aux couleurs du clan des Gordon Scottish.

Il revient de Thiepval, eux de Verdun. Ils oublient les champs de bataille sanglants en regardant défiler les jeunes ouvrières des fabriques de poudre et d'uniformes, cheveux courts et jupes au-dessus de la cheville. Ils observent les receveuses des tramways. À quand les conductrices de trams ? Beaucoup de femmes travaillent, dans l'atelier du parc de la Hotoie, aux filets en treillage et en raphia de camouflage des pièces d'artillerie, une spécialité amiénoise.

– Encore quelques semaines et tout sera fini, elles pourront laisser repousser leurs cheveux, dit l'Écossais en jetant un œil discret sur l'insigne de la mission anglo-française de liaison que porte opportunément Latouche, superposée à la *Victoria Cross* reçue de l'Intelligence Service pour son action pro-alliée en Picardie.

– Pensez-vous vraiment ? dit Latouche.

– *Indeed!* confirme l'Écossais, l'œil malicieux. Armes secrètes ! La paix dans deux semaines !

Il leur propose de déjeuner en sa compagnie : *chili con carne, pork and beans* au menu, l'ordinaire des restaurants de la place Saint-Michel. Depuis longtemps, les marchés sur l'eau ne fournissent plus les légumes frais des hortillonnages déserts.

– Nous prenons le train d'Abbeville, remercie Latouche en tirant sa montre du gousset.

L'Écossais rit à gorge déployée.

– Abbeville ! *My God!* Alors, vous allez voir la surprise du siècle. *Good luck, gentlemen!*

Les convois de fourgons, de fourragères et d'automobiles sillonnent les rues d'Amiens, où les embarras sont inextricables. On voit même passer des camions transportant des cercueils vides à destination des hôpitaux, ce qui sape le moral de la population.

En revanche, les convois de prisonniers allemands la réjouissent. Ils défilent devant la lourde pièce autrichienne de 155, exhibée place Saint-Acheul. La vitesse des automobiles est limitée, en raison des accidents, à 5 km-heure, mais les ambulances se faufilent entre les trams en un carrousel infernal, ponctué de cris et d'injures en toutes les langues. Une voiture de pompiers passe dans un halo de poussière à toute vitesse, trompe sonnante. Les escadrilles de *Taube* viennent de bombarder les quais de la Somme.

Latouche et Jean Aumoine se dirigent vers la gare Saint-Roch. Amiens est une ville de passage, reliée par canal au port de Saint-Valéry, où les vapeurs venus d'Angleterre débarquent leurs cargaisons. Certains peuvent remonter jusqu'au port d'Abbeville. Des péniches vont chercher du sucre des Antilles embarqué à Saint-Nazaire pour ravitailler les Picards, dont les sucreries ont été détruites par le canon, et les champs de betteraves abandonnés.

Des canonnières parcourent en permanence le canal, comme s'il était menacé. Elles stoppent les machines et s'amarrent pour tirer à la mitrailleuse sur les *Taube*.

– Guynemer vient d'abattre son huitième avion et les *Taube* sont toujours au-dessus d'Amiens, dit Latouche en colère. Ils survolent le canal et la gare. Sans doute prennent-ils des photos. Les artilleurs ont monté dans le square une batterie antiaérienne qui crache des obus sans résultat.

Le train est pris d'assaut par des militaires britanniques,

des Australiens et des Néo-Zélandais, coiffés de leurs feutres légendaires, des Canadiens en chapeaux de boy-scouts. Aucun civil ne peut y prendre place. Latouche a choisi d'autorité un compartiment de première, où il salue un colonel de la *Royal Artillery,* qui l'accueille aimablement.

– *My name is John Mac Cawley*, dit-il. *I am glad to meet you.*

On a rajouté au convoi plusieurs wagons de blessés, ce qui retarde le départ. Jean jette un œil sur les coquettes infirmières en tenue de campagne. Plus de capes de religieuses, des uniformes kaki, sanglés par des ceinturons de cuir fauve, et un feutre à plume blanche, qui évoque la guerre des Boers. En bandoulière, un sac pour les soins, du même modèle que celui des grenadiers, l'étui métallique du masque à gaz autour du cou. La croix rouge n'est visible que sur un badge cousu au bras gauche. Les chefs portent des chevrons, comme les sergents. La guerre a militarisé jusqu'aux gentilles infirmières.

– Il est midi, dit Latouche en regardant sa montre, et nous ne sommes toujours pas partis.

– Vous vous trompez, répond le colonel en lui offrant, pour le faire patienter, des gaufres d'Albert, arrosées de bière belge. J'ai onze heures seulement. Vous devriez, comme nous autres, Britanniques, avancer votre montre. On y gagne une heure de combat, le soir.

– C'est une idée qui enthousiasme les Français, répond le commandant, sans se compromettre.

Il sait que la polémique sur l'heure d'été est violente dans la presse française et que la proposition de loi du sénateur André Honorat, élu de Barcelonnette, est loin de faire l'unanimité. Il est lui-même très hostile à toute manipulation du chronomètre. Ce n'est pas le changement d'heure qui changera le cours de la guerre.

Un lourd convoi s'annonce sur la deuxième voie : c'est un train blindé d'artillerie remorquant un obusier géant, savamment camouflé, et plusieurs canons anglais, dits *Long Tom.*

– Notre artillerie se positionne lentement, grogne le colonel. Allons-nous assister au défilé de tous les renforts ?

– On ne peut demander l'impossible, concède Latouche. Plus de quatre mille pièces ont transité par Amiens depuis le début de l'offensive. Le chef de gare prétend que deux cent quarante trains passent ici toutes les vingt-quatre heures. L'omnibus d'Abbeville est un tortillard qui attend son tour.

Une escadrille décolle de la base de Cachy, à l'est d'Amiens. Les chasseurs français des Cigognes, le groupe de Guynemer, foncent vers la mer, de toute leur puissance.

– Les bombardiers allemands attaquent Abbeville, note le colonel avec inquiétude.

– Il faut croire qu'ils sont en force, pour que les Cigognes se détournent du front, dit Latouche en observant les insignes des appareils. Les Boches ont une cible privilégiée.

– Une deuxième escadrille arrive du nord, signale Jean, des BE 2C britanniques en formation de combat, mitrailleuses déjà pointées. Puis une troisième.

– Nous avons perdu beaucoup de pilotes au-dessus des Flandres, dit le colonel Mac Cawley. Hugues Tranchard, le chef du RFC se désespère. Plus de trois cents tués. Combien ceux-là seront-ils au retour ? Les chasseurs allemands sont supérieurs. Ils ont dû lancer toutes leurs forces pour un gigantesque combat aérien. L'enjeu est tellement important. Vous allez à Abbeville ? demande-t-il à Latouche, soucieux d'avoir peut-être trop parlé devant un officier étranger. Pour quoi faire ?

– Comme vous, sans doute, risque le commandant. Voir la surprise.

La voie est coupée avant la gare. Il faut descendre du train en pleine nature. Des files d'ambulances viennent chercher les blessés en cahotant sur le terrain inégal. Mac Cawley interroge un infirmier. Les Allemands ont endommagé la gare d'Abbeville en lançant plus de vingt torpilles sur les voies. Il est impossible d'y accéder. Un incendie s'est déclaré dans le bâtiment.

– Nous étions attendus à la gare, dit à Jean le commandant Latouche. Il sera difficile de renouer le contact.

Des voitures de pompiers venues de toute la région convergent vers Abbeville. Latouche en arrête une. Au lieutenant qui l'injurie, il montre un laissez-passer du commandement d'armée.

– Mission spéciale, prenez-nous à bord !

La route est obstruée de pierrailles, de débris ferreux, de tronçons de rails, obscurcie de poussière et de fumée. Plus de ronflements d'avions. La bataille aérienne est terminée. Quelques minutes ont suffi aux chasseurs franco-britanniques pour dégager le ciel, mais ils n'ont pu empêcher les lourds Gothas de lâcher leurs torpilles.

Le commandant entraîne Jean vers les voies ferrées, derrière la gare. Une locomotive haut-le-pied crache sa fumée, abandonnée par son équipage. Deux des wagons de marchandises brûlent, arrosés par les lances des pompiers. Sur le quai principal, encombré d'éclats de la verrière explosée, un officier anglais, impeccable, attend, droit dans ses bottes fauves, comme si rien ne s'était passé.

– Commandant Latouche, je présume ? Lieutenant David Damish, de la sécurité militaire.

Ils le suivent jusqu'à sa voiture, en stationnement à quelque distance.

– Fort heureusement notre *surprise*, dit-il en détachant les syllabes, dans un français parfait, n'a pas débarqué ici à Abbeville, mais au Havre, en toute sécurité. L'ennemi, abusé par les simulations, a bombardé aussi le port et coulé deux péniches qui transportaient de la chaux et du ciment. Ils en sont pour leurs frais.

Ils prennent la route de Saint-Riquier, un village cerné de gendarmes. Impossible d'y entrer ni d'en sortir. La population est consignée dans les fermes et les maisons. Des chicanes barrent la route. Le *tommy* chauffeur doit montrer patte blanche. La station de chemin de fer est particulièrement surveillée, isolée par un réseau de barbelés.

– Ces campagnes regorgent d'espions, explique le lieutenant Damish. Les services allemands les paient à prix d'or, surtout s'ils peuvent prendre des photos. Ils donneraient une fortune pour tout savoir de la *surprise.* La population a été passée au peigne fin, interrogée par vos services spéciaux. Tous les cas douteux ont été évacués de force vers le sud de la rivière. Des suspects qui portaient des faux papiers ont été arrêtés. Les gendarmes se réservent de les fusiller en tant qu'espions. Au Havre, le débarquement a eu lieu sur le quai le plus éloigné, à l'abri des regards indiscrets. Le transport s'est effectué par camions à remorques bâchées.

Julien s'interroge. Pourquoi ce luxe de précautions ? Les Anglais ont-ils réellement mis au point une arme secrète, capable de changer le cours de la guerre ?

– Notre général Haig était ici même le 26 août, avec les

généraux d'armée Rawlinson et Gough, pour faire l'essai sur un bataillon du *Middlesex Regiment*.

– Essai concluant ? demande Latouche d'un air entendu, bien qu'il ignore de quoi il peut s'agir.

– *Splendid!* Un spectacle de ballet. Le bataillon d'élite a magnifiquement coopéré.

La voiture s'engage sur l'aire de Saint-Riquier, dont l'entrée boueuse est marquée de larges traces de caterpillars, remarque Jean. Aurait-on essayé des tracteurs de pièces lourdes d'un genre nouveau, montées sur ces chenilles d'acier importées d'Amérique ?

Le camp est désert, comme si l'armée l'avait abandonné. Le lieutenant Damish, sans perdre son sang-froid, se rend à grandes enjambées dans un baraquement dont il ressort accompagné d'un colonel d'artillerie. Les deux officiers français reconnaissent John Mac Cawley, qui leur adresse un bref salut de son stick.

– La surprise, c'est qu'il n'y a pas de surprise, dit-il sobrement. Elle vient d'être évacuée sur Yvrench, pour des raisons de sécurité. On craignait une attaque d'aviation au camp. Les Allemands se sont trompés de cible.

À Yvrench, où ils se rendent dans l'automobile, même constat. Il faut de nouveau franchir des barrages de gendarmerie pour traverser le village, d'apparence désert, et filer vers le camp d'entraînement, également vide. Le lieutenant Damish reste calme. Il vient d'apprendre que la *surprise* a été transférée par chemin de fer en direction de Bray-sur-Somme.

– Nous avons fait un beau voyage, dit le commandant Latouche en débarquant de nouveau sur le quai de la gare d'Amiens. Le lieutenant Damish les accompagne, ainsi que le colonel Mac Cawley. Une voiture militaire camouflée les attend.

– Cela ressemble à un *rallye*, ne trouvez-vous pas ? plaisante l'artilleur britannique en offrant à Mac Cawley sa flasque de whiskey.

Un spectacle stupéfiant les attend en gare de Bray. La surprise est de taille : cinquante chars d'assaut – « des *tanks* », dit Damish –, arrimés sur des wagons plats, sont en attente de départ pour le front, via Albert, où ils seront parqués dans un espace protégé par la gendarmerie et camouflé sous des filets.

Jean admire ces monstres peints aux couleurs de serpents, jaune, gris sombre, marron et noir. Ils portent des noms de femmes ou de liqueurs fines, Delilah et Cognac, Daphné ou Cordon Rouge, Crème de menthe et Cléopâtre.

– Haig les a montrés en opération à Joffre le 3 septembre, explique le colonel Mac Rawley. Je suppose qu'il a été convaincu. Les équipages ont un remarquable « esprit de corps », comme vous dites.

– Vous noterez la symbolique presque érotique de la dénomination des tanks, dit Damish. Les tankistes les ont surnommé *mother's children*, comme s'ils étaient les fils préférés de la Grande-Bretagne, leur mère à tous. Il y a parmi eux des *males*, pourvus de deux canons légers de six livres et de quatre mitrailleuses.

– Un blockhaus roulant, dit le commandant Latouche. Combien pèsent-ils ?

– Les plus lourds, vingt-huit tonnes. Les *females*, plus légers, ne portent que cinq mitrailleuses. Ils sont destinés à anéantir les engins de l'ennemi, à neutraliser les défenses par leur poid. Là où ils passent, le barbelé ne repousse pas.

– Ont-ils les moyens de communiquer avec l'extérieur ?

– Pas de radio. Des guides les précèdent, porteurs de fanions. Mais ils peuvent envoyer des pigeons voyageurs par des ouvertures rondes prévues à cet effet. Ils en ont à bord.

Jean contemple ces monstres d'acier en forme d'ellipse, pourvus de puissantes chenilles de quarante centimètres de large. À l'avant, deux petites roues impriment la direction. Des créneaux s'ouvrent sur les quatre côtés pour permettre aux occupants de tirer. Au-dessus du tank, un treillage protecteur, sans doute pour parer aux lancers de grenades.

Les tankistes au repos sont des hommes jeunes, minces, sportifs, au teint frais, tous pourvus d'un insigne spécial portant la maxime : *Fear naught.* Ils ignorent la peur.

« Il faut en effet du courage, pense Jean, pour naviguer sur cet engin à travers les lignes ennemies sans possibilité d'en sortir, sans autre contact avec l'extérieur que des écoutilles vite aveuglées par les gaz ou la poussière des combats. »

Le colonel Mac Cawley interroge les équipages sur l'usage du canon-revolver. Il souhaiterait une démonstration. Leurs officiers interviennent : le train va repartir d'une minute à l'autre. Ils rassurent l'artilleur de la Reine : les hommes de l'artillerie cuirassée ont été formés, rapidement sans doute, mais ils sont rompus à toutes les manœuvres. Ils ont eu le temps de se familiariser avec la mécanique qui a subi de nombreuses séries d'essais en Angleterre. Leur moral est au plus haut depuis que Winston Churchill est venu les encourager.

– Seront-ils engagés en masse sur un secteur du front déterminé ?

– Certainement pas, répond Mac Cawley. Notre général

pense qu'ils doivent seconder l'attaque de l'infanterie en détruisant les redoutes et les points de résistance non réduits par le canon. Leur emploi est modeste, parcellaire, mais décisif. Ils nous éviteront des milliers de morts.

Le commandant Latouche se retire un instant en gare de Bray pour expédier son message par pigeon à l'état-major de Fayolle. Il est exact que les Britanniques ont un atout capital en main. On en ignore les modalités d'utilisation. Le commandant attend des instructions. Un message téléphoné survient une heure après, à son attention, dans le bureau du chef de gare. Il reçoit l'ordre de rester au contact des Britanniques pour constater *de visu* les résultats de cette expérience révolutionnaire.

Quand il revient à quai, le train est déjà reparti. Le colonel Mac Cawley est monté à bord. Le lieutenant Damish attend les Français pour les raccompagner en gare d'Amiens, s'ils le désirent. Il ne fait aucune objection lorsque le commandant Latouche exprime le souhait de suivre, avec son adjoint, l'attaque des chars dans un secteur déterminé.

– Tout à fait possible, dit le lieutenant, à condition de choisir un axe. Celui de la route d'Albert à Bapaume avec les Canadiens ? Avec lord Cavan sur l'aile droite ou au centre, derrière le corps du général Horne ?

– Horne, répond Latouche. Il a les Néo-Zélandais.

– Rejoignons Horne, acquiesce Damish. Il est en position devant Flers et Gueudecourt. La meilleure solution serait que vous soyez admis comme observateurs à son PC avancé. Ainsi pourrez-vous rendre compte à Fayolle. Je m'en charge.

Ils passent la journée du 13 septembre à Albert, à l'hôtel du Cheval blanc. Le toit du bâtiment est percé, ses chambres saccagées, mais sa cave est sûre et sa cuisine convenable, bien ravitaillée par les Anglais.

– Sir Douglas Haig y passe souvent, dit Damish. Son quartier général avancé est à Val Vion, près de Beauquesne, à moins de vingt kilomètres. Rawlinson, devenu chef de la IVe armée, est au château de Querrieu, propriété de la famille d'Alcantara. Nos généraux aiment les résidences cossues. Foch aussi, je crois.

– Pourquoi avoir donné à une ville le nom d'un homme? s'étonne le commandant auprès de l'aubergiste, septuagénaire alerte qui n'a pas voulu quitter sa maison en ruine.

– Albert s'appelait Ancre, comme la rivière. Mais le roi Louis XIII en a fait don à Charles d'Albert de Luynes, son ministre favori. La ville a conservé ce nom seigneurial. Les Allemands ne l'ont pas pour autant respectée. Nous sommes à vingt-huit kilomètres des lignes et les canons lourds ont détruit plus de mille de nos maisons. Nous avons été occupés le 29 août 1914, libérés le 16 septembre, et bombardés depuis. Vous allez dormir sur un champ de ruines, avec l'espoir de vous réveiller intacts demain matin. À quelle heure, le petit déjeuner?

– À l'heure des premières fusées, ces messieurs sont en chasse, répond le lieutenant britannique. Disons trois heures du matin. Avez-vous l'heure d'été?

– Bien sûr, et les Allemands l'ont aussi. Il n'y a que les Français à la bouder.

– Les coqs se lèvent tôt, dit Damish. Pour sûr, ils y viendront.

Au petit matin, des Néo-Zélandais se baignent dans la cascade de l'Ancre, en pleine ville, avant de prendre la route du front derrière les camions de l'ANZAC qui conduisent les troupes d'assaut dans le bourg de Montauban, conquis depuis peu. Là, ils surprennent les soldats agenouillés devant une Vierge de Lourdes, sauvée par leurs soins des décombres de l'église du village. Jean, qui s'est signé lui aussi en passant près de la statue, constate que des tanks en bois, acheminés par des chevaux, ont été disposés dans la plaine pour attirer l'artillerie ennemie.

– Des leurres, explique Damish.

Les vrais tanks sont dissimulés non loin, sous un bois, endormis dans leur carapace d'acier. Des mécanos noient leurs roues dentelées dans la graisse, pour éviter de faire grincer les chenilles. Un chat noir s'échappe de la tourelle d'un des engins : la mascotte de l'équipage. Des hommes bottés, vêtus de kaki, la tête recouverte d'un curieux casque rond au coiffant profond, lavent au balai de pont les carapaces peintes, éliminant avec soin la moindre trace de boue.

– De l'eau gaspillée, observe Latouche.

– La revue du général est à six heures. Ils vont défiler devant les troupes d'assaut. Ils doivent être impeccables.

– L'attaque est fixée à six heures vingt, s'impatiente le colonel Mac Rawley qui doit prendre place sur l'un des tanks. Le général Rawlinson, dit-il à Latouche, aurait voulu que les « cuirassés terrestres », comme vous les appelez, attaquent sous la lune. Horne a repoussé cette solution trop romantique. Il a également refusé que les tanks chargent les premiers, en aveugle. Ils accompagneront seulement l'infanterie. Les équipages n'ont pas dormi cette nuit. Pour eux, c'est une veillée d'armes.

Le major Allen Holford-Walker, commandant la compagnie C, scrute les engins, attentif au moindre détail. Le

Highlander porte le *glengary*, béret à damiers des *Argyll and Sutherland.* De chaque tank sautent à terre les huit hommes d'équipage, en vareuse, culotte de cheval et leggins.

Les Néo-Zélandais prennent position dans le bois, alignés comme à la parade, chaussures cirées, courroies fauves au fusil. Quand les équipages remontent dans les chars, après la revue du général Horne, les Anzac poussent trois hourras en levant leur casque au bout de leur flingue.

Ils partent les premiers à l'assaut, en tirailleurs, à l'heure dite. Damish, Latouche et Jean Aumoine les suivent jusqu'aux premiers observatoires de l'artillerie. De faux arbres ont été installés à l'orée du bois Delville, surnommé le « bois du diable » par les Anzac, où l'on découvre la plaine défoncée de trous d'obus.

Les dix-huit chars mettent les moteurs en marche, dans de lourds dégagements de gaz.

– Nous avons le plus fort contingent, affirme Damish. Les chars admis à partir sont trente-deux au total. Plus de la moitié sont chez nous.

Des mécanos sautent à terre. Un moteur s'étouffe et s'éteint. D'autres donnent des signes de faiblesse, crachant des gaz d'échappement noirs comme de la suie. Sept engins sont bientôt immobilisés au départ. Impossible de les dépanner sur place. La carapace est solide, en bon acier de Sheffield, mais les rouages du moteur de 105 chevaux-vapeur sont délicats et l'allumage déficient. Les spécialistes ouvrent en vain les trappes sous le ventre des monstres. Sans plus attendre, les officiers font un signe aux hommes du génie : il faut les remorquer vers l'arrière.

Dans la plaine, l'artillerie allemande se déchaîne sur les groupes de Néo-Zélandais à l'attaque sur la route de

Longueval à Flers. Une fois de plus, les ruines du petit village de Longueval sont retournées par le canon.

– Il a fallu cinq jours à la brigade du général Lukin pour s'emparer de ce hameau en juillet, explique Damish. Le colonel Thackeray, seul officier survivant, retourne aujourd'hui au feu, avec les sept cent cinquante rescapés. Heureusement, ils ont reçu des renforts, et les tanks les suivent.

Les compagnies d'infanterie lancées en avant disparaissent très vite dans la fumée et la poussière du combat. Les *Minen* et les explosions des gros calibres remuent la terre fébrilement, n'épargnant aucun des carrés numérotés figurant sur les cartes de tir. Les *Long Toms* ripostent par des milliers d'obus, pour anéantir les batteries allemandes.

La position de Flers est attaquée de front et sur les flancs. Trois divisions s'en chargent, dont la néo-zélandaise. Les Anzac ont du mal à progresser dans les ruines, où s'est embusqué un canon allemand impossible à éliminer. Il tire à vue sur les assaillants, soutenu par des mitrailleuses abritées, qui interdisent tout accès.

– Maintenant ou jamais, les chars doivent intervenir, gronde Damish, qui semble très exceptionnellement perdre son sang-froid en la circonstance.

– Regarde, dit Latouche en confiant ses jumelles de marine à Jean Aumoine. Un char de la compagnie D attaque, derrière les grenadiers de la 41e division.

Damish le reconnaît à son numéro, le D17 :

– C'est celui du lieutenant Hastie. Un Écossais. Il est le seul survivant du groupe D. Les deux autres chars ont disparu.

À l'intérieur de la cage d'acier, les hommes sont assourdis par le bruit du moteur. Tout y vibre et s'entrechoque, bidons d'essence et d'huile, étuis de masques à gaz, sémaphores, caisses de munitions, boîtes à outils et cages à pigeons voyageurs. Quand les chenilles plongent à l'intérieur des cratères, le matériel non arrimé encombre les tankistes de l'avant, et ceux de l'arrière à la remontée.

– Il charge droit dans la rue du village, commente Latouche, il fait feu de partout. L'infanterie le suit. Le canon allemand a les pattes en l'air. Les renforts arrivent sans arrêt. Le village est pris.

Le bilan n'est pas aussi positif sur les autres secteurs de l'attaque. Les informations affluent au PC avancé du général Horne, avec les premières photos prises par les observateurs du *Royal Flying Corps.*

– Hélas ! dit le lieutenant Damish à Latouche. La plupart de nos tanks sont hors de combat.

Ils rencontrent en chemin l'engin échoué du lieutenant Mortimore. Un Mark I de la compagnie D. Il est le seul survivant des dix tanks prévus pour le nettoyage d'un coin du bois Delville.

– Mortimore a été magnifique, relève Damish. Les Allemands n'avaient jamais vu de chars. Effrayés, ils se sont rendus. Mais la contre-attaque est venue. Les fusiliers du Yorkshire ont été décimés à la grenade et à la mitrailleuse. Ils ont reçu des renforts, hélas ! deux obus ont touché le Mark 1. Deux tankistes ont été tués. Les autres ont pu sortir.

Une ambulance vient évacuer les blessés. Les morts sont enterrés sur place par les fusiliers qui ont retiré leur vareuse pour creuser les tombes dans l'argile. Des photographes en uniforme de l'*Army* prennent des clichés du héros Mortimore juché sur les restes de son tank.

– Demain, note Damish avec une pointe d'ironie, elles seront à la première page du *Daily Mirror*. Je devine le titre : « Première victoire des tanks à Flers ! ». Les lecteurs ne pourront se rendre compte que celui-ci ne peut plus rouler, avec deux obus dans ses chenilles.

Latouche veut tout voir, tout savoir, pour faire son rapport à Fayolle. David Damish consent à les piloter vers l'aile droite de l'attaque anglaise, où la division de Londres et les grenadiers de la Garde Royale ont attaqué en direction du village de Combles, presque au contact de la VIe armée française du général Fayolle.

Nouvelle déception pour Damish, reçu avec courtoisie au PC de lord Cavan : des trois chars qui devaient suivre l'attaque de la 56e division, l'un s'est embourbé dans le bois des Bouleaux, l'autre a été touché de plein fouet par un obus, le troisième a pris feu.

La position allemande, dite du quadrilatère, défend l'accès de Combles et décourage tous les assauts. La Garde vient y perdre l'essentiel de ses effectifs. Telles sont les dernières informations reçues au PC.

– On a demandé aux tanks, explique Damish, d'ouvrir la route à l'est de ce village détruit, Ginchy, pour contourner le quadrilatère imprenable. Je suis impatient de connaître les résultats de cette action.

Il entraîne les Français au poste de commandement de la brigade, installé dans un fortin allemand près des ruines. Ils reconnaissent le colonel Mac Rawley, debout sur la plaque bétonnée de son abri. En dépit des tirs de shrapnels continuels, l'officier observe la ligne d'attaque des soldats du

9th Norfolks. Il a remplacé haut le pied le brigadier Pierson, tué d'un éclat d'obus, et peste dans sa moustache rousse.

– Toujours la même erreur ! Les conducteurs sont aveuglés par la fumée et avancent sans aucune idée de la direction d'attaque. Tant que les tanks n'auront pas de liaison facile avec l'infanterie, ce seront des cercueils d'acier, incapables de se diriger. Je viens de voir le lieutenant sauter hors de son engin pour chercher sa route dans la poussière. Je n'ai trouvé qu'un seul Mark I en état de marche, et voilà qu'il perd la boule.

– Je ne crois pas, lui fait observer Latouche, regardant à son tour dans ses jumelles. La fumée est forte, mais il me semble que le Mark I tire de toutes ses machines en attaquant de front une des tranchées du quadrilatère. Des garçons courageux !

– Croyez-vous vraiment ? lance Mac Rawley. Je vois qu'il se détourne, et mitraille les nôtres. Les *Norfolks* s'enfuient en désordre. Désastre ! Le tank est atteint. Il n'avance plus. De la fumée sort par ses écoutilles. Les hommes sautent à terre. Il prend feu.

– Il reste encore un tank chez les Néo-Zélandais, signale Damish après consultation des messages téléphonés. Voulez-vous le voir ?

Sur la route de Gueudecourt, le capitaine de la compagnie de pointe des Anzac explique au lieutenant que le tank a brûlé. Ils ont dû renoncer à leur progression, les défenses de l'ennemi étaient trop fortes.

En lisière du village conquis de Flers, sur la route de Longueval, un tank est échoué sur le rebord d'un cratère. Jean Aumoine reconnaît le D17 du lieutenant Stuart Hastie qui vient de prendre Flers.

Un groupe de Néo-Zélandais entoure et congratule l'officier, qui a fait remorquer son engin jusqu'ici afin de le faire dépanner. Celui-ci ne s'intéresse qu'à Brown, son conducteur, atteint à l'œil par un éclat. Une infirmière donne au blessé des soins provisoires sur une civière, avant de l'embarquer dans une ambulance de la Croix-Rouge britannique.

Jean Aumoine ne peut distinguer le visage de la jeune fille. Elle est penchée sur le blessé. Mais ces cheveux blonds, ce corps gracile, sanglé dans une vareuse kaki… Il s'approche, s'infiltre dans le chœur des soldats. De face, il la reconnaît pleinement. C'est bien Clelia, sa Clelia. Il crie son nom dans le tumulte. Elle ne l'entend pas, toute concentrée sur ses soins. Le blessé une fois engagé dans l'ambulance, elle prend place à ses côtés. La porte se referme.

– Clelia !

Il est trop tard. La voiture est déjà partie, dans un nuage de poussière.

Amiens, ville anglaise

– Tu as quarante-huit heures pour la retrouver, dit le commandant Latouche. Rendez-vous au PC de Fayolle, le lundi 18 septembre à midi. Prends bien garde ! Passé cette date, tu seras porté déserteur.

– Comment naviguer seul dans cet orage d'acier ? Je n'ai vu qu'elle, et rien d'autre. Je suis incapable de reconnaître son ambulance, répond Jean à voix basse. Encore moins de l'identifier.

– Aide-toi, Damish t'aidera, l'encourage Latouche, qui s'éloigne en direction de la gare de Bray-sur-Somme où l'attend son train pour Amiens.

– Il me semble avoir lu sur la vitre avant de l'ambulance l'inscription : « Hôpital temporaire n° 3 de Villers-Bretonneux », confie à Jean le lieutenant anglais.

Il l'invite poliment à prendre place dans une Ford T achetée aux Américains, voiture inusable, incassable, capable de parcourir tous les champs de bataille sans dommages pour ses amortisseurs.

– Le Service de santé, affirme Damish, a ouvert un hôpital spécial pour les grands brûlés, aviateurs et tankistes, dans un village proche de l'aérodrome de Cachy, au sud de la Somme. Je puis vous y déposer.

David Damish, familier des missions impossibles, trouve sans peine l'hôpital militaire britannique et demande à parler au chirurgien en chef. On ne refuse rien à un officier de la sécurité militaire. Le major le rejoint aussitôt pour lui apprendre qu'un blessé venu des unités de tanks a bien été reçu au service des urgences, mais qu'il a été aussitôt réexpédié vers le centre d'Amiens.

– Il relevait, lui dit-il, de la chirurgie des yeux. Comme nous n'avons pas de spécialistes ici, nous l'avons renvoyé sans tarder afin qu'il soit opéré d'urgence.

– Dans la même ambulance ? demande Damish.

– Sans doute, répond le chirurgien, surpris. Pourquoi en aurions-nous changé ? Le service ophtalmologique est installé au Cirque municipal, aménagé en hôpital, sur le mail Albert-Ier, je crois.

– Il n'y a pas une minute à perdre, dit à Jean Aumoine le lieutenant Damish, qui se prend au jeu.

Si le commandant Latouche, considéré par les Anglais comme un expert en renseignements, a donné deux jours à son adjoint pour retrouver cette ambulance, l'enjeu doit être important. Plus Jean manifeste de zèle et d'impatience, plus Damish est tenté de l'aider, par solidarité avec Latouche.

À tombeau ouvert, ils entrent dans Amiens. Ils croisent, non pas une, mais cent ambulances, toutes du même modèle, dirigées sur les nombreux centres de soins qui se sont multipliés dans la ville, jusque dans l'enceinte de la citadelle. Sur le mail sont dressées des tentes militaires où des brancards sont alignés en files d'attente, car les salles opératoires du Cirque sont débordées. Les victimes des gaz asphyxiants doivent recevoir des soins particuliers, réservés aux aveugles de guerre, et les spécialistes font défaut dans cette discipline nouvelle.

– Il est inutile de chercher par ici, dit Damish. Les ambulances déchargeant les blessés sont trop nombreuses et proviennent de tous les secteurs du front. Personne ne pourra nous renseigner. Je ne suis pas sûr que les entrées soient notées. C'est toujours ainsi quand une offensive est en cours : les services sanitaires sont surchargés.

Jean sort de la Ford, excédé. Clelia est peut-être à quelques pas de lui, dans cette ville. Il doit la retrouver. L'Anglais le suit dans son exploration insensée de l'hôpital militaire temporaire n° 6, où les infirmières anglaises et blondes ne sont pas rares. Jean court de l'une à l'autre avec une exaspération croissante. Va-t-il fouiller tous les recoins du Cirque ?

Damish assiste avec effarement au parcours haletant de Jean dans les travées. Quel manque de méthode pour un professionnel du renseignement ! À croire qu'il a perdu la tête. Compte-t-il aboutir, avec cet acharnement rageur de touriste victime d'un pickpocket, bousculant la foule sans savoir où se diriger ?

David arrête au passage un jeune médecin de sa connaissance, Ralph Smith, affecté au service de la chirurgie des yeux.

– Nous venons effectivement de traiter un blessé des tanks, un certain Brown, conducteur d'un Mark I. Le professeur Brenton lui a retiré un éclat fiché dans l'œil. Il ne pouvait rien faire de plus pour lui, sinon attendre que sa rétine veuille bien se recoller, ce qui peut prendre du temps.

– Mais l'ambulance ? demande Jean. Est-elle repartie ?

Damish traduit en anglais la question, un peu embarrassé d'avouer à Smith qu'il ne s'intéresse pas au blessé, mais à l'infirmière. Ralph Smith connaît les lubies de son ami, toujours occupé à d'étranges enquêtes de sécurité.

– Chaque fois qu'il est possible, nous évacuons, faute de place, nos opérés immédiatement. Le tankiste Brown rejoint sans doute, à cette heure, une péniche sanitaire amarrée sur le canal à destination de l'Angleterre. Je crois que nos journalistes ont grande hâte de parler à l'un des héros de la prise de Flers. Que Dieu et les sous-marins l'épargnent sur le Channel !

Jean est déjà en route. Damish doit presser le pas pour le rejoindre. Les péniches sanitaires amarrées sur le quai du canal sont nombreuses, toutes du même modèle familier aux bateliers de la Somme. Elles portent des noms de villes martyrs : *Arras, Saint-Dié, Verdun.*

Un poste de contrôle précède l'accès aux passerelles. Question pressante de Jean. Le factionnaire répond qu'une ambulance anglaise vient en effet de partir, après avoir débarqué un aveugle sur la *Ville d'Ypres*, une péniche belge. Il a tamponné de sa main l'ordre de mission de l'*Ambulance Millicent Sutherland.* Que dire encore ? Il a fait signer l'infirmière, une gentille jeune fille blonde qui portait un nom italien.

Il déchiffre la signature sur le registre.

– Clelia Bellini, lui souffle Jean.

– Je connais la *Sutherland*, réfléchit rapidement David Damish. Son service a réquisitionné l'hôtel de Cérisy, près de la cathédrale.

L'afflux des voitures sanitaires n'est pas moindre dans l'ancienne caserne, mais le service de régulation est organisé à l'anglaise : les chicanes sont disposées de telle sorte qu'il est impossible d'échapper au contrôle. Le lieutenant obtient facilement le renseignement : l'infirmière appartient à l'ambulance n° 5 qui vient de repartir pour le front.

– Je dois absolument la retrouver, dit Jean. Connaît-on sa destination ?

– Le plus simple serait de l'attendre ici, lui fait observer Damish. Il est moins facile de la suivre à la bataille. On me dit qu'elle est partie pour Bray-sur-Somme, où les *guards* blessés affluent. Il faut évacuer au plus vite les plus beaux soldats de l'armée de Sa Majesté. Un grand nombre sont dirigés vers une ambulance française, mais celle-ci ne peut suffire à la tâche. Il est normal de l'aider dans sa besogne : ce sont nos *guards* !

Le spectacle de l'hôtel de ville de Bray, devenu hôpital militaire temporaire, est consternant de désordre. Impossible d'y accéder. Des ambulances se bousculent sur le perron, pare-chocs contre pare-chocs, pour prendre en charge les blessés à diriger sur Amiens, ou, au contraire, pour débarquer décemment ceux qui, de retour du front, doivent être opérés sur place sans attendre.

– Les gardes anglaises se sont fait massacrer, comme à Waterloo, explique le lieutenant, non sans fierté, pour faire patienter Jean Aumoine. Leur colonel est mort le premier.

Il ne déplaît pas à Damish, officier de métier, que les vieilles troupes des régiments du roi aient fait leur devoir jusqu'au bout, devant les jeunes recrues de l'armée *nationale,* témoins de leur sacrifice insensé.

Jean Aumoine se résigne à entendre le récit de la charge

épique des grenadiers du roi. Que faire d'autre? L'unique accès à l'hôpital est encombré de brancards.

– Les *guards* venaient de Ginchy, poursuit Damish, imperturbable. Mais les mitrailleuses des Bavarois les attendaient dans la tranchée. Elles les ont surpris de flanc, massacrés presque jusqu'au dernier. Ils n'ont été dégagés que par les *Scot Guards* et les *Irish Guards*.

Jouant des coudes, Jean, insensiblement, s'est approché du porche de la mairie, d'où il peut surveiller l'aller-retour incessant des ambulances, et interrompt l'Anglais dans son récit :

– Les infirmières risquent leur vie dans ces missions!

– Non, répond Damish. Elles vont rarement jusqu'aux premières lignes. Le rôle de la *Sutherland* est d'assurer l'évacuation des blessés les plus gravement atteints, chargés ici pour être transportés dans les centres mieux outillés d'Amiens. Si vous avez rencontré celle qui vous intéresse près de Flers, c'est que le commandement des chars avait spécialement demandé que l'on vienne chercher sur place le conducteur blessé du Mark I. Elle doit être maintenant repartie vers Amiens, note-t-il en regardant sa montre. Je persiste à croire, mon cher, que vous auriez mieux fait de l'attendre là-bas!

Sans doute estime-t-il qu'il a fait plus que son devoir pour aider le Français. Il a très envie de rentrer dans son unité. Une pointe de curiosité professionnelle le pousse cependant à poursuivre, pour tenter de comprendre pourquoi l'infirmière italienne d'une ambulance anglaise appartenant à l'œuvre très noble de la duchesse de Sutherland passionne à ce point le service du commandant Latouche.

Profitant d'un passage de brancardiers amenant de nouveaux blessés, Jean décide de fausser compagnie à l'Anglais et s'introduit à leur suite dans les couloirs de l'hôpital temporaire de Bray, dont le personnel est franco-britannique. Dans une salle encombrée de lits de camp, il aperçoit de dos une femme blonde, très jeune, au chevet d'un blessé qui attend son opération imminente.

Cette silhouette fine, ces longs cheveux! Il ne lui en faut pas plus pour fendre la foule des brancardiers.

– Clelia! lance-t-il.

L'infirmière se retourne, surprise :

– Je m'appelle Albertine...

Comment oser la déranger? Avec des soins infinis, elle décolle un pansement sur la jambe brisée du *guard* qui se retient bravement de hurler en mordant le col de son uniforme.

Jean réalise qu'il n'a pas une chance de retrouver sa chère Clelia dans cet enfer. Pourtant, il attend patiemment que la jeune fille ait un moment libre. À voir ses yeux bleus de fille du Nord, attentifs et d'une douceur extrême, il se persuade qu'elle est un recours.

Les brancardiers enlèvent enfin le blessé pour le transporter sur la table d'opération. Surprise, agacée peut-être par la présence insistante de Jean, Albertine lève sur lui son regard limpide :

– Qui cherchez-vous?

– Une infirmière de la *Sutherland*. Elle vient de prendre en charge un blessé pour Amiens dans son ambulance. Elle a dû repartir. Elle est blonde comme vous, vêtue de l'uniforme kaki et d'un chapeau à plume blanche.

– Je l'ai aperçue en effet, répond Albertine. Que dois-je lui dire si je la revois?

– Que Jean Aumoine l'attend au Centre d'Amiens. Je patienterai toute la nuit. Voulez-vous que je vous l'écrive?

– Aumoine, avez-vous dit? Vous êtes le frère de Raymond?

Elle le dévisage, cherchant une ressemblance, puis le serre dans ses bras, submergée d'émotion.

– Raymond, mon cher Raymond! dit-elle en portant la main à son cœur. Vous avez tout compris, n'est-ce pas? Je suis sa Clelia à lui. Il est au front, à Verdun. J'ai demandé à partir moi aussi aux armées pour partager son sort. Je suis sûre que vous allez retrouver Clelia. Je vous l'enverrai, soyez-en certain.

Des brancardiers les bousculent. Un nouveau blessé à préparer pour une amputation. Jean s'éloigne. Elle se retourne, lui lance un dernier regard, cherchant dans ses yeux ceux de Raymond. Jean en est tout à fait sûr : celle-là ne l'oubliera pas.

– Avez-vous retrouvé la jeune fille? demande David Damish en allumant une cigarette blonde.

– Clelia, non. Mais la Clelia de mon frère aviateur, oui.

L'Anglais comprend à l'instant son erreur. Stupéfiant! Ces Français sont impayables, avec leur culte de l'amour. Ils le placent au-dessus de tout. Comment est-il possible qu'un officier de renseignement aussi sérieux que Latouche, aussi estimé du service britannique, décoré pour services rendus de la *Victoria Cross,* la plus haute récompense du *Commonwealth,* favorise ainsi des retrouvailles amoureuses au front et l'associe, lui, David Damish, lieutenant des services secrets de sa Majesté à ces enfantillages? En pleine bataille de Picardie!

– Rentrons-nous à Amiens? demande Jean avec une impatience à peine dissimulée, presque indécente aux yeux du militaire anglais.

– Sans doute, répond Damish sans plus desserrer les dents.

Il réfléchit pendant le parcours. Il doit se renseigner sur cette jeune italienne. Elle fait partie, somme toute, des forces sanitaires anglaises, et bénéficie peut-être de quelque protection. Les étrangères se sont engagées nombreuses dans les services de santé : des Américaines, des Suissesses, plus rarement des Italiennes.

Il sait que les Français ont suivi avec réticence cette politique de recours à l'aide étrangère, si dangereuse pour la sécurité, en raison des filières d'espionnage, des infiltrations toujours possibles. Les Allemands, les Anglais aussi, recrutent beaucoup d'espionnes dans les corps sanitaires de l'ennemi.

Les Suisses ont obtenu la permission d'installer à Compiègne une ambulance dirigée par un prix Nobel de médecine, rentré des États-Unis, Alexis Carrel, et fournie en personnel par l'œuvre suisse de la Source, se souvient Damish. Si le commandant Latouche lâche le lieutenant français aussi facilement pendant quarante-huit heures, il a probablement ses raisons.

Contre-espionnage ? C'est douteux. On ne relève pas le moindre cas épineux dans l'entourage de la duchesse de Sutherland, qui sait choisir ses femmes. Aucune enquête préventive. Tout compte fait, il décide que le jeune homme sera tenu sous surveillance discrète, à la « longue corde », comme disent les Français.

– Voulez-vous du thé ? Servez-vous.

Il sort une bouilloire argentée de la poche avant de la voiture. Jean, obligeant, le sert dans un gobelet qu'il lui tend. Pour plus de confort, Damish stoppe son véhicule au bord de la route, à hauteur du terrain d'aviation de Cachy. L'heure du thé est sacrée, même à la guerre.

– Votre frère vole peut-être, dit-il en désignant un chasseur français qui décolle.

– Oui, répond Jean, à Verdun.

L'officier britannique se garde bien de lui poser la moindre question au sujet de Clelia, pour ne pas éveiller ses soupçons.

– Je crois que je vais vous abandonner au Centre de la *Sutherland*, lui dit-il. Vous pourrez rejoindre facilement votre commandant en prenant le train à la gare d'Amiens. Si vous avez besoin d'aide, n'hésitez pas à me demander à notre bureau des affaires spéciales. Je vous laisse le téléphone du service.

Le voyage du retour est long. Ils doivent suivre les files de camions et d'ambulances rentrant du front. Dans sa hâte, Jean propose à son chauffeur courtois de descendre tout de suite : il rejoindra à pied le Cirque, très proche, en longeant le canal. Damish accepte assez volontiers.

« Il ne retrouvera pas cette Italienne de sitôt, se dit-il en s'engageant sur le boulevard de Bedford. J'ai le temps de mettre en place un dispositif de surveillance. »

Sur le mail, des soldats en bourgerons conduisent des chevaux malades, fatigués, efflanqués, dans un parc : des victimes de la bataille impitoyable, des laissés-pour-compte condamnés à brouter l'herbe rare. Les Amiénois s'attroupent, les enfants leur offrent du sucre dans leur main ouverte, comme ils font aux animaux des zoos.

– C'est de l'eau pure et de l'avoine, qu'ils demandent, assure un vétérinaire enfin requis pour les soigner. Jean pense à la jument blanche restée à la ferme, dédaignée par la réquisition. Malade, mais entourée de soins et d'affection, elle rend encore les plus grands services à Marie Aumoine, sa mère, qui n'a pas d'autre monture. Comment peut-on abandonner ainsi, sans plus d'égards, des chevaux mobilisés qui ont fait tout leur devoir ?

Soudain, la lassitude accable Jean. Après la joie immense d'avoir enfin retrouvé trace de Clelia, il se demande s'il ne s'est pas trompé de personne, si la jeune fille trop vite disparue n'est pas une infirmière anglaise parmi d'autres. Pourquoi reste-t-elle sourde à ses cris ? La trop longue attente instille en lui le doute et la mélancolie.

Il songe à Paline, la jument aveugle de Villebret, symbole des quatre frères Aumoine. Le père les hissait en groupe serré sur son dos, quand ils étaient enfants, par ordre d'âge. Léon caracolait en tête, pour une parade joyeuse devant Marie attendrie. Julien, avec ses petites jambes, s'asseyait en dernier, accroché à Raymond. La pouliche était aussi fière de son tour de pré, sautillant sous les rires des enfants, qu'un cheval de cirque exhibant sur la piste ses écuyères à jupes pailletées d'or, dans les flonflons joyeux de l'orchestre. Des quatre frères, deux peuvent encore espérer revoir Paline et tendre la main pour caresser son mufle chaud.

Le lieutenant français reviendra-t-il jamais à Villebret ? Son passé est déjà parti en fumée avec ses frères disparus. Il n'a pas de futur, ni plus ni moins que les millions de poilus vêtus de bleu ou de kaki, en instance de perte d'identité. Assis sur un banc de pierre à l'entrée du Cirque, il voit tomber le soir sur les tilleuls du mail en se disant, à chaque arrivée d'ambulance, que celle-là n'est pas pour lui.

Il s'est assoupi sur le banc. Un doux baiser le réveille. Des cheveux blonds, illuminés de soleil, auréolent le visage radieux de Clelia. Il se lève d'un bond pour s'assurer qu'il ne rêve pas.

C'est elle qui l'a retrouvé. Elle le prenait pour un blessé oublié sur le mail. Il fixe ses yeux noisette aux reflets d'or et d'émeraude. C'est elle, à n'en pas douter, vivante et fraîche, blottie dans ses bras.

– Je t'ai cherché toute la nuit. À chaque retour de Bray, je croyais t'apercevoir. La douce Albertine m'avait dit que tu m'attendais. Je t'ai cru blessé. J'ai vu tellement d'horreurs. À deux pas d'ici, sur la route d'Amiens, un camion vient d'être incendié par une bombe. Mais, Dieu merci, tu es là. Tu es à moi. Je ne veux pas que tu repartes. Viens, nous allons oublier la guerre !

Il admire sa silhouette fine dans son habit de soldat à jupe courte, serré à la taille, les jambes cachées par des bottes de cuir souple. Elle plante son chapeau sur ses cheveux d'or, tel un mousquetaire, puis l'entraîne par la main en riant aux éclats.

Enlacés, ils remontent le mail, où campent des régiments venus d'Australie, fusils en faisceaux devant des tentes blanches. Les soldats ébouriffés se lavent dans des seaux, torse nu. Un sergent souriant les salue, tend à Clelia un quart de café brûlant, en signe de bienvenue. Elle accepte une gorgée, offre le reste à Jean.

Ils bifurquent vers la rue des Trois-Cailloux, barrée par un tramway en panne. Des Anglais de la police militaire, aidés de gendarmes français, détournent la circulation.

Clelia s'engage en courant dans la rue des Chaudronniers. Jean s'inquiète.

– As-tu toujours peur d'être arrêtée ?

– Nous ne craignons rien, lui dit-elle : tu es un beau lieutenant français couvert de brisques de campagne, et moi l'infirmière d'une ambulance royale que sa chef a renvoyée au dortoir, pour excès de fatigue, après dix voyages au front. Ce jour qui se lève est à nous ! Personne n'a le droit de nous le prendre.

Ils s'attardent à la terrasse d'un café désert, devant un puits où des femmes font provision d'eau. Dans ce vieux quartier épargné par les bombes, rien n'a changé depuis le Moyen Âge. Sur le carreau des Halles, quelques paysannes venues de la vallée à dos d'âne proposent des légumes aussitôt emportés dans des sacs, presque à la sauvette. Plus de jardiniers sur la Somme, plus de trains de ravitaillement à la gare. Les civils se lèvent avant l'aube pour rafler la maigre pitance en provenance des villages du sud, encore épargnés.

Jean et Clelia ne soufflent mot. Les tourterelles qui s'ébrouent sur la margelle du puits leur offrent enfin cette image de paix dont ils sont avides. Un enfant sort des Halles, un bouquet à la main.

– Les coquelicots sont fanés, dit-il à Clelia. Il reste des fleurs de chardon. J'ai trouvé un bleuet, le dernier de la saison. C'est pour toi. Il te portera bonheur.

La terrasse se garnit peu à peu de soldats de toutes les armes. Des Anglais à casquette impeccable, du génie ou de l'intendance, viennent s'asseoir en habitués.

– Partons, dit Clelia. Ils vont nous submerger.

Jean suit son guide bien-aimé jusqu'au pied du beffroi. Assis près de la jeune femme, il la dévore des yeux. Deux ans l'ont mûrie. Son visage n'a rien perdu de sa candeur, mais ses yeux noisette sont vifs et décidés. L'ange de Sarrebourg a frotté ses ailes, en évitant la boue, dans les champs de Thiépval et de Pozières.

La porte du beffroi n'est pas condamnée. Ils grimpent avec entrain les marches de pierre jusqu'à la terrasse protégée par une galerie.

– N'est-ce pas un délicieux refuge?

Elle l'étonne encore, ôtant ses chaussures pour glisser, pieds nus, sur les dalles brûlées de soleil, en une sorte de marche nuptiale.

– Prends-moi dans tes bras, dansons!

Elle fredonne à son oreille une valse anglaise très lente. Elle est si légère qu'il la laisse tourner seule, arrondir ses bras avec grâce. Elle est à cent lieues, sur la scène des ballets de Coppélia. Jean l'admire éperdument, comme s'il voulait graver son image dans son cœur.

Le premier coup de midi les assourdit.

– *Let's mock the midnight's bell!* lance-t-elle dans un entrechat shakespearien.

La *Marie Firmine* ne plaisante pas. Le gong de ses onze tonnes de bronze s'entend à dix lieues à la ronde. Au deuxième coup, ils dévalent l'escalier en toute hâte. Jean la serre dans ses bras à la porte du beffroi. Il pense à la toque d'Huriel. Ceux qui se sont aimés au sommet de la tour sont unis pour la vie. Il le lui dit. L'éclat de ses yeux vaut toutes les promesses. Bien sûr, elle est sienne.

Survivre dans la ville investie. Trouver un autre refuge. La cathédrale, peut-être.

Ses abords découragent. L'admirable portail est invisible, emmailloté de sacs de sable. La nef est vide de paroissiens, mais envahie d'équipes occupées à desceller, avec d'infinies précautions, des vitraux d'époque de douze mètres de hauteur. D'autres placent des échelles le long des murs, pour déposer les tableaux du Grand Siècle. Quatre hommes déposent en douceur sur un chariot le Christ des croisades en majesté, vêtu d'une chasuble d'or. Tous ces trésors doivent échapper aux bombes des *Taube.*

– Tu ne verras pas la rose de la mer. Ils l'ont démontée la semaine dernière, pièce par pièce. La plus belle rosace de la cathédrale. Viens, nous allons faire une prière.

Elle le conduit dans la chapelle de la Vierge, où la statue dorée est éclairée par des cierges.

– Ici, je viens prier pour ton retour, chaque jour.

Il s'agenouille à ses côtés, songeant qu'il n'a pas fait ce geste depuis sa première communion. Il pense à Marie Aumoine, à ses frères partis rejoindre le père, à Raymond qui monte au ciel comme le Christ. Il regarde les yeux embués de larmes de Clelia, ses mains jointes, la courbe de ses épaules dans l'attitude d'humilité de l'implorante.

Elle a aussi perdu son frère. Un long temps de recueillement, comme s'ils allaient communier dans le souvenir de ces martyrs de vingt ans. Il respecte son silence. Il a, comme elle, besoin de prier pour que cesse le supplice, et que repoussent les moissons sur les terres saccagées de Picardie.

Ils sortent du transept, perdus devant l'immensité des colonnes aux ramures étrangement fines. Jean prend des yeux la mesure de la nef interminable, vaisseau de pierre géant, échoué au bord de la Somme. Il a sans doute abrité des pèlerins par milliers, protégé des réfugiés, des assiégés, depuis des siècles. Se peut-il qu'il n'offre pas un recoin pour y cacher leur amour ?

La forêt de pierre n'est pas inhospitalière. Une fois encore, Clelia le guide vers l'escalier menant aux grandes orgues. Personne dans les tribunes de chêne. Une date gravée sur le buffet : 1429.

– Les plus grands organistes ont joué là les messes de mariage des rois et des princes, lui dit-elle, ses yeux pétillant de lumière. Alors, je vais jouer pour toi, rien que pour toi.

– Tu sais jouer de l'orgue ? dit-il, incrédule, en découvrant les milliers de tuyaux, les trois étages du clavier et le pédalier géant.

– Du piano ou de l'harmonium à l'église. Mais j'ai aussi joué à la chapelle royale de Munich. Ma mère avait tellement insisté.

Elle attaque les premières mesures de Bach, lentement, en détachant les notes avec soin pour qu'elles ne se bousculent pas dans les tuyaux, qu'elles sortent pures comme l'eau de source, amplifiées par la voûte : elle chante en même temps, en français, *Que ma joie demeure*.

Dans la nef, Jean voit les ouvriers interrompre leurs travaux, perplexes, pensant qu'un musicien répète un concert. Clelia sourit d'aise, enfant espiègle à qui rien n'est refusé. Elle termine en regardant Jean, dans un geste d'offrande. Ils s'embrassent au dernier accord, les yeux perdus vers la rosace absente. Quand ils redescendent l'escalier, les ouvriers s'alignent et leur font une sorte de haie d'honneur.

La lumière vive du parvis les aveugle, le bruit de la rue leur blesse les oreilles. Les voilà repris par le tumulte. La rue des Trois-Cailloux, si calme le matin, est encombrée de convois. Les ambulances de blessés anglais se succèdent. L'offensive se poursuit vers Bapaume, et les renforts montent en ligne, fournissant chaque jour un nouveau contingent de victimes.

Jean raccompagne Clelia à son antenne. Son service reprend à six heures.

– Nous voici dans le même camp, lui dit-il, et sur le même front. Je reviendrai te voir souvent.

– J'ai songé à m'engager chez les Français, tient-elle à préciser. J'ai passé le brevet de la fondation de la Source, chez le docteur Carrel. La subvention de Rockefeller leur a permis d'installer à Lausanne un centre de formation de premier ordre. J'ai été des quinze premières infirmières formées par le professeur Kocher. Le plus facile aurait été pour moi d'être militarisée en France, avec mes camarades.

– L'as-tu demandé ?

– Ma mère n'a pas voulu. Elle craignait les services de renseignements français, qui m'auraient repoussée. Je n'y tenais pas outre mesure : j'aurais été cloîtrée dans l'hôpital de Compiègne, sans pouvoir m'évader vers le front. Les Anglais m'ont acceptée grâce à la toute-puissante duchesse de Sutherland. La fondation est sa propriété. Le *Foreign Office* n'a fait aucune difficulté pour me délivrer un passeport. Je l'ai toujours sur moi.

À l'entrée de l'Ambulance, la voiture l'attend, avec son chauffeur casqué, et ses brancardiers indiens. Elle saute aussitôt sur le siège avant, non sans échanger avec Jean un long baiser d'adieu.

Le commandant Latouche ne lui demande pas des nouvelles d'Amiens. Il constate seulement, avec une satisfaction dissimulée, que le lieutenant est en retard de dix heures sur le rendez-vous fixé. Il faut croire, en conclut-il, que ses affaires ont été rondement menées.

– Le général Fayolle a rencontré le prince Arthur de Connaught, annonce-t-il à Jean Aumoine. Il est rassuré du côté des Anglais. Pour lui, la bataille est, l'un dans l'autre, un succès. Les canons anglais ont saigné l'armée allemande et nous avons gagné une avance sérieuse dans l'axe Péronne-Bapaume. C'était le but majeur de l'offensive.

– Qu'on ne me parle plus de Bazelaire, dit Fayolle à Latouche lorsque celui-ci pénètre seul, laissant Jean à la porte, dans le bureau du général de la VIe armée. Bazelaire s'en va et j'en suis bien aise ! Ses généraux refusaient d'attaquer, au motif qu'il pleuvait. Il a plu tout l'été. À les écouter, il n'y aurait pas eu de bataille de la Somme.

Le commandant Latouche se demande *in petto* s'il n'aurait pas été préférable de faire l'économie de ce sanglant assaut. Il est vrai que la Somme a sauvé Verdun. Personne ne peut dire le contraire.

Fayolle fait entrer les généraux Hallouin et Paulinier, commandant les 5e et 6e corps, prêts à monter en ligne.

– Messieurs, leur déclare-t-il, nous sommes à Bouchavesnes. Les Anglais ont pris Flers, et Martinpuich. Des villages totalement rasés, mais défendus en profondeur par un lacis d'ouvrages enterrés, redoutables. Ne vous attendez à aucun cadeau. Ici, c'est pire qu'à Verdun. Vous aurez à conquérir des termitières enfouies dans la boue. Les Anglais y ont laissé toute leur armée, la Somme est leur Verdun. Les Allemands aussi s'y sont usés. Nous survivons à grand-peine.

– La percée est-elle possible ? demande, avec quelque naïveté, le général de corps d'armée Hallouin.

– Joffre veut la victoire avec une impatience que je partage. La cavalerie est prête à marcher. Le front allemand craque. Nous allons prendre ensemble Sailly-Saillisel et l'affaire sera réglée. Le commandant Latouche, du service des renseignements, peut vous le confirmer. L'ennemi n'est pas en mesure de s'opposer à une nouvelle attaque.

– Les Allemands n'ont pas fait entrer de grandes unités fraîches dans la bataille, avance Latouche. Trois divisions étaient en ligne devant Bouchavesnes et les contre-attaques ont été menées dans chaque régiment, avec le bataillon de réserve, sans ressources extérieures. Aucun regroupement de forces.

– Cela ne veut pas dire que vous puissiez avancer comme sur un boulevard, ajoute Fayolle. Les places de Rancourt et de Frégicourt résistent. Vous ne pourrez les aborder de front. Les tranchées doivent être prises à revers. Vous devez apprendre à vos troupes la manœuvre. Elles l'ont oubliée. Il faudra manœuvrer pour reprendre Sailly-Saillisel. C'est une forteresse. Le bois de Saint-Pierre-Vaast en est une autre.

Paulinier s'approche de la carte des opérations affichée au mur. Ses divisions y figurent, au premier rang.

– Quand devrons-nous attaquer ?

– Rien avant le 21 septembre. Il faut plusieurs jours pour avancer au plus près les batteries de 75. Je ne veux plus de massacres de fantassins sur des lignes non détruites. J'ai demandé deux brigades de territoriaux pour creuser des parallèles et des boyaux supplémentaires, des abris de munitions et des emplacements avancés pour les batteries. La tâche est immense, mais indispensable. Foch ne m'a envoyé que six compagnies de prisonniers de guerre. Il faut refaire les routes et les chemins de fer à voies étroites. Les renforts de munitions ne peuvent plus suivre. Je n'attaquerai pas sans avions ni canons. Micheler a fini par s'y risquer. Il a eu probablement tort. Latouche, dites ce qu'il en est à la Xe armée…

– Hier, 18 septembre, elle a pris la forteresse de Deniécourt. Pour la première fois, nous avons fait donner les compagnies *Shit*.

– Les lance-flammes, explique Fayolle. Nous avons fini par nous y mettre. C'est très regrettable.

– La 15e division coloniale, poursuit Latouche, a été presque entièrement détruite malgré la préparation d'artillerie. Les Sénégalais ont été massacrés dans la tranchée du Poivre, sur la route de Belloy à Barleux. Les forteresses allemandes sont redoutables.

– Ont-ils des renforts prêts ? demande le général Paulinier, anxieux.

– Pas à ma connaissance, répond Latouche en s'engageant peut-être imprudemment. Mais ils peuvent arriver en une nuit de Saint-Quentin. Leurs lignes de chemin de fer sont intactes.

– La première division de France va entrer en ligne, dit Fayolle, avec une satisfaction non dissimulée. L'unité rassemble les meilleurs régiments de l'armée. Elle doit assurer la poussée vers Saint-Quentin. Allons, messieurs, notre bataille d'égoutiers risque de se terminer en victoire. Ne perdez pas courage. À force de patience et d'obstination, la percée ne peut guère nous échapper. Jamais les conditions n'ont été plus favorables, si toutefois l'ennemi n'a pas mis en place secrètement des troupes d'un niveau équivalent, la garde prussienne par exemple.

Après la sortie des généraux, Fayolle, comme à son habitude, retient le commandant Latouche.

– J'ai apprécié, lui dit-il, votre rapport sur l'attaque des chars. J'ai besoin de savoir ce qui nous guette à Sailly-Saillisel. Foch et Haig sont trop confiants. J'ai peur d'une entourloupe. Ludendorff est encore capable de nous surprendre.

La surprise est d'abord celle du 21 septembre. Fayolle croit attaquer, il est pris de court. À peine débarquées, les troupes de Paulinier et d'Hallouin sont soumises à une forte poussée dans le secteur de Rancourt. Une très violente préparation d'artillerie bouleverse durant quatre heures la ligne des tranchées françaises où les généraux des deux corps d'armée préparaient en grand secret la concentration des troupes d'assaut.

– Je me suis trompé, explique le commandant Latouche à Jean Aumoine. Ils ont déplacé leurs canons de nuit et laissé longtemps leurs troupes au repos, prêtes à l'action immédiate, dans leurs abris bétonnés, les *Stollen.* Je n'avais aucune connaissance, même approximative, des unités d'attaque ennemies, et le général Fayolle n'a pas manqué de me le faire remarquer aigrement.

– Les Boches ont-ils repris Bouchavesnes ?

– Ils ont bien failli nous ravir de force le village témoin, emblématique de notre victoire. Sans la résistance acharnée des régiments de Belfort et de la division d'Anselme, ils nous en chassaient. Heureusement, les *artiflots* des 75 ont fouetté leurs chevaux pour monter plus vite en ligne, et l'artillerie lourde sur voie ferrée a livré par tonnes ses réserves d'obus. Une seule contre-attaque a tout de même suffi pour que notre front trahisse sa fragilité.

Il explique à Jean qu'ils doivent se rendre en avant de la position fortifiée de Morval, dont les Anglais viennent de s'emparer, et de Rancourt, ce lacis de tranchées et de blockhaus enterrés, tombé entre les mains des Français après des combats sanglants. Il faut tenter d'obtenir des renseignements autour de la redoute infernale de Sailly-Saillisel, et, si possible, s'infiltrer dans les lignes allemandes afin de recueillir à tout prix des informations sur leurs unités de renfort.

Ils suivent à cheval le cours de la Somme pour évaluer les possibilités d'approche.

Des camions britanniques conduisent des blessés ennemis, ramassés sur le champ de bataille par des brancardiers indiens qui les répartissent entre les infirmeries de l'arrière. Un camp de prisonniers est constitué par les Anglais, gardé par des Écossais, baïonnette au canon.

Latouche ne songe pas à les interroger. Les renseignements obtenus ont déjà été exploités par l'*Intelligence Service*. Il lui suffit de questionner ses amis anglais. Le chef de centre offre à Jean et au commandant une paire de pistolets allemands de marque Luger, prise de guerre, et leur confie, sans réserve aucune, les informations dont il dispose sur l'ennemi.

Le long du fleuve, des artilleurs pêchent à la grenade des perches et des brochets pour améliorer l'ordinaire. D'autres se baignent, ou en profitent pour laver leurs chemises au savon noir. Près de Curlu, sur l'ancien territoire occupé par les Allemands, un dépôt de munitions, qu'ils ont dû abandonner, est touché par un tir de leur artillerie lourde. Une formidable détonation dégage une colonne de fumée noire visible à des kilomètres. Les pièces françaises de 120 entrent en action, et Latouche propose de se mettre à l'abri dans le bois du Ravin. Un peu plus loin, ils découvrent des emplacements de batteries allemandes. Les pièces sont brisées, les gourbis des artilleurs écrasés, les obus abandonnés au sol, sans protection.

Ils s'installent à la popote d'un régiment irlandais, où le cuisinier leur offre du thé chaud et des cakes de l'ordinaire. Un caporal se tord de douleur. Il a cueilli des champignons vénéneux qu'il a obligé le cuistot à lui préparer en salade.

Tout le monde déguerpit à l'approche d'une escadrille d'avions allemands qui arrosent le bois d'une trentaine de bombes. Lacombe et Aumoine poursuivent leur route sans s'émouvoir en direction de Combles, dont les Français viennent de s'emparer. Ils croisent une compagnie de travailleurs annamites exténués, flottant dans leurs longues pèlerines bleu clair.

Latouche les découvre avec surprise. Il n'avait jamais vu d'Indochinois en ligne.

– Fayolle a trouvé de la main-d'œuvre, commente-t-il.

Entre Combles et Rancourt, le plateau dénudé témoigne de la vigueur des combats. Les deux officiers se réfugient dans une cave du village, sous le bombardement ennemi qui reprend de plus belle. Plus d'escalier ni de marches, ils descendent à l'aide d'une échelle et se retrouvent à l'abri d'une sorte de tombeau, où des blessés attendent encore des soins.

Les Allemands, qui veulent empêcher les Français d'aménager le champ de bataille, bombardent sans répit de toutes leurs pièces lourdes. Latouche et Aumoine doivent attendre l'accalmie du soir pour sortir. Autour d'eux, des cadavres dont le visage est noir de mouches.

– Je n'ai jamais vu autant de morts réunis, dit le commandant en observant la tranchée des Portes de Fer, où les combats ont été sans merci.

Sur le terrain, Français et Allemands sont mêlés. Le bombardement empêche de les enterrer. Jean reconnaît le numéro 6 au col de veste des cadavres du régiment de Fontainebleau, presque entièrement décimé.

– Ils ne sont pas allés loin, constate Latouche avec tristesse. Encore une unité détruite. Ils sont tous couchés dans le même sens. Une seule mitrailleuse, cachée dans un trou, a suffi pour les prendre de flanc.

– Elle était dissimulée par le remblai de la route de Bapaume, remarque Jean. Les pertes à l'attaque sont toujours aussi élevées, même si notre artillerie est au niveau de celle de l'ennemi.

– Tu sais ce que dit Fayolle : il ne sert à rien d'être au même niveau. Si l'on n'est pas très supérieur, le canon ne peut conquérir le terrain.

Le commandant demande à un courrier l'emplacement du PC avancé du général Hallouin. On le trouve à la limite sud du champ de bataille dévasté, dans un blockhaus en rondins, invisible du ciel, dissimulé par des débris de fourgons et des rouleaux de barbelés.

Latouche demande au capitaine Gildas, de l'état-major d'Hallouin, la cause des pertes sévères du corps d'armée.

– Nous attendons la relève, répond celui-ci. En deux jours, l'unité a trouvé ses limites. Inutile de l'expliquer à Fayolle. Ne prenez pas cette peine, ajoute-t-il en dépliant la carte maculée de boue du secteur, le général Hallouin lui a déjà écrit. Son corps d'armée était en position au fond d'une cuvette, sur un quart de cercle dominé par des crêtes en pente douce. Des petits groupes de mitrailleurs ennemis étaient dissimulés dans les trous d'obus. Difficiles à repérer par avion, et donc à détruire par le canon. Les colonels n'ont pu dominer leurs régiments emmêlés, qui cherchaient à s'en sortir à tout prix pour ne pas être écrasés sur place sans pouvoir riposter. Je ne te conseille pas de voir le général. Il est au désespoir.

– On a l'impression que la guerre n'avance pas, dit Jean à Latouche en sortant de l'abri. Les poilus se font toujours tuer à l'attaque par des rafales de mitrailleuses, comme en août 14. La tactique change, le résultat est le même. Des cadavres par milliers.

Il est impossible d'aller plus avant en direction de Sailly-Saillisel. Les champs ouverts n'offrent aucune protection. On peut être balayé par une rafale de balles, si l'on est repéré. Les villages, leurs enclos de vergers et les bosquets ont été abattus, laminés. Sous la pluie, la boue recouvre tout. Les trous d'obus n'abritent plus que les cadavres du 5e corps. Encore une attaque manquée.

– Il y a bien un moyen de repérer les arrières de Sailly-Saillisel, suggère Latouche : qu'un Caudron accepte de te poser de nuit sur le plateau occupé par les Allemands, derrière leur troisième ligne, et tu pourras multiplier les observations très à l'aise.

– Pourquoi pas en parachute! dit Jean pour plaisanter.

– J'y ai songé, répond Latouche, sérieux. Mais le vent est fort, il souffle d'ouest et permet tout juste à nos saucissiers de toucher le sol sans se briser les jambes, faute de pouvoir choisir un point de chute convenable. Tu ne pourrais pas te diriger. Le parachute t'entraînerait trop loin et tu serais repris. Les renforts allemands vers la forteresse qui préoccupe Fayolle arrivent par la route de Cambrai. Tu dois te poster à l'étape, en uniforme allemand du service des arrières. Mieux encore, en travailleur français.

– Comment ferai-je connaître les informations ?

– Pas par pigeon. Trop dangereux. Les Allemands ont formé des tireurs d'élite spécialement entraînés pour les abattre à leur passage au-dessus des lignes. Les Anglais ont organisé un système de relais nocturne par signaux lumineux en morse et en code à partir du gros village de Nurlu. Un négociant en blé a installé leur agent dans le haut d'une de ses granges. Il émet à destination des saucisses montées de nuit pour recueillir les messages. On les redescend avant le lever du jour.

– Comment reviendrai-je ?

– Les liaisons sont organisées au sol sur une piste balisée la nuit par les correspondants du service, avec la complicité d'agriculteurs amis, loin derrière les lignes, à plus de vingt kilomètres. Ces vols n'ont rien d'exceptionnel. Ils font partie de la routine dans l'aviation. Les appareils se posent, moteur coupé, en vol plané, sur un espace de cinquante mètres environ. Ils sont guidés au sol par des torches alignées. L'opération ne dure pas dix minutes. Es-tu partant ?

– Ai-je le choix ? demande Jean qui, de sa vie, n'est monté en avion.

Le commandant l'entraîne aussitôt vers Méricourt, où l'état-major de Fayolle met à leur disposition une automobile qui les conduit, au tomber du jour, sur les pistes d'un aéroport près du village de Bresle, non loin d'Albert, en zone britannique. De là, décollent les bombardiers de nuit du *British Flying Corps*, pour attaquer les gares en zone allemande. Le lieutenant Damish est heureux de les y accueillir. Sur un appel téléphonique de Latouche, il a déjà organisé la mission.

Jean n'a que l'embarras du choix : dans un hangar réservé au service de renseignements, on lui offre en quantité des uniformes ennemis pris aux prisonniers.

– Il est préférable, mon cher, que vous soyez allemand, dit David sans sourire. Les travailleurs français n'opèrent jamais seuls. Vous seriez immédiatement suspect. Un *Feldgendarme* doté de panneaux de signalisation est au-dessus de tout soupçon. Vous pourrez vous déplacer sur cette bicyclette pliante, dernier cri de la création industrielle allemande. Vous disposerez d'un revolver Luger d'officier, et d'un poignard de tranchée.

Il lui fait essayer une lourde capote *feldgrau* parfaitement à sa taille.

– Cela te rappellera les Cinq Piliers, dit Latouche, évoquant une mission antérieure où Jean était déjà habillé en soldat allemand.

Il est doté d'une puissante lampe à pile, et d'un code secret à apprendre par cœur. Pendant deux heures, il s'entraîne avec un spécialiste pour émettre en morse dans l'obscurité du hangar, pendant que Damish et Latouche mettent au point le *timing* du vol de nuit.

– Nos gens de Nurlu sont prévenus, précise le lieutenant. Ils seront au rendez-vous.

– Quel est exactement l'objectif?

– Votre rôle est d'étudier la zone allemande des étapes avant la zone fortifiée de Sailly-Saillisel, où vous ne devez pas essayer de pénétrer, explique Damish. L'accès en est rigoureusement interdit et l'on exigerait votre ordre de mission. Je suppose que vous ne parlez pas l'allemand.

– Je puis le comprendre, répond Jean, qui a étudié cette langue au lycée, mais on soupçonne tout de suite que je suis un Français quand je le parle.

– Vous pourriez être alsacien. Mais ils sont rares dans les *Feldgendarme*. N'oubliez pas que vous circulez à bicyclette, sous la pluie incessante, et que, sauf imprévu, vous ne devez pas avoir à parler.

– Ton rôle n'est pas de pénétrer dans les défenses, mais d'évaluer l'arrivée des renforts, précise Latouche. Tu dois étudier les voies d'accès vers le front et surtout l'organisation des étapes. Nous attaquerons la forteresse par l'ouest – c'est le rôle des Anglais – et par le sud et l'est, notre affaire. D'où la collaboration des deux services de renseignements. Tu es un agent double franco-britannique.

– Ne peuvent-ils me fusiller comme espion ?

– Tu gardes ton uniforme sous tes vêtements de gendarme. Et naturellement tes papiers. En cas de capture, tu peux prétendre être un déserteur ou un corps franc, au choix. Ils ne peuvent rien contre toi.

– Le BE-2C a un rayon d'action de plus de trois cents kilomètres, explique David Damish. Nous l'utilisons pour le bombardement de nuit à cause de sa grande stabilité de vol. Il peut atteindre 200 km à l'heure, ce qui vous permet d'arriver au-dessus du terrain en moins d'un quart d'heure, à un plafond assez discret de trois mille mètres. Frileux, mais sûr. Vous prendrez la place du navigateur.

– Mais je ne sais pas naviguer.

– Aucune importance, notre pilote connaît la route par cœur.

– Votre passager s'appelle Jean Aumoine, précise Damish à l'aviateur en combinaison de vol qui s'apprête à monter dans la carlingue, pendant que deux mécanos auscultent le ronron du moteur.

– Capitaine Richard Straw, se présente l'officier en retirant son casque. Équipez-vous chaudement. Nous partons dans une heure. Aumoine, avez-vous dit ? Ce nom me rappelle quelqu'un. N'avez-vous pas un frère bombardier ?

– Il avait… répond pour lui Latouche.

– Désolé ! J'ai connu votre frère l'année dernière dans le train de Dijon. Nous nous sommes vus à Paris. La guerre est cruelle. *Such a charming boy.* Il avait une amie. Comment s'appelait-elle ? Gabrielle. Elle l'aimait à la folie.

Le capitaine propose un gobelet de whisky à son passager.

– Vous en aurez besoin. Il fait vraiment très froid, là-haut !

Jean boit sans discuter, enfile ses fourrures, ses gants de papier, ses moufles doublées, l'équipement complet du navigateur, sauf les bottes, qui sont celles d'un soldat allemand. Damish lui a conseillé de s'envelopper les pieds de papier journal, pour qu'ils ne gèlent pas. Il place son casque sur le passe-montagne, ajuste ses lunettes et gravit l'échelle tenue par le mécano.

– Songez que vous avez deux jours pour tout faire, l'avertit Latouche. À la même heure, dans la nuit de mercredi à jeudi, le capitaine viendra vous chercher.

– Montez ! dit Richard en français. Je suis le taxi de nuit. Vous serez vite arrivé. C'est bien moins loin que Maxim's, partant de la gare de l'Est, un jour d'embouteillage.

Jean n'a ni le temps de réfléchir, ni de poser d'ultimes questions, l'avion de toile et de bois tressaute sur les touffes d'herbe de la piste, cherchant sa vitesse.

– Attention, hurle Richard dans le bruit assourdissant du moteur. Le plafond est bas. Je vais grimper à trois mille mètres, dans les étoiles.

Il fuse à la verticale, aux 200 kilomètres-heure de son moteur amélioré, trafiqué pour les records par le mécano. Transi de froid, Jean se rassure en imaginant que Richard, tel Vasco de Gama, ne navigue pas à la boussole, mais aux constellations.

« Celui-là a dû s'entendre avec Julien, il est aussi fou que lui », se dit Jean, comme si son jeune frère était encore de ce monde.

La montée rapide vers les étoiles est si surprenante qu'elle lui fait perdre littéralement le nord. Comment Richard peut-il concilier la fragilité de sa monture et sa vitesse inconcevable qui plaque et givre la toile sur le frêne léger ? Quelle dose d'inconscience faut-il pour maîtriser une situation aussi objectivement dangereuse ?

Recroquevillé sur son siège sous sa triple couche de vêtements, Jean n'est nullement incommodé par la vitesse et l'altitude, mais excité au contraire, et conquis par l'exploit du fabuleux ascensionniste.

« Ce qui distingue les héros des autres hommes, se dit-il, c'est un peu plus de courage, et beaucoup de chance. Il suffit d'un rien pour que celui-là retourne au chaos. Chacun de ses vols est un défi. »

Ses oreilles bourdonnent, ses doigts s'engourdissent, il cherche l'air et le silence. Richard lui donne satisfaction. Après dix minutes de vol à l'horizontale sous le firmament, il consulte soigneusement son chronomètre et coupe les gaz. Jean se demande si le moteur est en panne. Richard se retourne, lève le pouce. Tout va bien.

La descente en vol plané est amorcée, à deux mille mètres. Jean découvre que les vents ne se calment pas avec l'altitude, au contraire. La toile des ailes claque à chaque virage, prenant le vent, dont le pilote peut suivre la direction. Plus de croissant de lune, plus de constellation d'étoiles. Richard a piqué droit dans la couche des nuages, virevoltant d'une aile à l'autre dans ce pot au noir où il risque de perdre la direction du port. S'il ne trouve pas une éclaircie dans les nuages, même d'une seconde, ils sont perdus.

À mille mètres, la descente devient acrobatique. Richard sort la tête de la carlingue pour tenter d'apercevoir des lumières au sol. Tout est opaque. Soudain, le reflet de la lune éclaire la ligne rectiligne du canal du Nord.

– Hourra ! lance Richard, nous y sommes !

Le terrain surgit en effet à quelques kilomètres à l'est du canal. Le pilote descend encore de deux cents mètres, plein est. Il aperçoit des reflets dans les étangs, puis, assez loin devant lui, des feux en forme de L allumés au sol. Il doit faire un passage rapproché pour surveiller la forme du champ. Une nouvelle spirale, et l'avion se présente au ras du sol, sur la grande branche du L.

– Nous atterrissons, prépare ton matériel.

Jean défait sa ceinture, serre son sac sur sa poitrine et jette au sol la bicyclette pliante. Il quitte son siège, prêt à sauter à terre, quand une rafale de mitrailleuse atteint l'appareil de plein fouet.

Richard Straw a remis tous les gaz. L'hélice n'est pas touchée, le moteur répond aux commandes. La mitrailleuse ennemie découpe dans les ailes de toile des lignes en pointillé. Ils atteignent mille mètres, puis deux mille, échappant aux rafales. Richard se retourne. Jean fait signe qu'il est indemne. Son sac bourré de matériel est percé de balles. Il l'a protégé.

L'avion vire à 180° pour retrouver sa route. Impossible d'atterrir sur un autre terrain. Le passager ne doit pas être « livré », en pleine nature, sans complicités au sol. Pas de piste balisée de secours. On pourra tenter, après l'aube, un atterrissage de jour. Richard en est capable. Dans l'immédiat, il faut rentrer pour préparer soigneusement la prochaine expédition sur la carte.

D'autant que le moteur tousse. Richard consulte le cadran de l'essence. Les balles ont dû percer le réservoir, toujours mal placé sur les avions britanniques. Inutile de couper les gaz, il n'y a bientôt plus d'arrivée.

– Prépare-toi à sortir dans la cabane, dit-il à Jean, nous risquons de casser du bois.

– La cabane ?

Richard lui montre les longerons entre les deux ailes. Jean n'a pas l'agilité de son frère Raymond. Il se demande comment il va pouvoir se glisser hors de la carlingue, avec ses lourdes bottes allemandes et trois épaisseurs de vêtements.

Ils sont à cinq cents mètres, et toujours dans les nuages.

Le canal est franchi depuis longtemps. Les rails du chemin de fer de Bapaume brillent par intermittence sous la lune.

À deux cents mètres, ils aperçoivent les tirs de fusées du front et les flammes de départ des batteries. Ils planent au-dessus des lignes alliées, mais très loin encore, leur semble-t-il, de l'aérodrome.

Les camarades de la base ont dû certainement allumer les projecteurs pour donner le cap à l'heure prévue pour l'atterrissage, se dit Richard. Il scrute en vain l'horizon. Pas de phares au sol.

L'avion égaré tournicote, perd peu à peu de l'altitude pendant que ses blessures aux ailes deviennent des déchirures claquant au vent de terre. Richard multiplie les spirales pour gagner du temps et s'avancer le plus loin possible à l'intérieur des lignes alliées.

Jean décide de ne pas sortir de la carlingue, sûr de se tuer s'il tente la moindre manœuvre. Il s'attache au contraire à son siège.

Le pilote sait qu'il n'a pas le choix du terrain. La faible lueur du croissant de lune permet à peine de distinguer la ligne des arbres. Il réussit à éviter des peupliers, distingue la masse régulière des meules dans un champ, pousse franchement les manettes pour atterrir. L'avion capote immédiatement. Les balles des mitrailleuses allemandes ont fauché le train d'atterrissage : plus de roues.

Jean, la tête en bas, est évanoui, assommé. Richard Straw, écrasé par la carlingue, se tord de douleur. Il tente d'appeler à l'aide, mais sa voix s'étrangle, il perd aussitôt connaissance.

Un chien réveille Jean au petit matin, par ses aboiements. Il distingue les débris de l'appareil, le corps du capitaine anglais, immobile, et tente de se dégager. Il est toujours attaché à son siège par la ceinture. Ses membres ne répondent plus. Il appelle Straw. Pas de réponse.

Au-dessus de lui, tout près du sol, un chasseur décolle, aux couleurs anglaises. Ils se sont écrasés tout près du terrain d'aviation britannique de Méaulte. Cent mètres de plus et Richard touchait la piste. Le pilote du chasseur les a-t-il aperçus ? Son moteur vrombit dans un nouveau passage à basse altitude, il revient à sa base pour signaler l'accident. Aussitôt surgissent, sur un chemin de traverse, une voiture de pompiers et une automobile Ford camouflée.

Les soldats du feu dégagent Jean, qui ne souffre d'aucune fracture, mais de multiples contusions. Son bras saigne, égratigné en profondeur par les nervures brisées de la carlingue. Il assiste, sans oser se plaindre, au sauvetage du pilote.

Les mécanos attachent des câbles à la carlingue, puis la soulèvent à l'aide d'un treuil. Un médecin anglais s'approche de Richard Straw. La nuque brisée, l'œil crevé par la tige d'un instrument de bord, le capitaine a cessé de vivre.

Placé sur une civière, Jean est évacué vers l'infirmerie du terrain de Méaulte, où il reçoit les premiers soins. Une ambulance doit le prendre en charge. Le lieutenant David Damish, accablé de douleur, se sent responsable de l'échec tragique de cette mission où son ami très cher, le capitaine Straw, a trouvé une mort atroce. Il appelle au téléphone l'antenne britannique d'Amiens.

Une heure plus tard, réconforté par un cordial et chargé dans l'ambulance de la Sutherland, Jean reconnaît, penché sur lui, le visage souriant de Clelia. Incapable de lui parler, il sombre dans un sommeil profond.

Il serait vite sorti de l'hôpital du Cirque, n'étant atteint que de blessures légères, si sa température élevée n'avait inquiété le major. Clelia a beau le gaver d'aspirine, la fièvre reste à 85° Fahrenheit.

L'infirmière en chef répond au commandant Latouche, pressé de récupérer son adjoint, qu'il souffre d'un phlegmon sous-maxillaire, affection assez courante chez les aviateurs. Passer de 25 degrés Réaumur au sol à – 20 à deux mille mètres dans les courants d'air des coucous expose à des surprises les passagers à la gorge sensible.

– Il faut opérer tout de suite. Il risque une infection généralisée.

Le médecin chef met son patient sous chloroforme, lequel est vite inconscient dans les bras de Clelia. Un peu plus tard, assommé de drogues, gêné par le drain qui l'empêche de manger, Jean trouve pourtant un bonheur extrême à son état et se souvient avec émotion de l'image de la jeune fille à l'hôpital de Sarrebourg, où elle le soignait pour une blessure de guerre. Il se laisse bercer par ce souvenir, et la Clelia d'aujourd'hui se mêle à celle d'hier, comme si rien ne s'était passé depuis deux ans.

– Quand pourrons-nous nous évader ? lui glisse-t-il à l'oreille dans un souffle, après deux jours d'immobilité.

– J'ai tout arrangé, *caro mio*, avec le médecin-chef. Dès qu'il t'aura retiré ton drain, je t'installe près du Cirque, à l'hôtel du Globe.

– Je refuse, dit Jean. Je ne veux pas dormir loin de toi, même à dix mètres.

– Qui te dit que tu seras seul ?

Les voisins de chambrée sont tous des aviateurs britanniques du camp de Méaulte. Un *Taube* a surgi à l'aube, volant en rase-mottes. Les chasseurs, surpris, n'ont pas eu le temps de décoller. Il a lâché ses bombes avec méthode, pulvérisant toute une file de nouveaux appareils Camel encore à l'essai, une escadrille flambant neuve à peine sortie des usines anglaises. Les dix avions ont été incendiés.

On avait commis l'erreur de les grouper le long de la piste, tous proches les uns des autres. Les hangars de l'aérodrome ont été également touchés. Des mécanos et des pilotes avaient déjà rejoint leurs postes et ont été cueillis par les bombes.

Les pompiers ont retiré des décombres treize cadavres et pas moins d'une dizaine de rampants très atteints. Jean a pour voisins un amputé de la jambe et un grand blessé facial, au visage brûlé. Qu'un simple malade fût soigné parmi les grands blessés de guerre pourrait sembler extravagant. Pourtant, nombreuses sont les victimes des maladies du front qui doivent être opérées comme les autres, et même isolées en cas de contagion.

Clelia ne peut s'attarder au chevet de Jean. Elle a obtenu la permission de ne pas repartir au front dans les convois d'ambulances, mais elle a été affectée au service de salles où elle est submergée par les urgences.

Comme à Sarrebourg, Jean la suit des yeux quand elle passe d'un lit à l'autre dans la salle, prodiguant les soins, lisant de sa voix douce le courrier des malades, rédigeant en anglais les lettres à leur famille.

Elle refait chaque matin le pansement de Jean, casqué comme un pilote d'un bandage qui lui enserre la tête et maintient ses maxillaires en place. Il ne peut manger, à peine parler, mais son bonheur s'exprime par la tendresse de son regard. S'il le pouvait, il sourirait en permanence, comme un enfant comblé.

La guerre lui a appris la valeur du temps. Rescapé d'une catastrophe, il considère sa vie comme un sursis, dont chaque instant est une grâce. Avoir Clelia en face de lui est une illumination, l'entendre parler un miel. Il souffre physiquement, la nuit, de son absence. Son retour au matin dans la salle ramène en lui la sérénité. Après quelques jours d'attente dans l'antichambre du paradis, Clelia l'installe à l'hôtel du Globe, pour ne plus le quitter.

Une semaine de congé n'est pas de trop pour soigner son blessé, enfin débarassé des drains et pansements encombrants. La chambre n'est pas un refuge, mais une cellule de bonheur à protéger absolument contre toute atteinte de l'extérieur, portes et fenêtres closes pour préserver le couple dans son cocon, chaud et silencieux.

La moindre ouverture est une blessure. L'*air* de la guerre – à respirer, à entendre, à subir – doit rester au-dehors, être tenu à distance des êtres en état de grâce, en odeur de sainteté. L'inévitable intrusion du personnel de l'hôtel provoque des replis hâtifs sous les couvertures, ou tactiques dans le cabinet de toilette. Pas question de sortir, sauf à l'heure où les chats miaulent sur les toits, dans le brouillard ouaté de la nuit. Le jour est l'ennemi, puisqu'il marque le temps. Au paroxysme de l'amour, il n'est plus de temps recevable.

Quand les persiennes s'ouvrent, les bruits reprennent leurs droits, assourdissants : roulements de camions sur l'asphalte défoncée, échos lourds de la canonnade au loin, trompes des voitures se frayant un chemin au milieu des trams dont les roues malmenées par les coups de freins brutaux de la *wattwomen* couinent sur les rails, clairons sonnant le rassemblement des escouades campées sur le mail, stridences des sifflets des agents municipaux, tous les bruits habituels d'Amiens en guerre.

Jean doit faire viser par la Place son bulletin de sortie de l'hôpital. Il s'étonne de n'avoir aucune nouvelle du commandant Latouche et ignore comment le joindre. En temps ordinaire, il reçoit des ordres, il n'en sollicite pas. Latouche sait où le contacter, jamais l'inverse. Où doit-il attendre ?

Il se souvient de l'adresse de la mission britannique de renseignements, à son antenne d'Amiens. Il y est reçu fraîchement. Quand il demande à voir le lieutenant David Damish, on lui répond qu'il ne fait plus partie du groupe. Il a sans doute été muté à Arras, en Artois, peut-être même dans les Flandres.

L'officier traitant qui renseigne Jean, froid et évasif, n'éprouve nullement l'envie de rendre service. Le lieutenant Aumoine se doute que l'échec de la mission a provoqué la mutation du pilote anglais. Il est probablement tenu pour responsable de la trahison ou de la capture de l'équipe française qui devait réceptionner l'avion espion sur le territoire occupé par l'ennemi.

Jean explique à Clelia qu'il doit, pour se mettre en règle, suivre les instructions de la Place, se diriger vers l'état-major du général Fayolle à Méricourt, où le commandant Latouche doit être connu. Plus question de demander le moindre service aux Anglais. Après des adieux déchirants, il s'embarque à la gare, promettant à Clelia de revenir au plus tôt.

Pas de Latouche à Méricourt. Aurait-il été limogé par Fayolle, lui aussi furieux de l'échec de la mission ? Cette absence fragilise la situation du lieutenant Aumoine, détaché de son corps pour des missions particulières sans avoir à rendre compte, sauf à son supérieur direct. Spécialiste des corps francs, utilisé pour les missions particulières, placé hors hiérarchie, voyageur éternel du front, appelé selon les besoins dans les secteurs les plus chauds, il se trouve brusquement sur la touche si son chef a disparu.

Peut-on au moins le renseigner ? Il fait antichambre une heure, sans qu'aucun officier ne se préoccupe de sa présence. Il demande à être reçu au 2e bureau, où l'on ne semble pas connaître son nom. Un sous-lieutenant de service finit par lui dire qu'il doit demander audience au lieutenant-colonel Buteau.

Jean a grande envie de prendre le train pour rejoindre son corps, mais il ne peut approcher du front sans ordre de mission.

– Repassez cet après-midi, lui dit un sergent de service. Le colonel est en réunion.

Où déjeuner ? Au mess des officiers de l'état-major ? Jean n'y connaît personne. À voir l'agitation dans les couloirs de la maison bourgeoise qui sert de PC à Fayolle, Jean se demande comment ces huiles galonnées peuvent trouver le temps de manger. Fayolle lui-même ne sort de son bureau que pour se rendre au front en automobile, ou lorsqu'il est convoqué d'extrême urgence au quartier général de Foch, installé depuis peu tout près de Méricourt, à Villers-Bretonneux.

Jean hésite à quitter l'état-major. Dehors, il pleut. Le village de Méricourt n'est pas hospitalier. Il n'a pas le courage de s'engouffrer dans un café enfumé, pris d'assaut par les chauffeurs des officiers et les gendarmes des piquets de garde. Il se retourne. Un capitaine lui tape sur l'épaule.

– Henri Lejeune, s'annonce-t-il. Vous me reconnaissez ? Vous êtes bien Jean Aumoine.

Jean se souvient en effet de l'ami de Léon, l'artilleur de l'offensive de Lorraine, en 1914.

– Vous cherchez Latouche ? lui dit Lejeune. Vous ne le trouverez pas. Il nous a quittés pour longtemps.

« Va-t-il m'annoncer sa mort ? » se demande Jean en pâlissant. Pour lui, Henri Lejeune est un porteur de mauvaises nouvelles.

Il réalise brusquement à quel point il tient à ce commandant qui l'a soutenu dans les jours difficiles et qui, pour des raisons connues de lui seul, a tout fait pour favoriser ses retrouvailles avec Clelia. La perte de Latouche est pour lui un malheur, c'était un père confesseur de séminaire, à qui il avait envie de tout dire. Pourtant, il ne lui parlait pas, par discrétion, peut-être aussi parce qu'il avait le sentiment que cet homme savait ou devinait tout de lui.

Assombri, il suit Henri Lejeune vers le mess, où les conversations privées des officiers cessent à leur arrivée. Le climat très particulier des cénacles d'état-major veut que l'on se méfie d'instinct d'un étranger au service.

– Asseyez-vous, dit Lejeune en choisissant une table à l'écart, je vous raconterai.

– Latouche n'est plus des nôtres, commence-t-il. Il a eu brusquement une attaque. À l'annonce de l'échec de votre mission, il est tombé dans son bureau, sans pouvoir se relever. Ses jambes ne suivaient plus. On l'a cru perdu, mais, grâce au ciel, il est sauf.

– Où se trouve-t-il ? demande Jean en reculant vivement son siège, comme s'il voulait rejoindre son commandant séance tenante, où qu'il soit.

– Je suis son ami de longue date, dit Henri Lejeune. Vous pouvez vous fier à moi. Fayolle a toute confiance en lui. Il a été très affecté par son accident circulatoire. Il demande sans cesse de ses nouvelles. Comprenez-moi bien, il n'a pas été limogé.

– Est-il à l'hôpital d'Amiens ?

– Non pas. Pour qu'il récupère rapidement ses facultés, le major a donné l'ordre de l'évacuer vers l'Afrique du Nord. Il doit, pour un certain temps, oublier la guerre. Latouche a une femme et des enfants. Il a tout quitté pour partir à bord d'un navire sanitaire en Algérie. Il nous reviendra guéri.

Jean n'ignore pas que les officiers supérieurs limogés sont fréquemment affectés en Afrique du Nord. Contrairement à ce que prétend le capitaine Lejeune, l'éloignement du commandant Latouche est bien l'effet d'une disgrâce. Il est rayé des cadres du 2e bureau, sans doute pour toujours.

– Avez-vous de ses nouvelles récentes ? demande-t-il, désemparé.

– Il m'écrit fréquemment. Il est libre de ses mouvements. Il a résidé d'abord à Tunis, puis à Oran. Il a pris seul le train pour Tlemcen. Il est engagé au service de recrutement du dépôt du 6e tirailleurs, mais il doit prochainement être affecté au 5e régiment de Maison Carrée, dans le faubourg d'Alger. Il a repris des activités. On considère donc qu'il est en voie de guérison rapide.

– Que disent les médecins ?

– Il est passé devant une commission médicale, à l'hôpital ultramoderne d'Alger. Son système nerveux reste fragile. Il a été déclaré inapte pour un mois à faire campagne. On l'utilise pour assurer le recrutement et l'observation des tirailleurs venus du bled, à leur formation militaire.

– Reviendra-t-il jamais ?

– Pas immédiatement. Il m'écrit que l'organisation des bataillons mixtes de tirailleurs et de zouaves occupe son temps, et qu'il doit, de plus, préparer l'envoi immédiat au front de contingents de deux ou trois cents tirailleurs.

– Sa famille doit-elle le rejoindre à Alger ?

– Il ne m'en parle pas, mais je crois savoir qu'il n'en est rien. L'état-major ne finance pas le déménagement des officiers en Afrique du Nord. Il est hors de question que Latouche assume de tels frais. Il est d'ailleurs probable que dans un mois, il reprendra ses activités normales, car le général commandant le 19e corps d'Alger lui a proposé d'entrer au 2e bureau, pour qu'il enquête sur les troubles du recrutement.

– Des troubles, en Algérie ?

– Oui, le départ des soldats suscite des protestations de la population des douars. On les recrute sans trop d'égards. Les anciens ont subi trop de pertes au front. Les combattants rapatriés et les invalides de retour d'hôpital racontent l'enfer de Verdun et de la Somme. Cela ne stimule guère les vocations plus ou moins spontanées. De moins en moins.

– Que dois-je faire ? dit Jean, soudain découragé. J'ai grande envie de rejoindre mon corps.

– Pas avant d'avoir rencontré le successeur de Latouche, il peut avoir besoin de vous. Il doit, en toute hypothèse, vous délivrer un ordre de mission.

Jean se résigne à attendre, tout le jour s'il le faut, pour rencontrer cet officier arrogant qui a refusé ce matin de le recevoir. Plus il réfléchit, plus il est désireux de retrouver ses camarades. Travailler avec le commandant Latouche était à ses yeux un honneur. Il avait un tel respect pour lui qu'il le suivait sans hésiter, sans même discuter, dans les missions les plus dangereuses.

Lejeune conduit Jean Aumoine à la porte du bureau du lieutenant-colonel Buteau, le remplaçant de Latouche.

– Attendez-moi un moment. Je vais vous faire recevoir.

L'entretien est bref. Buteau est cassant, à peine aimable. Il ne s'informe nullement du détail de la mission manquée, ni de la santé de Jean. Cette affaire ne le concerne pas. Elle est classée. Il ne croit pas aux missions périlleuses et n'éprouve pas le besoin de recruter des corps francs. Le renseignement est une activité particulière qui demande une formation. Jean n'y a pas sa place.

Le lieutenant Aumoine ressort un quart d'heure plus tard, une feuille de route signée à la main.

– Je vais rejoindre les copains, dit-il à Lejeune.

– Ou sont-ils ?

– Ils marchent sur Verdun.

La marche sur Verdun

Le lieutenant-colonel Buteau a-t-il commis une erreur volontaire ? Le lieutenant Aumoine n'est pas affecté au 121ᵉ, son régiment d'origine, en opérations sur la Somme, mais au 321ᵉ, l'ancienne unité de son frère Raymond, en instance d'entrée en ligne à Verdun, dans la division du général Passaga.

On manque cruellement de cadres, à la « Gauloise » : c'est le surnom que ce général énergique a donné à cette unité constituée de bric et de broc. Déçu d'avoir perdu ses camarades de la conscription, Jean s'aperçoit que la division nouvellement formée accueille aussi bien les recrues de Montluçon que de Mâcon, Langres, Vannes, Roanne et Chartres, toutes les tribus du vieux pays. Le 321ᵉ de Montluçon remplace un régiment dissous dont le recrutement s'est tari à force de massacres répétés.

Le point de ralliement ? Les bois de Belrain, non loin d'Érize-la-Brûlée. Débarqué du train à Bar-le-Duc après un très long voyage via Amiens, Paris et Vitry-le-François, Jean y a été conduit en camion, par la *voie sacrée* de Bar à Verdun.

Il n'a eu aucun mal à trouver la 133e division sur ce terrain fait pour les manœuvres. Alternant des prés et des bois, le paysage est parcouru de rivières capricieuses, émaillé de hameaux perdus, aux tuiles rouges, entourés de champs clos. Dans ce Barois non labouré par les obus, rien n'annonce le massacre perpétré à quelque cinquante kilomètres de là, au-dessus du cours encaissé de la Meuse. À Érize-la-Brûlée, les vaches sont traites et les moissons engrangées.

L'unité au repos achève son entraînement. Des files de canons de 75 attelés ont déjà pris la route du nord. Jean se présente au PC de la division pour signaler son arrivée au corps. Il se fige : devant lui, le général en personne. Debout près de sa tente, celui-ci regarde défiler un bataillon d'amalgame, formé de territoriaux et de bleuets de la classe 16. Canadienne à col de fourrure, cravate de commandeur de la Légion d'honneur au col, il fume une cigarette, le képi légèrement de guingois, deux officiers d'état-major au garde-à-vous derrière lui.

– Qui êtes-vous ? demande-t-il à Jean sans préambule, considérant le lourd sac de poilu fixé sur les épaules de l'officier.

– Je rejoins mon nouveau régiment, le 321e, mon général.

– D'où venez-vous ?

– Du service du commandant Latouche, au 2e bureau de la VIe armée, à Mirecourt, dans la Somme.

Passaga esquisse un sourire qui creuse les fossettes de ses joues et redresse d'un doigt sa moustache en brosse. Cet homme de haute taille, au regard glacial, peut être bienveillant.

– Latouche ? Comment va-t-il ?

– En Algérie, mon général.

Du ton d'un chef qui tient à connaître individuellement tous ses gradés, il demande à Jean Aumoine s'il a servi dans les corps francs. Flairant le piège, le jeune homme répond qu'il lui est arrivé de participer à des opérations spéciales, à la demande du commandant Latouche, mais qu'il est surtout un officier de secteur. Il pense en lui-même qu'il n'a aucune envie d'être recruté au 2e bureau de la 133e division.

– Vous commanderez une compagnie, tranche Passaga en l'observant de son regard perçant. J'ai besoin d'hommes d'expérience. Nous allons attaquer sous peu.

C'est l'annonce d'une prochaine promotion au feu. Lieutenant, Jean n'a droit qu'à une section. Voilà qu'il est promu, à peine arrivé, au grade de capitaine à titre provisoire. Il en conclut que la *Gauloise* est davantage en manque d'officiers que de troupes. Les unités qui la composent ont toutes perdu leurs chefs au feu.

Claquant des talons, il remercie le général de sa confiance.

– Voyez le colonel Picart pour votre prise de commandement. Je le fais avertir tout de suite de votre arrivée. Son PC est à l'orée du bois, à cent mètres. Prenez d'abord un café à la roulante, et je vous en prie, posez ce sac. Une ordonnance viendra le prendre.

Derrière Passaga, un officier d'état-major fait un signe. Un jeune soldat se précipite pour aider Jean et le conduire à la roulante où Bernard Lefort, le cuisinier, lui remplit à ras bord un quart de café bouillant. Son voisin de table le salue sans empressement. Un ancien, à voir ses gestes mesurés, presque nonchalants.

– Adjudant André Leynaud, laisse-t-il tomber.

– Jean Aumoine.

L'autre, comme aiguillonné, se lève aussitôt pour lui serrer la main :

– Aumoine ? Je ne me trompe pas, dit-il en le dévisageant, vous êtes bien le frère de Raymond ? Quand vous avez rencontré votre cadet par hasard à l'entrée du tunnel de Tavannes et que vous y avez appris, ensemble, la mort de votre jeune frère Julien, j'étais là. Raymond Aumoine était mon meilleur ami.

Jean s'inquiète. Pourquoi parle-t-il à l'imparfait ?

– Il nous a quittés, dit-il, il est dans le ciel.

Devant la mine soudain alarmée du lieutenant, il s'empresse de préciser :

– Il revient nous voir souvent. Son avion bat des ailes pour se faire reconnaître. Nous sortons tous pour lui faire des signes d'amitié. Vous êtes le frère d'un pilote de *Spad*. L'ignoriez-vous ?

– J'en suis fier, l'assure Jean.

Midi approche. Les uns après les autres, les poilus profitent du beau temps pour prendre leur repas dehors, sur des bancs rugueux de rondins, soldats et officiers confondus, jusqu'au grade de capitaine. La vieille armée a bien changé. Foin des barrières de castes : les adjudants sont d'anciens boulangers, les caporaux des normaliens et les lieutenants des employés d'assurances. On meurt ensemble, on bouffe ensemble, c'est le front.

S'il se trouve un ancien des écoles militaires, il se plie volontiers aux nouveaux usages. Le colonel Picart, sorti de

Saint-Cyr, est certes de ces officiers supérieurs qui gardent leur quant-à-soi, comme son prédécesseur Flocon, ancien de Saint-Maixent, blessé grièvement au combat dans les premiers jours du mois de septembre et définitivement rayé des cadres pour invalidité.

Jean se lève avec une chaleureuse déférence pour accueillir à sa table son ancien professeur de mathématiques au lycée de Montluçon, Jean Lacassagne, qui porte allégrement ses cheveux gris de quinquagénaire engagé. L'homme n'a pas dépassé, depuis le début de la campagne, le grade de capitaine, auquel lui donnent droit ses multiples périodes de réserve en temps de paix.

Comme son jeune élève, il commande une compagnie. Il retrouve avec plaisir le plus doué, le plus assidu des quatre fils Aumoine, brillant lycéen devenu à l'armée son égal. L'émotion l'envahit. Il n'en peut plus de voir mourir autour de lui toutes ces têtes studieuses qu'il a remplies, jour après jour, de son savoir sur les bancs du lycée. Que n'est-il mort le premier !

Il les connaît un par un, les petits gars de Montluçon. Il est le vrai père du régiment. Le colonel Picart, de l'armée active, est un militaire de profession, né ailleurs, venu d'ailleurs. Ses officiers et sous-officiers sont de la réserve, issus de la lointaine Bretagne, de Provence, et même de Corse, comme l'adjudant Giulio Casta, ou Jean-Marie Colonna, rescapé d'un régiment de tirailleurs sénégalais du général Grossetti, disparu corps et biens dans la boue de l'Artois. Le 321e régiment s'est enrichi de tant d'apports extérieurs qu'il lui est difficile de reconnaître sa cellule d'origine.

Pourtant, ils sont là aussi, ceux des classes successives du professeur Lacassagne. Tous – sauf les morts – assis sur des bancs de rondins. Il se souvient des cancres, comme

Raymond, ou des prix d'excellence qui auraient dû, selon lui, présenter les concours des grandes écoles. Les *forts en maths* du régiment se sont retrouvés, au mieux, agents d'assurances, comme le lieutenant Bériot, ou employés de banque, comme Moulinet, malchanceux déjà disparu, celui-là. Les voici de nouveau réunis, les anciens élèves; revêtus du même uniforme, pensionnaires de l'armée, en somme, et assis devant Lacassagne, en rang comme autrefois.

Armand Bériot salue Jean Aumoine : ils faisaient table commune dans la classe. Ils rivalisaient pour la place de premier. Quant aux cancres, ils sont devenus garçons coiffeurs tel Jean Javelon, une des plus mauvaises têtes du lycée, nommé caporal-chef au 2e bataillon; ou encore maraîchers à Malicorne, tel Armand Berthon, le coureur de filles, l'ancien copain de Raymond au bal de la Chorale, obstinément deuxième classe, les bras seulement ornés des trois brisques de laine rouge de ses campagnes.

D'un bout à l'autre de la longue tablée circule le mot d'ordre : le nouveau est un Aumoine, le grand frère de Raymond. Il serait capitaine, entend-on dire, bien qu'il n'ait encore à ses manches que deux galons d'or.

Ainsi, le repas prend-il des allures de banquet de promotion. Faut-il craindre des discours? Le sergent Dutoit, ouvrier aux Fours à Chaux, veut seulement célébrer la revoyure d'un *pays.*

– À défaut de nous rendre Raymond, l'armée nous envoie son frère, lance-t-il à la cantonade.

Peut-être qu'au dessert l'aviateur chéri de tous viendra battre des ailes, comme on bat des cils, pour signifier aux copains qu'il est toujours de cœur avec eux.

Jean est adopté. Il a retrouvé une famille, la grande

famille des patriotes sortis des halliers du vieux pays et qui se rassemblent, sans tambours ni trompettes, pour faire simplement leur boulot de Français, sans pour autant aimer la guerre, ses pompes et ses basses œuvres.

– Je m'appelle Jean Duval et je suis le frère de Maurice. Il se présente à son jeune voisin de banc.

Duval de Champignier, champion du Tour de France 1913, était un de ses meilleurs amis. Ils ont fait ensemble toutes les campagnes, depuis août 1914. Jean l'a laissé dans les tranchées de la Somme, au 121ᵉ. Son jeune frère, de la classe 1916, n'a pas vingt ans. Le lieutenant Aumoine se sent devant Duval comme un adulte en face d'un grand gosse.

– Comment va votre mère ?

– Elle trime, répond le poilu. J'ai deux petites sœurs derrière moi.

Jean connaît fort bien les Duval, métayers près d'Archignat. Il sait que leur ferme aux terres ingrates et dispersées, nanties de quelques vignes, rapporte peu, et qu'ils ont du mal à vivre. Ils ont toujours partagé la colère des paysans du Centre contre les maîtres trop avides de semences et de moissons.

Pas plus que son frère Maurice, Jean Duval n'a pu accéder au lycée. Même à la guerre, l'avenir est bouché pour lui. Il sera tout au plus sergent-chef, et décoré de la croix de guerre, comme son cadet. Question de niveau ! disent les colonels. Il faut, pour commander, savoir écrire de beaux rapports.

– Veux-tu être mon agent de liaison ? lui propose Aumoine.

Au début d'octobre 1916, les ordres de l'armée sont encore de se préparer et d'attendre. Pour une nouvelle offensive, sans doute. Lacassagne prétend que le général Passaga enrage de cette inactivité. Il envoie chaque jour des courriers à Souilly, où siège Nivelle, le patron, pour s'enquérir de la date du départ et demander des dotations en matériel. Il passe dans l'armée pour un prévoyant. Lacassagne récite, de mémoire, une de ses citations, volontiers propagées dans la division.

« S'agirait-il d'un seul fantassin à sauver, il n'y a pas d'économies de munitions à faire. »

Cette petite phrase, colportée dans les popotes, a rendu Passaga aussi populaire que Pétain, du temps où celui-ci commandait l'armée de Verdun, avant sa disgrâce dorée du début de mai. Le général est près du soldat, c'est un fait que nul ne conteste. Il veut des tirs de barrage puissants qui lui permettent d'avancer tranquillement vers l'ennemi, la canne à la main, à la tête de ses hommes, alors que tout cède devant lui par la grâce du canon. Avec panache !

« C'est bien, se dit Jean Aumoine. Mais ce sont des paroles. Après l'offensive, nous compterons les survivants. Attendons, pour tresser des couronnes, de savoir quel général aura su le mieux protéger les siens. »

– Le régiment a été déjà engagé sur ce front, explique Lacassagne. Il a occupé un secteur en septembre, entre le bois de Vaux-Chapître et l'ouvrage de Thiaumont, juste au-dessus de Fleury. Un coin pourri, battu par tous les calibres, soumis à d'incessantes contre-attaques. Il a dû être retiré avec toute la division pour pertes excessives, et Fleury abandonné. Envoyer en première ligne des unités plus qu'à moitié encombrées de territoriaux et de jeune recrues était catastrophique. Le général a obtenu notre retrait rapide, après quinze jours d'engagements meurtriers, « dans de bons cantonnements loin du front ». Depuis lors, nous sommes au repos.

– Pourquoi tant de pertes ? interroge Jean Aumoine. La tactique d'attaque peut-elle être changée ?

– Après les échecs de l'été, Mangin, chargé d'un groupement d'unités par Nivelle, n'a pas manqué d'y réfléchir. Il a expliqué à son chef que les troupes venues des secteurs calmes des Vosges et de Lorraine ignorent tout du front de Verdun au moment d'entrer en ligne, et leurs officiers les premiers. Il leur faut le temps de s'adapter, de reconnaître le terrain.

– Que faut-il leur apprendre ?

– Qu'il est urgent de percer des boyaux d'un trou d'obus à l'autre, sans aucun répit. Que les réserves doivent se tenir aussi près que possible des lignes, afin d'éviter les tirs de barrage. Que les chefs des divisions de renfort commencent par repérer le terrain avant de donner un ordre. Le front est trop éclaté pour que les PC s'y reconnaissent. Il faut régler le problème lancinant des liaisons.

– Mangin lui-même est-il aux avant-postes ?

– Non, il est loin, dans le hameau de Regret, après Verdun. Nivelle est plus loin encore, à Souilly, sur la *voie sacrée*. Quand un divisionnaire conteste un ordre d'attaque, ils le mettent au rancart ou le tiennent pour suspect. Avec Passaga, ils n'osent pas. Ils savent que notre général connaît les moindres positions de son secteur. Lorsqu'il refuse d'attaquer, c'est à bon escient. Il n'hésite pas, le cas échéant, à remonter jusqu'à Pétain, chef des armées du Centre, qui surveille de près Nivelle. Ainsi se perpétue le jeu de taquets des grands chefs.

– Mais le front ne bouge pas. Il recule plutôt, malgré la volonté offensive de Nivelle.

– Comment en serait-il autrement ? Tu connais le champ de bataille ?

– Oui, dit Jean. J'étais à Tavannes.

– Comment empêcherait-on les Allemands d'avancer ! Nivelle réclame à cor et à cri des territoriaux, des Sénégalais, des Annamites et même des prisonniers de guerre allemands, au mépris des conventions de La Haye que l'ennemi est le premier à violer, pour construire les fortifications nécessaires qui n'ont jamais vraiment existé ici. Il n'a pas le choix : incapable de se défendre, il doit sans cesse attaquer pour contrarier les projets de l'ennemi. Il appelle cela « l'esprit offensif ».

– Belle formule !

– Et ne crois pas que Pétain soit contre. Il sait parfaitement que le manque de moyens rend ce front de Verdun vulnérable. Joffre réserve toute l'artillerie possible pour la Somme. Pétain lui-même a expliqué sur tous les tons à l'état-major de Chantilly qu'il ne fallait à aucun prix perdre l'attitude agressive. Nivelle est sur la même ligne.

– Voilà que vous le défendez ! dit Jean. Attaquer, cela veut dire, nécessairement, sacrifier des hommes, user les divisions. Vous avez été vous-même victimes de cette tactique, au début de septembre…

– J'essaie seulement d'être juste, répond le prof de maths, et d'y voir clair. Je suis un vieux socialiste, Jean, mais je n'approuve pas notre député Brizon qui, pas plus tard que le 15 septembre, a déclaré à la Chambre : « Négocions, on n'a pas le droit de jeter les milliards du peuple dans l'abîme, et les hommes sous le feu roulant de la mort. On peut et on doit négocier. »

– Négocier avec qui ? demande Jean. Brizon croit-il que le Kaiser y soit disposé ?

Pourtant, le lieutenant promu capitaine a de sérieux doutes, même s'il n'en dit mot autour de lui. Il a eu jusqu'ici, par la grâce du commandant Latouche, le privilège de combattre seul, ou par petits groupes de copains, les moyens de tenter l'impossible et de revenir auréolé de l'exploit. Un alibi ! Il a pu marquer des coups décisifs en économisant des vies humaines, éclairer par son action la grande masse aveugle de l'armée, lui éviter les pièges. Cela vaut bien le privilège de l'indépendance ! Depuis qu'il se retrouve aligné à son grade, à sa place, dans une grande unité, il prend au niveau du front l'échelle de la guerre, et les proportions changent.

On pouvait, en 1914, comme le fit Joffre dans son plan XVII, concevoir un plan de guerre d'offensives limitées en Alsace et en Lorraine, suivies d'une paix de rectification des frontières. La France bourgeoise n'en demandait pas plus : « *Je te tiens, tu me tiens, par la barbichette* de Poincaré *ou les moustaches à Guillaume* ! »

Au deuxième million de morts français, anglais, belges, allemands, russes, on ne joue plus. Jean se souvient du discours de Clemenceau à la Chambre, après le massacre de Fourmies, cent fois cité pendant les grèves. « Les morts sont de grands convertisseurs. » L'enjeu doit être désormais à hauteur de l'effort consenti. La révolution pour un Brizon, l'élimination radicale du régime allemand monarchique et militaire pour d'autres. La guerre doit aller jusqu'au bout de l'idée de guerre, concevoir un monde où elle devienne impossible. On ne peut rentrer chez soi pour pleurer ses morts, avec la seule satisfaction des médailles de la reconquête des provinces perdues.

Un Spad survole la clairière. Il porte les cocardes françaises. L'aviateur fait un passage à faible altitude. Les poilus se lèvent d'un seul mouvement pour jeter vers le ciel leurs bonnets à pointes, en lançant des vivats ! Raymond est revenu !

« Raymond a cherché, comme moi, la sortie dans l'exploit, se dit Jean, soudain absent et comme étranger à la joie de l'escouade. Le voilà devenu leur idole, il sera décoré, encensé. Il est amateur de combats solitaires, de duels insensés. J'étais ainsi dans les corps francs. Cela revient à nier la guerre, puisqu'on peut être plus fort que tout. Quelle illusion ! »

L'abbé Balmont, de corvée de tinette, se joint au petit groupe des bleus chargés de recouvrir les lieux d'aisances à la pelle. On veut, avant le départ au front, laisser aux nouveaux venus le camp propre, ce qui ne manquera pas de les surprendre. Jean trouve sympathique qu'un séminariste accepte sans rechigner les travaux les plus ingrats.

– Ouvrez un nouveau boyau, lui dit-il. Il n'est pas si sûr que nous partions demain.

L'abbé redresse son dos ankylosé :

– Les hommes sont tellement las d'attendre ! assure-t-il à Jean. Même les bleus renâclent. Il serait bon de dire la vérité, si désagréable soit-elle. Avons-nous, oui ou non, l'intention d'attaquer ?

Que répondre ? Le lendemain, dès l'aube, le colonel

Picart rassemble les sections pour des travaux d'instruction. Le général Passaga fait le tour de ses unités à cheval, sans qu'aucun bataillon mette le sac au dos. Le canon tonne à Verdun, et la *Gauloise* est oubliée dans son cantonnement quoique pas assez éloigné de la bataille que le ciel au-dessus d'elle ne s'illumine chaque nuit de fusées.

À s'entretenir avec le sergent Dutoit, qui fait déjà figure d'ancien dans sa section, Jean mesure le désarroi des poilus. Le plus étonnant est que personne ne proteste contre le discours des grands chefs sur la « guerre longue » ou la « guerre d'usure ». Dutoit se sent libre de discuter avec le frère de Raymond. L'officier qui lui fait face a beau porter deux galons d'or à ses manches, il reste toujours, à ses yeux, le Jean de Villebret, fils de Marie Aumoine :

– Je voudrais savoir quel bien nous fera jamais cette guerre, sinon de rendre un peu fous tous ceux qui en reviendront.

« Accepter l'usure, n'est ce pas de la folie ? se dit Jean. Comment deux armées en ligne peuvent-elles avoir pour but l'élimination complète de l'adversaire, jusqu'au dernier homme, faute d'une autre solution ? En sachant que l'usure implique la multiplication des morts des deux armées *jusqu'au dernier quart d'heure*, celui où les survivants planteront le drapeau de la victoire sur une terre désertée… »

Nulle part, mieux qu'à Verdun, on ne mesure la folie de l'*usure*, au point que les poilus prédisent dans leurs lettres désespérées la fin des combats, faute de combattants. En dehors de toute offensive d'ensemble, les coups de main quotidiens, soutenus nuit et jour par le canon, nourrissent les colonnes des statisticiens des morts. À Chantilly, comme à l'état-major du quartier-maître général Ludendorff, ils mettent en courbes les pertes et les ressources, conscients que la victoire, en fin de compte, reviendra au dernier survivant.

– Nous avons tenu à Verdun, dit le sergent. Et cela continue. Il n'y a pas de raison que la guerre ne se prolonge jusqu'à perpète. Personne ne voudra l'arrêter, jamais. Depuis vingt-six mois qu'elle dure, les camarades s'y sont résignés. Voilà bien le pire de tout !

– Pas de défaillances parmi eux ?

– Pas la moindre. Sûr qu'ils souhaitent tous la blessure légère pour quitter ce front pourri, ou la surprise de l'ennemi qui les ferait prisonniers. Si tu veux savoir ce que pensent les copains, lis *L'Écho des Marmites*.

Sous la tente, le soir, en petit comité, devant Dutoit, le téléphoniste Laplanche et le clairon Beaujon, la fine équipe de la rédaction du *canard*, une bande dont il est sûr, Jean déplie ce journal de tranchées, qu'il parcourt sans faire le moindre commentaire.

Un article s'indigne que le coût de la guerre soit de 93 millions par jour. Il déplore également que, depuis février, les pertes en tués, blessés et prisonniers soient de cinq cent mille hommes sur le front de Verdun. Il souligne enfin que le service obligatoire décrété en Angleterre risque de prolonger indéfiniment la guerre, grâce au renfort inattendu et massif de cette armée *nationale*.

– Cela peut aussi nous aider à mettre les Boches à la porte, observe Jean simplement. Si les Anglais prennent enfin leur juste part du conflit, d'autres suivront.

– Quand nous serons tous morts ?

C'est Beaujon qui parle, celui que l'on n'entend guère s'exprimer qu'au son du clairon. Fils de gendarme, timide et massif, persuadé depuis le début de la campagne qu'il n'a rien à dire et que personne ne l'écoute, il a trouvé sa voie dans *L'Écho des Marmites.* Il rédige, de sa plume précise de bon élève de l'école primaire, des articles, « choses vues » qu'on se passe de main en main dans les escouades. Sa dernière prouesse d'échotier relate la drolatique aventure d'un aérostat français. Le câble de sa saucisse s'est rompu au-dessus de Verdun. Les vents l'ont poussé loin des lignes. Il a atterri en parachute devant la tente du général. Un peu plus, il lui tombait dessus. Le veinard l'a échappé belle !

– L'hiver s'annonce, poursuit Beaujon. On verra à Noël que les Boches sont encore en France et en Belgique. Il faudra attendre une année de plus.

– Il est impossible de chasser ces gens, opine Laplanche, téléphoniste dans le civil aussi bien qu'aux armées. Un des rares *pros*, mis à sa vraie place.

Chacun écoute cet ancien aux opinions modérées, parce qu'il exprime bien le point de vue de la plupart des poilus. Ses articles publiés dans le *canard* sont de simple bon sens. Jean boit ses paroles :

– Depuis deux ans que nous essayons, nous en sommes au même point. Et tant des nôtres sont morts ! Comment ne pas comprendre que cette guerre n'a pas d'issue ? Lisez les journaux parisiens de l'année précédente, à la même époque. C'était avant la dernière offensive de Champagne ; ils promettaient la victoire. Cette année, plus rien ! On n'ose même plus promettre ! Les Anglais sont morts par centaines de milliers dans la Somme. C'est à croire qu'on attend seulement la fin de la guerre, et rien d'autre.

Jean poursuit sa lecture du journal, sans répondre. Une rubrique raconte qu'un poilu du régiment, juste avant de partir pour Verdun, a eu un œil crevé « en s'amusant avec un ami ». Un duel à la baïonnette, sans doute. Il a été réformé « avec un bel œil de verre ». Tous les jours, l'ami reçoit des lettres de remerciements des membres de la famille de l'éborgné. Propos désespérants. Considérer un œil crevé comme une blessure miraculeuse donne la mesure du découragement. Passaga est-il le seul à croire encore à la victoire dans sa division ?

– La nuit dernière, dit Dutoit à voix basse, on a évacué dans la nuit un camarade de la sixième compagnie. Il s'est pendu. On venait de lui apprendre la mort de sa mère. Le général l'a fait enterrer discrètement. J'étais de l'escouade des fossoyeurs. Un gosse de la Chapelaude. À peine dix-neuf ans.

À parcourir cette feuille du front, Jean songe aux journaux de Paris, la plupart pourris de mensonges. Il le faut bien, pour « relever le moral ».

Trop de soldats se rendent à la première occasion, expliquent, *in petto,* les galonnés d'état-major. Croyant bien faire, les journalistes bien-pensants de l'arrière racontent qu'en Allemagne les couchettes trop serrées des camps empêchent les prisonniers de dormir. Que pareilles sornettes tombent sous les yeux d'un poilu ayant dormi deux ans durant sur la paille des étables et dans la boue des tranchées sans pouvoir enlever ses vêtements, et le voilà édifié sur l'honnêteté de la presse.

– Les journaux des officiers, *Le Figaro*, *L'Écho de Paris*? Des torche-culs ! pense Jean. D'où le succès des *canards.* Les soldats y décrivent eux-mêmes leur vraie guerre, telle qu'ils la ressentent, sans amertume ni chiqué.

– J'ai reçu une lettre des miens, dit Laplanche. Un bruit court en ville : la fin de la guerre est pour bientôt. Je leur ai répondu qu'ils ne doivent pas se fier à ces bobards. Nous ne sommes plus seuls dans la danse. Près de dix alliés, avec la Roumanie, trois fronts au moins. Les Anglais nous poussent au cul. Ils mobilisent tant qu'ils peuvent. La France ne peut pas faire la paix toute seule, même si notre Aristide Briand national en rêve afin de retourner plus vite à la pêche à la ligne, sa distraction favorite. Foutaises que tous ces bruits !

Jean se sent plein de tendresse pour ces rédacteurs improvisés. Il faudra bien un jour les lire à l'arrière, tranquillement, sur le banc des études, quand on voudra connaître, dans cent ans, la vraie pensée des poilus dans les tranchées. Mais qui s'intéressera à leur cas, une fois la guerre finie ? Quelque chercheur obscur, penché sur des exemplaires défraîchis, et interprétant mal ces journaux de colère ? Comment comprendre en effet, sans l'avoir vécu, que des hommes puissent être à la fois patriotes et toujours prêts à risquer leur vie pour leur pays, tout en tordant le cou à la guerre, en refusant le massacre et en protestant contre l'hécatombe ? Et qu'il s'agisse des mêmes, exactement des mêmes ?

Au petit matin du 20 octobre, Beaujon sonne la diane à quatre heures. La section du lieutenant Bériot, première de la compagnie de Jean Aumoine, part à l'instruction. Le programme affiché ? Démonstration de fusil-mitrailleur et de lancer de grenades VB. Les poilus grognent, mais quittent la tente pour s'asperger le visage dans les seaux d'eau. Heureusement, le café fume à la roulante.

Le général parcourt le camp au petit trot impatient de son cheval. La journée s'annonce chargée : au lieu de l'instruction prévue, la manœuvre improvisée!

Les hommes sont disposés en formations d'assaut. L'exercice consiste à s'emparer par surprise d'une colline protégée par un réseau de fils de fer barbelés non détruits, sous le feu de mitrailleuses tirant à deux mètres du sol et à balles réelles. Il faut bien entraîner les bleus et les réformés de la dernière commission, incapables d'effectuer deux kilomètres en marche accélérée.

Descendu de sa monture et posté à l'arrière de la section de mitrailleuses, Passaga attend l'aube pour donner le signal de l'attaque.

Au coup de sifflet de Jean, aussitôt répercuté par les chefs de section, l'escouade de Bériot surgit de la tranchée. Les hommes rampent à terre par petits groupes, en attendant l'effet du feu des crapouillots et autres mortiers tirant à blanc, chargés de dégager les barbelés.

Les bleus restent tapis au sol quand les mitrailleuses tirent. Jean Duval, terrorisé, s'est plaqué au fond d'un ancien cratère, sans oser bouger. Ses camarades demeurent eux aussi cloués sur place, leur sac de grenades autour du cou.

Aumoine fait signe à Bériot : les fusils-mitrailleurs ne partent pas. Ils ne sont pas même en batteries.

Les servants ont bien gagné, sur ordre du capitaine, les deux ailes du champ de bataille imaginaire, mais ils tâtonnent encore, empêtrés dans la mise en place de leurs armes lourdes.

Impossible aux grenadiers, sans la protection de leur feu, de partir à l'assaut. Les crapouillots, pour leur part, ne semblent pas avoir détruit le réseau des barbelés. De sorte que les voltigeurs, à leur tour, ne peuvent quitter la tranchée, le terrain n'étant pas dégagé. Chacun reste sur place, hésitant, attendant les ordres, allongé au sol pour éviter le tir continu des mitrailleuses.

Furieux, le général fait sonner au clairon la cessation du feu et exige illico autour de lui la présence des officiers Picart, Aumoine et Bériot.

– Messieurs, après ces cinq minutes d'assaut, je puis vous garantir au moins 50 % de pertes. Il faut reprendre le nouveau règlement de l'infanterie publié par l'état-major du général Nivelle. Vous ne pouvez mettre en cause l'insuffisance de l'artillerie. Les torts sont entièrement à votre charge. Vous venez de démontrer l'inaptitude de l'infanterie au nouveau combat.

Décapitant les chardons à coups de canne, il poursuit sa philippique :

– Je vous rappelle que l'attaque par vagues successives est désormais interdite, que seuls doivent partir en première ligne les grenadiers et les fusils-mitrailleurs, en avançant par bonds, d'un trou à l'autre, avant de se fixer sur une ligne tenable. Le travail des canons de 37 et des crapouillots a été insuffisant, puisqu'ils n'ont pas réussi à détruire les barbelés, et moins encore les nids de mitrailleuses. À peine quelques impacts, sans conséquence. Les Boches auraient eu beau jeu de vous coucher tous à terre. Pourtant, le canon de 37 a une telle précision qu'il peut réduire, en deux ou trois coups maximum, n'importe quel emplacement d'armes automatiques. À condition d'être déplacé correctement par ses servants. Je considère que nos hommes ne savent pas se servir du matériel !

Jean ne peut intervenir, car il n'a jamais eu l'occasion d'utiliser le nouveau fusil Chauchat, rare au 121e. Il en comprend immédiatement l'intérêt.

Il ose cependant prendre la parole pour demander au

général des instructeurs susceptibles de former les anciens, et lui démontrer l'utilité de recruter sur-le-champ des tireurs qui passeront leurs journées, et leurs nuits s'il le faut, à mettre au point le tir.

Passaga semble tomber des nues. Il n'imaginait pas que les sections d'infanterie fussent à ce point inaptes à l'utilisation de l'arme nouvelle.

– Pas si nouvelle que ça, précise-t-il plus tard à Jean Aumoine, qu'il entraîne à son PC. Le polytechnicien Chauchat a mis au point le prototype dès 1911, avec le maître armurier Charles Sutter ; d'abord à l'arsenal de Puteaux, puis à la manufacture d'armes de Saint-Étienne, que nous appelons la MAS. J'assistais alors aux premières démonstrations. Le fusil-mitrailleur pouvait tirer plus vite que la mitrailleuse légère Hotschkiss : cent coups-minute. Une révolution !

Aumoine l'interroge, stupéfait :

– Pourquoi ne pas l'avoir mis tout de suite en fabrication ?

– A-t-on produit des 155 courts avant 1914 ? Allons, ne sous-estimez pas la toute-puissance des bureaux de la guerre. Il aurait fallu passer commande à l'industrie privée, et il n'en était pas question à l'époque. Ces bureaux prétendaient utiliser uniquement les arsenaux d'État, pour des raisons de sécurité. Vous devez comprendre que la mise en production des engins actuels a été le résultat d'une vraie bataille politique à Paris. Demandez l'avis du colonel Picart…

– La décision de produire l'arme aux établissements de cycles Gladiator n'a été prise qu'en juillet 1915, explique Picart. L'état-major a longtemps considéré le *Chauchat* comme une arme défensive, lourde à l'attaque, consommant trop de balles. Quand les Allemands en ont équipé leurs *Stosstruppe*, nous avons accéléré la production. Joffre avait passé contrat pour 50 000 engins, avec musettes spéciales pour les magasins de munitions, les fameux camemberts. Les écoles d'instruction n'ont été mises en place qu'en décembre dernier. On n'avait prévu que six jours d'entraînement. Il en fallait au moins quinze…

– Et voilà pourquoi votre fille est muette ! conclut, excédé, le général Passaga. Il faut savoir que l'efficacité de l'arme a été suffisamment prouvée à la bataille de la Somme. Ici, à Verdun, le fusil-mitrailleur apparaît comme une arme nouvelle, mais nous venons d'avoir la preuve que nos sections ne savent pas s'en servir !

– Pourtant, mon général, se défend Picart, nous avons envoyé un nombre d'hommes suffisant au centre d'instruction de Châlons. Joffre a finalement admis que trois hommes – et non deux – étaient nécessaires pour porter les quarante kilos de charge d'un seul engin.

– Nous avons assez perdu de temps ! tranche Passaga. Capitaine Aumoine, vous êtes responsable de l'entraînement des équipes qui doivent attaquer sous quinze jours. Vous m'en rendrez compte.

Exécution ! Ils n'ont décidément que ce mot à la bouche. Jean, qui n'a jamais touché à un fusil-mitrailleur, ignore tout de cette arme, il ne connaît que les grenades à main. Il demande à Bériot de lui désigner les plus capables des mitrailleurs de sa section. Puis il retourne vaillamment sous la tente générale pour affronter Passaga. À sa surprise, il est reçu immédiatement.

– De quoi avez-vous besoin ?

– D'un véritable instructeur, mon général. Le meilleur, de préférence.

– C'est bon. Vous aurez le capitaine Mulot, inspecteur des armes automatiques. Je lui téléphone.

Sur le champ de manœuvre, le lieutenant Bériot a rassemblé ses mitrailleurs. Le premier, Roland Martin, est un petit sergent sérieux d'aspect, sec et résistant, mais sans doute incapable de porter sans fatigue une lourde charge dans la boue des trous d'obus. Il est originaire de Châtellerault, ancien contremaître à la manufacture, et choisi pour sa connaissance de l'arme.

– Quels sont les défauts de cet engin ?

– La gifle, mon capitaine.

Le premier pourvoyeur éclate de rire. Un colosse, ancien manœuvre aux usines Saint-Jacques de Montluçon, que Jean semble reconnaître. C'est Arsène Bonnichon, une vedette du lancer de poids à la société de gymnastique.

– La gifle, c'est la beigne. En tirant, l'engin se déporte et vous claque la gueule.

Il joint le geste à la parole et, un brin comique, se masse douloureusement la mâchoire.

– Le maxillaire peut être brisé. On a vu des cas.

– Il n'est pas un mitrailleur qui ne craigne la gifle, confirme Étienne Débarbat, vacher à Montmarault et deuxième pourvoyeur. Moi qui vous parle, j'ai porté Roland Martin sur mes épaules, assommé par son FM. J'ai dû continuer le tir à sa place.

– Vous y avez réussi ?

– Il ne faut pas tirer au FM comme au fusil ordinaire. Le corps du tireur doit être décalé par rapport à l'arme. Sinon, c'est la gifle !

– Je vous nomme caporal mitrailleur, si vous me démontrez que vous savez tirer.

La démonstration est aussitôt faite. Étienne prouve qu'il sait éviter la gifle en tirant couché, mais qu'il peut aussi lâcher des salves debout, l'arme appuyée sur sa hanche.

– Mon capitaine, intervient Martin timidement, il y a d'autres obstacles. Quand nous avons attaqué en septembre, le temps était à la pluie et les fusils, recouverts de boue, refusaient tout service. Ils étaient deux fois plus lourds au portage et leur mécanique s'enrayait.

– Il y a aussi la surchauffe, ajoute Bonnichon. Les tubes rougissent à vous fondre dans les bras. La cadence du tir n'est pas celle d'une Hotschkiss.

– C'est pourtant le seul moyen de contrebattre leurs mitrailleuses portatives, abrège Aumoine. La production en cours est de plus de cent mille pièces. Vous devez apprendre à n'importe quel prix à les maîtriser, et sans tarder. L'heure de la bataille approche.

– Je préfère les VB, risque Roland Martin. Ces fusils lance-grenades sont plus sûrs !

– Connaissez-vous cette arme ?

– Parfaitement, mon capitaine. J'ai même servi d'instructeur à la compagnie, et je trouve le tromblon à grenades plus précis. À deux cents mètres, il touche sa cible à coup sûr. Et il est maniable, facile à transporter.

– Alors pourquoi avoir renoncé ? Nous avons des Viven-Bessières en quantité suffisante, dit Jean. Laissez votre fusil-mitrailleur à Débarbat. Vous êtes nommé sergent grenadier d'assaut.

Roland Martin ne cache pas sa satisfaction. Il a pris assez

de gifles dans sa brève carrière de mitrailleur pour en être à jamais dégoûté.

– Si vous permettez, mon capitaine, intervient Débarbat, mon cousin Nigon rêve de devenir mitrailleur.

– Où est-il ?

– À la roulante ! Il vient d'Arpheuilles, sur la route de Clermont. Il est solide comme un roc, adroit comme une femme. Il sait démonter n'importe quelle mécanique. Il en a assez de porter le rata dans les tranchées, et de se faire engueuler parce que la soupe est froide.

– C'est bon, je l'engage pour un essai.

Jean demande au lieutenant Bériot de constituer sur le champ un groupe de volontaires capables de suivre l'instruction accélérée que leur donnera un spécialiste venu de Châlons. L'état-major du général Passaga s'engage à fournir celui-ci dans la journée.

– Les FM nous arrivent par caisses tous les jours, et nous n'avons pas de serveurs. Ce désordre doit cesser. Recrutons parmi nos propres effectifs, en tenant compte des aptitudes réelles de chacun. Forçons l'instruction jusqu'à dominer parfaitement l'arme nouvelle. Il faut qu'un maximum d'entre vous sachent tirer au FM comme ils respirent, et sans craindre la gifle ! Allez-vous vous faire tuer comme des moutons par les mitrailleurs allemands ?

Passaga sait que, pour remonter le moral de la troupe, rien ne vaut la confiance. Le surprenant Jean Aumoine peut partager les doutes d'un Émile Dutoit ou d'un Pierre Laplanche, le téléphoniste, et se révéler, au moment de l'action, un organisateur sans faiblesse, un animateur infatigable, un entraîneur au sens sportif : celui qui apprend à courir, à lancer des grenades, à viser une cible mouvante, un anxieux actif et capable de se dépasser.

Ses copains le savent aussi. Ils connaissent de réputation Aumoine, le chef de groupe de corps franc. Sa légende de perceur de murailles l'a précédé au 321e. Celui-là demandera à chaque poilu ce qu'il peut offrir, puis le mettra à la meilleure place. Il fera tout pour tirer d'affaire un homme en difficulté. Il n'a jamais laissé tomber personne. On peut le suivre à la guerre. Il est sûr.

Et jamais enclin à tourner autour du pot. À preuve :

– As-tu déjà pris des gifles ? demande-t-il au sergent Dutoit.

– Jamais.

– Moi non plus. Et Bériot pas davantage. Allons-nous prendre la claque ?

Quand le capitaine Mulot, inspecteur des armes automatiques, se présente à la compagnie, Jean, Bériot et l'aspirant Colonna, nommé sur le tambour sous-lieutenant à la tête d'une section, attendent, impatients, son arrivée, ainsi que les deux instructeurs spécialisés qui l'accompagnent.

– Nous voulons être les premiers élèves d'une session exceptionnelle de formation. Il serait inadmissible de demander aux hommes ce que l'on ne sait pas faire soi-même. L'instruction doit se faire sur le terrain, devant eux, et pas dans le camp éloigné de Châlons. Nous n'avons pas de temps à perdre. C'est ici que nous allons nous battre, leur expose Jean.

La compagnie est tout entière rassemblée pour voir le capitaine prendre sa gifle. Mulot le conseille, l'aide à préciser le geste décisif du corps décalé, celui qui permet de tirer sans faire sauter la lourde crosse. Jean réussit l'épreuve sous les hourras de la compagnie. Le général, qui prend l'extraordinaire animation qu'on lui présente pour un attroupement suspect, sort de sa tente et surgit sans crier gare.

L'émulation est telle, après la réussite d'Aumoine, que tous veulent essayer la gifle. Jean passe l'arme à Émile Dutoit, sous l'œil étonné du capitaine instructeur Mulot, peu accoutumé à tant de zèle. Il n'a jamais vu un tel enthousiasme chez des recrues. Roger Nigon essaie à son tour, ainsi que le clairon Beaujon, qui, par bravade, tire une rafale avec l'arme campée sur sa hanche. Chacun veut tenter l'épreuve, même Bernard Lefort, le cuistot.

Personne n'a plus peur de la gifle. On comprend même, à l'attitude de Passaga, au sourire détendu de son visage, qu'il a lui aussi envie d'essayer, de faire ses preuves en somme, devant les hommes qu'il envoie au combat. Son chef d'état-major l'entraîne prestement à l'écart :

– Vous venez de recruter le meilleur capitaine de la division, mon général. Celui-là entraînera les siens vers Douaumont!

Jean vient de faire la preuve que tout homme solide, en possession de ses moyens, peut tirer normalement au FM, à condition de « décaler le corps », selon la formule du capitaine Mulot.

Il ne laisse pas partir l'inspecteur sans lui faire démonter lui-même l'arme pièce par pièce, et expliquer posément le rôle mécanique de chaque élément. Mulot présente la trousse d'entretien, dont le premier pourvoyeur est responsable. Dans toute équipe de trois – le tireur et ses deux assistants –, chacun doit pouvoir démonter et nettoyer. Lutter contre la boue est le premier devoir. Tenir l'arme propre est une sauvegarde.

– Chacun de nous doit devenir instructeur, déclare Jean aux gradés qui l'entourent. Dans notre combat de taupes, les armes spéciales font la différence. Joffre et Pétain n'ont pas voulu former de ces unités privilégiées, les *Stosstruppe,* élite de l'armée allemande, qui bénéficient chez elle d'un traitement particulier. Pour eux, pas de tranchées ni de garde dans la boue. Ils s'entraînent sans cesse dans des camps spéciaux et n'apparaissent sur le champ de bataille qu'au moment de l'assaut. Ils sont capables de percer n'importe quel front parce qu'ils ont appris à marcher au chronomètre, exactement derrière le feu roulant qui leur ouvre la voie.

– Nous n'avons rien d'équivalent, objecte Bériot.

– Nous devons forger l'instrument et ne pas baisser les bras. Les hommes sont là, il suffit de les instruire. Descends dans une tranchée. Les poilus n'y sont pas égaux, ils ont des insignes qui les distinguent. Les grenadiers VB ne sont pas des duellistes de la baïonnette, toujours tenus disponibles pour les charges mortelles. Dans le temps, chaque fantassin valait un mort. Il avait son billet de cimetière en poche. Depuis six mois est venu le temps des spécialistes : les bombardiers, les grenadiers, les mitrailleurs.

– Et les autres, tous les autres, ils comptent pour du beurre ? s'indigne l'aspirant Colonna.

– Nivelle les appelle des *voltigeurs.* Des coureurs du champ de bataille. Pas question pour eux d'attaquer en vagues, baïonnette au canon. Plus de lignes à tenir, ni de fortins à emporter par des coups de main. Ils doivent ramper, sauter sur le terrain pour fournir aux grenadiers les munitions, aux mitrailleurs les magasins de balles. Apprendre à se servir du Lebel autrement qu'en tirant sans viser, dans la chaleur de l'assaut. Sergent Dutoit, poursuit Jean, réunis les meilleurs tireurs. Je veux un exercice de tir sur ballons mobiles, comme à la foire de la septembre. Lâcher à mille mètres. Cible touchée en quelques secondes. Les voltigeurs ne sont pas des servants. Ils doivent apprendre à tuer à la manière des Boches, en visant d'abord les officiers.

La compagnie n'est pas au complet. Elle compte deux cents hommes au maximum, y compris les derniers arrivés du dépôt. Sans le savoir, car il n'a jamais eu en mains les instructions de Nivelle, réservées aux officiers supérieurs, Jean Aumoine sert « l'esprit offensif » recommandé par le général de l'armée de Verdun. Il va au-devant des désirs de Nivelle, à la tête d'une des divisions tenues en réserve pour l'assaut décisif.

Passaga se garde d'intervenir dans l'action entreprise par le jeune capitaine. Il se félicite seulement de l'avoir repéré au premier coup d'œil et de l'avoir promu d'entrée, d'instinct, sans même lire ses états de services. La confiance. Un homme choisi par Latouche pour des missions spéciales ne peut être qu'excellent.

Deux cents hommes ! Une poignée sur le champ de bataille, où des centaines de milliers de combattants s'affrontent.

« Ils peuvent faire la différence, réfléchit Jean, s'ils se sentent solidaires. À les aligner, en leur affectant une tâche minime, circonscrite, uniforme, le long de la tranchée, on les sous-estime, on les méprise. Chacun doit donner le meilleur de lui-même, se précipiter sur les armes nouvelles au lieu de s'en méfier, comprendre à quel point le nouveau combat par groupes de trois ou quatre exige de chacun l'initiative qui sauve, la solidarité avec les groupes voisins. »

Le capitaine Mulot, conquis, ne veut plus quitter le groupe tant qu'il n'aura pas atteint la perfection dans sa formation au maniement du FM.

– Comprenez, lui précise encore Jean, qu'il nous faut des instructeurs supplémentaires. Le mitrailleur ne doit pas être un spécialiste, seul capable d'utiliser l'arme. Le moindre des voltigeurs doit pouvoir la reprendre en main, si les tireurs sont tués. La survie de tous en dépend.

Il en vient à penser que tous les hommes de la compagnie doivent être initiés au tromblon VB et au fusil-mitrailleur. Le spécialiste deviendra lui-même, une fois formé, un initiateur. Au lieu de dédaigner ceux qui n'ont pas reçu de formation, il les engage en soutien, les mobilise pour son combat, les associe à sa tâche. On a vu les rescapés de bataillons de chasseurs se défendre tous à la grenade, n'ayant plus de balles pour les fusils. Alors que personne ne leur avait appris à s'en servir !

Mulot fait venir, en renfort, des démonstrateurs de grenades VB, dont le surcroît d'indications captive les hommes : la précision, leur assure-t-on, compte davantage que la quantité de grenades lancées. Utiliser le pied de visée est essentiel pour détruire les nids de mitrailleuses à coup sûr, à deux cents mètres, sans courir le risque de se faire tuer à cause d'assauts désespérés. Économiser les vies humaines s'obtient en tirant du matériel son rendement maximum. Chacun peut le comprendre.

Jean se souvient du champ de bataille autour de Tavannes – pour en avoir réchappé à grand-peine, avec le commandant Latouche. Plus de lignes fixes, des points de résistance indiscernables où les fantassins se cachaient soigneusement, au lieu de signaler leur présence à l'arrière. La peur dominait. Les hommes avaient tant subi qu'ils n'avaient même plus confiance en leur propre camp. Ils se défendaient jusqu'à la mort, ne comptant plus que sur eux-mêmes et sans rien attendre de l'extérieur. Comme au plus dur de l'assaut du 21 février, ils ne croyaient qu'à la solidarité des camarades des trous voisins, tirant au son et se terrant sous les bombes.

Seule comptait l'initiative du chef d'escouade, maître d'une poignée de seize combattants, ou du chef de section. Les ordres de la compagnie ne passaient pas. Que dire des bataillons, ou des régiments ? Leurs PC étaient noyés dans la brume, leurs coureurs tués dans les ravins…

Aux yeux de Jean, le choix des chefs d'escouades et de sections est donc, de loin, l'essentiel. Ils sont l'âme de la résistance.

Il a dix ou douze escouades à former. Dix chefs à nommer, pas davantage. Encadrés par quatre chefs de section. Il exige du colonel Picart carte blanche pour les désignations immédiates.

– Vous n'y pensez pas, on nomme des sergents et des sous-lieutenants sur le tambour, quand les cadres sont tous morts. Pas avant.

– Je propose la nomination de l'aspirant Jean-Marie Colonna au grade de chef de section.

– Adressez-vous au général. Je ne nommerai jamais officier un gamin de vingt ans, prix du Conservatoire de musique.

– Médaillé militaire à Dixmude, chez Grossetti. Il est

aussi adroit au lancer de grenades qu'au piano, et, dans l'action, il est rapide et de sang-froid. Je veux Colonna.

Passaga, alerté par le colonel, demande à voir Jean Aumoine. Celui-ci explique les raisons de ses choix. Il considère les hommes comme responsables, refuse de les prendre pour des pions sur un échiquier. Il faut faire confiance aux plus capables. Les autres suivront. Le meilleur moyen d'éviter les pertes, c'est la confiance. Perdus, demain, sur le champ de bataille, les soldats devront pouvoir se débrouiller seuls, savoir prendre des initiatives de survie, acquérir très vite les bons réflexes.

Passaga consent à tout, et même à nommer immédiatement caporaux ou sergents les servants des fusils-mitrailleurs et des tromblons de VB.

Le 9 octobre 1916, il répond à la convocation du général commandant la deuxième armée de Verdun et se rend, en automobile, au PC de Souilly, sur la *voie sacrée*.

La mairie a l'allure d'une maison bourgeoise du temps de Louis-Philippe. Elle est en effervescence. Une longue voiture grise à fanion tricolore, escortée de motocyclistes casqués, stoppe devant le perron, que protège un cordon de gendarmes. Joffre en descend. Il gravit les marches de son pas lourd, suivi du colonel Dupont, chef du 2e bureau, et du général Pellé, chargé des opérations.

Il est accueilli dans le salon, transformé en salle des cartes, par un officier de haute taille, mince et d'allure jeune, bien que sexagénaire. Son visage fin et régulier est avenant, un sourire de commande l'éclaire. Robert Nivelle salue impeccablement, comme s'il présentait ses troupes à la revue du 14 juillet. Joffre, sans plus attendre, s'installe dans le fauteuil large et confortable qui l'attend au bout d'une longue table recouverte d'un tapis vert.

Mangin s'assied près de Nivelle. Trapu, courtaud, la moustache épaisse et le cheveu coupé ras, il est pratiquement l'adjoint du général d'armée, en charge de toute la préparation de l'offensive sur le terrain. Un personnage énigmatique semble se faire oublier, en retrait juste derrière le général en chef : le commandant Faucher, envoyé spécial dans les QG opérationnels du front de Meuse, qui fait la liaison confidentielle entre Chantilly et les responsables de la IIe armée de Verdun.

Joffre semble pressé. Il constate l'absence de Pétain. Le responsable des armées du Centre s'est excusé. Il vient de rapprocher son quartier général de Verdun en s'installant à Châlons-sur-Marne, 27, rue de la Grande-Étape, en prévision de l'offensive projetée. Il est, assure-t-il, en déménagement.

Bien qu'en disgrâce dans son placard doré, il entend pourtant ne pas lâcher les rênes et n'a cessé de multiplier les mises en demeure comminatoires à Nivelle afin que celui-ci évite toute précipitation dans l'offensive. « Il n'en a pas les moyens », explique-t-il à qui veut l'entendre.

À la demande de Nivelle, Joffre est venu sur place pour arbitrer. Pétain ne s'est pas dérangé. Sans doute juge-t-il inconvenant qu'on ose mettre en balance sa position et celle de son inférieur hiérarchique, son successeur à la tête de l'armée de Verdun.

Qu'il marque ainsi sa réserve est pour Joffre insupportable. Le général en chef n'est pas dans une bonne passe. L'échec définitif de l'offensive de la Somme le met en difficulté. Le gouvernement Briand guette le moindre de ses faux pas.

Déjà, il a dû se défaire de Foch, relevé de son commandement, sans affectation immédiate. Tout ce qu'il a pu lui promettre est l'étude, dans un bureau obscur du ministère, d'un plan de défense de la Suisse, au cas où les Allemands attaqueraient ce pays neutre pour fondre sur l'Italie.

Joffre sait que Poincaré s'est présenté en personne à Verdun, assurément pour convaincre Nivelle de son appui. Dans le milieu parlementaire, on parle déjà du remplacement de Joffre par ce dernier.

Faucher a éclairé la rencontre en apportant à Joffre un dossier sur l'attitude de Pétain, qui doit servir de base de discussion. L'état-major de Chantilly a expédié à l'ancien général de la IIe armée, sous pli secret, le plan, à vrai dire modeste, d'offensive de Nivelle sur la ligne des ravins donnant accès au fort de Douaumont.

– Nivelle précipite trop les choses, eu égard à ses ressources, a de nouveau estimé Pétain.

Il a fait remarquer à Faucher qu'il n'existait pas de position intermédiaire pour reposer les troupes d'assaut et les renforcer, entre la ligne d'attaque et la ligne d'arrivée.

– Il faut donc avancer d'un coup, grâce à la supériorité du feu de l'artillerie.

Autant dire à la saint-glinglin, s'il est vrai que les Allemands ont conservé devant Verdun cent quarante-trois batteries en activité, contre quarante-neuf aux Français. Sans renforcement massif de l'artillerie lourde, l'offensive Nivelle est un suicide. Les six divisions prévues pour l'assaut sont condamnées d'avance.

Lourd silence de Joffre au commencement de la réunion.

Il entend statuer sur Pétain avant tout début de discussion. Il sait qu'on lui reproche les lourdes pertes de ses offensives passées et ne veut pas assumer d'échec supplémentaire, d'autant que Pétain, en marquant sa position, s'est désolidarisé d'avance avec habileté.

Mais il n'a pas les moyens politiques de s'opposer à Nivelle. Soutenu par le président de la République et les présidents des deux Chambres, celui-ci est également appuyé par la majorité des députés, soucieux que l'on en finisse au plus vite à Verdun afin de pouvoir afficher une victoire devant le pays. Un bilan favorable est nécessaire au moment où l'on parle avec insistance d'ouverture de paix des neutres. Le vieux Joffre, avec prudence, doit donc suivre le mouvement.

Il donne d'abord la parole au colonel Dupont, chargé des renseignements. Depuis l'explosion du tunnel de Tavannes, qui a causé plus de cinq cents victimes, le moral de l'armée de Verdun flanche, faute d'activité et de résultats, selon les rapports du 2ᵉ bureau.

Pétain a rédigé une note aux chefs de corps stipulant que soient *réprimées avec la dernière énergie* toutes fraternisations entre soldats français et allemands. Les officiers sont menacés des *sanctions les plus sévères* en cas de manquement à la discipline. Les lieutenants et les capitaines sont aussi gagnés par le découragement dans de nombreuses unités. Les cas de suicide se multiplient. Certaines divisions sont inutilisables en raison de leur moral.

Joffre fait signe au colonel d'abréger. Il a voulu seulement convaincre les généraux qu'il était urgent de prendre un parti, pour tirer de sa léthargie l'armée de Verdun.

Nivelle demande alors courtoisement la liberté de laisser

parler Mangin. Les divisionnaires sont tout ouïe, et Passaga le premier. Charles Mangin, dit l'Africain, l'ancien collaborateur de Lyautey au Maroc, qui a fait de bataillons de Sénégalais des troupes de choc, leur apparaît comme seul capable de sauver l'armée de Verdun.

– Je ne peux pas entendre dire, martèle l'homme de la « force noire » en fixant de son regard aigu le colonel du 2e bureau, que l'armée de Verdun est prête à tous les abandons. La lassitude des combats est la même chez les Allemands que chez nous. Seuls des opérations réussies et des coups de poing bien menés peuvent rendre leur confiance aux troupes. Depuis que j'ai l'honneur de servir dans cette armée, toute mon expérience m'autorise à penser que les soldats soutiennent une entreprise menée avec sérieux, précision et garantie par des moyens adaptés. Ils sont prêts à repartir, à condition que l'objectif soit défini et l'artillerie au rendez-vous.

Joffre médite longuement. Il sait que Poincaré ne jure que par Mangin et que Clemenceau lui-même, le principal dénonciateur au Sénat de l'incurie des généraux, s'est déplacé pour le rencontrer à son état-major. Mangin passe pour un ardent, toujours prêt à reprendre une tranchée perdue et progresser pied à pied. Il détient le record de la capture de prisonniers au front. La presse l'encense. Son attaché à la IIe armée, Louis Gillet, ne cesse de faire son éloge. On admire qu'il puisse employer au front des bataillons de Sénégalais et même de Somalis, ces Gurkas de l'armée française, capables d'attaquer de nuit grâce à leur vue perçante. Joffre sait parfaitement que Mangin, le 1er septembre, s'est emparé d'une position dominant le ravin des Vignes, sur la crête de Fleury, d'où il est en mesure de lancer une attaque sur Douaumont. C'est précisément ce succès qui le rend si sûr de lui.

– Depuis le 11 juillet, poursuit Mangin, la chance est avec nous. Les opérations ponctuelles réussissent. Les poilus sentent que le vent tourne. Les positions françaises n'ont cessé de s'améliorer depuis lors. La méthode du pied à pied est la seule valable à Verdun. Qu'on nous donne de bonnes divisions pour l'attaque, et non des réservistes fatigués, complétés par des territoriaux inexpérimentés. Qu'on nous laisse mordre, pour ne pas être mordus.

Comme s'il présidait une commission parlementaire, Joffre ne prend pas la parole lui-même, mais la donne à Robert Nivelle.

– La méthode Mangin est révolue, déclare d'entrée de jeu le général, qui aime à surprendre. La tactique des « offensives de détail » pouvait convenir à la reconquête de vallons ou de ravins encaissés, attaqués au canon de montagne, mais aujourd'hui nous devons franchir des croupes découvertes, sous le tir des canons lourds allemands. De gros moyens sont donc nécessaires.

Joffre fronce le sourcil. Il découvre la mégalomanie de Nivelle, qui plaît tant aux parlementaires assoiffés de victoires. Il cherche immédiatement à se mettre à l'abri des reproches futurs des commissions.

– J'ai déjà pris position sur ce point, fait-il remarquer. Une batterie de 370 est arrivée à Verdun. D'autres suivront. J'ai décidé Pétain à autoriser la préparation sur la base des moyens que vous avez vous-même demandés. Je m'étonne que vous les estimiez aujourd'hui insuffisants. Je suis tout prêt à donner acte à Mangin et à vous-même de l'ascendant que vous avez su prendre sur l'ennemi. Vous aurez un groupe de 155, je ne peux faire plus. Mais j'ajoute, dans la corbeille, deux divisions de choc, la 133ᵉ de Passaga ici présent, et la 33ᵉ d'Alger, du général Guyot d'Asnières de Salins que je salue également. La présence du 4ᵉ zouaves en tête d'attaque ne sera sans doute pas pour déplaire au général Mangin.

Joffre donne alors la parole à un simple chef d'escadron, le commandant Martin, chargé du groupement d'artillerie lourde des armées du Centre, qui précise :

– Je demande dix jours au moins pour installer les emplacements de deux obusiers de 400 près de la gare de Baleycourt et de la voie de chemin de fer Dombasle-Verdun.

Mangin proteste. Ce délai est trop long. Il voit mal l'utilité de ces monstres pour attaquer sur des croupes dénudées, sans ouvrages défensifs d'importance.

– Il me faut au moins trois cents travailleurs, affirme encore le commandant. Je les ai trouvés à grand-peine. Des Indochinois et des prisonniers. Je ne puis faire plus vite.

– Ces terrassiers seraient plus utiles en première ligne pour creuser les parallèles d'attaque, bougonne Charles Mangin.

– Vous voyez trop court, dit Joffre. Ce qu'il nous faut, c'est Douaumont. Quand ces obus détruiront le fort, les Allemands auront moralement perdu la bataille. Croyez-moi, je connais le *Kronprinz*. Il a les nerfs fragiles. La reprise de Fleury l'a secoué. Si Douaumont est détruit, il craquera.

L'assemblée se fige dans le silence. On attend la décision finale du général en chef.

– Messieurs, déclare Joffre, le plan du général Nivelle est adopté. Au jour de l'attaque, qui sera fixé au dernier moment, je viendrai ici même pour en suivre les différentes phases. Nous marcherons sur Douaumont en deux étapes, comme le recommande Pétain.

– L'armée devient une sorte de parlement militaire, glisse Mangin à l'oreille de Passaga avant de grimper dans l'automobile qui doit le conduire à son PC du fort de Regret. Chacun expose ses idées, qu'il croit originales. Il s'établit ensuite une sorte d'opinion moyenne, soi-disant sage, et l'on reste à mi-chemin de tous les projets.

– Il n'importe, nous reprendrons Douaumont, assure Passaga.

Le 15 octobre, arrive au PC de la 133e division l'ordre de départ pour Verdun. Les poilus de la première compagnie du 321e, ceux de Jean Aumoine, sont embarqués en avant-garde dans des camions qui cahotent sur des chemins vicinaux défoncés pour s'engager sur la *voie sacrée*.

Débarqués à Regret, au pied du fort, ils prennent la route à pied, par compagnies, contournent Verdun, puis, la Meuse franchie, s'engagent le long des forts Saint-Michel et de Souville. Ils évitent le ravin de la Dame, trop récemment conquis par les soldats de Mangin, pour s'installer, vers l'est, entre le Chesnois et le bois Fumin, rasé par les furieux combats de juin. Le but de Passaga est de familiariser les nouveaux avec le champ de bataille.

– Plus de cinquante millions d'obus sont tombés sur Verdun, dit Jean au jeune Colonna en lui désignant, à perte de vue, les moutonnements de cratères remplis d'eau. L'ampleur de cette bataille dépasse l'imagination.

La montée vers l'enfer est progressive : on aperçoit

d'abord des ravins vaguement couverts de bois décharnés. Des équipes en retirent des morts de plusieurs jours, qu'ils chargent en vrac sur des charrettes, afin de les enterrer à l'arrière. Marchant toujours vers le Chesnois, la colonne de tête traverse un espace herbeux, bosselé d'obus, mais où fleurissent, comme un défi, les dernières fleurs de l'automne.

– Il ne faut pas s'approcher des trous, recommande Dutoit aux bleus. Des cadavres y pourrissent encore.

Plus au nord, l'argile est profondément labourée. Impossible de progresser, sinon en file indienne et en évitant les trous, sur une sorte de sentier défoncé par le passage répété des camarades.

Il pleut. Les hommes, entraînés par leur barda, dérapent à chaque instant. Jean surveille les fusils-mitrailleurs. Ils ont arrimé les armes lourdes sur des bourricots au pied agile, les premiers ravitailleurs de l'armée de Verdun. Une compagnie a très sérieusement demandé au commandement de décorer l'un d'entre eux. Cet âne l'avait sauvée de la mort.

– Rien ne dit, déclare Dutoit à qui veut l'entendre, que ces buttes d'argile ne renferment pas des camarades ensevelis. On raconte que tout près d'ici, vers la ferme de Thiaumont, une tranchée de Vendéens du 137ᵉ a été recouverte par un geyser de boue et de pierrailles. Ils ont été surpris, debout, figés à leur poste, les armes appuyées sur le parapet. On les a découverts à cause des baïonnettes qui sortaient de terre. Ils étaient tous raides morts.

La compagnie avance, en colonne par un. On ne prend plus la précaution de marcher de nuit, surtout par temps de pluie, quand l'observation est aveugle. Depuis que les Allemands bombardent sans répit, vingt-quatre heures sur vingt-quatre, l'approche se fait aussi bien de jour gris, quand le ciel est bas. Les hommes ne sont pas seuls à trébucher sur les obstacles de toute nature qui parsèment le sentier étroit, les caravanes de bourricots peinent aussi à se faufiler.

– Ne buvez pas l'eau ! recommande un infirmier brancardier à Guy Beaujon, toujours assoiffé, qui se penche vers un entonnoir.

Il éloigne le clairon de cette mare à l'odeur pestilentielle.

– Tous ceux qui boivent ici meurent de dysenterie ou du choléra. Nous avons évacué dix malades durant la journée d'hier.

– Où sont les sources ? demande Jean Aumoine.

– Généralement entre les lignes. On se fait tuer pour l'eau, ce don du ciel.

Jean est frappé par l'éclat presque mystique du regard de cet infirmier, qui lui indique son nom : père Teilhard de Chardin.

– Un jour, dit celui-ci, on élèvera un Christ sur cette croupe. Seule, la figure du Crucifié peut recueillir, exprimer et consoler l'horreur d'un pareil déchaînement.

« Il est temps que Passaga fasse avancer les gens du génie avec des pompes, se dit Jean, pratique. Il est inutile d'ajouter la soif, en plein mois d'octobre, à la torture des poilus de Verdun. »

La colonne s'arrête à distance des secondes lignes, sur un terrain laminé par la bataille de septembre. Bernard Lefort, le cuistot, se demande où il va loger sa roulante. Jean lui montre un repli du terrain, où il peut se dissimuler. Rien n'empêche ses aides de creuser un abri. Les escouades s'organisent pour utiliser les tronçons de tranchées anciennes et suivent les conseils du capitaine : sortir avant tout les pelles pour s'installer.

Le bois massacré par les obus garde la trace des combats, des bombardements et de son occupation ancienne. De temps en temps, tombe un 210, pour signifier aux poilus qu'ils sont à la limite de la zone opérationnelle. Le terrain de lutte ressemble au marché aux puces. Des portes, des éléments de buffets, des lits de fer fracassés, des casseroles percées, des brocs et des seaux provenant des maisons des villages détruits, des barres de forgeron, des poutres en charpie : une *zone* dont les poilus seraient les clochards. Barbus et couverts de boue, mangés de puces et de poux, ils le seront bientôt. Pour l'heure, sous la pluie, ils creusent.

Nichées dans les ruines du bois, les escouades enterrées se sont reliées l'une à l'autre par des boyaux étroits. Le téléphone de campagne étire ses lignes jusqu'au PC du capitaine de la compagnie. Il ne va pas au-delà.

– C'est trop loin, dit Jean à l'adjudant Leynaud. Je suis à deux cents mètres des premiers postes.

– J'étais au Mort-Homme, répond l'autre. Je vous assure que nous allons gâcher du fil pour rien. En cas d'attaque, les fils de l'avant ne résistent pas. Ils sautent sans rémission sous les marmites.

Comme pour lui donner raison, les abords du bois sont criblés de salves de 210, à croire que les *Drachen* ont repéré l'installation de renforts français dans ce secteur, familier aux artilleurs ennemis qui l'ont souvent cadré sur leurs planches de tir.

Jean s'avance vers les premiers postes pour s'assurer que les hommes sont bien enterrés. Outre qu'ils ont déjà reçu, sous la pluie, leur content de giclées boueuses et verdâtres, voilà que les tôles de protection des abris volent en éclats sous le souffle des obus. Des brancardiers s'approchent d'un cratère occupé.

Teilhard de Chardin guide les hommes du 321e vers le poste de première urgence à l'arrière. Ils ont relevé l'abbé Blamont, l'aumônier du régiment, touché d'un éclat dans la jambe. Première victime de l'offensive d'octobre, cloué au sol dès son arrivée.

– Vous ne pouvez pas vous tromper, indique Teilhard aux brancardiers. Le poste est à l'angle droit des deux chevaux morts, sous le chêne foudroyé. Le drapeau de la Croix-Rouge est bien visible.

Il repart au secours d'autres blessés, bravant les geysers de boue qui se multiplient. Pour les bleus, quel baptême ! L'écrasement du bois par les 210 est en cours. Duval, le jeune, ne quitte pas son abri, pendant que Roger Nigon, à peine familiarisé avec le fusil Chauchat, doit le maintenir crosse en l'air pour le protéger. Roland Martin surveille ses tromblons, Étienne Débarbat enrage de ne pouvoir répliquer. À l'abri dans une ancienne tranchée allemande, pourvue d'une niche profonde et bétonnée, il a fait signe aux camarades de partager sa chambre forte encombrée de bouteilles de bière, de peaux de saucisson et de masques à gaz *made in Germany*.

L'abri est une aubaine, une dizaine de poilus de l'escouade y ont trouvé refuge. La compagnie de mitrailleuses s'est installée au large dans un autre *Stollen* abandonné où courent encore les fils du téléphone allemand. Leynaud songe à les brancher : le capitaine Aumoine doit ignorer l'existence de cet abri spacieux qui ferait un bon PC rapproché.

Débarbat apparaît dès l'accalmie, alors que la pluie et les obus cessent ensemble.

– C'est la fin ? demande Duval.

– Pour nous, oui, pas pour eux !

Dans le ciel redevenu limpide, des sifflements d'obus lourds.

– Un 240 de marine, précise l'ancien. Les fillettes de Nivelle ! Il les a mises en place pour faire sauter les batteries lourdes allemandes l'une après l'autre.

Débarbat dresse l'oreille. Aumoine s'avance auprès de lui pour lui recommander de rester à l'abri.

– Inutile, mon capitaine. La danse a commencé, et c'est Mangin le maître du ballet.

Une explosion encore plus lourde.

– Vous entendez ? Le 280 ! J'ai remarqué la pièce en montant en ligne. Des chariots conduisaient sur un Decauville les obus géants. L'un des servants m'a dit que chaque obus pesait dans les 300 kg.

Trois minutes après, un nouveau coup. Jean calcule qu'à cette cadence il en faut quatre ou cinq, dans le meilleur des cas, pour faire sauter un canon allemand. Le bombardement peut durer des heures. Dieu fasse que Nivelle ait pu réunir beaucoup de pièces de ce calibre ! Elles sont les seules à pouvoir détruire une batterie ennemie à plus de dix kilomètres.

De toute la ligne, par petits groupes, les hommes s'extraient de la boue dans des clapotis mouillés. Ils tentent en vain de décaper leurs capotes trempées, qui deviennent rigides en séchant.

– Restez à l'abri, ne vous montrez pas ! crie Jean. Leurs observatoires peuvent vous repérer, et gare aux marmites ! Profitez du répit pour nettoyer vos armes.

Des brancardiers, courbés sur leur chargement de blessés, slaloment en sautillant entre les trous. Ils viennent des premières lignes, où, sans doute, les combats sont engagés. Triste spectacle pour les bleus relativement épargnés.

– On s'étonne que l'infanterie n'ait pas le moral, dit à Jean le lieutenant Bériot. Les attaques commencent toujours par le défilé des copains étripés.

– Ceux-là sont des victimes du bombardement. L'assaut n'est pas pour aujourd'hui. Si les nôtres veulent rester en vie, qu'ils creusent, et creusent encore. Tâchez de découvrir d'autres vestiges de la ligne allemande. Leurs abris blindés sont d'un luxe incroyable. Même les escaliers sont en béton!

Après deux heures d'incessant vacarme, les poilus relèvent la tête, arrachent leurs casques pour respirer. Qui songerait à les empêcher de profiter d'un rayon de soleil? Jean n'en a pas le courage. Là-haut, dans le ciel, un point noir est signalé par Débarbat. Même les plus trouillards sortent de leur abri. Un combat aérien, c'est un spectacle que les biffins ne manquent jamais.

L'avion est seul. Ami ou ennemi?

– Faites gaffe, dit Dutoit. Les Fokker attaquent les tranchées à la mitrailleuse. Un nouvel ordre du *Kronprinz*!

L'avion se rapproche du sol de toute sa vitesse. Ses cocardes déchaînent les hourras! Le Spad vire sur l'aile, fait un nouveau passage encore plus près du sol et bat des ailes.

– C'est Raymond! hurle Leynaud en agitant son écharpe pour saluer l'avion. De toutes les poitrines, sort un vivat formidable. Les hommes ne sont plus seuls. Le ciel est avec eux. Le bon Dieu leur a envoyé Raymond, le petit Raymond du canal, leur ange gardien.

Jean essuie une larme. Il sait que son frère n'est pas plus que lui à l'abri des balles des nouveaux Albatros à croix noire. Dieu fasse qu'il soit épargné!

Le serment de Douaumont

Une tête de mort et deux tibias croisés entre deux chandeliers : c'est l'insigne du Nieuport 24 bis, avion unique dans la série des BB, construit pour Charles Nungesser, un as des as très connu dans le ciel de Verdun, idole de l'escadrille N 65 où sert Raymond Aumoine. L'aviateur attend, anxieux, dans sa carlingue, que le mécano retire les cales pour effectuer sa première sortie en groupe d'escadrille.

Sur le terrain de Vadélaincourt, dans la Meuse, les pilotes guettent le signal du départ, donné par le capitaine Durand. Raymond a vérifié sa mitrailleuse Lewis, montée sur l'aile supérieure de son Spad. Elle a été si bien graissée qu'elle ne peut s'enrayer, lui a dit l'armurier. Il n'a pas cru devoir doter un bleu de la nouvelle Vickers, au tir parfaitement synchronisé, réservée aux vedettes. Les rampants ont fixé, sous les ailes de chacun des Spad, huit fusées *Le Prieur* actionnées par une mise à feu électrique. La mission de Raymond Aumoine est de détruire les *Drachen* dans le secteur de Thiaumont, au centre du champ de bataille de la rive droite de la Meuse, afin de rendre aveugle l'artillerie lourde allemande.

Raymond est très ému à la perspective de ce premier départ en vol groupé. Pour lui, c'est une expérience nouvelle. Il a dû revoir à fond son entraînement pour se familiariser avec ce chasseur ultramoderne, sorti des ateliers, en maîtriser les difficiles manœuvres acrobatiques, indispensables au combat aérien.

Le capitaine n'a pas voulu l'expédier à l'école d'acrobatie de Pau. Verdun manquait de pilotes pour équiper les nouveaux Spad et les pertes étaient nombreuses dans le ciel de la bataille. On l'a laissé longtemps voler seul au-dessus des tranchées françaises, avec deux heures d'autonomie d'essence, pour apprendre à dompter sa monture. Ainsi a-t-il eu tout loisir de repérer les unités en ligne, survoler ceux du 321e, dont il avait soigneusement reconnu les positions sur la carte au 5000e désormais distribuée à tous les pilotes. Son expérience d'observateur lui a permis de réussir à la perfection ce repérage sentimental, qui a réjoui le cœur des copains.

Pour la voltige, un instructeur chevronné lui a tout enseigné, sur un appareil à double commande. Raymond a d'abord appris la descente en vrille, très salutaire dans les combats, ainsi que les mouvements essentiels : le renversement à gauche, immédiatement suivi d'un autre mouvement à droite, puis, piqué et demi-looping. Il a refait les mêmes exercices toutes les cinq minutes pour ne pas être surpris. Navarre, l'as des as, l'a pris en amitié. À sa demande, l'élève a suivi le maître pour un exercice sur le terrain.

Une bouteille au milieu d'un cercle. Le jeu consistait à piquer droit dessus à une altitude de deux mille mètres, sans dévier une seconde. On se laissait tomber comme une pierre et on lâchait une salve à cent mètres en redressant aussitôt l'appareil, qui remontait en fusée. À peine une giclée de balles, et la bouteille devait voler en éclats.

– Quand tu atteindras cette précision, avait dit Navarre en riant, tu seras invulnérable.

Raymond avait essayé cent fois, sans résultat. À force d'obstination, il avait fini par toucher la cible, sous les applaudissements de l'escadrille. Il venait de passer le pont aux ânes des pilotes de la N 65. Le capitaine considérait désormais qu'il pouvait partir en opérations groupées.

Le commandant Quillien est venu assister au départ, détaché de l'état-major de Joffre qui accorde désormais la plus grande importance à l'aviation. Quillien regrette de ne plus pouvoir voler lui-même aussi souvent qu'avant, mais son rôle d'agitateur de bureaux est essentiel, presque vital pour les escadrilles. Qui pourra, mieux que lui, exiger de l'intendance les moyens nécessaires au combat quotidien ?

Il cst clair que seule la maîtrise du ciel permet à l'artillerie lourde de travailler efficacement. Les Allemands ont failli l'emporter à Verdun en raison de la supériorité de leurs Fokker E111 Eindecker et de leurs biplans Halbertstadt D. Ils descendaient, sans casse, toutes les saucisses françaises, aveuglant l'artillerie. Ils survolaient avec témérité le territoire ennemi sans être contrariés par la chasse, dont ils bombardaient insolemment les appareils surpris au sol, dans les hangars.

Le front de Verdun, en juillet, ne comptait encore que deux cents avions, dont six escadrilles Nieuport de chasse. Les soixante-dix chasseurs avaient été vite découragés par les effectifs très supérieurs des escadrilles ennemies, attaquant en groupes constitués et parfaitement rodées au vol en commun.

En vain, Quillien demandait-il des renforts à l'état-major

de Chantilly. On invoquait les retards, à l'usine, de la mise en fabrication des nouveaux moteurs, la pénurie des pilotes, le manque d'aérodromes. Les terrains étaient tracés à la hâte, et les accidents stupides se multipliaient. Quant aux pilotes, une centaine avaient été tués ou blessés depuis février, y compris le commandant de Rose, mort dans un crash le 11 mai 1916.

Pour sortir de cette mauvaise passe, Nivelle avait exigé une absolue discipline de vol, notamment l'occupation permanente du territoire aérien par les chasseurs, de façon à l'interdire à l'ennemi et à décourager ses observateurs. Les patrouilles devaient surveiller un espace précis, pendant un temps déterminé. Mais les as protestaient : on ne viendrait pas à bout, disaient-ils, des Fokker et des nouveaux Albatros en leur interdisant le ciel. Il fallait aussi les détruire.

Le commandant Quillien, as des as lui-même, fit considérer en haut lieu la requête de ses camarades de combat comme légitime. Ils reçurent leur permis de chasse individuel.

Raymond n'était pas de ces *happy few* autorisés à partir seuls. Intégré à sa patrouille, il se conformait au strict règlement : voler en liaison étroite avec son escadrille – huit à dix avions en général – et se soutenir les uns les autres. Depuis l'arrivée à Verdun du capitaine Le Révérend, un groupe de trois à quatre patrouilles assurait la sécurité des appareils d'observation et tenait les redoutables Fokker à distance des lignes françaises.

Des raids de bombardiers survolèrent, pour la première fois, les zones allemandes. Celle de Sivry-sur-Meuse fut entièrement détruite ; Nouillonpont, ainsi que la ferme Constantine, au sud d'Arrancy, souffrirent des incursions continuelles des avions français et des bombardements par les pièces à longue portée.

Raymond partait en mission avec un moral élevé. Sur les terrains, l'aviation avait repris confiance dans ses capacités. Les chasseurs de la N 65, dotés du Spad, nourrissaient l'ambition légitime de devenir les maîtres incontestés de l'espace.

L'avion de tête décolle enfin, piloté par le capitaine Durand. Raymond le suit aussitôt et grimpe à deux mille mètres, en un peu plus de six minutes. Derrière lui, les camarades décollent en file. Le regroupement en escadrille se fait plus haut, à trois mille mètres. Le but est d'amorcer une descente rapide sur les lignes allemandes et d'incendier, en un minimum de temps, tous les *Drachen.* L'artillerie française attend la fin du travail de repérage et d'élimination des batteries adverses pour lancer son bombardement général du front. Il n'y a pas de temps à perdre.

Raymond sait parfaitement qu'en lui offrant un Spad 7 au lieu d'un Nieuport 17 C1, on ne lui fait pas de cadeau. Les as refusent le nouvel avion. Ils ont fait bricoler le Nieuport à leur convenance, renforcer le moteur, modifier l'empennage, et ont obtenu des chefs les nouvelles mitrailleuses Vickers, parfaitement synchronisées.

Le Spad 7, encore à l'épreuve, n'a pas terminé ses essais en vol. Les nouveaux chasseurs sont livrés au front en petite quantité, vingt-cinq seulement pour plus de trois cents monoplaces. Les Spad ont été confiés à la N 65 pour les patrouilles d'essais : six Spad pour six Nieuport.

Raymond se réjouit du caprice des stars de Vadélaincourt. Il a eu tout le temps de s'habituer à l'appareil, dont la tenue en vol est rassurante, les accélérations stupéfiantes, et il peut se griser de sa vitesse de deux cents kilomètres-heure à deux mille mètres.

Tant pis pour lui s'il rencontre l'as des as allemand Boelke et ses patrouilles de six Albatros. Il a entendu dire au mess que ce redoutable adversaire avait abattu le 6 septembre six avions anglais lors d'un gigantesque combat sur la Somme. On dit que Boelke est de retour sur le front de Verdun. Pour espérer l'abattre, il faut être Navarre, ou Nungesser. La mission de Raymond n'est pas de se mesurer aux vedettes, mais de descendre des saucisses.

La Meuse sert de point de repère, ainsi que le quadrilatère des forts de Douaumont, Vaux, Soubise et Froideterre. Les pilotes balancent les ailes de leurs appareils sous l'air froid pour éviter d'alourdir les toiles de gel. Tous regardent en arrière, de temps à autre, scrutent le ciel pour vérifier qu'un avion ennemi n'est pas lancé à leurs trousses.

Au sol, une légère brume empêche de localiser les *Drachen*. Raymond suit Durand, qui lui-même cherche sa route. Un chasseur allemand surgit, en sens inverse. Surpris de tomber sur une patrouille, il se dérobe. Durand le prend aussitôt en chasse, fait signe à Raymond de l'appuyer. Le reste de la patrouille, derrière le lieutenant Bozon, monté sur Spad, poursuit tranquillement sa recherche des *Drachen* en descendant à mille mètres pour accroître la visibilité.

Le capitaine Durand fonce en direction du Fokker vert et brun, marqué de signes cabalistiques et doté de deux mitrailleuses. Pas de traînées de balles dans l'air. La Lewis du patron s'est enrayée. Il est perdu s'il attend, sans réagir suffisamment vite, la salve de l'aviateur ennemi. Il vire à la verticale pour rompre le combat. Au tour de Raymond d'attaquer.

Il est devenu champion dans l'art de tirer droit sur l'axe

de l'hélice et positionne son avion comme à l'entraînement. Il s'avance, pleins gaz, sur le Boche, le nez dans le viseur, et appuie sur la gâchette. Quelques balles crépitent, mais très vite le levier de culasse de la Lewis tressaute devant ses yeux. C'est l'enrayage.

Profitant de l'aubaine, le Fokker prend de la hauteur, vire de bord, et pique sur le Spad de Raymond. Sa mitrailleuse Maxim lâche des balles incendiaires, suivies de longues traînées blanches. Elles miaulent en rafales aux oreilles du pilote français, qui se tasse sur son siège et rentre sa tête dans ses épaules.

Vite, une chandelle, d'un coup de pied. Le réflexe est bon, l'avion de Raymond se met en vrille pour redescendre et échapper ainsi à son poursuivant. Le Boche ne suit plus. Raymond prend le temps de retaper sa mitrailleuse pendant qu'au-dessus de lui, le capitaine Durand est revenu au combat. Il affronte le Fokker de face, de toute sa vitesse : deux chevaliers en lice, la lance basse.

À dix mètres l'un de l'autre, ils plongent d'un commun accord afin d'éviter le choc frontal, puis se mettent tous les deux en vrille, décrivant des sinusoïdes parfaitement parallèles.

Raymond entre alors en course et fait crépiter sa mitrailleuse. Sur sa droite, Durand se redresse pour attaquer d'en bas. L'Allemand se sent en mauvaise posture. Il pique, abandonnant la partie et lâchant des rafales par son mitrailleur arrière afin de décourager la poursuite.

Le capitaine Durand change de cap pour rejoindre sa patrouille naviguant en altitude au-dessus des lignes. Raymond ne peut le suivre. Son moteur tousse, une fumée noire s'en échappe. Il se repère grâce au cours brillant de la Meuse qu'il longe en toute hâte vers l'amont, afin de regagner son terrain de Vadélaincourt. Au sol, le capitaine Guy a déjà demandé à la base le secours de la voiture des pompiers, mais Raymond réussit à se poser sans casse.

Les mécanos examinent aussitôt le Spad : sept ou huit balles dans le fuselage et les roues. C'est miracle qu'il n'ait pas capoté. Le moteur est endommagé, et l'aileron décapité. La rafale du Fokker l'a fauché de plein fouet.

Le soir, l'escadrille atterrit saine et sauve sur l'herbe rase de la piste de Vadélaincourt. Mission accomplie ! Au mess, les pilotes font brièvement le point, sans protocole, donnant seulement leur version d'une journée de combat assez heureuse, sans pertes. Le capitaine Durand, revenu le dernier, donne l'accolade à Raymond.

– Tu n'as pas reconnu notre adversaire ? C'était Boelke en personne !

Dans le duel d'artillerie qui se prépare au-dessus de Verdun, pas de pitié pour les saucisses, ni pour les coucous d'observation. Le capitaine Le Revérend est formel : ils doivent être tous balayés à la mitrailleuse. Doté d'un nouveau Spad, Raymond repart en patrouille.

La mission est de protéger un Caudron de reconnaissance, chargé de repérer les batteries lourdes ennemies. Raymond aperçoit aux commandes son vieux Giquel, ancien mécano devenu pilote.

La patrouille met le cap droit vers l'est, le soleil dans les yeux.

« Pourvu que nous ne rencontrions pas de Fokker, se dit Raymond. Nous ne les verrons pas venir. »

Ils passent au-dessus du village sinistre de Lemmes, abandonné depuis février par ses habitants, remontent la *voie sacrée*, reconnaissable à sa file de camions aux phares allumés nuit et jour, puis survolent la Meuse à partir d'Ancemont. De là, le lieutenant Bozon, chef de patrouille, oblique franchement vers le nord, descendant la rivière jusqu'à hauteur de Verdun.

Sous leurs ailes, l'offensive se prépare. Des fourmilières de terrassiers réparent ou élargissent les routes, font de la *voie sacrée* un véritable boulevard. D'autres construisent des voies de chemin de fer Decauville qui achemineront les obus géants pour les pièces lourdes, d'autres encore creusent des emplacements de tir. L'offensive n'est pas loin et le bombardement d'artillerie va commencer d'un jour à l'autre.

À la pointe nord des fortifications de Verdun-ville, Raymond distingue d'énormes batteries de 380, prêtes à entrer en action. Ces pièces super-lourdes entonnent une tout autre chanson. Elles sont capables de percer les carapaces de béton des forts, de bouleverser les *Stollen* et les blockhaus. Pour éclairer leur tir, il faut se donner du mal. Les pièces doivent frapper à coup sûr jusqu'à trente kilomètres, et le Caudron de Giquel a été choisi pour leur permettre de régler leurs tablettes au plus juste. Les artilleurs sont à pied d'œuvre. Ils attendent des informations précises sur les batteries lourdes ennemies.

On a donné ordre à l'observateur Giquel de s'enfoncer loin dans les lignes allemandes, quatre Spad en protection.

De trois mille mètres, ces appareils descendent à mille au-dessus des lignes ennemies, essuyant des coups de 150, heureusement mal réglés. Les Spad virevoltent autour du

Caudron, plus lent. Raymond, le frôlant, adresse des signes d'amitié à Giquel, qui apprécie peu ces facéties : penché dans son baquet, son observateur Jean-Christophe Lebat est en pleine action et ne saurait être distrait. Il a dirigé son Leica à travers un trou du fuselage et photographie les emplacements de pièces lourdes ennemies signalés par le départ des coups. À peine ceux-ci sont-ils communiqués par radio aux chefs de batteries, que les canons français tonnent pour les détruire.

Inquiet, Raymond écoute le toussotement du moteur de son Spad, surveille la pression, consulte le compte-tours.

« Rien de grave, se rassure-t-il. Sans doute un peu d'eau dans l'essence. »

Le ronron de l'avion redevient normal. Depuis vingt-cinq minutes, éloigné des lignes ennemies, le reste de l'escadrille patrouille sur ses arrières. Quant au Caudron de Giquel, il tourne et retourne autour de la gare d'Etain, encombrée de troupes et de matériel.

Raymond réussit un passage à basse altitude au-dessus de la gare. Il voit distinctement, d'un coup d'œil, les *Feldgrau* courir vers les abris. Il ne peut s'empêcher de leur lâcher une rafale de mitrailleuse, avant de remonter en fusée pour rejoindre la formation.

Celle-ci a grimpé jusqu'à quatre mille cinq cents mètres pour échapper à la vue des chasseurs ennemis, dont l'absence a d'ailleurs surpris le lieutenant Bozon. La mission d'accompagnement est sur le point de s'achever, après deux heures de vol, sans la moindre manifestation de l'adversaire. Il est vrai qu'une patrouille entière de six Albatros est nécessaire pour attaquer les quatre Spad en toute sécurité. Le survol des lignes ennemies par les Français n'en reste pas moins quasi injurieux, et il est étrange qu'elles soient si mal gardées. Les avions allemands disponibles ont dû être affectés à la protection des *Drachen*.

La patrouille de Raymond poursuit sa route vers l'ouest, impavide, quand trois points sombres surgissent à l'horizon. Raymond reconnaît, à leur approche, le fuselage en forme de cigare, les ailerons débordants et les couleurs camouflées des Fokker.

Au lieu de prendre de la distance pour attaquer, les quatre appareils se serrent autour du Caudron. Ils doivent à tout prix défendre l'avion précieux, chargé de plaques photographiques indispensables aux artilleurs. Ils n'ont pas pris de tels risques pour se laisser dérober leur butin, si près du but, par des prédateurs.

Raymond voit les Fokker tourner et retourner, cherchant un axe d'attaque. Ils sont trois contre quatre et ils ont le soleil dans les yeux. Le Caudron amorce sa descente sur les lignes françaises, bravant les coups de canon de la défense antiaérienne. La situation des Français est loin d'être confortable. Pourtant, les chasseurs allemands n'attaquent pas, ils se dérobent par un virage sur l'aile, et plongent sur les tranchées des poilus, qu'ils arrosent à la mitrailleuse.

Les Spad se posent enfin sur le terrain. Le lieutenant Bozon arrache son casque, respire et marche à la rencontre de Raymond qui vient lui aussi d'atterrir :

– Nous l'avons échappé belle, dit-il. Il est temps qu'on nous change ces Lewis. La mienne s'est enrayée au départ. Je n'avais aucun moyen de riposter s'ils avaient attaqué.

Raymond Aumoine perd ses illusions sur l'aviation de chasse. Il a peu d'occasions de se mesurer en combat singulier avec les Allemands. Le travail de patrouille devient routinier, et seule la chance lui permettra d'abattre un jour un avion ennemi. Pour échapper à la discipline des missions de patrouille, il faut avoir fait ses preuves, entrer dans la secte très fermée des as des as. Il n'en est pas encore là.

Il admire chaque jour davantage les officiers qui conduisent les escadrilles. Durand et Bozon sont des pilotes modestes. Ils font tout pour atteindre leur but sans pertes, sans gloriole, avec la satisfaction du boulot bien fait. Ils ne sont pas des chevaliers, disent-ils entre eux, mais des balayeurs du ciel.

La solidarité dans les airs est encore plus indispensable qu'au front. Grâce aux confidences du capitaine Guy, le chef de base, Raymond apprend qu'au début de la guerre les officiers restaient au sol, veillant aux questions d'intendance, au courrier quotidien avec l'état-major.

Depuis lors, les responsables de la jeune aviation ont non seulement volé, mais volent encore. Même le commandant Quillien, chargé de mission à l'état-major de Joffre, saute à l'occasion dans un Spad pour montrer à tous la confiance que lui inspire cet appareil, encore décrié par les virtuoses du manche.

Quinteux, grognon, le capitaine Durand sait pourtant discuter d'égal à égal avec un sergent. « Au ciel, tous frères », dit-il. Il s'agit surtout de ramener les coucous au bercail. Sans imprudence, ni faiblesse.

– Il faut canarder du Boche en perdant un minimum de monde, serine-t-il à ses équipages. Nous ne sommes pas là pour épater les journalistes de l'arrière, mais pour abattre la besogne.

Le 19 octobre, il demande à Raymond de partir pour éclairer les tranchées ennemies de première ligne. On dit qu'elles semblent abandonnées, sur la crête avant Douaumont.

– Le plafond est trop bas, mon capitaine, nous risquons le pire à cinq cents mètres.

– Suis-moi.

Ils décollent par une pluie battante, sous les nuages plombés. Ils longent le front, à très basse altitude, sans essuyer un coup de feu. Les tranchées semblent désertes. Ils virent sur l'aile, remontent en sens inverse. Sans doute les *Feldgrau* ont-ils gagné leurs abris, comme ils le font dès qu'un bombardement menace.

Ils piquent pour mitrailler. Pas de riposte. Soudain, un nuage noir leur barre la route. Le capitaine fonce le premier, suivi par Raymond qui ne voit plus le sol sous ses ailes. Son pare-brise est opaque, les ailes de son Spad résonnent comme un tambour battu de mille coups. C'est la grêle. Raymond ôte ses lunettes, ses yeux brûlent, son visage ruisselle. Il pousse vite le manche. L'avion reprend de l'altitude dans le pot au noir, au risque de percuter le Spad de Durand, lui-même perdu dans le nuage enveloppant.

D'un coup, le ciel s'éclaire. Le rideau est tiré. Raymond n'aperçoit plus ni le capitaine, ni les lignes au-dessous de lui. Il met le cap sur l'ouest. Depuis quand vole-t-il en solitaire ? Il ne sait. La peur émousse ses réflexes. Il consulte le niveau d'essence : vide. Encore deux minutes, et le moteur se mettra à tousser. Le sol défile sous lui, à toute allure. Il ouvre fébrilement le robinet de la nourrice. Douze litres de grâce, seulement. Il doit se poser sans perdre une minute.

Une ligne de peupliers s'interpose, menaçante. Raymond pousse le manche pour l'éviter. Puis un nouveau nuage arrive, si bas qu'il semble s'effilocher sur la cime des arbres. Un guéret se présente, il abat l'appareil aussitôt. Le nez dans la carlingue, attaché au siège par sa ceinture, il est sauf. Le train d'atterrissage a très bien soutenu le choc.

Que faire dans ce désert ? Le capitaine n'a pu le suivre, perdu dans l'obscurité. Pas la moindre éclaircie qui permettrait à des Caudron de passage de le repérer. Il abandonne le Spad, retire sa combinaison de vol, trop lourde, et part dans la nature, à travers champs.

De la fumée dans un bosquet. Des tentes camouflées sous les arbres. Il s'approche en faisant des signes d'amitié. Des artilleurs au repos reconnaissent sa tenue d'aviateur et lui font fête. Il se réchauffe devant un brasero, se jette sur le rata du cuistot en buvant un verre d'alcool.

– Où sommes-nous ?

– À Sénoncourt-les-Monjouy, près de Souilly. Vous avez fait une belle trotte !

On lui prête un cheval pour rentrer à la base. L'accueil est triomphal. Les as au repos se tiennent les côtes.

– Mon Spad pour une bourrique ! rigole Nungesser.

On dépêche avant la nuit un tracteur pour dépanner l'appareil. Le mécano vérifie le moteur, remplit le réservoir d'essence, et Raymond peut enfin revenir à la base, où le capitaine, également éprouvé par la tempête, l'attend pour le féliciter. Le soir, au mess des officiers, il raconte avec force détails leur équipée sauvage pendant que Raymond, lavé de tout reproche, décourage les amateurs de sarcasmes de son regard noir.

Le 23 octobre 1916 est un grand jour. Il pleut sur Verdun depuis l'aube, mais l'escadrille est tout de même prête au départ. Raymond, réveillé avant le lever du soleil par le capitaine Durand en personne, se hâte de revêtir sa tenue de vol. Deux de ses camarades, les sergents Jérémie Moch et Max Lenoir, l'accompagnent pour une opération spéciale, programmée par l'état-major.

Sous la pluie battante, les mécanos et les aides rampants sortent les appareils des hangars Bissoneaux.

– Hâtez-vous, dit Durand. Le Caudron de Giquel va décoller le premier, avec son frère siamois, piloté par Henri Spade.

– Un Spade, sur Caudron, c'est amusant ! note Jérémie Moch, un pince-sans-rire.

Les chasseurs attendent l'envol des deux coucous, qui décollent en rasant le bois au bout du terrain.

– La visibilité est nulle, avertit Durand. Tâchez de ne pas me perdre de vue. Volez collés !

La combinaison est bientôt trempée, les lunettes inutiles, la carlingue envahie d'eau de pluie. Le Spad est un poisson volant qui tâtonne pour tenir son rang derrière l'avion capitaine.

Le ciel se dégage un peu au-dessus de Verdun. Les Caudron tournent autour du fort de Regret et de Baleycourt. Les Spad suivent, descendent à deux cents mètres et ralentissent le moteur. Leurs pilotes aperçoivent, au mouvement des wagonnets porteurs d'obus sur les rails luisants des Decauville, les positions creusées en profondeur d'énormes obusiers de 400 savamment camouflés. Manifestement, Giquel prend ses ordres de la batterie du commandant Martin, établit le contact avec le radio Gaspard Leroi. Des feux de Bengale sont tirés du sol pour signaler que le message est bien reçu.

Les Caudron survolent Verdun l'un derrière l'autre, puis suivent le cours de la Meuse jusqu'à Charny, toujours très bas. Ils longent la côte de Poivre en essuyant des tirs mal réglés d'artillerie, profitent d'une embellie dans le ciel pour prendre de la hauteur au-dessus des ruines du village de Louvremont. De là, ils mettent le cap est-sud-est, vers Douaumont, qu'ils survolent avec insistance, croisant sans cesse au-dessus du fort de béton grisâtre et abandonné sous la pluie. Le drapeau impérial qui le surmonte semble en berne.

Les quatre chasseurs ne lâchent pas d'un pouce les avions d'observation. Les Caudron s'écartent brusquement, prenant de l'altitude. L'escadrille s'éclate, chacun des avions cherchant sa voie dans la grisaille, tous azimuts. Deux minutes s'écoulent. Soudain, une explosion formidable retentit, qui fait sans doute trembler jusqu'aux murs de Verdun

À la batterie des obusiers du chef d'escadron Martin, l'aspirant Gaspard Leroi, pointeur, consulte la table de tir. Sans casque, ses cheveux noirs dressés sur la tête, il sourit en corrigeant d'un demi-degré l'angle de tir. Le jeune polytechnicien ne se trompe jamais. Martin lui fait toute confiance.

– Résultats radio ?

Gaspard saisit les écouteurs, tripote fébrilement les boutons, enclenche les fiches. Là-bas, sur le fort, les Caudron virevoltent afin de demeurer dans les parages et les radios font crépiter leurs rapports en morse. Ils transmettent en clair, faisant fi du codage. Gaspard saute de joie.

– Cible touchée, mon commandant !

Les Caudron se rapprochent encore de la cible. Raymond Aumoine met les gaz à son tour, arrive au-dessus du fort. Pulvérisé par une marmite gigantesque ! Un tonnerre éclatant ! À douze heure trente très exactement, l'obus de 400 a crevé la carapace de l'éléphant : deux mètres cinquante d'épaisseur. La photo prise sur l'objectif ne montre que l'amas de poussière grisâtre. Les aviateurs ne peuvent se douter que la bombe est tombée pile sur l'infirmerie. Impossible de secourir les soixante blessés cernés de flammes. Des prisonniers français alités parmi les victimes? Sans doute, mais nul ne peut le savoir, nul ne saura jamais.

Le ballet aérien se reproduit : approche, virage autour de l'objectif, puis retrait rapide en prenant de l'altitude pour éviter tout effet de souffle. Le second obus de 400 mm touche sa cible dix minutes plus tard.

Nouveau rapport au commandant Martin, envoyé par radio. Mais les aviateurs, gênés par la fumée, ne peuvent toujours pas distinguer ce qui se passe à l'intérieur du fort. L'objectif de l'observateur ne surprend, en clair, que les huit hommes de la casemate, fuyant, paniqués, droit devant eux sur le glacis.

Ils tentent de s'éloigner à toutes jambes de la carapace de nouveau touchée. Impossible. Ils font alors demi-tour dans la forteresse, où le commandant Rosendhal a regroupé, à l'étage inférieur, la garnison dont il est responsable. Sur la surface grise et dans les redoutes, les observateurs n'aperçoivent plus âme qui vive. Ils envoient le message aux obusiers : le fort est toujours occupé. Il n'a pas été abandonné, en dépit des énormes cratères creusés dans sa carapace.

– Il faut remettre la gomme, dit Gaspard, insatiable, au commandant Martin.

Il prévoit un tir courbe à plus haute altitude. Ainsi, l'obus tombera avec une force accrue. Le commandant approuve. Gaspard est à ses yeux un prodige, il ne se trompe jamais. Au diable les tables de tir, qu'il estime erronées et dépassées, il règle lui-même instantanément le feu. Il donne des ordres brefs aux servants, avec une stupéfiante précision.

À la sixième prise, une déflagration puissante répand son onde de choc sur toute l'étendue du front. Le réglage de Gaspard Leroi, affiné grâce aux renseignements fournis par Giquel, a permis de toucher la cible en plein cœur. L'obus a éclaté à l'intérieur du fort, détruisant un important dépôt de munitions. Les prisonniers et les blessés survivants à l'intérieur ont été tués sur le coup. Le feu a pris dans le sous-sol.

Une fumée noire s'échappe du centre de l'ouvrage et grimpe lentement vers le ciel. Les nuages semblent s'écarter pour lui laisser le passage. Elle s'épanouit en champignon, à mille mètres d'altitude. Le vent de la Meuse incline lentement vers l'ouest cette colonne de suie, l'étire, l'allonge, lui imprime la forme d'un S de plus de quinze kilomètres d'envergure, comme pour annoncer à l'observatoire du *Kronprinz* l'ampleur du désastre.

Sur l'ordre du commandant Rosendhal, un groupe de pompiers du génie déploie ses lances, puis un autre groupe. Ces hommes doivent très vite renoncer. Impossible d'approcher, même à dix mètres, du foyer de l'incendie, qui diffuse une chaleur infernale.

Les émanations du stock d'obus à gaz intoxiquent les quelques courageux qui tentent de pénétrer sous la carapace : ils tombent comme des mouches. Nul ne peut espérer porter secours aux victimes. Les Allemands sont condamnés à périr étouffés, brûlés, gazés, comme le furent les Français en septembre sous la voûte du fort de Tavannes. Tavannes, Douaumont, les deux pièges mortels de Verdun.

Douaumont n'est plus à prendre, il n'existe plus. Inutile que l'obusier poursuive ses tirs. Dans les lignes françaises, les soldats s'enhardissent à sortir de leurs trous, applaudissent les aviateurs et exultent, comme si la gloire d'avoir fait sauter le fort leur revenait.

Le capitaine Durand tente de retrouver la côte de Poivre, afin de rentrer à la base. Il laisse les Caudron filer devant, se contente de protéger les arrières et les flancs de la formation. Rendus fous furieux par la catastrophe, les chasseurs ennemis sont sortis malgré le mauvais temps. Une escadrille de douze Albatros, bien visibles dans leur livrée jaune à croix de Prusse, fond sur les avions ennemis de toute la vitesse de ses nouveaux moteurs.

Le combat devenant imminent, le groupe des Français se disloque. Isolé dans sa carlingue, Raymond devine qu'il va enfin avoir l'occasion de donner sa vraie mesure. Il maîtrise bien son Spad. Il se sent « des ailes au bout des bras ». Les Caudron poursuivent seuls leur route vers la Meuse, pendant que le capitaine Durand tente une manœuvre de diversion et met le cap au sud-est, par dessus le bois des Caillettes et le village de Fleury.

La manœuvre réussit. L'escadrille d'Albatros, à douze contre quatre, se croit sûre de l'emporter et abandonne la peu glorieuse cible des Caudron fatigués, pour concentrer son tir sur les Spad. Max Lenoir le premier se dérobe et grimpe en fusée à deux mille mètres, perdu dans les nuages. Puis il revient calmement cap ouest.

Une éclaircie le trahit. Deux Albatros surgissent derrière lui et l'accablent de rafales. Son avion perd de l'altitude. Il coupe son moteur, tente de se poser en tourbillonnant. Un des Albatros, piquant en rase-mottes, se redresse brutalement pour l'achever en le mitraillant sous le ventre. L'appareil prend feu. Max Lenoir meurt carbonisé.

Raymond a vu le drame. Il plonge sur l'assaillant, lui sert une rafale complète de sa Lewis, qui a la bonté de ne pas s'enrayer à ce moment décisif. Deux cents balles bien ajustées ont raison de l'Albatros qui part en vrille. Raymond pousse un grand soupir et redresse son appareil. À son nez, deux avions ennemis apparaissent, qui crachent sur lui de toutes leurs mitrailleuses. Sa dernière heure a-t-elle sonné ?

Les balles criblent les ailes du Spad et atteignent l'hélice, qui cesse bientôt tout service. Raymond a tout de même eu le temps de piquer dare-dare vers le sol. Des virages à plat, sans gauchissement, quelques tours de vrille. Les Albatros le poursuivent. Percé d'une rafale, le moteur du taxi crachote et s'arrête. La mitrailleuse ne répond plus aux commandes, elle est enrayée. Raymond se sent perdu. Sa seule chance est de se poser n'importe où, en planant.

Deux Spad surgissent opportunément par-derrière, arrosant les Albatros, qui prennent alors la fuite, en mauvaise posture. L'un d'eux a eu le temps d'envoyer une nouvelle salve sur l'avion de Raymond en détresse. Le bois de son fuselage vole en éclats. La décélération brutale et la perte d'altitude font pleurer le pilote Aumoine, qui ne voit plus rien. Il se sent touché en plusieurs endroits, il saigne abondamment et ne maîtrise plus sa chute.

Le Spad s'écrase sur les trous de marmites du champ de bataille du côté de Vaux. Raymond est éjecté dans l'eau glauque d'un cratère, en plein bombardement d'artillerie. Happé par l'explosion d'un obus de gros calibre, son corps valse de plusieurs mètres et retombe au milieu d'une mare de boue.

Une patrouille de tirailleurs somalis, aventurée dans les lignes ennemies, le repère. Enfoncé jusqu'aux épaules dans la poche gluante, Raymond n'a pas la force d'appeler au secours, mais il fait des moulinets avec ses bras, comme pour échapper à l'asphyxie.

– Il va mourir, dit Christophe Lefort, un sous-off de la coloniale.

– Nous ne pouvons par recueillir les blessés. Les Boches nous guettent.

Le sous-lieutenant Langlumé avise une branche de chêne exfoliée, détachée de l'arbre par un obus. Il s'en saisit.

– J'y vais, dit-il à Lefort. Tirez-nous de là.

Cinq tirailleurs agiles maintiennent la longue branche noueuse à l'horizontale au-dessus du cratère.

Langlumé enlève sa vareuse, retrousse ses manches de chemise et s'avance résolument dans la boue, jusqu'à la ceinture. Ses muscles sont d'un jeune Hercule. Il agrippe solidement les bras de Raymond qui hurle en crachant de l'eau sale.

– Tirez!

Les coureurs du désert sont résistants à l'effort. Ils tirent prudemment la branche et en cadence. Perdant pied, mais sans lâcher sa proie, Langlumé est hissé au bord du cratère, étendu avec Raymond sur le sol fangeux. À la hâte, les Somalis confectionnent au coupe-coupe un brancard et y déposent le blessé.

La patrouille se faufile à travers les trous d'obus vers les lignes abandonnées par les Allemands. Le bombardement se poursuit. Les Somalis risquent à tout instant de sauter.

Rapides, ils profitent d'une accalmie pour se précipiter dans les lignes françaises, où seules quelques sentinelles surveillent le champ de bataille, tapies dans leurs trous de l'avant. Le gros des poilus reste planqué dans des abris de rondins, redoutant les tirs trop courts de leurs propres canons.

– Un pilote! annonce le sous-lieutenant Langlumé au capitaine de la compagnie en désignant sa prise inanimée sur le brancard.

On ne laisse pas tomber un pilote. L'armée en manque trop. Deux brancardiers chargent le corps de Raymond, qui a repris connaissance. L'infirmier le pique d'abord contre le tétanos, lui infligeant une douleur supplémentaire. Une autre piqûre d'alcool camphrée le réveille, lui rend ses forces.

Les doigts gourds des brancardiers déboutonnent sa vareuse et lui retirent sa chemise. Il grelotte dans le frimas d'octobre. Une balle lui a tracé une longue ecchymose sur la peau du ventre, sans l'avoir pénétrée toutefois.

– Il a de la chance, dit l'infirmier, il aurait pu mourir dix fois.

La hanche aussi est éraflée. On descend jusqu'aux chevilles le pantalon de l'aviateur, sans lui retirer ses bottes. La souffrance est intolérable. De nouveau, il faut le ranimer. Il a une entaille à la cuisse, une autre au mollet.

– Pas de balles, constate l'assistant, un élève de première année de médecine. Pourquoi souffre-t-il tant?

On le retourne. Une ouverture minuscule apparaît en bas de la fesse.

– Il faut l'opérer, dit l'infirmier. Transportez-le au poste opératoire. Une balle dans le cul, on en revient.

Les aviateurs ont leur propre antenne chirurgicale. On laisse bien volontiers à celle-ci la responsabilité de soigner les pilotes.

De poste en poste, Raymond, dont les blessures paraissent bénignes, traverse tout le champ de bataille de Verdun. Transbordé de civière en civière, il aboutit enfin, rompu, au centre chirurgical de Vadélaincourt, où il retrouve ses camarades de la base blessés.

Revenu de la table d'opération, il reconnaît son voisin de lit : c'est le mécano-pilote Giquel, abattu à cinq cents mètres du terrain par un Fokker en maraude.

– Ce n'est plus notre tour ! lui dit Giquel. Aux biffins de jouer, nous ne pouvons plus rien pour eux.

En rouvrant les yeux, au matin du 24 octobre, abruti par les effets euphorisants des piqûres, Raymond parvient à penser à Jean qui va risquer sa peau pour reprendre Douaumont, où personne n'a pu survivre.

Le départ est donné, sur ordre du général Passaga, hors des parallèles du 321e. Les hommes ne sont pas mécontents de quitter les tranchées envahies par un mètre d'eau glacée en raison de pluies continuelles. Les poilus d'avant-garde de la *Gauloise* savent qu'ils précèdent immédiatement les groupes d'assaut, derrière le feu roulant des 75, selon une progression chronométrée : cent mètres toutes les quatre minutes. Pas de temps à perdre. Contourner les obstacles, poursuivre l'attaque sans faiblir, telles sont les consignes.

Il est onze heures quarante. On a choisi de reculer l'heure de l'assaut pour laisser les rares rayons du soleil dissoudre les brumes matinales.

L'artillerie ennemie, neutralisée, est presque silencieuse. Les canons lourds français, grâce à l'appui des saucisses et des avions d'observation, ont neutralisé la plupart de ses batteries par des tirs d'écrasement.

– Heureusement, dit Jean, le général Nivelle a lancé une fausse attaque il y a trois jours. Cette ruse a permis, sans nul doute, de dévoiler les emplacements de batteries à nos aviateurs.

– Elles se taisent, opine Émile Dutoit, chargé de son lourd FM. Ce sont les nôtres qui tonnent.

Il reste aux Allemands quatre-vingt-dix batteries sur cent cinquante-huit. Dès qu'elles se manifestent, les canons de 380 les prennent pour cible, par-dessus la tête des fantassins. Les collègues de Giquel sont toujours en l'air dans leurs Caudron, guidant les tirs à la radio.

Les biffins du 321e se sentent soutenus. Toute la division est en branle au centre du champ de bataille. Ils avancent directement sur Douaumont, en grimpant la côte jonchée de cadavres, au-dessus des ruines de Fleury, flanqués à leur gauche des coloniaux de Guyot de Salins. Qui arrivera le premier au fort ?

Sur leur droite, marchent les chasseurs alpins et les Jurassiens du général de Lardemelle. Rameutés pour reprendre Vaux avec l'appui des canons de montagne et choisis à dessein par Mangin pour accabler les ravins et les croupes. Le 50e bataillon du recrutement de Langres est en tête. Il est spécialement chargé de reprendre le fort.

Trois autres divisions en réserve, soit cinquante mille hommes, sont jetées dans la fournaise. Aux aguets, les généraux Passaga, Mangin et Joffre, au rendez-vous fixé à Nivelle dans son état-major de Souilly.

– On va rendre aux Boches la monnaie de leur pièce, dit dans sa moustache Joffre, redevenu confiant.

Au-dessus de la 133e division, l'escadrille des vieux Caudron diffuse régulièrement ses messages radio au sol. Une saucisse observe le terrain en permanence. Pas d'avions allemands en vue, ni de Spad pour battre joyeusement des ailes.

– Fâcheux présage, se dit Jean. Raymond n'est pas au rendez-vous.

Un Caudron passe en rase-mottes au-dessus des premières escouades. Dutoit lève la tête, avise les deux flammes à bandes rouges et blanches suspendues aux extrémités des ailes supérieures.

– Il y a du progrès s'exclame-t-il, changeant son FM d'épaule. C'est l'avion de commandement, celui de Nivelle et Mangin.

L'appareil lance une fusée à étoiles.

– Le signal de départ aux bataillons de renfort, dit Jean. Ils ne perdent pas de temps!

En face, les Allemands tentent d'élever un *Drachen* au-dessus de Douaumont. Deux Spad foncent aussitôt sur l'objectif, larguant leurs fusées *Le Prieur*. Le ballon tombe aussitôt en flammes.

Aucune précipitation dans la marche de l'avant-garde. Les hommes, accablés par leur charge, allongent péniblement le pas sur la glaise. Double réserve de vivres dans la musette, doubles bidons de vin et d'eau, des sacs de terre vides, les pelles et les lourdes armes des spécialistes, grenadiers VB et fusiliers-mitrailleurs. La cadence est calme, puissante, machinale, régulière : celle des vieux routiers au départ d'une longue étape, ménageant leurs forces.

– Pas de réactions des canons boches, s'étonne Aumoine,

qui fait presser le pas. C'est étrange ! Sont-ils donc cloués sur place ?

Il prend lui-même sur ses épaules les sacs du jeune aide-mitrailleur Duval, peu habitué à piétiner dans la boue. Le groupe d'attaque avance de concert avec les premiers mitrailleurs de la division d'infanterie coloniale. Les réseaux allemands de tranchées sont en vue. On les reconnaît aux légères boursouflures des parapets.

– Les piquets de barbelés sautent ! hurle Émile Dutoit dans le vacarme. Je n'ai jamais vu ça ! Nos canons nous ouvrent de vrais couloirs.

Les premières tranchées sont occupées presque sans coup férir. Les Allemands surpris, débusqués dans leurs *Stollen,* se rendent. Ils se dirigent seuls vers l'arrière, en colonne par un, les mains sur la nuque, sans armes.

Dutoit déchiffre au fur et à mesure les inscriptions gravées en gothique à l'entrée des boyaux : Augusta, Frida, Wilhelm... Les lignes ennemies, tracées en zigzag, sont bouleversées par le canon, hachées par les cratères des 155 et recouvertes d'amoncellements géants de glaise retournée.

Déjà, les porteurs de crapouillots se précipitent, avançant leurs pièces sur des brancards. Des territoriaux creusent des abris pour y déposer les torpilles, les mines, pointer la gueule des obusiers et accabler les secondes lignes sans retard.

L'aviation glisse au ras du sol dans le vacarme de ses moteurs mitraillant les positions à l'est du front en rase-mottes. La résistance allemande s'affirme devant le fort de Vaux et retarde la progression des chasseurs à pied de Langres. Ils perdent du monde devant les nids de mitrailleuses épargnés par les 75.

L'avion de commandement lance des fusées rouges,

exigeant un tir de barrage accru. Les tranchées Siegen et Krupp et la redoute de Damloup doivent être matraquées. Le tir d'artillerie lourde des 155 courts reprend, pendant que la division d'attaque, clouée au sol, en attend les résultats avant de reprendre sa marche.

Chez Passaga, tout marche à merveille. Le général exulte. La *Gauloise* se tient bien au feu. La position prise sans combat est aussitôt organisée par Aumoine. Les fusils-mitrailleurs sont mis en place. Le téléphoniste Laplanche, sur ordre d'André Leynaud, installe des lignes reliant la pointe extrême de l'avancée au PC du régiment. On attend l'arrivée de la compagnie de mitrailleuses, dont les engins sont chargés sur des mulets bâtés. S'installer solidement dans la première position avant de poursuivre, tels sont les ordres.

La compagnie Lacassagne pose le sac à terre et commence à s'embusquer dans le bois de la Caillette, entièrement défoncé par les tirs des 155. Le reste du régiment suit.

– Où sont les Boches ? demande Dutoit. Volatilisés ?

Il est onze heures et demie. Pour le 321e, la marche sur Douaumont a été parfaitement régulière. Passaga vient en première ligne pour constater le bon état des troupes, fatiguées mais quasi intactes. Les blessés sont peu nombreux. Les bleus ont tenu le coup. Il leur accorde une bonne heure de repos, le temps d'attendre les résultats de l'aile droite handicapée.

Une heure et demie. Le colonel Picart donne l'ordre de la reprise de l'assaut. De nouveau, Émile Dutoit, le massif Guy Beaujon et Arsène Bonnichon, le colosse, chargent les FM et le matériel. Roger Nigon, le plus zélé des mitrailleurs, vérifie dix fois la propreté de son arme. Étienne Débarbat allège le fardeau de Duval en le délestant d'un de ses sacs.

Toujours pas de riposte de l'artillerie ennemie dans le secteur. Pas de contre-attaque en vue, à croire qu'il n'existe pas de seconde ligne avant Douaumont. La croupe dénudée du bois de la Caillette est occupée et aménagée aussitôt sans pertes importantes. Quelques mitrailleuses ennemies, égarées dans les trous d'obus, sont rapidement réduites au silence par les grenadiers.

Les voltigeurs profitent du moindre obstacle, de tout élément de maçonnerie pour se planquer, observant le terrain. Ils progressent ainsi par bonds, sans essuyer de décharges ni devoir se protéger du canon. Les avions d'observation et les saucisses dominent le champ de bataille, prêts à informer le général Passaga du moindre mouvement de l'ennemi.

– Attention, dit Aumoine au colonel Picart, venu suivre la progression. Nous n'avons devant nous que quelques bataillons. Les défenses allemandes, échelonnées et parfaitement enterrées, préparent secrètement une contre-attaque. Elles seront sur nous avant une heure.

– Le troisième bataillon reste sur la première ligne pour organiser la position de repli.

Le colonel le rassure. Du bois de la Caillette, les avant-gardes se faufilent par bonds successifs dans le ravin de la Fausse-Côte. Les chasseurs se sont rendus maîtres du ravin de Bazil sans rencontrer plus de résistance. La route de Douaumont est-elle ouverte ?

Le colonel braque ses jumelles en direction de l'ouvrage.

– Le brouillard se déchire, dit-il à Jean Aumoine.

Regardez là-haut. Cette masse de béton grisâtre, c'est le fort. On dirait une baleine échouée.

Les hommes rentrent la tête dans les épaules. L'air est froissé par le passage des énormes obus des pièces françaises de marine, qui prennent sous leur feu la route d'Étain, voie d'arrivée éventuelle des renforts rassemblés à Metz. Les Caudron ne cessent de sillonner le ciel pour signaler les concentrations de troupes à l'arrière. On entend tonner les pièces de 274 qui bombardent le village de Romagnes, centre de concentration des bataillons allemands. Beaumont et Bezonveaux sont également martyrisés par le canon français. Les batteries, rapprochées sur l'ordre de Mangin, attaquent les gares, les dépôts de munitions et les routes. Dès que les Caudron signalent des mouvements de troupes, l'artillerie, prévenue par radio, entre en action.

– C'est trop facile ! Nous ne sommes qu'une partie de la pince sur Douaumont, dit Aumoine au colonel. L'autre branche, celle de la division coloniale, a-t-elle progressé aussi vite que nous ?

– Je n'en sais rien, répond Picart. Je voudrais bien en être sûr. Nos contacts sont interrompus et je n'ai pas vu la moindre fusée. Les coloniaux ont certainement attaqué à notre aile gauche, sur la carrière d'Haudromont. Nous n'en avons aucunes nouvelles. Vous entendez la mitraille ? J'ai peur qu'ils n'aient eu de la casse.

Jean Aumoine fait signe à Jean-Marie Colonna, un jeune d'à peine vingt ans dont il connaît la bravoure.

– Partez aussi vite que vous pouvez avec une escouade de volontaires. Vous avez servi sous Grossetti. Vous connaissez les coloniaux. Il faut savoir ce que devient le régiment du Maroc, dont nous sommes sans nouvelles.

Colonna part aussitôt, accompagné par le jeune Duval, qui se porte volontaire. Ils marchent plein ouest, dans la direction de Thiaumont, où les cadavres de zouaves et de tirailleurs gisent nombreux dans la boue. Pourtant, l'ouvrage est entre les mains du régiment, ainsi que la ferme attenante. L'artillerie de campagne y règle la mise en place de ses crapouillots.

Des infirmiers évacuent les nombreux blessés sénégalais, somalis, pieds-noirs d'Algérie. L'accrochage a été violent, mais la position est prise. Un sergent indique à Jean Marie Colonna que les files de prisonniers descendant du village de Douamont ont été capturées par le 4e régiment de zouaves. Des dragons à pied les dirigent vers l'arrière, sur ordre de Mangin. Les troupes d'assaut ne veulent pas s'en charger.

Colonna et Duval poursuivent leur course vers le ravin de la Dame. Sur les croupes boisées, laminées par le canon, ils rencontrent un commandant fort perplexe, Nicolaï, qui consulte sa boussole. La ferraille du casque et du revolver a-t-elle dévié l'aiguille ? Il s'est perdu, et avec lui ses tirailleurs.

Son régiment a reçu de plein fouet les décharges d'une batterie de 77, épargnée par les canons lourds français. Plus de huit cents tués ou blessés. Quand les grenadiers ont réussi à neutraliser la batterie en rampant jusqu'à son emplacement, le mal était fait.

– Où sont les tirailleurs des autres compagnies du 8e régiment ? demande Nicolaï.

– Ils ont pris le bois Nawé, répond Colonna qui tient le renseignement des zouaves rescapés de Thiaumont. Ils avancent sans doute vers le ravin de la Couleuvre.

– Par tous les diables ! hurle Nicolaï. Ils arriveront avant nous ! Ce ravin donne accès au fort de Douaumont !

Les Sénégalais et les Somalis descendent en colonnes vers l'arrière, à l'entrée du ravin des Dames. Ils ont eu trop de pertes et le froid d'octobre les fait claquer des dents. Mangin les a fait relever par le régiment colonial du Maroc. Nicolaï rejoint ainsi le colonel Régnier, qui se prépare à donner l'assaut définitif au fort de Douaumont.

Jean-Marie Colonna comprend à l'instant que s'il n'avertit pas Aumoine et Picart, les coloniaux seront les premiers à prendre la forteresse isolée. La course de vitesse est engagée. Il lui appartient de délivrer au plus vite ses informations.

Une pièce de 75 grimpe à grand-peine la pente, hissée par six chevaux de trait, pour se mettre en batterie au plus près du fort. Elle a trouvé son emplacement. Les servants dételient déjà les montures essoufflées.

– Ordre du général Passaga! bluffe Jean-Marie sans vergogne. Liaison urgente avec le PC! J'ai besoin de deux chevaux.

Le margis lève les bras au ciel. Veut-on immobiliser sa pièce?

Colonna saute à cru sur le cheval de flèche déjà dételé, suivi par Duval qui monte en croupe. Les artilleurs les voient détaler sans chercher à s'y opposer. Ils ont assez à organiser tambour battant leur nouvel emplacement de tir.

Les Marocains, grenadiers en pointe, sont déjà en position d'attaque. Pourtant, ils n'avancent pas. Ils attendent la fin de la relève des bataillons, compagnie par compagnie, et l'opération prend un certain temps.

À la tête du 1er bataillon, le capitaine Dorey s'impatiente. Il sait qu'une halte au milieu d'un assaut coupe le jarret des hommes. Il doit pourtant attendre le 8e bataillon, perdu dans la brume avec le capitaine Nicolaï.

L'assaut s'annonce difficile et coûteux. Les Allemands ont posté des mitrailleuses et des *Minen* derrière chaque accident de terrain. Les zouaves du 4e régiment, placés en tête, trépignent sur place, dopés par la gnôle, en scandant « Douaumont ! Douaumont ! ». Ils veulent en finir une fois pour toutes. S'arrêter est une souffrance de plus.

Les zouaves se répètent entre eux que les mitrailleurs ennemis sont enchaînés à leur engin comme des esclaves. Même morts, ils ne peuvent en être séparés. Chez les Allemands, on raconte que les Sénégalais ne font pas de quartier. Ils découpent les oreilles des prisonniers au coupe-coupe et leur tranchent la tête.

Ces histoires, les officiers les laissent circuler de part et d'autre : elles empêchent les hommes de lâcher trop facilement le combat, à la moindre occasion, pour se constituer prisonniers.

La traversée du champ de bataille à cheval n'est pas une promenade. Si dominée qu'elle soit, l'artillerie allemande tonne encore de ses 77, embusqués non loin des premières lignes.

Jean-Marie Colonna avise une file de prisonniers *Feldgrau* descendant d'un pas tranquille vers la caserne de Verdun. Il demande son chemin au margis de dragons qui les conduit.

– Le ravin de Bazil ? Vous lui tournez le dos.

Les renforts français montent à l'assaut, deux ou trois bataillons avec de l'artillerie, des fourgons de munitions. Les sections sont tenues en réserve, abritées dans les ravins. Il ne s'agit pas d'engorger la ligne d'attaque.

Jean-Marie Colonna grimpe la pente, arrosée par le canon, qui conduit au ravin de Bazil. Le cheval d'artillerie, lourd et pataud, trébuche dans les trous d'obus. Il est bientôt frappé d'un éclat à la cuisse et roule à terre. Jean-Marie et Jean Duval n'ont que le temps de sauter.

Ils bondissent dans un trou d'obus, au risque de s'engluer dans la boue, puis remontent la pente en s'accrochant aux racines. Crottés, méconnaissables, ils découvrent enfin le PC de rondins du colonel Picart, où se tient aussi Passaga. Le 321e est toujours en tête de la colonne d'assaut. Du moins la compagnie de Jean Aumoine.

Picart recommande la prudence. Les barrages de mitrailleuses enterrées sont nombreux, les Boches ont pu miner les abords du fort. Des patrouilles de reconnaissance envoient des messagers au PC. Elles annoncent que Douaumont est réoccupé par des unités ennemies en armes, postées dans les caponnières, les bastides, les tourelles blindées. Des nids de mitrailleuses et des mortiers interdisent les voies d'accès, à l'ouest comme au sud.

– C'est exact, confirme Jean-Marie Colonna. Un dragon me l'a certifié : à quatre ou cinq heures du matin, le fort s'est vidé. Les sapeurs ont éteint l'incendie, utilisant jusqu'aux flacons d'eau de Seltz, quand les réserves d'eau pour les lances d'incendie ont été épuisées.

– Il n'y a donc plus personne à l'intérieur, conclut le général Passaga.

– Les prisonniers ont parlé aux dragons, poursuit Jean-Marie Colonna. Le capitaine du génie Soltan, qui commandait la petite fraction de la garnison restée sur place, a posté une mitrailleuse à l'entrée du nord-ouest, face aux Marocains. Les Allemands portent le masque. Ils sont encore très gênés par les émanations de gaz.

– Mais vers nous, vers le sud? interroge Picart.

– Le fort a été évacué à quatre ou cinq heures du matin en raison de son insalubrité. Les prisonniers sortis des galeries effondrées toussent encore, ils ont du mal à retrouver leur souffle. À l'intérieur, l'air est irrespirable, personne ne peut tenir.

– Et dehors?

– Ils ont évacué leurs derniers blessés, sur des civières. À huit heures du matin, un groupe est sorti des lignes pour réoccuper les extérieurs du fort. Ils seraient une vingtaine à l'intérieur, commandés par un certain Prollius, capitaine observateur.

– D'autres officiers?

– Deux ou trois. Ils ont posté des mitrailleuses aux abords, gardé toutes les issues. Peut-être des *Minen.*

– Il est temps de donner l'assaut. Les Marocains sont-ils déjà partis?

– Ils attendent la relève du 4e zouaves. Leur départ est imminent, dit Jean-Marie Colonna.

Simultanément, ou presque, le colonel Régnier, du régiment d'infanterie coloniale du Maroc, et le général Passaga, commandant la *Gauloise*, donnent à leurs troupes l'ordre d'assaut.

Les Marocains sont des survivants. Ils ont accusé des pertes de huit cents tués ou blessés par des tirs isolés de mitrailleuses, avant d'être en mesure d'avancer directement vers le fort. Le commandant Modat, du 4e bataillon, est compté parmi les victimes.

Dorey veut en finir. Les zouaves du 4e régiment ont perdu beaucoup des leurs dans les ruines du village de Douaumont, où les fusiliers allemands étaient embusqués. Les premiers, ils ont poussé des reconnaissances jusqu'aux abords immédiats du fort, cloués sur place par des rafales de mitrailleuses.

Le commandant Dorey commence par nettoyer le ravin des Vignes en ordonnant aux hommes de mettre des masques, car l'odeur de chlore devient insupportable.

Avant trois heures de l'après-midi, les observateurs postés au-dessus du fort de Souville affirment à Charles Mangin, accouru aux nouvelles, qu'ils aperçoivent des silhouettes marchant sur la carapace du fort de Douaumont. Les Marocains ont-ils déjà réussi ? Le cœur du général se réjouit. Le régiment d'infanterie colonial du Maroc, recomplété plus de dix fois en raison de ses lourdes pertes, est de loin son préféré. Il est toujours engagé au premier choc.

À cinq heures, Guy Beaujon, qui n'a pas oublié son clairon, sonne la charge comme en 14, sentant approcher l'heure de la victoire. Les biffins, couverts de boue, ne songent pas à courir au pas gymnastique, baïonnette au canon. Ils patinent et pataugent, lourdement chargés. Jean Aumoine les dirige, suivi par Débarbat et Dutoit, porteurs de FM. Les ordres sont de se jeter dans les trous à la moindre décharge ennemie et de mettre en batterie les fusils-mitrailleurs et les grenades VB pour riposter aussitôt. Avant tout, ménager les hommes.

Le soleil commence à décliner sur la ligne d'horizon en cette fin du mois d'octobre. Le brouillard est de retour. Jean lance des fusées rouges pour signaler sa progression aux artilleurs. Les observateurs d'avions ont du mal à distinguer les linges blancs que les fantassins portent au dos. Ils volent en rase-mottes pour ne les perdre de vue à aucun prix.

Le mitrailleur Arsène Bonnichon jure entre ses dents. Glissant dans la mélasse, il a laissé tomber son lourd fusil Chauchat, qu'il retrouve couvert de glaise, le canon obstrué. Aumoine l'oblige à s'arrêter au bord d'un cratère pour nettoyer à fond son arme. La section poursuit sans lui sa route. Il la rejoindra.

À cent mètres du fort, les grenadiers débusquent des Allemands retranchés dans un tronçon de boyau. Ceux-ci lèvent les mains en l'air pour attirer les Français, pendant que leurs camarades, cachés dans un trou, à dix mètres, préparent leurs armes.

Le caporal Javelon, du 2e bataillon, chargé de liquider les poches de résistance, s'approche en reconnaissance, le fusil levé, prêt à tirer. Une salve de mitrailleuse l'abat. Aussitôt Débarbat réplique, son FM campé sur la hanche. Les faux prisonniers s'écroulent. Une grenade VB, lancée par Roland Martin, détruit la mitrailleuse portative allemande.

– Attention, dit Aumoine au lieutenant Bériot. Le moindre obstacle peut cacher un piège. Méfiez-vous des prisonniers, n'en approchez pas.

– Pas de prisonniers, dit Dutoit en regardant le cadavre de Javelon. Tirons dans le tas!

– Émile, tu es mon ami. Si je te vois brûler un prisonnier, je te jure que je te tue.

La montée vers le fort, que l'on croyait facile, est une suite ininterrompue d'obstacles mortels. Les Allemands, embusqués derrière le moindre repli de terrain, lancent des grenades, brancardent d'un trou à l'autre leurs petites mitrailleuses qui accablent les fantassins, accablés par leur lourd fardeau. Seuls les grenadiers, rampant dans la glaise, lancent leurs œufs quadrillés sur les nids de résistance qui tombent l'un après l'autre, jamais sans combat acharné. D'un obstacle à l'autre, les pertes s'accumulent. Un homme, trois hommes, une escouade… À chaque engagement meurtrier, le bataillon se vide lentement de sa substance.

Impossible au colonel Picart de réclamer par fusée un barrage d'artillerie de renfort. Le canon ne peut tirer qu'au-delà de la zone des combats, pour empêcher les contre-attaques. En première ligne, les biffins sont livrés seuls à leur corps à corps boueux. On ne reconnaît plus à vingt pas amis ou ennemis, tant les couleurs des capotes ont disparu sous un gris terreux, uniforme.

– Le fort ! crie le lieutenant Bériot. Regardez-le ! Il est juste au-dessus de nous.

Jean fait signe aux grenadiers de tête de marquer une étape et de creuser des abris en toute hâte pour prendre des dispositions sérieuses de défense. Avant tout, éviter la surprise. On ignore les détails du dispositif ennemi de protection des extérieurs du fort. Les Allemands ont pu constituer une ceinture de points fortifiés et presque invisibles dans le brouillard.

Il envoie en reconnaissance Duval et Colonna. En rampant, en sautant d'un trou à l'autre, ils approchent à vingt mètres.

– Des Français, dit Duval en apercevant les casques des zouaves sur la carapace du fort. Quelques-uns ont coiffé par défi leurs chéchias rouges.

– Prenez garde au piège, répond Aumoine. Il leur arrive de revêtir nos uniformes pour désarmer notre méfiance. Ils l'ont fait souvent ici, à Verdun, d'après le récit des anciens.

– Ce sont bien des Français, crie à son tour Colonna. Ils ont hissé sur la tourelle le drapeau tricolore.

– En avant! crie Aumoine, entraînant la section. À vingt pas, devant lui, Jean Duval tombe mort. Une rafale de mitrailleuse lui a troué le ventre.

La dernière rafale! Déjà, Roger Nigon a balayé les *Feldgrau,* tirant à dix mètres tout son magasin. Dans ses jumelles, Passaga reconnaît ceux de la *Gauloise* sur le dos voûté et bétonné de Douaumont. Ils fraternisent avec les zouaves du 4e régiment. Ils sont vainqueurs.

Malgré le poids accablant de leur barda, les hommes prennent le pas gymnastique. Trébuchant dans la boue, les épaules et le torse sciés par les courroies des sacs de grenades, des musettes de vivres et des munitions de FM, ils veulent tous en être. Ils courent en tous sens, sourds aux ordres des officiers. Où sont cachés les Boches?

Jean Aumoine a grimpé avec les siens la forte pente devant l'entrée du fort, une sorte de glacis percé de trous d'obus qui domine les fossés comblés par les retombées de cailloux et de glaise.

La vieille forteresse a vécu. Son béton était sans ferraille, uniquement constitué de masses de pierres, de briques et de ciment à la romaine. Sa redoutable façade était percée de portes basses, tel le masque d'un géant découvrant, dans un rictus d'agonie, sa mâchoire aux dents brisées.

Les survivants marchent à la file derrière leur chef, le capitaine Prollius. Ils sont une vingtaine, sans armes, tête nue, le visage noirci et les traits tirés, leurs uniformes en lambeaux.

Jean Aumoine tire sa montre, il est huit heures du soir. Plus de résistance dans les sous-sols. Ces prisonniers sont bien les derniers occupants de la vieille bâtisse.

Un simple maître ouvrier du génie, Dumont, accompagné d'un seul marsouin du régiment d'infanterie du Maroc, reçoit la capitulation de Prollius.

Une escouade de Prussiens avait jadis suffi pour prendre le fort abandonné par les Français, sur ordre de Joffre. Cent mille hommes ont donné l'assaut à une garnison étique, écrasant sous le tir énorme des mortiers soixante blessés dans une infirmerie. Mais, pour approcher de la citadelle inutile, certains régiments d'assaut ont compté jusqu'à 60 % de pertes.

Jean et ses camarades ne peuvent pénétrer dans l'intérieur du fort, dont l'entrée est inaccessible. Même avec un masque, il est difficile d'y respirer. Ils font le tour du périmètre tragique, que les canons allemands ont renoncé à battre. À quoi bon ? La résistance s'organise un peu plus loin, les tranchées se creusent dans les bois, les *Stollen* abritent les troupes de renfort. D'autres canons viendront, par centaines, par milliers. Le Kaiser ne cède pas. La guerre continue.

Les tourelles blindées et leurs canons enlevés ou déchiquetés semblent dérisoires. Jamais les Allemands n'ont eu la moindre intention d'organiser ce fort pour la défense. Ils l'ont laissé en l'état, sans ajouter la moindre pièce. Un abri dans la bataille, rien de plus.

De la tourelle, Jean découvre le paysage, comme peut sans doute l'apercevoir du haut du ciel son frère Raymond, l'aviateur, si toutefois il fait encore partie du carrousel aérien. À perte de vue, des trous d'obus, de la terre réduite en croûte, et toute trace de vie disparue. Un jour reviendront les rouges-gorges et les alouettes. Il faudra du temps, pour panser les plaies atroces, les béances des ravins meurtris, les bois abattus. Jamais plus le boulanger de Fleury ne sortira son pain du four. Jamais plus les vaches ne reprendront le chemin des étables de la ferme Thiaumont. Ces villages sont rayés de la carte, disparus pour toujours.

Douaumont, visage sanglant de la guerre. Dans toute l'Allemagne sa chute signe l'échec du Kaiser, du *Kronprinz* et de tous les seigneurs de la guerre, convaincus qu'ils tenaient une accablante victoire, preuve éclatante de leur domination et de leur puissance. Ce glas de la défaite recouvre un champ de bataille où des centaines de milliers de braves Allemands ont trouvé la mort, devant la résistance obstinée des Français.

Ils ne passeront pas! Cette phrase fera le tour du monde, pour célébrer la résistance d'un peuple qui ne veut pas céder à l'oppression. Mais un demi-million de jeunes Français ont péri, enfouis dans une terre devenue un ossuaire colossal et qui n'en finira jamais, cent ans, mille ans plus tard, de rejeter, comme la mer, ses cadavres.

La reprise de Douaumont, transformée aussitôt en symbole de gloire pour l'armée de Verdun, encensée dans plus de cent quotidiens français enfin en mesure d'annoncer au pays une vraie victoire, a été obtenue au prix des divisions sacrifiées, des disparus du ravin de la Dame, des gueules cassées du Mort-Homme, des martyrs du fort de Vaux, des enterrés vivants de la tranchée des baïonnettes, des chasseurs exterminés de Driant, des Sénégalais, des Algériens, des Marocains et de la moitié de l'armée française, tous livrés à la mort par la *noria* empressée des camions de la *voie sacrée*, tous enterrés à la diable dans la boue sanglante du triangle tragique.

Amère victoire. Jean Aumoine a vu périr Javelon, son camarade de communion. Pourquoi le revoit-il soudain, un brassard au bras, tordant sa mèche rebelle, dans la chapelle de l'église Saint-Pierre ? Il a tenu dans ses bras le petit Duval, le frère de son meilleur copain. Le gosse n'a pas vu venir sa mort, tué d'une balle entre les deux yeux. Dans son portefeuille, les photos jaunies de sa mère, ses sœurs et son grand frère Maurice, le sourire crispé.

Jean quitte le fort, où l'odeur du gaz et des cadavres est insoutenable. Le capitaine Lacassagne pleure sous son casque devant le corps de Javion. Jean fait signe à Dutoit et à Nigon. Posant les armes, ils sortent les bêches et creusent, juste à l'entrée du fort, pour élargir un tronçon de boyau allemand. Ils se hâtent, malgré leur fatigue.

Lacassagne dégrafe les plaques d'identification, réunit les objets personnels. Les autres disposent au fond de la fosse des cailloux, des débris de planches. Les corps sont allongés côte à côte, mains jointes. Beaujon coupe à la cisaille deux branches de sapin. Il en recouvre les visages, dont on a clos les yeux. Et la terre les avale pour toujours, une pelletée après l'autre.

Deux croix, deux écriteaux marqués au couteau de leurs noms et de leurs prénoms. Lacassagne, d'une voix brisée par l'émotion, parle d'eux, de leurs mères, de leurs jeunes vies brisées. Un long silence. Les hommes fourbus, perdus dans le brouillard du soir tombant, recueillent les paroles du serment de Douaumont, tombées des lèvres terreuses de Jean Aumoine.

– Jurons, camarades, de rendre à jamais impossible un tel massacre.

Les unités combattantes

La première armée française, commandée par un général d'armée, comprend cinq *corps d'armée* d'infanterie commandés par cinq généraux de corps d'armée.

Le 13e corps d'armée compte deux *divisions* d'infanterie commandées par des généraux de division : la 25e de Saint-Étienne et la 26e de Clermont-Ferrand.

La 26e division comprend deux *brigades*, commandées par des généraux de brigade : les 51e et 52e brigades.

La 51e brigade se compose de deux *régiments* de trois mille hommes chacun : le 105e de Riom et le 121e de Montluçon.

Le 121e régiment se compose de trois *bataillons* de mille hommes, commandés par des commandants ou des capitaines faisant fonction.

Le premier bataillon comprend quatre *compagnies* de deux cent cinquante hommes commandées par des capitaines ou des lieutenants faisant fonction.

La première compagnie du premier bataillon du 121e régiment, de la 51e brigade et de la 26e division se compose de quatre *sections* d'infanterie, aux ordres de sous-lieutenants ou d'adjudants-chefs, composées chacune de quatre *escouades* de seize hommes, aux ordres des caporaux (familièrement : cabots). Deux escouades composent la demi-section, aux ordres d'un sergent-chef.

La *cavalerie* en 1914 se compose de 81 régiments métropolitains. Un *régiment* (785 hommes), commandé par un *colonel* (familièrement colon), comprend cinq *escadrons*, dont un de dépôt. L'*escadron,* commandé par un chef d'escadron (*commandant ou capitaine*) comprend 5 officiers, 147 sous-officiers, brigadiers et cavaliers. Les *brigadiers* sont l'équivalent des caporaux dans l'infanterie. Les *maréchaux des logis* (margis) sont des sergents, sergents-chefs ou sergents-majors.

L'*artillerie* s'articule en *batteries* de quatre pièces, réparties par armées, corps d'armée, divisions, brigades et régiments, commandées par des *capitaines*, réunies en *groupes*, aux ordres de commandants ou de lieutenants-colonels, dans le cadre plus ou moins éclaté des *régiments*. Les grades de l'artillerie sont les mêmes que dans la cavalerie.

Les noms des officiers apparaissant dans le roman sont généralement imaginaires, sauf pour les plus connus d'entre eux.

Chronologie

La guerre en 1916

14 février : *accord franco-britannique prévoyant une attaque sur le Somme, dirigée par Foch.*

21 février : *attaque allemande sur Verdun.*

25 février : *prise par les Allemands du fort de Douaumont.*

Nuit du 25 au 26 février : *Pétain prend le commandement de l'armée de Verdun.*

4 mars : *chute du village de Douaumont.*

6 mars : *attaque allemande sur les deux rives de la Meuse.*

8 mars : *attaque sur la rive droite, vers Vaux.*

12 mars : *conférence interalliée à Chantilly. La bataille de la Somme n'est pas décommandée.*

28 mars – 8 avril : *offensive allemande sur la rive gauche de la Meuse.*

31 mars – 5 avril : *attaque allemande sur la rive droite.*

9 avril : *attaque générale sur tout le front de Verdun.*

1er mai : *Nivelle remplace Pétain à la tête de la IIe armée de Verdun.*

3 mai : *attaque par les Allemands de la cote 304 sur la rive gauche.*

19 – 26 mai : *nouvelles attaques allemandes sur la rive gauche.*

22 – 24 mai : *contre-attaque française sur Douaumont.*

29 mai – 2 juin : *attaques violentes des Allemands.*

4 juin : *offensive victorieuse de Broussilov sur le front de l'Est.*

9 juin : *chute du fort de Vaux.*

1er – 12 juin : *combats de Thiaumont.*

23 juin : *offensive allemande sur Fleury, Thiaumont, Souville et Froideterre.*

1er juillet : *attaque franco-britannique sur la Somme.*

23 juillet : *échec britannique.*

18 août : *prise de Fleury par le régiment d'infanterie du Maroc.*

27 août : *la Roumanie déclare la guerre à l'Allemagne.*

28 août : *Falkenhayn remplacé par Hindebourg et Ludendorff.*

3 septembre – 15 septembre : *dernière offensive allemande sur Verdun.*

12 septembre : *prise de Bouchavesnes par les Français sur le front de Somme.*

15 septembre : *première attaque des tanks britanniques.*

26 septembre : *prise de Combles et de Thiépval.*

21 octobre : *Mangin reprend le fort de Douaumont.*

12 décembre : *le chancelier allemand déclare au Reichstag qu'il compte ouvrir des pourparlers de paix par l'entremise du président américain Wilson.*

Sur l'engagement de la 26e division,
(général Pauffin de Saint-Morel) dont fait partie
le 121e régiment d'infanterie de Montluçon

15 janvier – 22 février : *en secteur au sud du bois des Loges.*

22 – 28 février : *retrait du front et transport vers Sainte-Ménehoulde, en Argonne.*

28 février – 3 mars : *travaux vers Récicourt et Brocourt. Organisation d'une deuxième position au sud des bois d'Avocourt et de Malancourt, à la IIe armée de Verdun.*

7 – 14 mars : *engagement d'une brigade dans la bataille de Verdun. Combats aux bois des Cumières et des Corbeaux.*

20 – 28 mars : *éléments engagés aux bois d'Avocourt et de Malancourt.*

25 mars – 23 avril : *repos à Estrées-Saint-Denis.*

23 avril – 1er juillet : *en secteur dans l'Oise.*

1er – 11 juillet : *repos près d'Estrées-Saint-Denis.*

11 juillet – 30 novembre : *bataille de la Somme.*

4 – 6 septembre : *attaque de Chaulnes au 10e CA de la Xe armée.*

30 novembre – 7 décembre : *retrait du front et repos vers Nanteuil-le-Haudouin.*

7 décembre – 31 décembre : *repos dans la région de Neufchâteau.*

Sur l'engagement de la 133e division,
dite la *Gauloise* (général Passaga) dont fait partie
à partir de juillet 1916 le 321e régiment de Montluçon.

1er juillet : *en secteur du côté de la frontière suisse.*

20 août – 17 septembre : *retrait du front et transport au camp d'Arches, pour instruction.*

11 septembre : *au repos dans la région de Ligny-en-Barois.*

17 septembre – 1er octobre : *transport par camions à Verdun. Occupation d'un secteur vers le bois de Vaux-Chapitre et l'ouvrage de Thiaumont.*

1er – 21 octobre : *retrait du front, transport par camions dans la région de Belrain.*

21 – 28 octobre : *transport par camions à Verdun.*

À partir du 23 octobre : *retour en secteur entre le bois de Vaux Chapitre et l'ouvrage de Thiaumont.*

24 octobre : *engagement dans l'attaque de Douaumont. Occupation des positions conquises entre le fort de Douaumont et le bois Fumin.*

28 octobre – 11 décembre : *retrait du front et repos vers Combles en Picardie.*

11 – 20 décembre : *retour par camions à Verdun et engagement le 15 décembre dans la première bataille offensive de Verdun. Prise de Bezonveaux et du massif d'Hardaumont.*

20 décembre : *retrait du front et repos vers Bar-le-Duc.*

Table des matières

Du même auteur

Ouvrages d'Histoire

L'Affaire Dreyfus, PUF, 1959.

Raymond Poincaré, Fayard, 1961 (Prix Broquette-Gonin de l'Académie française).

La Paix de Versailles et l'opinion publique française. Thèse d'État publiée dans la Nouvelle collection scientifique dirigée par Fernand Braudel, Flammarion, 1973.

Les Souvenirs de Raymond Poincaré, publication critique du XIe tome avec Jacques Bariéty, Plon, 1973.

Histoire de la Radio et de la Télévision, Plon, 1974.

Histoire de la France, Fayard, 1976.

Les Guerres de religion, Fayard, 1980.

La Grande Guerre, Fayard, 1983 (Premier Grand Prix Gobert de l'Académie française).

La Seconde Guerre mondiale, Fayard, 1986.

La Grande Révolution, Plon, 1988.

La Troisième République, Fayard, 1989.

Les Gendarmes, Olivier Orban, 1990.

Histoire du Monde contemporain, Fayard, 1991, 1999.

La Campagne de France de Napoléon, éditions de Bartillat, 1991 (prix du Mémorial).

Le Second Empire, Plon, 1992.

La Guerre d'Algérie, Fayard, 1993.

Les Polytechniciens, Plon, 1994.

Les Quatre-Vingt, Fayard, 1995.
Les Compagnons de la Libération, Denoël, 1995.
Mourir à Verdun, Tallandier, 1995.
Vincent de Paul, Fayard, 1996.
Le Chemin des Dames, Perrin, 1997.
La Victoire de 1918, Tallandier, 1998.
La Main courante, Albin Michel, 1999.
Les Poilus, Plon, 2000.
Les Oubliés de la Somme, Tallandier, 2001.

ROMANS, ESSAIS ET CHRONIQUES

Lettre ouverte aux bradeurs de l'Histoire, Albin Michel, 1975.
Histoires de France, Chroniques de France-Inter, Fayard, 1981 (Prix Sola Calbiati de l'Hôtel de Ville de Paris).
Les Hommes de la Grande Guerre, Chroniques de France-Inter, Fayard, 1987.
La Lionne de Belfort, Belfond, 1987.
Le Fou de Malicorne, Belfond (prix Guillaumin, conseil général de l'Allier), 1990.
Le Magasin de Chapeaux, Albin Michel, 1992.
Le Jeune Homme au foulard rouge, Albin Michel, 1994.
Vive la République, quand même !, essai, Fayard, 1999.
Ce Siècle avait mille ans, essai, Albin Michel 1999 (Prix d'histoire de la Société des gens de Lettres).
Les Aristos, essai, Albin Michel 1999.
L'agriculture française, essai, Belfond, 2000.
Les Rois de l'Élysée, essai, Fayard, 2001.
Le Gâchis des généraux, essai, Plon, 2001.

Cet ouvrage a été composé en Garamond par Palimpseste à Paris

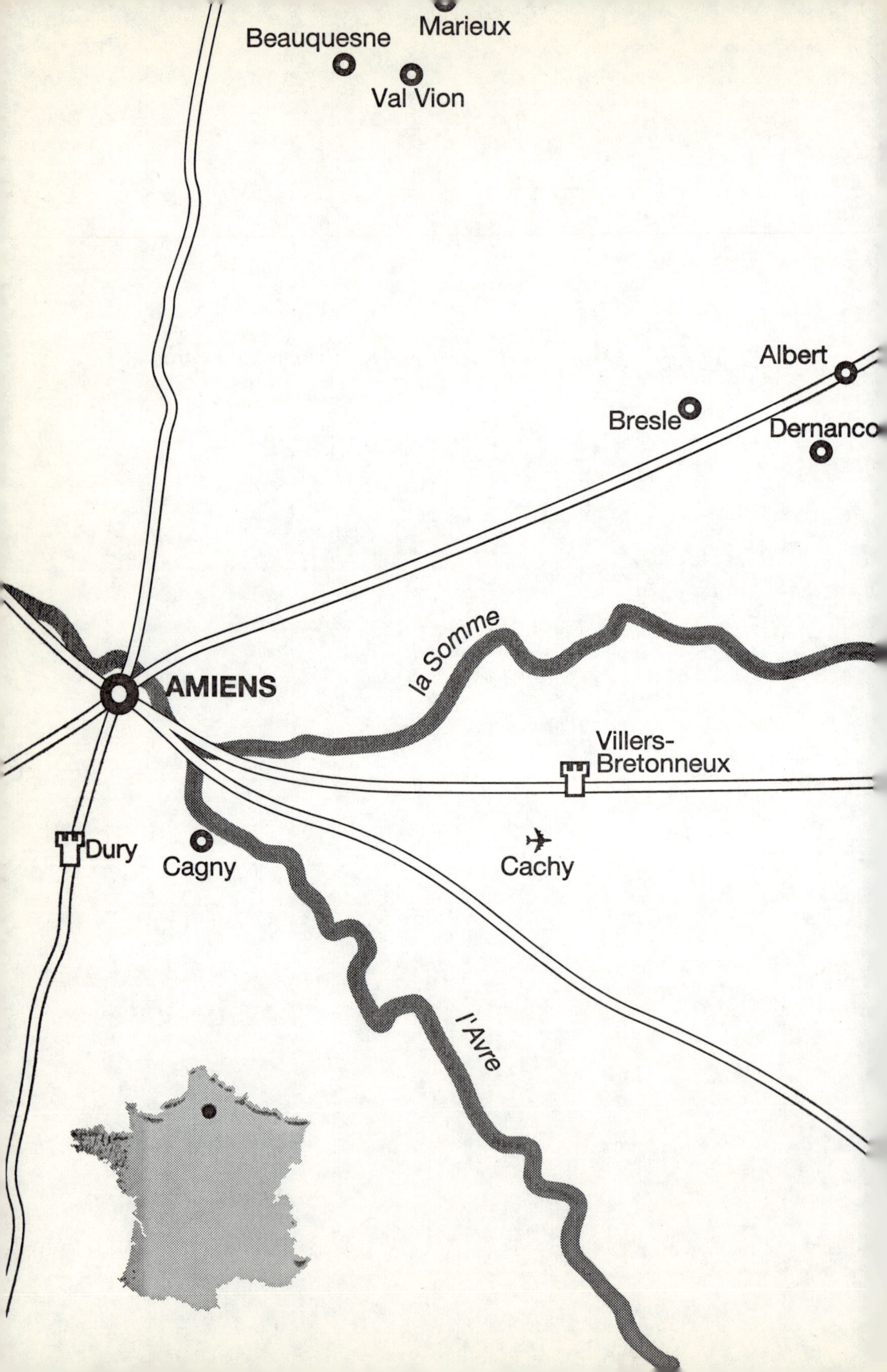
Marieux
Beauquesne
Val Vion
Albert
Bresle
Dernanco
la Somme
AMIENS
Villers-
Bretonneux
Dury
Cagny
Cachy
l'Avre

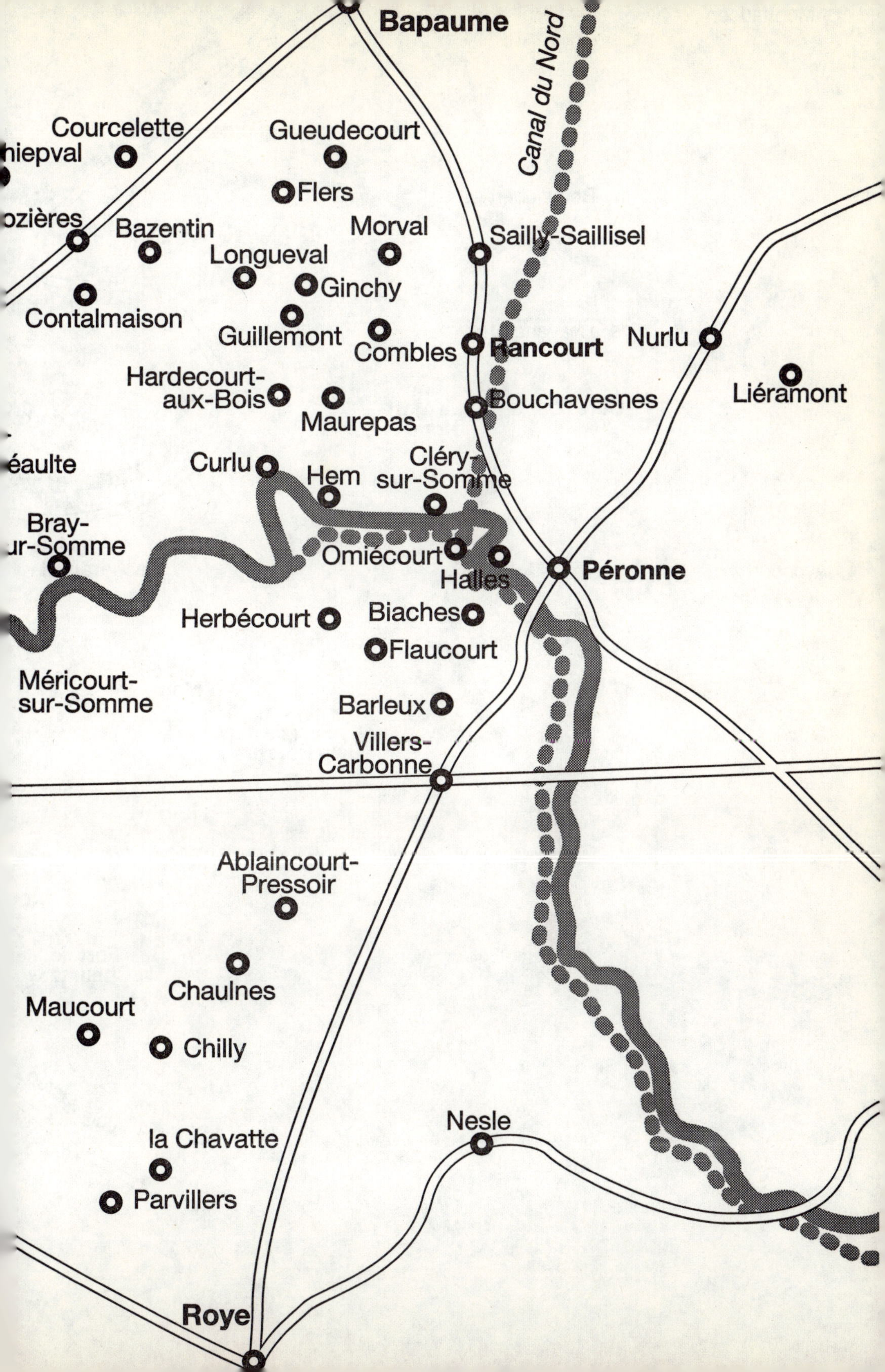

Bapaume
Canal du Nord
Courcelette
niepval
Gueudecourt
Flers
ozières
Bazentin
Morval
Sailly-Saillisel
Longueval
Ginchy
Contalmaison
Guillemont
Combles
Rancourt
Nurlu
Hardecourt-
aux-Bois
Maurepas
Bouchavesnes
Liéramont
éaulte
Curlu
Hem
Cléry-
sur-Somme
Bray-
ur-Somme
Omiécourt
Halles
Péronne
Herbécourt
Biaches
Flaucourt
Méricourt-
sur-Somme
Barleux
Villers-
Carbonne
Ablaincourt-
Pressoir
Chaulnes
Maucourt
Chilly
Nesle
la Chavatte
Parvillers
Roye

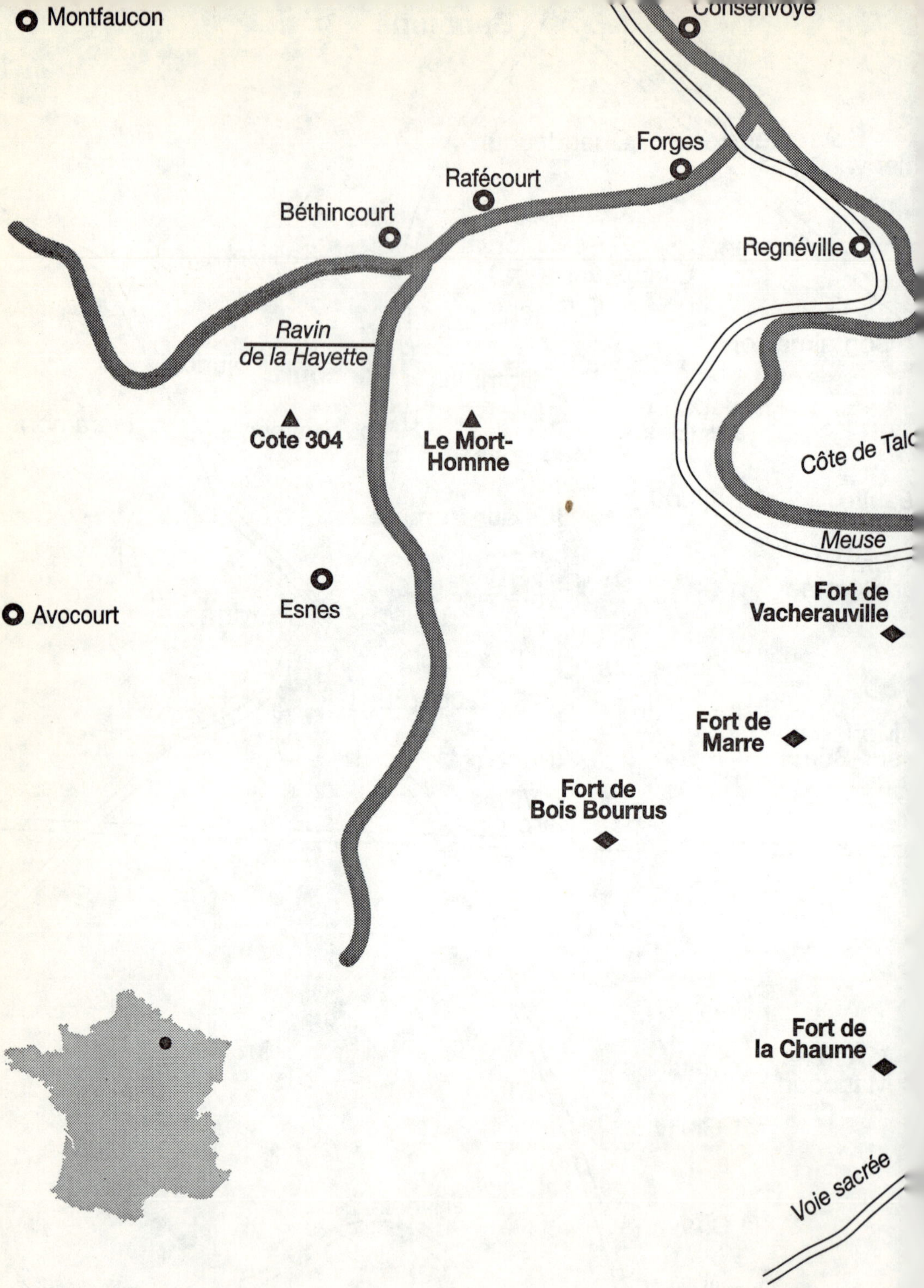
Montfaucon
Consenvoye
Forges
Rafécourt
Béthincourt
Regnéville
Ravin
de la Hayette
Cote 304
Le Mort-
Homme
Côte de Talc
Meuse
Fort de
Vacherauville
Esnes
Avocourt
Fort de
Marre
Fort de
Bois Bourrus
Fort de
la Chaume
Voie sacrée

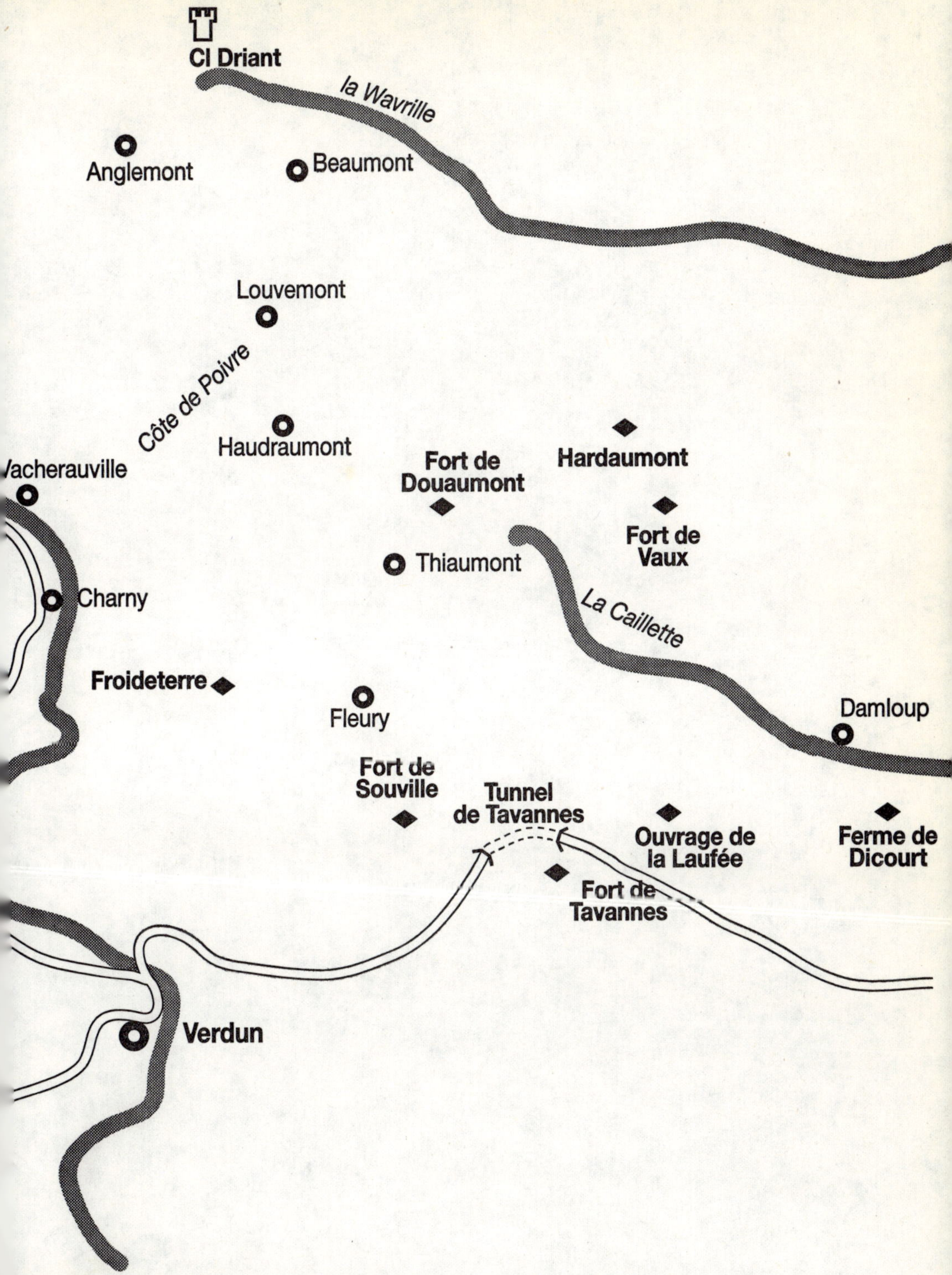
Cl Driant
la Wavrille
Anglemont
Beaumont
Louvemont
Côte de Poivre
Haudraumont
Vacherauville
Fort de Douaumont
Hardaumont
Fort de Vaux
Thiaumont
Charny
La Caillette
Froideterre
Fleury
Damloup
Fort de Souville
Tunnel de Tavannes
Ouvrage de la Laufée
Ferme de Dicourt
Fort de Tavannes
Verdun

Impression réalisée sur CAMERON par
BRODARD ET TAUPIN
La Flèche

Édition exclusivement réservée aux adhérents du Club
Le Grand Livre du Mois
15, rue des Sablons
75116 Paris
avec l'aimable autorisation des Éditions Fayard

Imprimé en France
Dépôt légal : août 2002
N° d'impression : 14414
ISBN : 2-7028-7793-1